D'un coup d'o

**Dans la même collection**

*Atlas de poche d'anesthésie*, par R. Roewer et H. Thiel
*Atlas de poche d'allergologie*, par G. Grevers
*Atlas de poche d'ophtalmologie*, par S. Mandava, T. Sweeney et D. Guyer
*Atlas de poche de cardiologie*, par A. Timmis et S. Brecker
*Atlas de poche d'hématologie*, par H. Theml
*Atlas de poche des maladies sexuellement transmissibles*, par A. Wisdom et D.A. Hawkins
*Atlas de poche de microbiologie*, par T. Hart et P. Shears
*Atlas de poche de mycologie*, par G. Midgley, Y. Clayton et R.J. Hay
*Atlas de poche en couleurs de pathologie infectieuse*, par N.J. Beeching et F.J. Nye
*Atlas de poche de physiologie*, par S. Silbernagl et A. Despopoulos
*Atlas de poche de physiopathologie*, par S. Silbernagl et F. Lang
*Atlas de poche de pharmacologie*, par H. Lüllmann et K. Mohr
*Atlas de poche d'immunologie*, par G.R. Burmester et A. Pezzutto
*Atlas de poche de biochimie*, par J. Koolman et K.H. Röhm
*Atlas de poche de génétique*, par E. Passarge
*Atlas de poche d'embryologie*, par A. Drews
*Atlas de poche d'histologie*, par W. Kühnel
*Atlas de poche des méthodes d'analyse*, par G. Schwedt
*Atlas de poche d'anatomie en coupes sériées TDM-IRM*, par T.B. Möller et E. Reif
- tome 1. Tête, cou, rachis et articulations
- tome 2. Thorax, abdomen et pelvis

*Atlas de poche d'anatomie* :
- tome 1. Appareil locomoteur, par W. Platzer
- tome 2. Viscères, H. Fritsch et W. Kühnel
- tome 3. Système nerveux et organes des sens, par W. Kahle

**Chez le même éditeur**

*Traité d'obstétrique*, par D. Cabrol, J.-C. Pons et F. Goffinet
*Les grossesses multiples*, par J.-C. Pons, C. Charlemaine, E. Papiernik
*Interruption de grossesse pour pathologie fœtale*, par V. Mirlesse
*L'interruption de grossesse depuis la loi Veil*, par P. Cesbron
*La grossesse extra-utérine*, par H. Fernandez
*Le livre de l'interne : obstétrique*, par P. Hohlfeld et F. Marty
*Pédiatrie en maternité*, par C. Francoual, J. Bouillé et C. Huraux-Rendu
*Atlas de mammographie*, par L. Tabar et P.B. Dean
*Imagerie des prothèses et plasties mammaires*, par H. Tristant, D. Serin, V. Hazebroucq, J. Bokobsa, P. Elbaz et M. Benmussa
*Mammographie et échographie mammaire*, par H. Tristant, M. Benmussa et J. Bokobsa
*Sénologie de l'enfant et de l'adolescente*, par M. Boisserie-Lacroix, J. Bokobsa, G. Boutet, M. Colle, C. Hocke et A. Le Treut
*Immunologie de la reproduction*, par G.-A. Voisin, P. Edelman, N. Genetet, J.-F. Bach et C. Sureau
*La petite encyclopédie médicale Hamburger*, par M. Leporrier
*Traité de médecine*, par P. Godeau, S. Herson et J.-C. Piette
*Traité de médecine interne Harrison*, par E. Braunwald, A.S. Fauci, D.L. Kasper, S.L. Hauser, D.L. Longo et J.L. Jameson
*Guide du bon usage du médicament*, par G. Bouvenot et C. Caulin

# Atlas de poche d'obstétrique

Kay Goerke

123 planches en couleurs
de Jürgen Wirth

Traduit de l'allemand par
Le Professeur
Guy Schlaeder

Ancien Gynécologue-Obstétricien,
des Hôpitaux Universitaires
de Strasbourg

Médecine-Sciences
Flammarion
4, rue Casimir-Delavigne, 75006 Paris

**Les auteurs**

Dr Med. Kay Goerke
Cliniques Universitaires
Centre Médical de Gynécologie-Obstétrique
Pilgrimstein 3
35033 Marburg

depuis le 1er août 2002 :
Centre Hospitalier du district
de Schwetzingen
Bodelschwinghstrasse 11
68723 Schwetzingen

Professeur Jürgen Wirth
Institut Universitaire de Technologie
Département d'Illustration
Olbrichsweg 10
64287 Darmstadt

L'édition originale de cet ouvrage a été
publiée en allemand sous le titre :
*Taschenatlas der Geburtshilfe*


Direction éditoriale : Andrée Piekarski
Secrétariat d'édition : Brigitte Peyrot
Fabrication : Michel Perrin, Philippe Deleu
Couverture : Studio de création Flammarion

**www.medecine.flammarion.com**

Pour recevoir le catalogue Flammarion Médecine-Sciences,
il suffit d'envoyer vos nom et adresse à

**Flammarion Médecine-Sciences**
4, rue Casimir-Delavigne
75006 Paris

ISBN : 2-257-10113-8

# Avant-propos



Contrairement aux ouvrages d'obstétrique « classiques », nous avons mis en œuvre ici le « principe de l'atlas de poche » : la représentation graphique du contenu sur une page et le texte correspondant sur la page opposée. Cette présentation a fait ses preuves ; elle donne une vue d'ensemble claire et concise de l'obstétrique aux médecins, aux étudiants, aux sages-femmes, aux élèves sages-femmes, aux membres du personnel et même aux profanes.

Un défi particulier a consisté à disposer le contenu de la spécialité en tableaux séparés de telle façon que chaque double page développe une entité médicale judicieuse. À côté de ces petites unités tableau-texte, nous avons divisé le thème en gros blocs. Ces blocs traitent successivement des données fondamentales de l'obstétrique, des méthodes de diagnostic et ensuite, dans l'ordre chronologique, du déroulement de la grossesse, de l'accouchement, du nouveau-né et des suites de couches. En annexe on trouvera encore d'importantes précisions légales telles que la loi de protection de la maternité, et une liste de médicaments[1].

Les planches illustrées ne visualisent pas uniquement des thèmes purement médicaux/scientifiques. La présentation tient compte également de tout une série d'aspects psychologiques et sociologiques – tâche particulière qui a nécessité la mise en œuvre de solutions d'un type nouveau. Nous avons essayé ainsi de permettre la perception rapide du message central d'un thème et d'un arrière-plan grâce à des exposés concis mais illustrés.

Les processus, les évolutions et les fonctions constituent le point central des graphiques et permettent de visualiser la réalité sans utiliser des présentations photographiques et sans tenir compte des proportions exactes. La dimension esthétique du thème nécessite la mise en œuvre de modèles visuels réduits à leurs aspects essentiels et rend possible des points de vue et des modes de présentation nouveaux, comme par exemple dans le traitement d'images groupées ou isolées, par l'utilisation d'échelles de représentation volontairement différentes, ou bien de formes identiques qui mettent en valeur une succession de processus.

Nous espérons que les planches illustrées auront pour effet d'aider lectrices et lecteurs à saisir les corrélations scientifiques grâce à la suppression « manifeste » d'informations inutiles et à des graphiques fonctionnels et vivants.

Nous sommes très reconnaissants aux collègues, sages-femmes et infirmières pour les nombreuses idées qu'ils nous ont données et nous les remercions beaucoup. Nous aimerions remercier également :

- Monsieur le Privat-Dozent Dr Mathias Meyer-Wittkopf, pour son aide sur l'iconographie échographique,
- Madame le Dr Gabrielle Schmitz-Ziegler, pour les nombreuses remarques critiques et suggestions d'amélioration,

ainsi que tout particulièrement

- Madame Stéphanie Engelhardt, pour son large soutien par de nombreux moyens, ses propositions concrètes sur les textes et les représentations visuelles, et enfin pour son infinie patience qui nous a accompagnés tout au long de l'ouvrage.

Nous espérons recevoir un écho favorable de nos lectrices et de nos lecteurs, après une lecture que nous souhaitons agréable et utile. Nous nous réjouissons de chaque sorte de critique – ce n'est que de cette façon que le livre pourra se développer et éventuellement s'améliorer.

Avril 2002

*Kay Goerke*
Marburg/Schwetzingen

*Jürgen Wirth*
Darmstadt

1. *Note du traducteur :* En accord avec les auteurs et la maison Thieme, nous n'avons pas jugé utile de traduire cette annexe, peu pertinente en dehors de l'Allemagne. Le lecteur trouvera en revanche des extraits de la législation française ainsi qu'un aperçu du carnet de santé maternité français.

**Précision importante :** comme les autres sciences, la médecine est soumise à un développement continuel. La recherche et l'expérience clinique élargissent nos connaissances, en particulier dans le domaine des soins et des traitements médicamenteux. Pour autant que cet ouvrage recommande un dosage ou une application, le lecteur doit être sûr que les auteurs, l'éditeur et la maison d'édition se sont appliqués pour que cette information corresponde à **l'état de la science lors de l'achèvement de l'ouvrage**. La maison d'édition ne peut toutefois **donner aucune garantie.**
**Chaque utilisateur est tenu de vérifier** soigneusement la notice d'utilisation des médicaments, le cas échéant de consulter un spécialiste et de déterminer si leurs recommandations relatives aux dosages et aux indications ne diffèrent pas des données de ce livre. Cette sorte de contrôle est particulièrement importante pour des préparations rarement utilisées ou pour celles qui ont été mises récemment sur le marché. **Chaque dosage et chaque application sont donnés aux risques et périls de l'utilisateur**. Les auteurs et la maison d'édition demandent à chaque utilisateur de leur signaler toute imprécision frappante.
Les noms des produits protégés (marques déposées) **ne sont pas** spécialement identifiés. On ne peut donc rien conclure de l'absence d'une telle indication ; on ne peut ainsi pas en conclure qu'il s'agit d'un nom de produit libre.

# Abréviations



**AP** : antéro-postérieur

**BIP** : diamètre bipariétal

**CIVD** : coagulation intravasculaire disséminée

**CTG** : cardiotocographie

**DI** : détroit inférieur

**DM** : détroit moyen

**DS** : détroit supérieur

**env.** : environ

**évent.** : éventuellement

**GEU** : grossesse extra-utérine

**Hb** : hémoglobine

**HGPO** : hyperglycémie provoquée per os

**IV** : intraveineux

**IRM** : imagerie par résonance magnétique

**j.** : jour

**LA** : liquide amniotique

**LCC** : longueur crânio-caudale

**M.** : muscle

**MSF** : microanalyse du sang fœtal

**NFS** : numération formule sanguine

**p.** : page

**p.c.** : post-conception

**par ex.** : par exemple

**PVC** : prélèvement de villosités choriales

**RCF** : rythme cardiaque fœtal

**RCIU** : retard de croissance intra-utérin

**SA** : semaine d'aménorrhée

**sem.** : semaine

**TT** : terme théorique

**TV** : toucher vaginal

# Table des matières

# I

## Données fondamentales

## A. Taux de natalité dans le monde

L'évolution démographique mondiale constitue un problème considérable pour ce millénaire. Alors que dans les pays industrialisés la natalité a constamment diminué et continue de baisser, dans les pays dits en voie de développement on enregistre un considérable excédent de naissances. Dans la plupart de ces pays la natalité continue même de croître. Malgré des mesures politiques parfois drastiques (par exemple en Chine où le gouvernement fait de la propagande pour l'enfant unique) pour réduire la population, on n'observe pas de réel renversement de la situation. Le chiffre de population mondiale double actuellement en une trentaine d'année. Ce temps de doublement continue de raccourcir.

En **A.**, on peut voir quelques taux de naissances vivantes pour 100 000 habitants par pays ou continents.

## B. Natalité en Allemagne

Une baisse de natalité a été enregistrée en Allemagne durant les dernières décennies. Dans les dernières années on enregistre cependant un léger accroissement de la natalité **(1.)**. Il faut malgré tout relever qu'en moyenne le nombre des décès dépasse celui des naissances. Il en résulte une diminution de la population totale. L'immigration ne compense pas tout à fait ce déficit démographique **(2.)**. À l'origine de ceci on note d'une part l'élévation du niveau de vie : l'enfant n'est plus considéré comme une assurance vieillesse.

D'un autre côté, l'accouchement du premier enfant survient de plus en plus tard (par exemple après la formation professionnelle) de sorte que le nombre d'enfants par couple a nettement chuté. Ceci a diverses conséquences sur la politique démographique, par exemple :

- sur l'équilibre du système des retraites,
- sur le vieillissement de la population,
- sur l'augmentation de certaines maladies dans la population générale,

cela va même jusqu'à influencer la conduite de l'accouchement.

## C. Mortalité périnatale

Selon l'OMS (Organisation Mondiale de la Santé) la *mortalité périnatale* se définit par le nombre de tous les enfants morts avant ou pendant l'accouchement, ou durant les 7 premiers jours de vie lorsque leur poids est supérieur à 500 g. Son taux est établi par rapport à 1 000 naissances (d'enfants vivants ou mort-nés).

La *mortalité infantile* est le nombre d'enfants morts au cours de la première année pour 1 000 naissances vivantes.

En Allemagne, on a obtenu au cours des 20 dernières années une réduction de la mortalité périnatale de 19,3 pour 1 000 (1975) à des valeurs comparables à certains chiffres internationaux et inférieurs à 5 pour 1 000 (1996). Le traitement des grossesses à risque dans des centres périnatals a sûrement beaucoup contribué à ce résultat.

Près de 60-70 % des décès périnatals s'expliquent par la prématurité, environ 20-25 % par des malformations congénitales. La mortalité varie avec le poids de naissance :

| Poids de naissance | Risque |
|---|---|
| < 1 000 g | 40,0 % |
| 1 000-1 500 g | 18,0 % |
| 1 500-2 000 g | 2,5 % |
| 2 000-2 500 g | 1,1 % |
| > 2 500 g | < 0,5 % |

## D. Mortalité maternelle

Selon l'OMS, la mortalité maternelle correspond aux décès féminins survenant après des complications de la grossesse, de l'accouchement ou du post-partum (jusqu'à 6 semaines après l'accouchement).

Avant le début de l'antisepsie moderne, l'accouchement présentait un risque important pour la femme (jusqu'à 25 000 décès pour 100 000 naissances vivantes). Actuellement en Europe, la mortalité maternelle se situe à 10-12 pour 100 000. En Allemagne elle s'élève à 8,9 pour 100 000 (1997).

## Épidémiologie

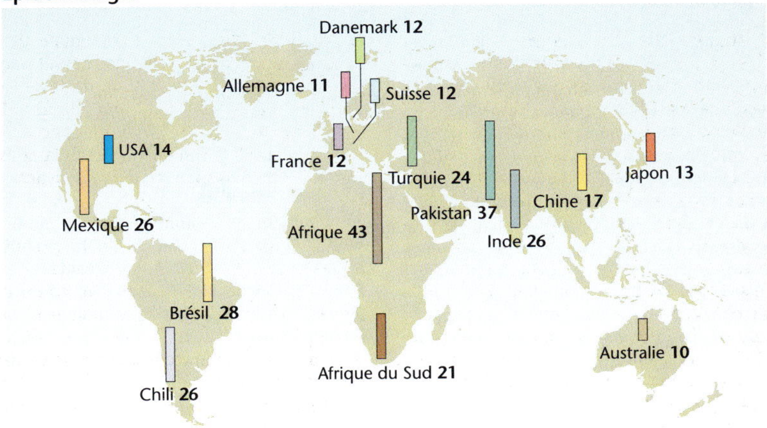


**A. Taux de natalité dans le monde (naissances pour 100 000 habitants)**

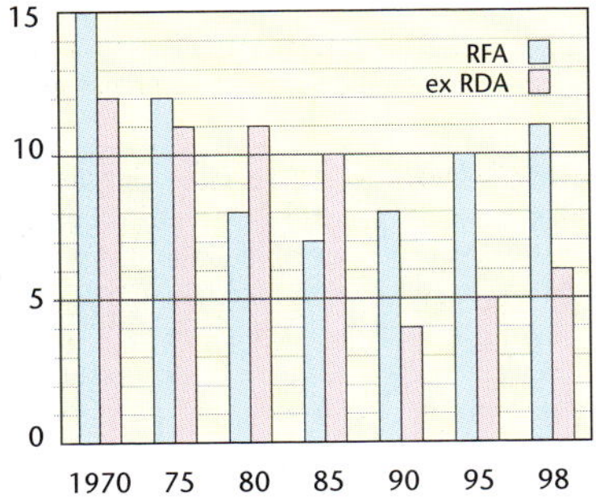


**1.** Taux de natalité pour 100 000 hab.

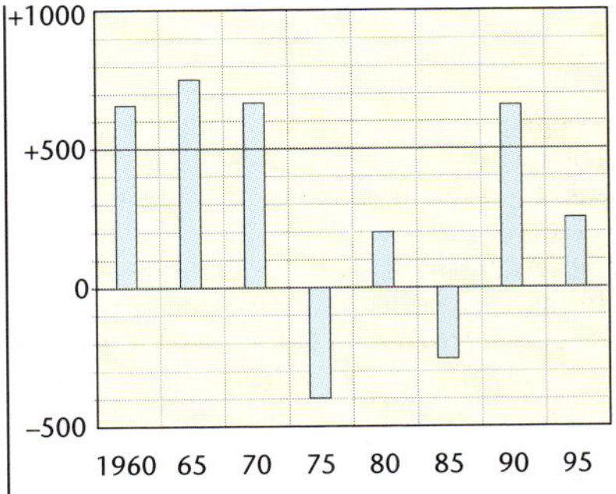


**2.** Hausse/baisse de population × 1 000

**B. Taux de natalité en Allemagne**

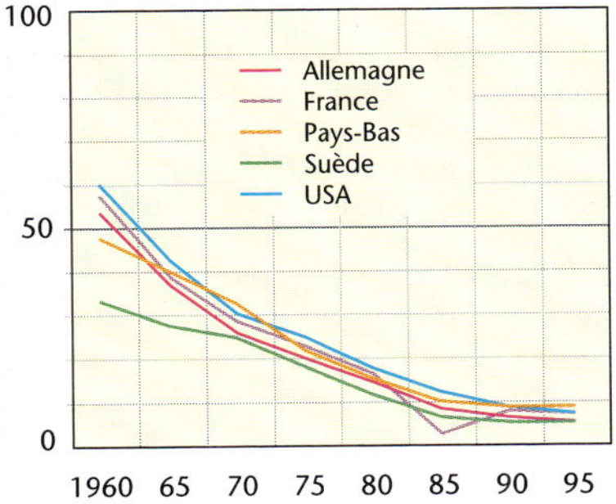


**C. Mortalité périnatale p. 1 000**

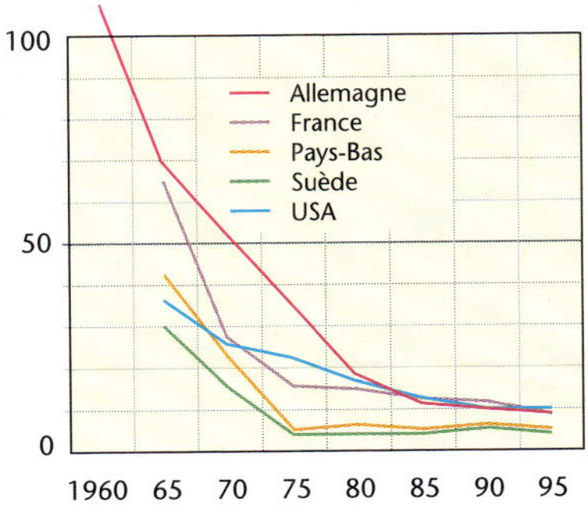


**D. Mortalité maternelle p. 100 000**

## A. Législation de la protection maternelle. Interdiction du travail

La législation de la protection maternelle – loi protégeant la mère au travail – réglemente l'activité professionnelle des femmes enceintes. Elle détermine, entre autres, les activités interdites durant la grossesse (voir Annexe).

La loi interdit de travailler durant les 6 semaines précédant l'accouchement (une activité professionnelle est toutefois possible si la gestante le souhaite formellement) et durant les 8 semaines suivant l'accouchement. Le deuxième délai est porté à 12 semaines en cas d'accouchement gémellaire ou prématuré (accouchement avant la 37ᵉ semaine révolue). Les femmes soumises à la protection maternelle perçoivent une allocation de maternité à la hauteur de leur salaire net. La loi précise qu'elles ne doivent pas subir de préjudice financier (par exemple par l'interdiction des heures supplémentaires ou du travail de nuit).

La loi prévoit également d'accorder des pauses pour l'allaitement après la reprise du travail et en outre une protection contre le licenciement. L'interdiction générale de licenciement couvre :

- la grossesse,
- les 4 mois suivant l'accouchement,
- le congé parental et les 2 mois suivants.

Selon les contrats de travail, le congé parental peut aller jusqu'à la fin de la 3ᵉ année de l'enfant (par exemple dans le service public). Le congé parental peut être partagé entre les partenaires.

## B. Directives concernant la maternité

Les directives concernant la maternité sont des promulgations de la Commission Fédérale des Caisses Maladie et des Médecins. Elles doivent assurer « des soins suffisants, utiles » et soutenir financièrement « les assurées durant la grossesse et après l'accouchement ».

Pour cela, elles préconisent aussi bien des mesures à appliquer de routine à chaque gestante que des mesures à appliquer dans certaines situations à risque. Voici le détail de ces mesures :

**Anamnèse :** familiale, personnelle, obstétricale et sociale.

**Examens généraux :** examen gynécologique, frottis bactériologique à la recherche de *Chlamydiae*, tension artérielle, poids, examen des urines, taux d'hémoglobine, configuration de l'utérus, activité cardiaque et présentation du fœtus.

**Examens sérologiques :** groupe sanguin, facteur Rhésus, recherche d'anticorps (2 fois), syphilis, rougeole, hépatite B, VIH le cas échéant.

**Examens par ultra-sons :** 9ᵉ-12ᵉ SA (p. 57), 19ᵉ-22ᵉ SA (p. 107), 29ᵉ-32ᵉ SA.

**Examens spéciaux :** pour la surveillance des grossesses à risque on a établi un catalogue particulier (p. 68 et suiv.). Des directives ont été promulguées pour des examens complémentaires (par exemple l'ultrasonographie Doppler, la cardiotocographie, les examens sérologiques).

Les directives concernant la grossesse n'ont pas force de loi, elles servent essentiellement de guides pour juger de l'obligation de soins attentifs, en particulier dans les questions de responsabilité légale.

## Loi concernant les sages-femmes

L'Allemagne est le seul pays au monde dans lequel la profession de sage-femme a un statut professionnel équivalent à celui du médecin. Ceci la distingue des auxiliaires médicaux, comme par exemple les infirmières[1].

Ainsi la surveillance d'une grossesse normale, d'un accouchement normal, ou de suites de couches normales peut être réalisée par une sage-femme ou – très rarement – par un infirmier en soins obstétricaux. La sage-femme doit pouvoir reconnaître la survenue éventuelle d'une anomalie et devra alors appeler un médecin.

D'un autre côté, chaque médecin y compris un spécialiste en gynécologie-obstétrique a l'obligation lors d'un accouchement d'avoir recours à une sage-femme.

La situation d'une sage-femme employée d'une clinique est juridiquement compliquée du fait qu'elle est partiellement dépendante des instructions du médecin. Une coopération confiante entre les deux groupes professionnels peut toutefois garantir des soins optimaux aux gestantes et aux parturientes.

---

1. *Note du traducteur :* la situation est semblable en France où la profession de sage-femme est considérée comme « profession médicale ».

## Législation de la protection maternelle, directives concernant la maternité

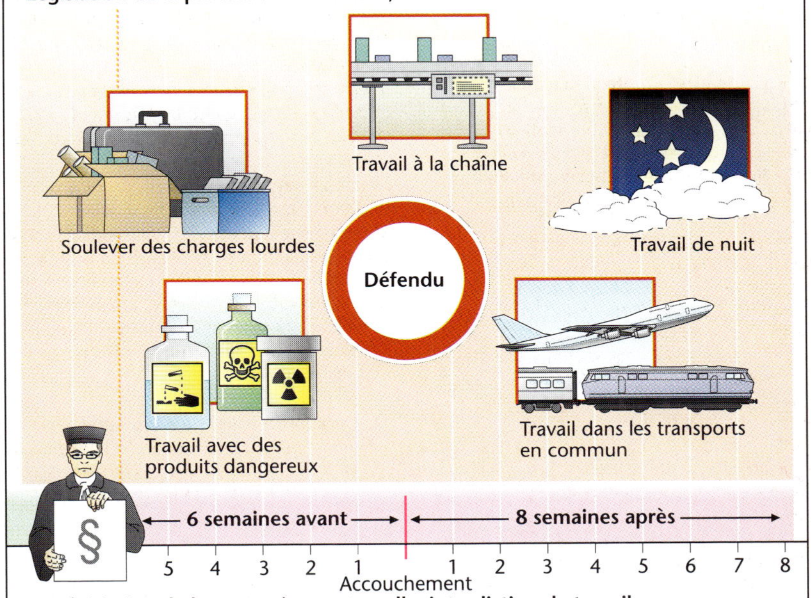


A. Législation de la protection maternelle, interdiction de travail

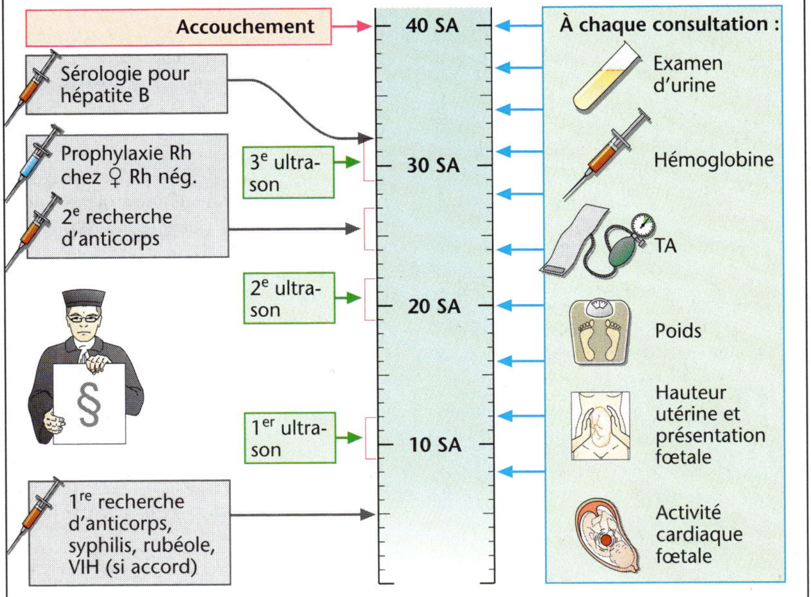


B. Directives concernant la maternité

Les organes génitaux se répartissent en organes génitaux externes et en organes génitaux internes ; la limite entre les deux est formée par une membrane muqueuse (hymen). On trouve en outre des caractères sexuels extragénitaux, dits secondaires.

## A. Le sein

La topographie pilaire, la répartition de la graisse et les seins sont des caractères sexuels secondaires. Ils se forment lors de la puberté sous l'influence d'un taux croissant d'hormones **(1.)**.

Le corps glandulaire proprement dit **(2.)** est constitué de 15-20 lobes dont chacun possède son propre système d'écoulement (canal galactophore) qui aboutit au mamelon. Les lobes se divisent en lobules qui de leur côté renferment les petites vésicules (acini) qui sont le véritable lieu de production du lait (p. 248). Le mamelon est entouré par l'aréole.

Les différents lobes sont séparés les uns des autres par du tissu conjonctif lâche, les espaces entre les acini et les lobules sont surtout remplis par du tissu graisseux. C'est surtout lui qui est responsable de la forme et du volume du sein. La forme des seins est très variable d'un individu à l'autre. Chez la même femme les seins sont rarement symétriques.

Le sein recouvre le muscle grand pectoral, lui-même situé en avant des côtes. L'irrigation sanguine se fait par l'artère mammaire interne et par des branches de l'artère axillaire. Le drainage lymphatique se fait essentiellement vers les ganglions axillaires et dans une moindre mesure vers les ganglions rétro-sternaux ainsi que vers les ganglions sous- et sus-claviculaires.

## B. Malformations du sein

L'existence de seins surnuméraires se distingue de la véritable malformation mammaire. Près de 2 % de toutes les femmes présentent des seins surnuméraires ; le plus souvent ils sont situés au niveau du creux axillaire. Souvent on ne les découvre qu'après une naissance, au moment de la montée laiteuse. Du lait se forme alors dans le sein surnuméraire qui gonfle. Du fait d'un risque de dégénérescence légèrement augmenté, certains conseillent l'ablation de ce tissu ectopique ; d'autres pensent qu'une surveillance est suffisante, comme pour les seins en position normale. D'autres glandes mammaires ainsi que des ébauches complètes de mamelons surnuméraires peuvent se trouver le long de la ligne mammaire **(1.)**.

Par ailleurs, le sein peut être :

- ➤ complètement absent (amastie),
- ➤ trop petit (micromastie),
- ➤ trop grand (macromastie, **2.**).

On peut aussi voir des formes anormales, par exemple le sein en forme de trompe ou mamelle tubulaire **(3.)**. Le plus souvent une correction chirurgicale est nécessaire. La conservation de la possibilité d'allaiter dépend beaucoup de la technique opératoire.

## C. Organes génitaux externes

**1.** Ils comprennent :

- ➤ le mont du pubis, encore appelé mont de Venus, recouvert d'une pilosité à limite supérieure horizontale et nette,
- ➤ les grandes lèvres avec l'abouchement des glandes de Bartholin. Les glandes sécrètent un liquide lors de l'excitation sexuelle,
- ➤ les petites lèvres,
- ➤ le clitoris, organe érectile richement vascularisé et très sensible,
- ➤ le vestibule vaginal entre les petites et grandes lèvres et le clitoris,
- ➤ l'entrée du vagin (introït) avec la « petite peau de la vierge » ou hymen,
- ➤ le périnée, constitué en particulier des tissus situés entre l'arrière de l'introït (entrée du vagin) et l'avant de l'anus.

**2.** Les organes génitaux externes sont essentiellement irrigués par l'artère honteuse interne, branche de l'artère iliaque interne ; l'innervation provient du nerf honteux, émanation du plexus sacré. Les vaisseaux lymphatiques vont essentiellement vers les ganglions inguinaux.

## Organes génitaux externes, sein, anomalies mammaires

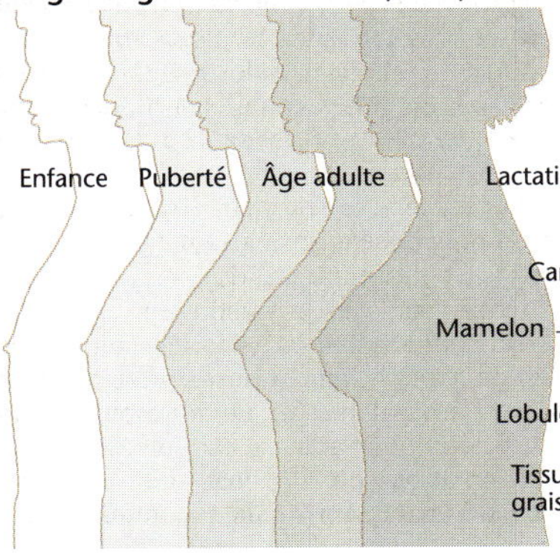


1. Développement du sein

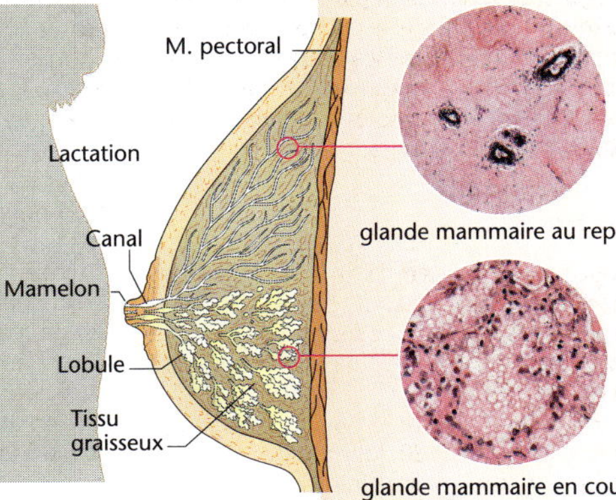


2. Anatomie de la glande mammaire

**A. Sein**

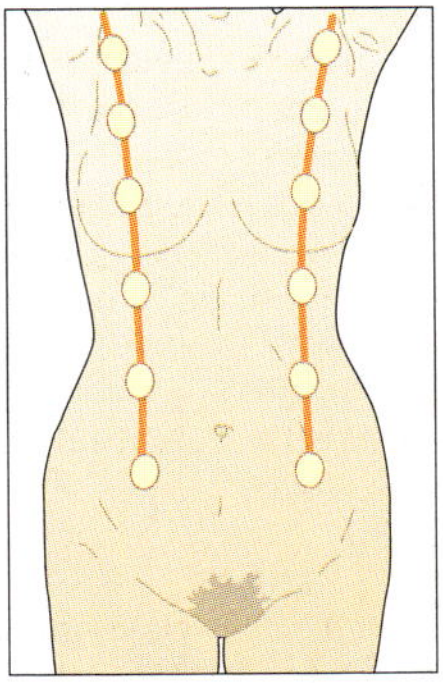

1. Mamelons accessoires sur la ligne mammaire

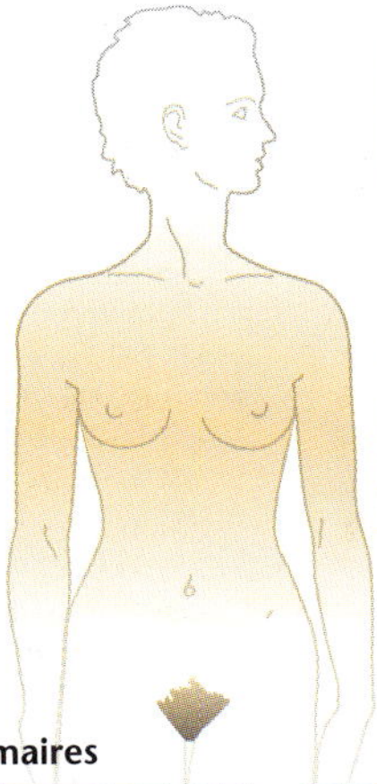

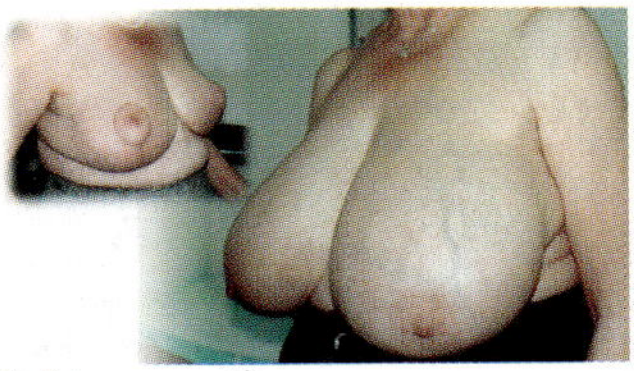

2. Macromastie

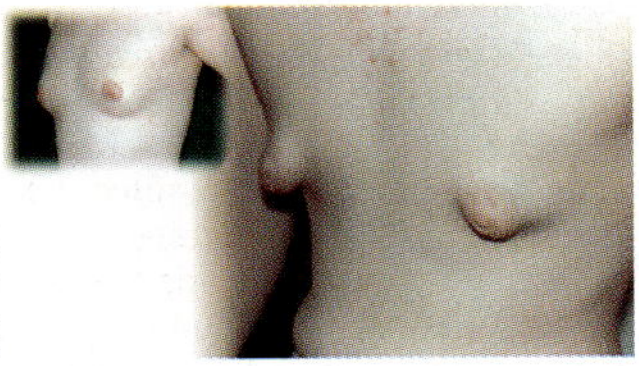

3. Sein tubulaire

**B. Malformations mammaires**

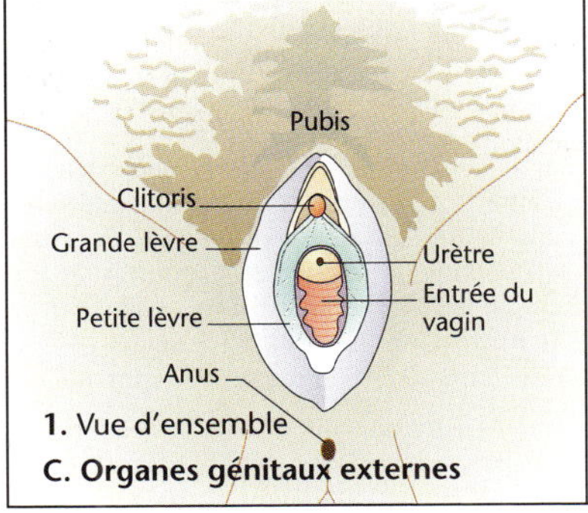


1. Vue d'ensemble

**C. Organes génitaux externes**

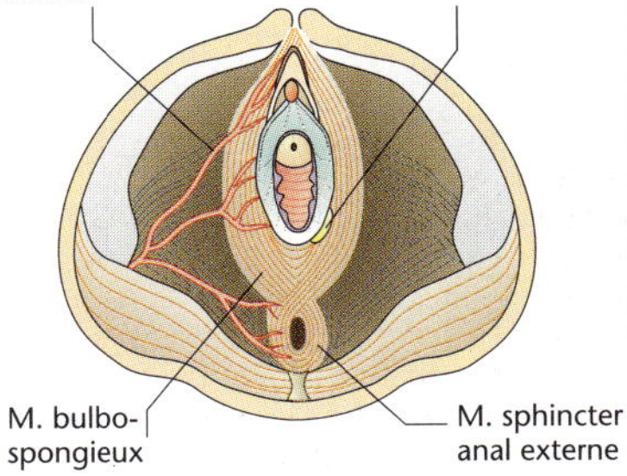


2. Vascularisation et musculature

## A. Organes génitaux internes

Les organes génitaux internes de la femme sont constitués par :

- le vagin,
- la matrice ou utérus,
- les trompes utérines,
- les ovaires,
- ainsi que leur système de soutien.

**Le vagin.** Le vagin est un conduit recouvert d'un épithélium pavimenteux stratifié non kératinisé. Le vagin s'étend de la vulve en bas, vers le col utérin en haut. Une partie de l'utérus fait saillie dans le vagin (portion vaginale du col utérin aussi appelée museau de tanche). Il en résulte un cul-de-sac circulaire avec un cul-de-sac antérieur, un cul-de-sac postérieur et deux culs-de-sac latéraux.

**L'utérus.** L'utérus est un organe musculaire. On distingue le col et le corps. Par rapport à l'axe du vagin, l'utérus est incliné vers l'avant (antéversion utérine). En ce qui concerne l'utérus lui-même, l'axe du corps est incliné vers l'avant, par rapport à l'axe du col (antéflexion). La paroi utérine est constituée de plusieurs tuniques :

- la tunique séreuse ou péritoine à l'extérieur,
- la tunique musculaire ou myomètre,
- la tunique muqueuse interne ou endomètre, sensible aux stimulations hormonales (p. 12, p. 38).

**Les trompes.** Les trompes s'étendent latéralement de la partie supérieure de l'utérus (fond) vers les ovaires dans le but de capter l'ovule avec leur pavillon. L'ovule sera transporté vers l'utérus grâce à des mouvements péristaltiques de la trompe et à l'activité des cils vibratiles de son épithélium **(3.)**.

**Les ovaires.** Les deux ovaires, approximativement de la taille d'une prune, sont situés de chaque côté de l'utérus, contre la paroi pelvienne. Le stock d'ovules est déjà complet lors de la naissance d'une fille. Une partie d'entre eux arrivera à maturité au cours de la vie.

**Les systèmes de soutien.** Les organes génitaux internes sont maintenus en position grâce à des ligaments. *L'utérus* est fixé par

- le ligament rond,
- les paramètres (structure conjonctive en situation latéro-cervicale),
- le ligament utéro-sacré.

*Les trompes* sont fixées de manière beaucoup plus lâche par le mésosalpinx, résultant de la duplication du péritoine.

*Les ovaires* sont reliés à l'utérus par le ligament ovarien propre et à la paroi pelvienne par le ligament suspenseur de l'ovaire (appelé encore ligament lombo-ovarien). Avec ce dernier cheminent les vaisseaux ovariens : l'artère ovarienne provenant de l'aorte ou de l'artère rénale.

**Les lymphatiques.** La lymphe du secteur utérin va essentiellement vers les ganglions lymphatiques pelviens et aortiques. La lymphe tubaire et ovarienne va surtout vers les ganglions aortiques.

**Rapports avec les organes voisins.** Très proches du vagin et du col utérin, on trouve en avant la vessie, en arrière le rectum. Entre la vessie et l'utérus on trouve un repli du péritoine : le cul-de-sac vésico-utérin. Entre l'utérus et le rectum un autre repli : le cul-de-sac rétro-utérin ou cul-de-sac de Douglas. C'est le point de plus bas de la cavité abdominale.

## B. Le bassin

**Le bassin osseux.** La ceinture pelvienne est composée du sacrum et de deux os coxaux (ou iliaques). Ceux-ci se rejoignent en avant par la symphyse et ferment ainsi l'anneau pelvien. Jusqu'à la fin de la puberté l'os coxal est composé de trois os séparés : l'os iliaque, l'ischion et l'os pubien.

L'entrée du bassin (détroit supérieur) est un ovale à grand axe transversal, la sortie du bassin (détroit inférieur) est un ovale à grand axe sagittal (p. 188).

**Les dimensions du bassin.** Il est important de connaître les dimensions du bassin pour bien diriger un accouchement. Au niveau du détroit supérieur, il est important de bien connaître la distance séparant le rebord postérieur du pubis du promontoire (conjugué vrai) qui s'élève normalement à 11 cm ; le diamètre transverse atteint en général 13,5 cm **(1.)**. Au niveau du détroit inférieur, le diamètre sagittal ne mesure que 9 cm ; lors de l'accouchement, il peut s'agrandir de 2,5-3 cm du fait du refoulement du coccyx par la tête fœtale **(2.)**.

## Organes génitaux internes, bassin

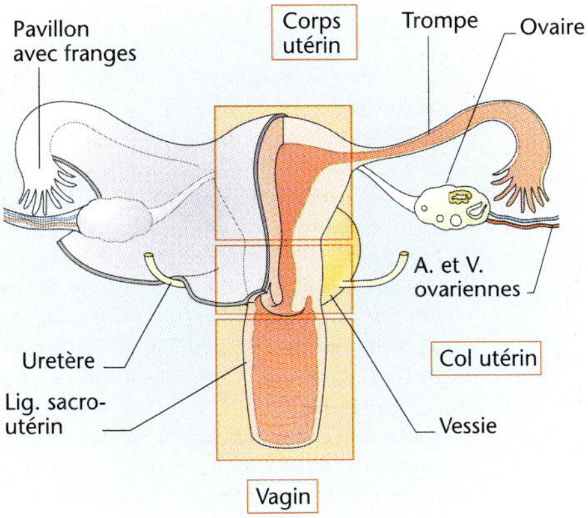


**1.** Vue frontale

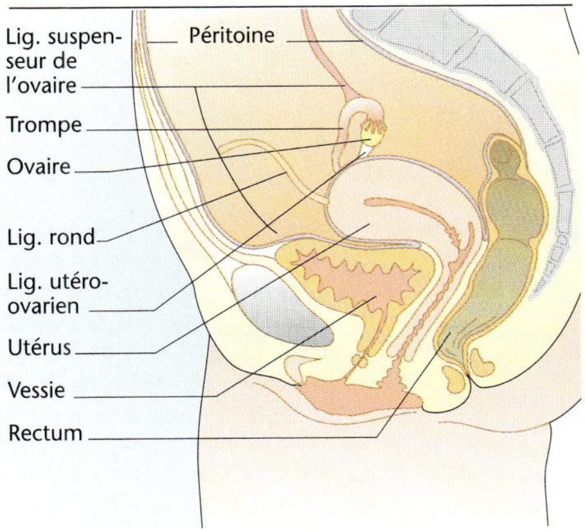


**2.** Vue sagittale

**A. Organes génitaux internes**

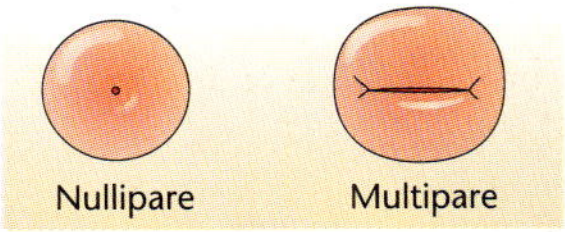


**a)** Orifice cervical

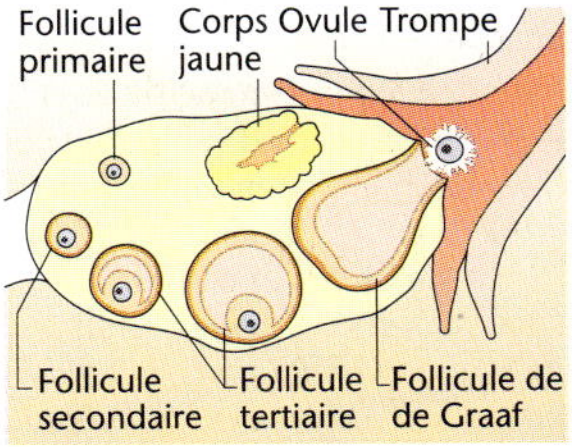


**b)** Ovaires avec les follicules

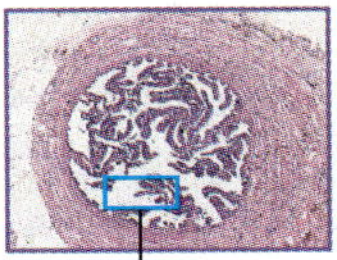

**c)** Trompe

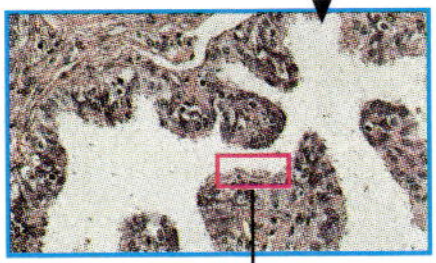

**d)** Muqueuse

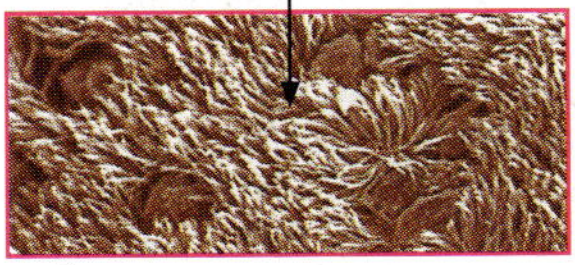

**e)** Épithélium cilié

**3.** Détail des organes

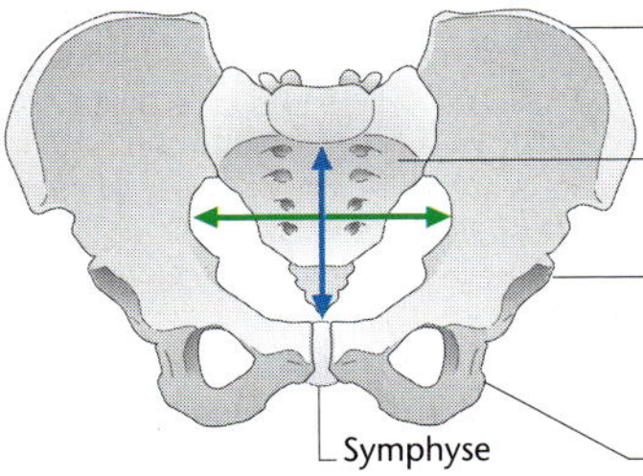


**1.** Vue frontale

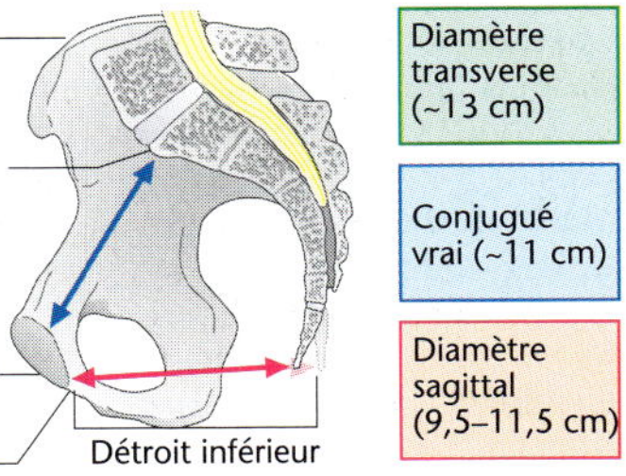


**2.** Vue sagittale

**B. Bassin**

## A. Plancher pelvien

Le plancher pelvien ferme l'excavation pelvienne vers le bas. Il est composé de plusieurs couches de tissus musculaires et conjonctifs.

La couche la plus interne (diaphragme pelvien, **1.**, **2.**) est essentiellement composée du muscle releveur de l'anus, la couche moyenne (diaphragme uro-génital, **3.**) du muscle transverse profond et d'une couche d'aponévrose. La couche la plus externe est constituée par les sphincters, le muscle transverse superficiel et le muscle ischio-caverneux.

La fente uro-génitale, située entre les deux muscles releveurs de l'anus, laisse un passage, d'avant en arrière, pour l'urètre, le vagin et le rectum **(2.)**.

## B. Anomalies du bassin

Les anomalies pelviennes osseuses pouvant influencer l'accouchement sont soit congénitales soit acquises. Concernant les dernières, il s'agit surtout d'anomalies suite à des accidents impliquant le pelvis.

Les mesures internes du bassin n'étant pas possibles, on tourne la difficulté en faisant des mesures externes à l'aide d'un compas obstétrical. Les mensurations obtenues de cette façon n'ont toutefois qu'un intérêt limité pour le pronostic obstétrical. Ainsi le diamètre conjugué vrai est-il mieux corrélé avec la pointure des chaussures qu'avec les dimensions externes du bassin.

Les principales anomalies du bassin sont :

- *bassin généralement rétréci :* le bassin est harmonieusement rétréci, par exemple en cas de nanisme ou d'infantilisme,
- *bassin plat (rachitique) :* très rare depuis l'introduction de la prévention du rachitisme ; la projection du promontoire vers l'avant et la bascule des os iliaques amènent au rétrécissement du conjugué vrai **(2.)**,
- *bassin rétréci transversalement (bassin viril) :* bassin de type masculin avec un détroit supérieur plutôt arrondi ; le diamètre transversal du détroit supérieur est rétréci, en raison de l'arrêt du développement des parties latérales du bassin à la puberté,
- *bassin rétréci asymétrique :* l'inclinaison du bassin résulte d'une pression asymétrique par la colonne lombaire du fait d'une forte scoliose ; des anomalies des membres inférieurs peuvent amener des différences de pression sur les cotyles (*bassin de boiterie*, **3.**),
- *bassin d'assimilation (ou bassin de Kirchhoff) :* le sacrum est allongé en raison de la sacralisation de la 5^e^ vertèbre lombaire **(4.)**,
- *bassin en entonnoir rétréci sagittalement :* le sacrum se rapproche de la symphyse et le détroit inférieur est rétréci ; souvent s'y associe un rétrécissement de l'ogive pubienne,
- *bassin en entonnoir rétréci transversalement :* les tubérosités ischiatiques se rapprochent l'une de l'autre et le détroit inférieur est rétréci ; souvent en cas de virilisme et d'infantilisme.

Avant de décider une césarienne il faudra toujours évaluer l'importance d'une anomalie du bassin au cas par cas, en tenant compte de la taille et de la présentation du fœtus. Il faut toutefois compter avec un accouchement plus long et avec un mécanisme atypique (p. 200) si l'on opte pour la voie basse.

## C. Malformations utérines

**Malformations congénitales.** L'utérus résulte de la fusion des deux canaux de Müller, lors de la phase embryonnaire. Les perturbations de cette fusion peuvent induire des anomalies utérines de gravité variée selon le moment de leur survenue et selon leur étendue. Les schémas ci-contre montrent les formes les plus fréquentes.

Selon le degré de gravité de la malformation, il faut s'attendre, chez la femme adulte, à des problèmes durant la nidation, durant la grossesse et/ou durant l'accouchement. Le diagnostic se fonde surtout sur l'examen gynécologique, l'échographie ou la cœlioscopie. Les anomalies utérines sont souvent associées à des anomalies du système urinaire et du squelette.

**Anomalies acquises.** Les anomalies les plus importantes sont les fibromes. Ils peuvent exposer à des problèmes lors de la nidation ou encore lors de l'accouchement du fait de leur volume et de leur localisation.

## Plancher pelvien, anomalies du bassin, malformations de l'utérus

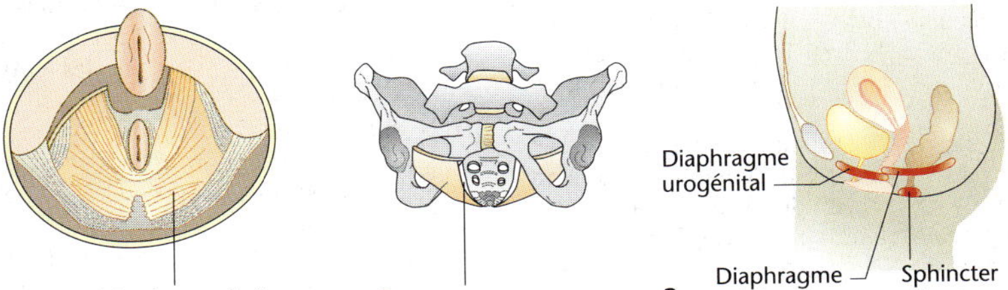


1. 2. 3.

**A. Plancher pelvien**

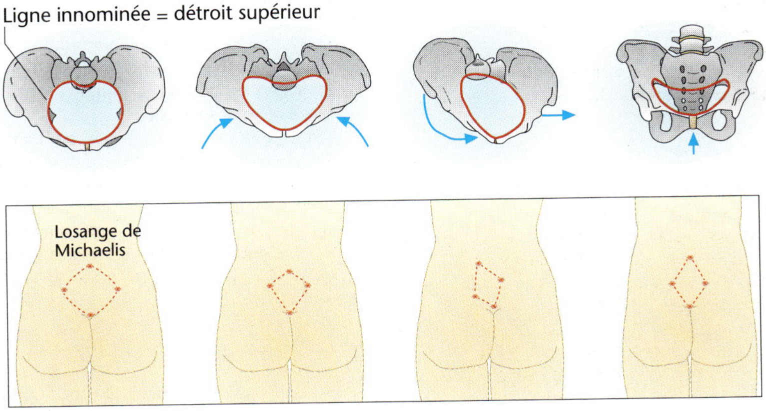


**1.** Bassin normal **2.** Bassin plat **3.** Bassin rétréci asymétrique **4.** Bassin d'assimilation

**B. Anomalies du bassin**

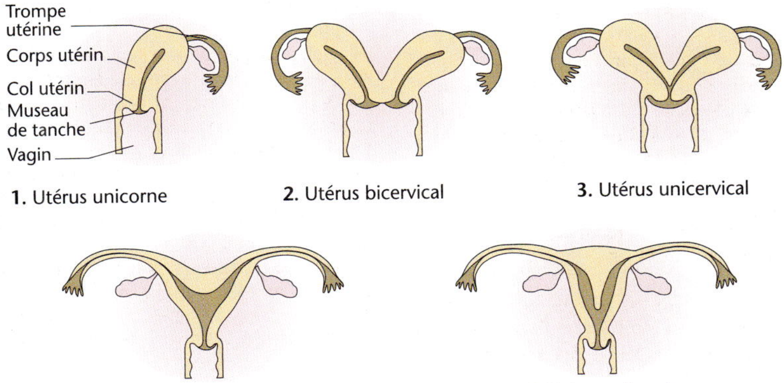


**1.** Utérus unicorne **2.** Utérus bicervical **3.** Utérus unicervical

**4.** Utérus arcuatus ou cordiforme **5.** Utérus subseptus

**C. Malformations utérines**

## A. Cycle menstruel

Le cycle menstruel dure normalement 28 jours. Il débute par définition avec le premier jour des règles. On peut lui distinguer trois phases :

- *la phase menstruelle* **(1.)** : la couche fonctionnelle de la muqueuse utérine (ou endomètre) est éliminée au moment des règles,
- *la phase proliférative* **(2.)** : l'endomètre se reconstitue jusqu'à l'ovulation,
- *la phase sécrétoire* **(3.)** : après l'ovulation l'endomètre subit des transformations qui le rendent apte à la nidation d'un ovule fécondé.

On parle successivement de phase œstrogénique ou folliculaire puis de phase progestéronique, lutéale ou phase du corps jaune selon qu'on se réfère à l'hormone prédominante dans le sang ou au stade de développement de l'ovaire.

**Phase proliférative (phase folliculaire ; 2.).** Le follicule en croissance sécrète la progestérone (au niveau des cellules granulosiques) qui favorise sa propre maturation. Le follicule sécrète surtout de l'œstradiol ($E_2$, au niveau des cellules de la thèque interne) qui, transmis par voie sanguine à l'utérus, va y provoquer le développement de l'endomètre (prolifération). On aboutit ainsi à un net développement de l'endomètre, objectivable par échographie. Au milieu du cycle un taux hormonal normal doit s'accompagner d'une hauteur endométriale d'au moins 12 mm.

Suite à cela la sécrétion hypophysaire est d'abord freinée par l'œstrogène (effet rétroactif négatif ; **B.**). Le taux d'œstrogène reste à un niveau stable.

**Ovulation.** Après environ 10-11 jours, l'œstradiol ($E_2$) de la thèque interne et des cellules de la granulosa commence à stimuler la transformation des androgènes en œstrogènes. Ainsi vers le 12$^e$ jour survient une hausse subite de l'œstradiol sanguin (pic d'$E_2$). Ceci provoque une libération explosive de LH (hormone lutéinisante) qui sera suivie 12 heures plus tard d'une ovulation. Le follicule se rompt, son ovule est enlevé de l'ovaire par un courant liquide. Ceci l'amènera normalement dans la trompe puis dans l'utérus. C'est durant le passage dans la trompe que peut se produire la fécondation (p. 38.).

**Phase sécrétoire (phase lutéale ; 3.).** Après l'ovulation le follicule rompu se transforme en corps jaune (corpus luteum) sécrétant de grandes quantité d'œstrogènes et de progestérone. La progestérone transforme l'endomètre avec :

- une augmentation des formations glandulaires,
- le développement des artérioles spiralées.

Au niveau de l'hypophyse les œstrogènes et la progestérone ont un effet rétroactif négatif. On aboutit à un niveau stable de LH et de FSH (hormone folliculo-stimulante). Ce niveau est toutefois plus élevé qu'en phase folliculaire.

Si l'ovocyte n'est pas fécondé durant son passage tubaire, le corps jaune sécrète de l'ocytocine après 13 jours. Il provoque ainsi sa propre involution. Ceci amène une chute du taux sanguin de progestérone et finalement une hémorragie menstruelle (= hémorragie par privation de progestérone).

La phase sécrétoire est la phase du cycle la plus constante. Ainsi lorsque la durée du cycle n'est pas de 28 jours, la 2$^e$ phase du cycle est toujours de 14 jours et c'est la phase proliférative qui est plus ou moins longue.

## B. Mécanisme de la rétroaction (feedback)

La sécrétion des hormones anté-hypophysaires est réglée par la sécrétion pulsatile de GnRH (*gonadotropin releasing hormone*). À côté d'un effet rétroactif court de FSH et LH sur l'hypothalamus (*short-loop-feedback*) il y a aussi une régulation par les taux d'œstrogènes et de progestérone (*long-loop-feedback*). C'est ainsi que dans la première moitié du cycle, la sécrétion de FSH sera réduite par les taux croissants d'œstrogènes. En mi-cycle, sous réserve d'atteindre un niveau suffisant, le pic d'œstrogène stimulera la sécrétion de LH.

## Cycle sans conception

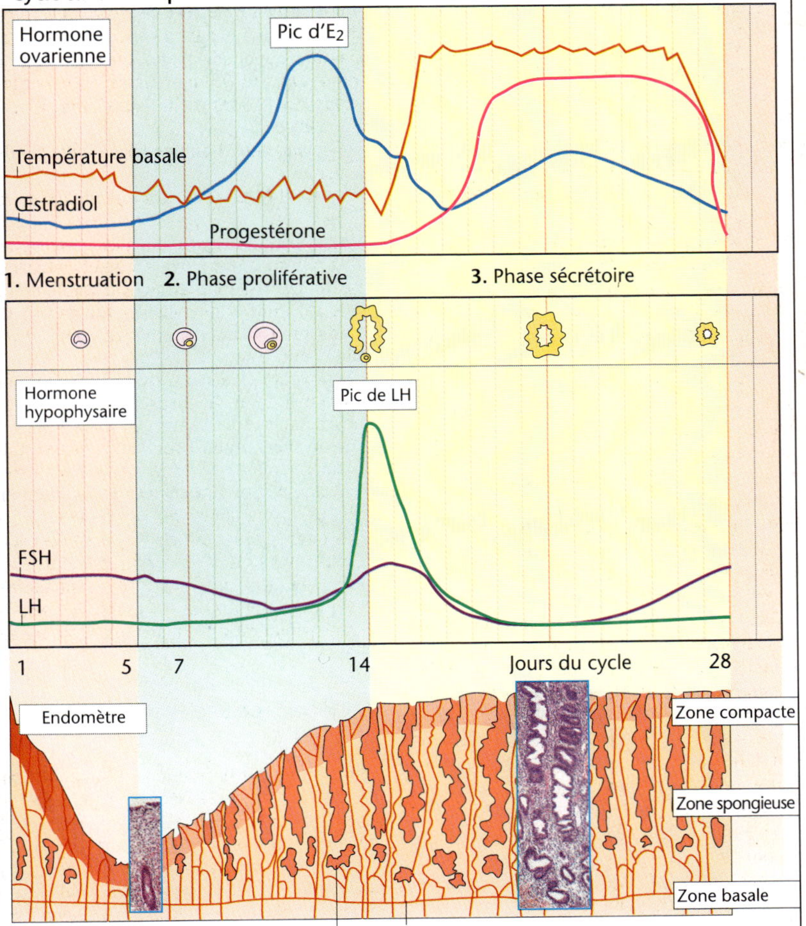


**A. Cycle menstruel**

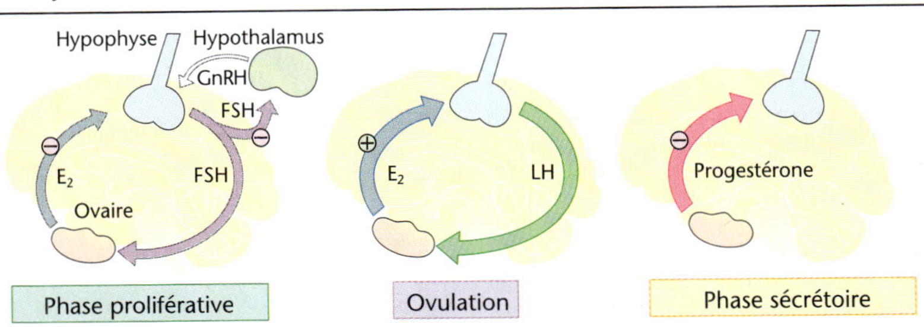


**B. Mécanisme de rétroaction (feed-back)**

# II

## Méthodes d'examen

## A. Examens physiques

Lors du premier examen prénatal, on pratique un examen physique complet. Il est nécessaire de dépister les maladies et/ou les facteurs de risques qui pourraient amener des problèmes lors du déroulement de la grossesse.

On examinera les systèmes organiques suivants **(1.)** :

- *le système cardiovasculaire :* auscultation du cœur, examen des membres inférieurs à la recherche de varices, palpation des pouls des jambes et des pieds, mesure de la tension artérielle et du pouls,
- *le système respiratoire :* auscultation et percussion des poumons,
- *le système urinaire et génital :* douleurs à la percussion des loges rénales, examen soigneux des seins, évaluation de la configuration de l'utérus (voir plus bas),
- *le système digestif :* inspection de la cavité buccale et des dents (il faudrait également suggérer un examen chez le dentiste), palpation de l'abdomen à la recherche de résistances pathologiques ou de douleurs,
- *détermination de la taille et du poids* (avec établissement d'une courbe de poids),
- *le système neurologique :* selon le cas.

Les 4 manœuvres de Leopold servent à l'examen externe de l'utérus et indirectement à l'examen du fœtus **(2.)** :

**1re manœuvre de Leopold.** On détermine la hauteur utérine.

Cela permet l'appréciation grossière d'un bon développement fœtal par rapport à l'âge de la grossesse. Le niveau du bord supérieur de l'utérus est comparé à des repères corporels (symphyse, ombilic, rebord costal) ; une manière commode est d'évaluer la hauteur utérine en travers de doigts. On peut aussi évaluer en centimètres la distance entre la symphyse et le fond utérin (voir aussi p. 104).

**2e manœuvre de Leopold.** On recherche l'emplacement du dos du fœtus.

À travers les parois de l'abdomen et de l'utérus on arrive approximativement, à partir de la 24e semaine d'aménorrhée, à différencier le dos fœtal (dur et gros, plutôt rectiligne ou légèrement incurvé) des bras et jambes (appelés petites parties).

**3e manœuvre de Leopold.** Détermination de la présentation (céphalique ou siège).

La tête est plus mobile par rapport au tronc que le siège. Elle est plus dure.

**4e manœuvre de Leopold.** On vérifie si la présentation fœtale est déjà fermement descendue dans le détroit supérieur.

Pour cela on tente avec les deux mains de passer entre le bassin et la présentation fœtale.

## B. Examen vaginal

Il est important lors du TV (toucher vaginal) d'examiner en particulier la partie vaginale du col et son orifice. De plus on va palper le bassin osseux. Il est important de vérifier si :

- le promontoire est accessible,
- le rebord postérieur de la symphyse présente des anomalies,
- l'ogive pubienne est plutôt spacieuse ou plutôt rétrécie.

Ceci peut orienter vers des difformités du bassin.

**1.** Lors du premier examen prénatal, un prélèvement cytologique pour le dépistage précoce du cancer est également pratiqué. En cas d'anomalies macroscopiques, on effectue un examen avec une loupe grossissante (colposcopie). On devrait aussi déterminer chaque fois le pH vaginal ; cela donne de précieux renseignements sur le milieu vaginal. Physiologiquement c'est un milieu acide, avec un pH d'environ 4,5. Ceci protège des infections bactériennes ou mycosiques.

**2.** La longueur du col est évaluée soit en centimètres (3 à 0 cm) soit à l'aide d'adjectifs comme « long », « raccourci » ou « effacé ».

**3.** La dilatation du col peut elle aussi s'évaluer en centimètres ou à l'aide d'adjectifs comme « fermé », « perméable à la pulpe », « perméable à 1 doigt » ou « perméable à 2 doigts ».

## Examen physique, examen vaginal

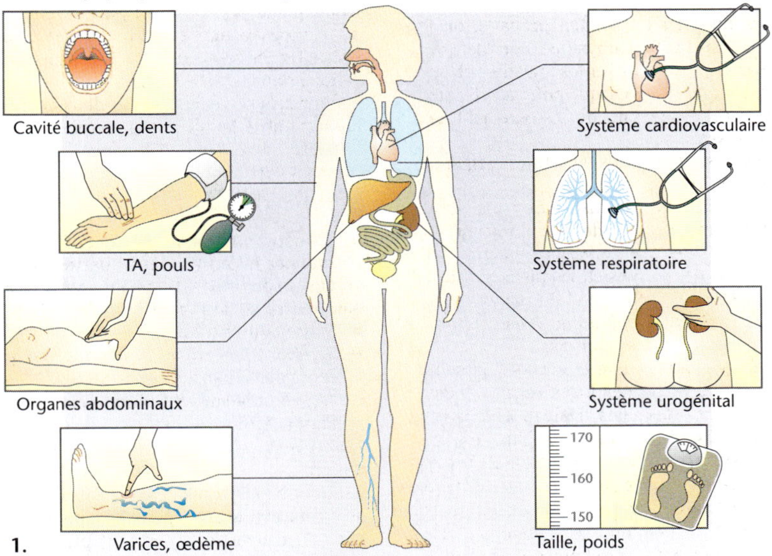


**1.**

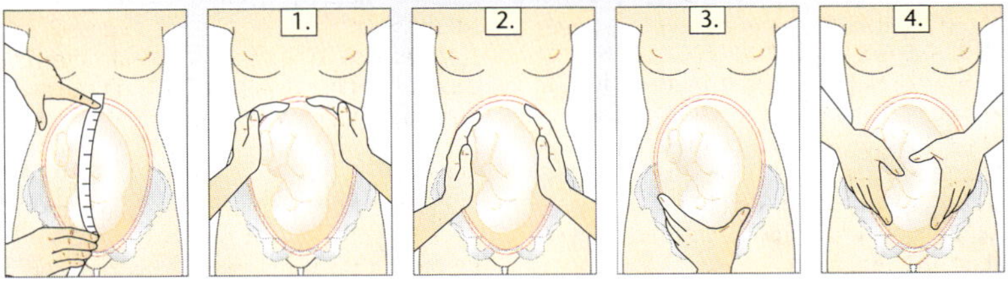


**2.** Manœuvres de Leopold 1–4

**A. Examen physique**

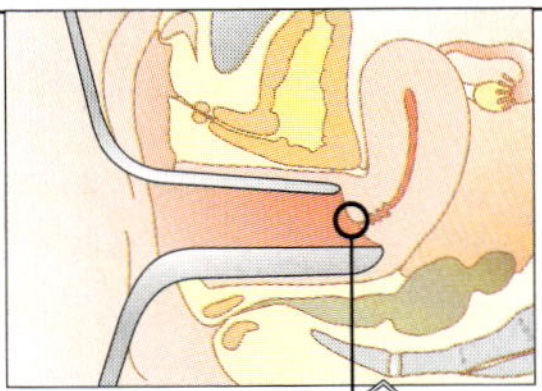

**1.** Frottis

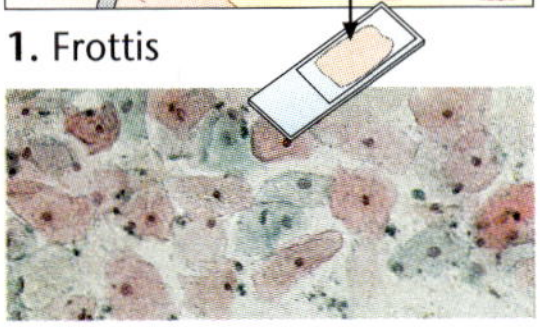

Étalement cytologique

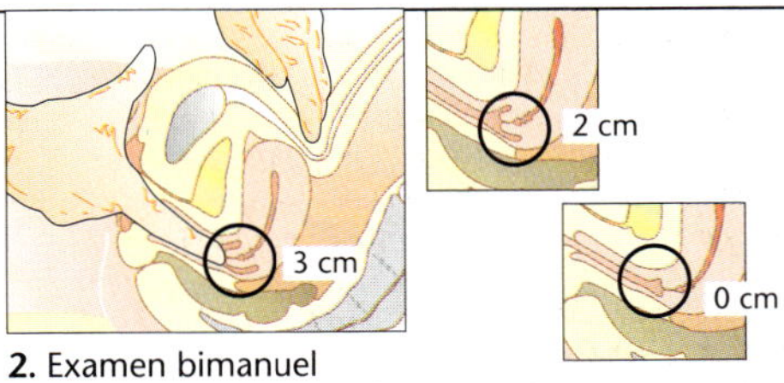


**2.** Examen bimanuel

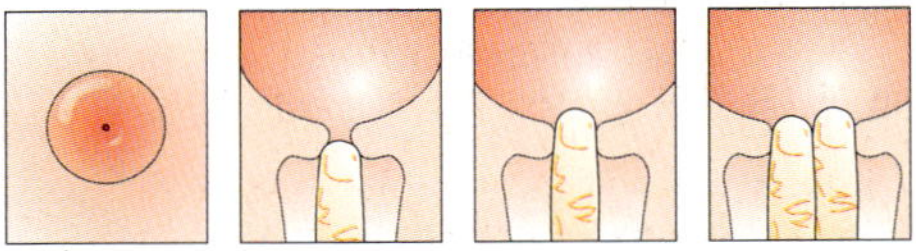

**3.** Évaluation de l'orifice cervical

**B. Examen vaginal**

## A. Examens sanguins

Toute une série d'examens de laboratoire sont utiles et nécessaires lors de la surveillance prénatale. Le but est de reconnaître les maladies de la mère ou les altérations de l'unité fœto-placentaire aussi tôt que possible afin de les soigner de façon appropriée. Il faut distinguer les examens uniques, par exemple les examens faits lors de la première consultation, des examens répétés régulièrement.

Lors de la première consultation on conseille de contrôler :

- le groupe sanguin et le facteur Rhésus,
- la recherche d'agglutinines irrégulières,
- la sérologie de la rubéole,
- la sérologie de la syphilis,
- la sérologie VIH (seulement avec l'accord de la patiente),
- la détermination du taux d'hémoglobine. On demande de routine une NFS (numération et formule sanguine : leucocytes, globules rouges, hématocrite, plaquettes),
- en cas de suspicion d'infection toxoplasmique : anticorps antitoxoplasmiques (certains le conseillent de façon systématique pour toutes les gestantes, par exemple en Autriche)[1].

Le taux d'hémoglobine est à déterminer régulièrement lors des consultations prénatales ; si ce taux est inférieur à 11,2 g/100 ml, il faut en plus pratiquer un comptage d'érythrocytes. Le plus souvent on réalise de routine une NFS (voir plus haut).

Chez les femmes Rhésus-négatif la deuxième recherche d'anticorps se fait à 27-30 SA afin de dépister une sensibilisation maternelle suite à une éventuelle transfusion de globules rouges fœtaux (p. 160). À partir de la 32e semaine, le plus près possible de l'accouchement, il faut rechercher l'antigène de l'hépatite B (HBs-Ag). En cas d'infection, l'enfant sera vacciné dès sa naissance (p. 134).

Les examens de routine doivent être dépendants :

- des résultats recueillis,
- de l'anamnèse de la gestante,
- d'éventuels antécédents pathologiques,
- de la survenue de maladies ou de plaintes,

et seront complétés à la demande (par ex. dosage de bêta-HCG en particulier en cas d'un début de grossesse anormal, ou encore constantes rénales en cas de néphropathie).

1. *Note du traducteur :* en France la sérologie toxoplasmique est obligatoire. En cas de négativité, l'examen doit être répété chaque mois pour s'assurer de l'absence de séroconversion.

## B. Examens urinaires

L'examen des urines est conseillé lors de chaque consultation prénatale : c'est un examen simple, peu gênant pour la femme et très performant. C'est ainsi que des maladies comme le diabète sucré (p. 156), la toxémie gravidique associant hypertension, protéinurie et œdèmes (voir aussi p. 150 ; hypertension et grossesse), les infections urinaires peuvent être dépistées tôt et traitées de façon appropriée.

Les bandelettes urinaires permettent la recherche de : érythrocytes, leucocytes, protéines, corps cétoniques, nitrites, poids spécifique.

## C. Test d'hyperglycémie provoquée par voie orale (HGPO)

Pour infirmer ou affirmer un trouble de la glycémie (diabète sucré) durant la grossesse on peut pratiquer un test de surcharge. De nombreux médecins recommandent de réaliser ce test de routine vers la 24e-28e SA dans le but de dépister le diabète gestationnel tôt et de le traiter. L'HGPO n'est pas encore intégrée dans les directives concernant la maternité. De toutes façons, elle devrait être effectuée en cas de glucosurie à répétition.

**Procédure.**

- diète riche en hydrates de carbone durant 3 jours, jeûne durant 12 heures,
- détermination de la glycémie à jeun,
- absorption par la gestante de 75 g de glucose en 5 minutes,
- détermination de la glycémie après 1 heure,
- détermination de la glycémie après 2 heures.

**Interprétation.**

| | Normal | Pathologique |
|---|---|---|
| **À jeun** | < 90 mg/dl | > 100 mg.dl |
| **Après 1 h** | < 155 mg/dl | > 190 mg/dl |
| **Après 2 h** | < 140 mg/dl | > 160 mg/dl |

Des valeurs pathologiques impliquent la mise en route d'un traitement (p. 156).

## Examen de laboratoire

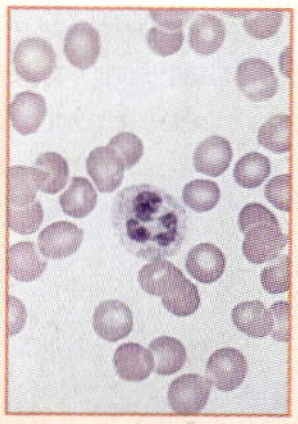

1. Formule sanguine

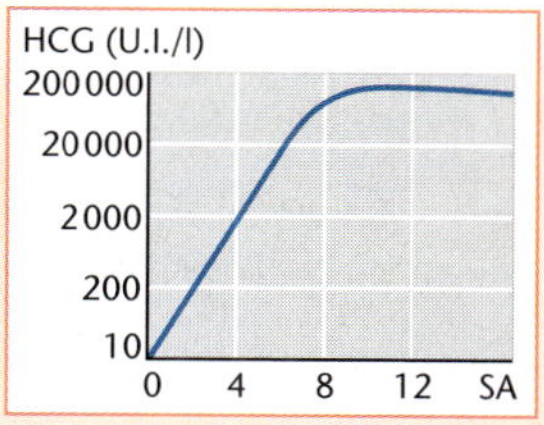


2. Taux de HCG

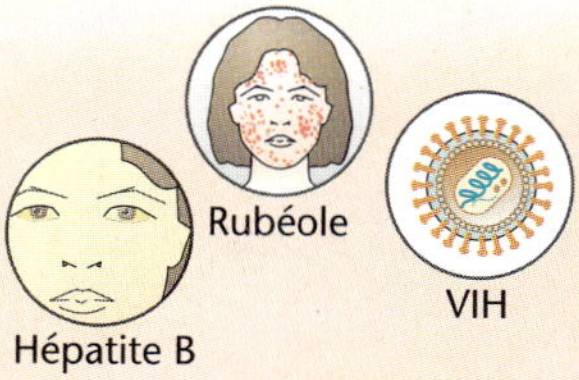


3. Infections

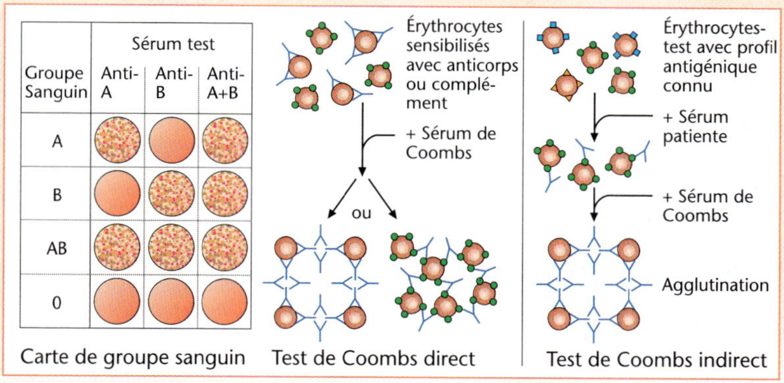


4. Groupe sanguin

**A. Examens de sang**

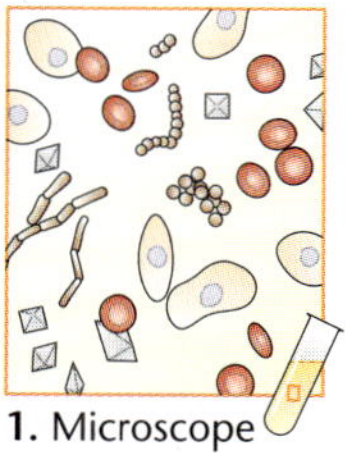

1. Microscope

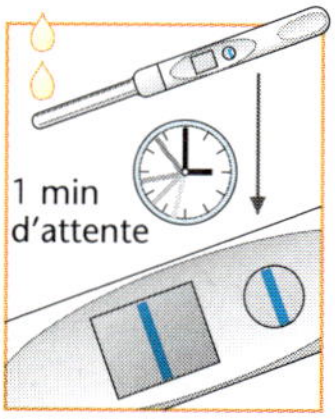


2. Stick-HCG

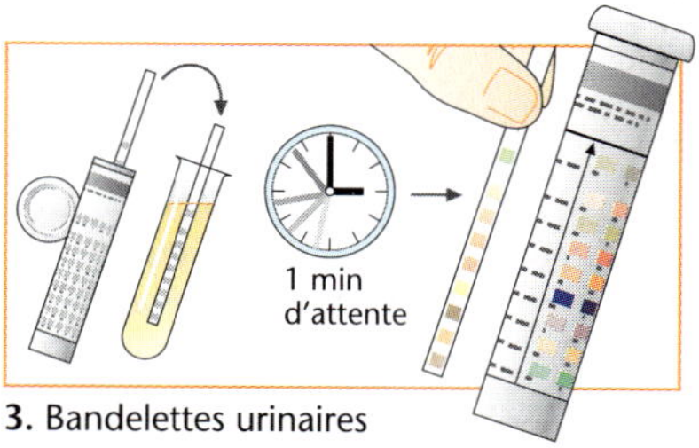


3. Bandelettes urinaires

**B. Examens d'urines**

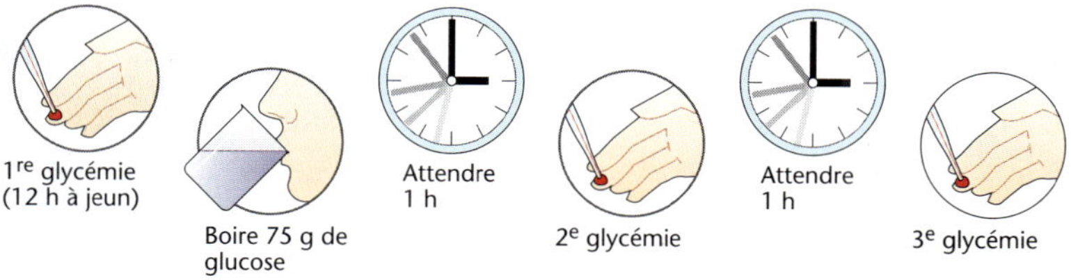


**C. Test d'hyperglycémie provoquée per os**

Le diagnostic par ultrasons est devenu un élément essentiel du diagnostic obstétrical.

## A. Bases techniques

Les ondes sonores se propagent dans les tissus à des vitesses variant avec la densité des tissus traversés. Plus la densité est forte, plus la vitesse de propagation sera rapide. La réflexion des ondes est plus ou moins forte selon la nature des tissus traversés et selon la nature de l'interface qui les sépare. L'échographie utilise cette propriété grâce à une sonde (*transducer*) fonctionnant alternativement comme émetteur et récepteur d'ultrasons.

**1.** La *pénétration* des ondes sonores dépend de leur fréquence : plus la fréquence des ondes émises est élevée, moins elles sont pénétrantes. D'un autre côté les fréquences élevées permettent une meilleure résolution (distinction de deux objets voisins). On travaille avec des fréquences différentes selon le problème clinique à résoudre ; en obstétrique on travaille le plus souvent avec des fréquences de l'ordre de 3,5-7 MHz.

**2.** Les structures examinées réfléchissent les ondes émises dans des proportions variables. La sonde capte les ondes réfléchies et l'appareil à ultrasons les transforme en points gris dont l'ensemble constitue une image visible sur l'écran. Les points sur l'écran sont plus ou moins contrastés en fonction des caractéristiques des ondes réfléchies ; les couches tissulaires apparaissent plus ou moins claires et se laissent bien distinguer les unes des autres. Les ondes émises se suivent rapidement et l'on obtient ainsi une image en 2 dimensions qui est une véritable « coupe » de l'objet examiné.

La *vitesse de propagation* des ultrasons dans l'air est très différente de leur vitesse dans les tissus du corps. Une mauvaise application de la sonde sur le corps laisse une interface d'air et fausse l'examen. Pour éviter cela, on applique un gel sur la peau pour assurer un bon contact.

## B. Sondes ultrasonores

En obstétrique on utilise aussi bien des sondes ultrasonores pour l'échographie abdominale (sur la paroi abdominale) que pour l'échographie vaginale. Dans ce cas la sonde est introduite dans le vagin. Les sondes abdominales sont soit linéaires ou à barrette (*linear-scanner*) et produisent des ondes parallèles, soit sectorielles (*sector-scanner*) et produisent des ondes divergentes. Les barrettes sont un peu moins maniables mais ont l'avantage de mieux visualiser les structures superficielles. Les sondes sectorielles provoquent plus souvent quelques distorsions, surtout en bordure d'image. Les sondes vaginales sont toujours sectorielles ; leurs ondes divergent schématiquement en forme d'éventail à partir d'un point.

## C. Sources d'erreurs en échographie

La diffusion, la réflexion et l'affaiblissement des ondes sonores à travers les tissus peuvent être à l'origine d'erreurs techniques et amener éventuellement à des erreurs d'interprétation des images échographiques. Les plus importantes sont :

- *éclipse ultrasonore :* par suite d'une forte réflexion des ondes sonores (air, os) les structures situées au-delà de ces objets ne sont plus reconnaissables **(1.)** ;
- *réflexions multiples :* les ondes sonores subissent plusieurs réflexions en va-et-vient entre diverses interfaces. Les structures sont alors visualisées plusieurs fois sur l'image (écho répétitif). Cela peut même mener à de véritables images en miroir **(2.)** ;
- *intensification du son :* dans les milieux liquides les ondes ne sont pas réfléchies, car elles traversent le liquide sans « obstacle » ; les structures situées au-delà apparaîtront de façon plus intense ; c'est le cas par exemple des kystes **(3.)** ;
- *artefacts dus au mouvement :* certaines structures de forte mobilité peuvent provoquer des distorsions de l'image (par ex. le cœur, les mouvements fœtaux) ;
- *modification de vitesse des sons :* selon le type de tissu traversé l'onde sonore progresse plus ou moins vite. Cela faussera l'appréciation des distances entre les plans tissulaires.

## Les ultrasons en obstétrique

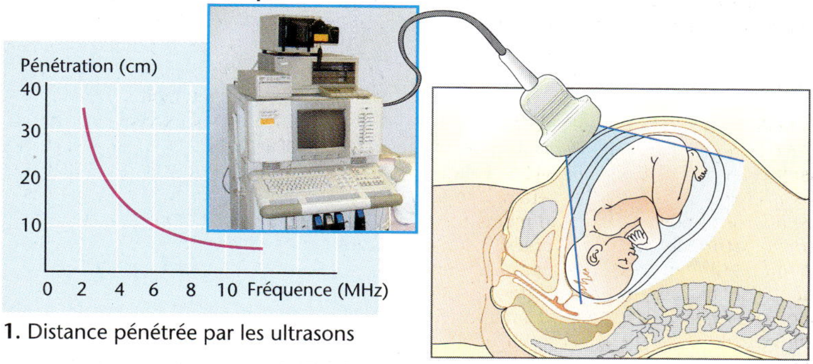


**1.** Distance pénétrée par les ultrasons

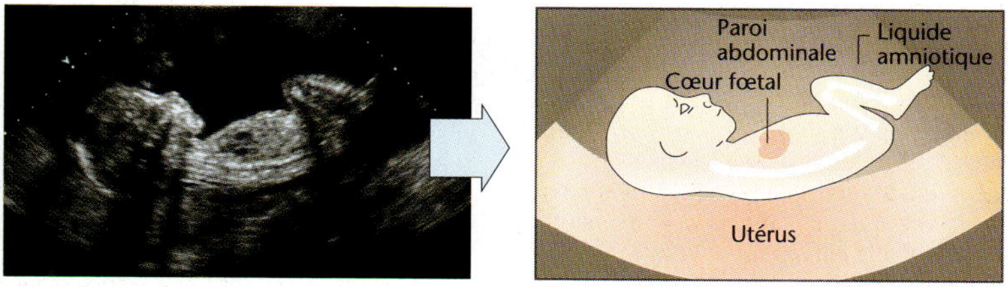


**2.** Image par ultrasons

**A. Bases techniques**

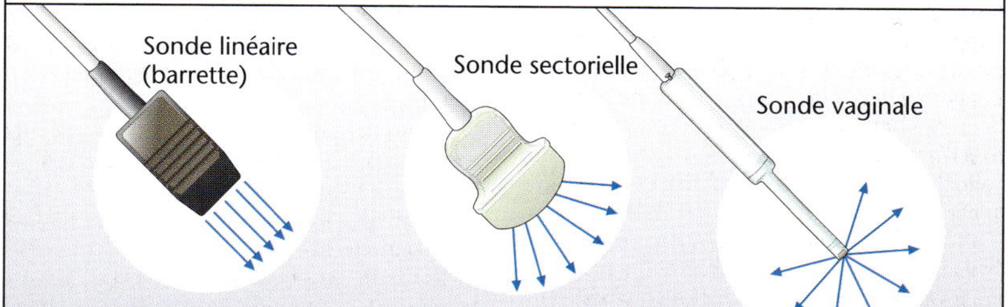


**B. Sondes ultrasonores**

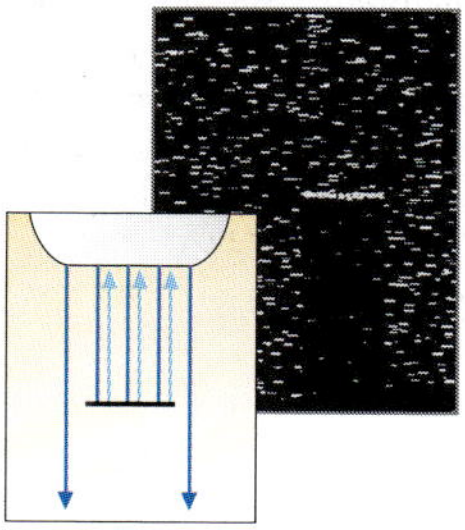

**1.** Éclipse ultrasonore

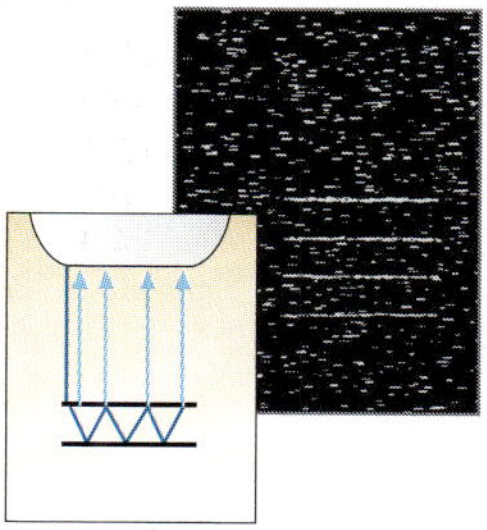

**2.** Réflexions multiples

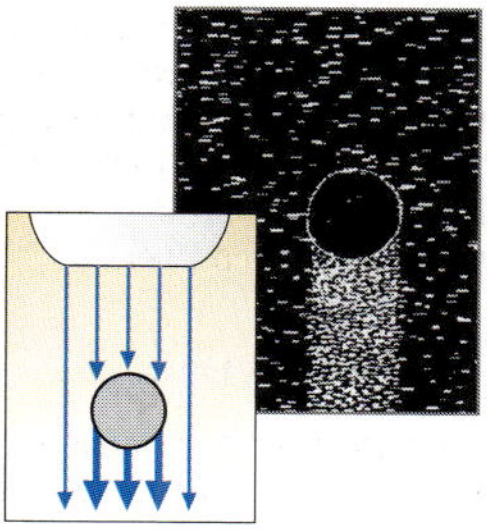

**3.** Son intensifié

**C. Les sources d'erreurs en échographie**

## A. Doppler

**Définition et principe.** La sonographie Doppler utilise un effet décrit pour la première fois en 1842 par Christian Johann Doppler (1803-1853) : la fréquence d'une onde sonore se modifie si elle est réfléchie par un objet en mouvement. Chacun connaît cet effet lors du passage d'une ambulance avec sa sirène d'alarme : la fréquence arrivant à l'auditeur est nettement plus élevée lorsque l'ambulance se rapproche que lorsqu'elle s'éloigne **(1.)**.

En obstétrique, on utilise cet effet pour mesurer la vitesse des fluides et pour représenter les profils de flux des vaisseaux maternels ou fœtaux.

Une double technologie s'est ainsi imposée. On localise le vaisseau sanguin à l'aide de l'échographie conventionnelle, on focalise l'image sur le vaisseau et enfin on procède à la mesure par Doppler. Cette méthode est souvent combinée avec une imagerie en couleurs (double sonographie à code couleur). Les vaisseaux, le sens et la vitesse circulatoire sont visualisés avec des couleurs différentes.

**Indication.** L'objectif du Doppler est avant tout d'infirmer ou d'affirmer une situation de danger pour le fœtus ; par exemple lors d'une suspicion d'hypotrophie, d'une malformation ou d'une grossesse gémellaire. Ce n'est pas un examen de routine destiné à chaque gestante.

Voici les vaisseaux sanguins dont l'examen est possible :

- artère utérine maternelle,
- artère et veine ombilicales,
- aorte fœtale,
- artère carotide fœtale,
- artère cérébrale moyenne fœtale.

**Interprétation.** La mesure est basée sur l'analyse d'une courbe et de son évolution. La valeur diagnostique des mesures est très dépendante de l'angle d'incidence des ondes sonores. On calcule des index afin de pouvoir les comparer aux valeurs normales pour une durée de grossesse équivalente. Les principaux index utilisés sont :

- index de pulsabilité (IP),
- index de résistance (IR),
- index S/D (S = fréquence maximale systolique et D = fréquence maximale en fin de diastole).

## B. Échographie 3D

Depuis quelques années on arrive à reconstituer des images échographiques en trois dimensions. Grâce à l'amélioration des vitesses de calcul des ordinateurs et au développement des technologies, on peut réaliser des images tridimensionnelles en temps réel, c'est-à-dire directement durant l'examen.

**Principe.** Les informations sont enregistrées soit grâce à des sondes ultrasonores particulières effectuant plusieurs coupes bidimensionnelles dans un certain intervalle de temps **(1.)**, soit grâce à des sondes conventionnelles dont la position dans les trois plans est enregistrée en permanence, l'appareil calculant à partir de là les caractéristiques des volumes.

Les informations obtenues visualisent simultanément les informations obtenues dans les trois plans de coupe et permettent une reconstruction tridimensionnelle **(2.)**. La représentation 3D autorise le choix de diverses formes de traitement de l'information. On peut privilégier les surfaces du corps fœtal ou des organes, ou bien les structures profondes.

Un autre avantage réside dans la possibilité de reprendre les images mises en mémoire, de les retravailler en l'absence de la patiente à qui on évite ainsi l'inconvénient d'un nouvel examen.

**Indication.** L'indication majeure des ultrasons 3D est le diagnostic des malformations. Cette technique permet aussi bien la reconnaissance d'anomalies du contour corporel que celle des malformations d'organes profonds.

Le diagnostic des anomalies cardiaques constitue un problème particulier. Les ultrasons 3D apportent de précieuses informations complémentaires mais l'enregistrement des données est extrêmement difficile en raison de la rapidité des mouvements du cœur fœtal.

## Sonographie-Doppler, ultrasons 3D

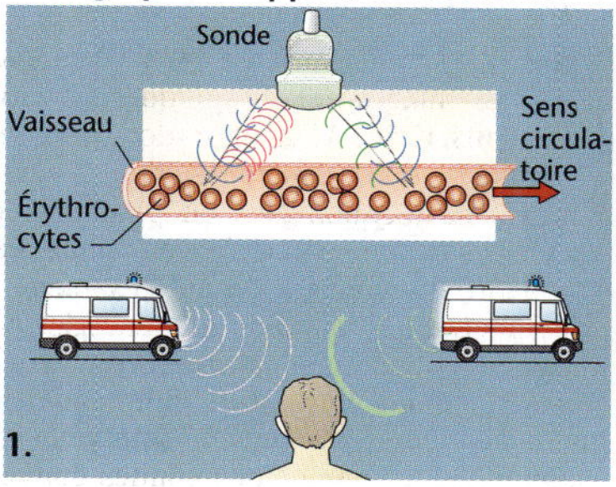


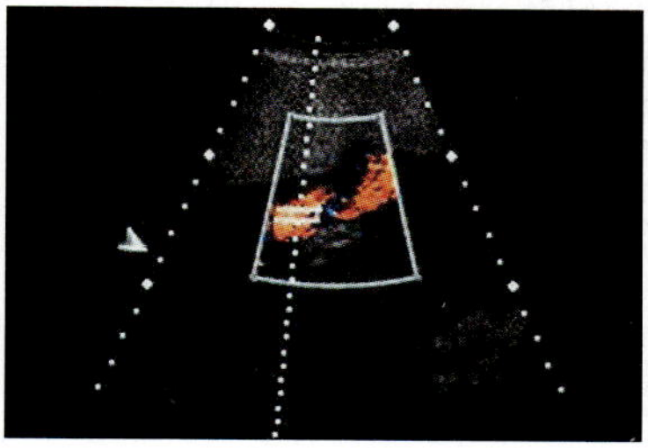

**2.** Examen vasculaire par ultrasons

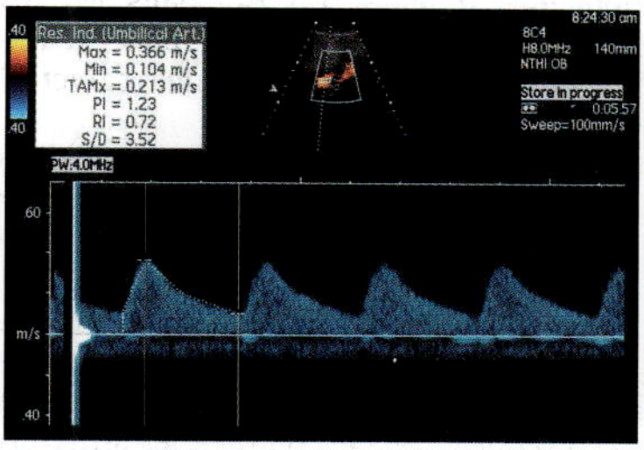


**3.** Tracé Doppler normal

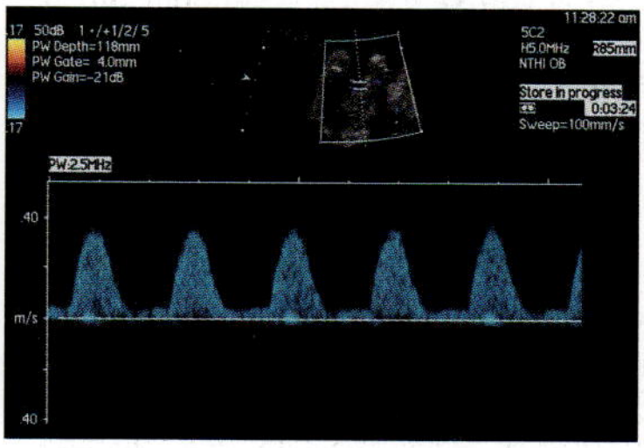


**4.** Tracé Doppler pathologique

**A. Sonographie-Doppler**

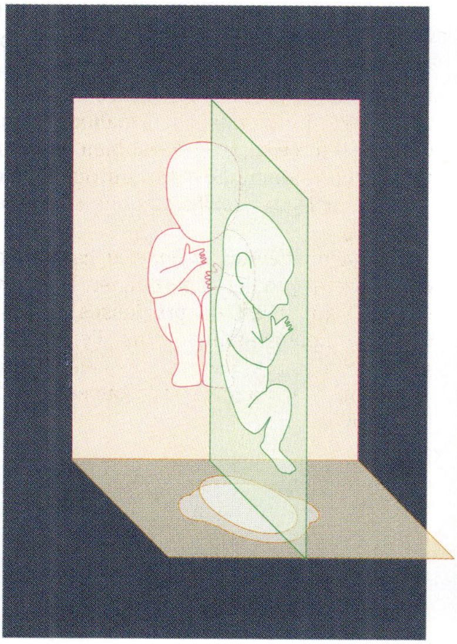

**1.** Principe

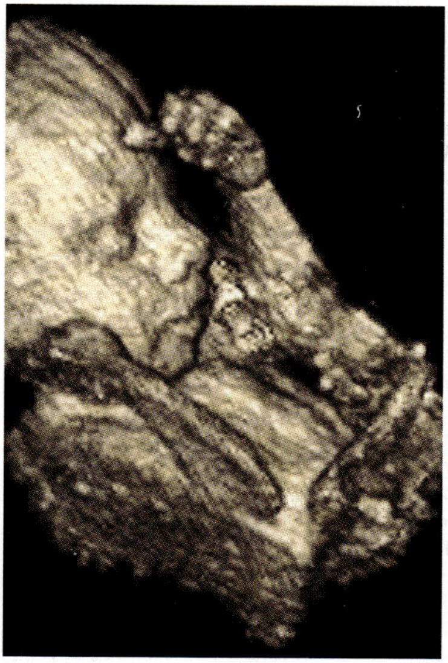

**2.** Image

**B. Échographie 3D**

Pour faire un diagnostic prénatal d'anomalies chromosomiques ou de maladies métaboliques, il est nécessaire de prélever des tissus de l'embryon ou du fœtus. On n'arrive toutefois à reconnaître que les grosses anomalies chromosomiques comme par exemple les trisomies, l'absence de chromosomes, les gros défauts de structure et seulement certaines maladies métaboliques. En aucune façon on n'arrive à reconnaître l'ensemble des « affections héréditaires ». La question de l'analyse des gènes est devenue l'objet d'un débat public, au cours des derniers mois. Comment reconnaître une maladie ? Quelle conséquence en tirer ? (avortement ?). Il est très difficile de répondre à de telles questions.

Deux méthodes permettent le recueil de cellules fœtales : l'amniocentèse et la biopsie du trophoblaste.

## A. Indication

Indication du recueil de cellules fœtales :
- âge de la mère > 35 ans,
- anomalie chromosomique chez l'un des parents ou dans la fratrie,
- anomalies à l'examen par ultrasons,
- antécédents familiaux d'anomalies du tube neural, de maladies métaboliques, d'épilepsie chez la mère,
- infection maternelle faisant suspecter une lésion du produit de la conception,
- risques de mutations génétiques sous l'action de médicaments, de produits chimiques ou de radiations,
- risque ethnique (par ex. thalassémie chez les méditerranéennes),
- triple test anormal (p. 110).

## B. Amniocentèse

**Date de l'examen et indications.** Selon l'époque de l'examen on distingue :
- l'amniocentèse précoce (11-14 SA),
- l'amniocentèse classique (15-16 SA),
- l'amniocentèse tardive (après 16 SA).

D'un côté, on aimerait avoir le résultat de l'examen aussi tôt que possible en début de grossesse. D'un autre côté, l'amniocentèse précoce s'accompagne d'un taux plus élevé d'avortements. Le choix de la méthode dépend du problème à résoudre et aussi de la préférence de la mère. Pour les diagnostics génétiques on réalise en règle générale une amniocentèse précoce ou classique. L'amniocentèse tardive sert à déterminer la maturité pulmonaire (p. 120) ou la concentration d'insuline en cas de diabète sucré (p. 156), ou à rechercher des germes lorsqu'on suspecte une infection intra-utérine (p. 130).

**Procédure.** On prélève environ 10 ml de liquide amniotique avec une fine aiguille en traversant la paroi abdominale sous contrôle ultrasonore. On prélève le liquide contenant les cellules amniotiques (fibroplastes) à l'aide d'une seringue neuve. On les met en culture. Le résultat est obtenu le plus souvent après 14-21 jours.

## C. Prélèvement de villosités choriales (PVC)

Au lieu de prélever du liquide amniotique on peut prélever des cellules trophoblastiques, par ponction transabdominale ou vaginale de villosités choriales.

**Date de l'examen et indications.** L'intervention est possible dès la 9e SA ; en raison du nombre important de mitoses un diagnostic est déjà possible après 48 heures. Toutefois, les résultats erronés sont relativement fréquents, aussi bien les faux positifs que les faux négatifs. Le résultat devra toujours être confirmé par une culture cellulaire (durée : 14-21 jours). Le PVC a l'avantage de permettre l'identification d'autres maladies du métabolisme grâce aux techniques de génétique moléculaire.

Un PVC est même par principe possible avant 9 SA. Toutefois à cette époque on ne peut exclure définitivement le risque d'anomalies des extrémités.

## Risques

L'avortement constitue le risque essentiel des deux méthodes. Dans le calcul il faut toutefois tenir compte du taux d'avortements spontanés qui varie avec l'âge de la grossesse. La hausse du taux d'avortement est d'environ :

| | |
|---|---|
| Amniocentèse précoce | 3,2 % |
| Amniocentèse classique | 0,7 % |
| PVC par voie vaginale | 5,9 % |
| PVC par voie abdominale | 3,6 % |

Les autres risques sont la rupture prématurée des membranes, les infections maternelles ou fœtales.

## Amniocentèse, prélèvement de villosités choriales

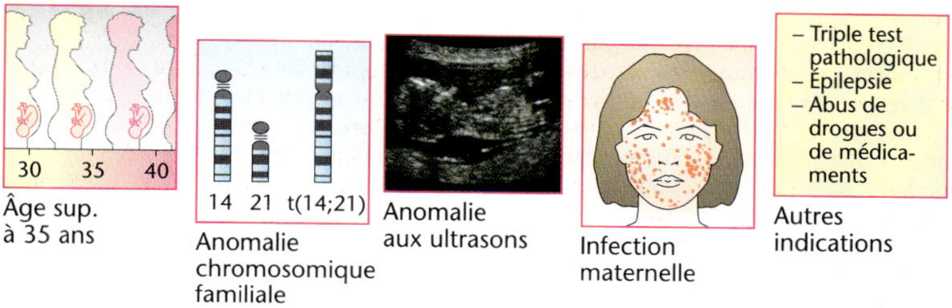


**A. Indications**

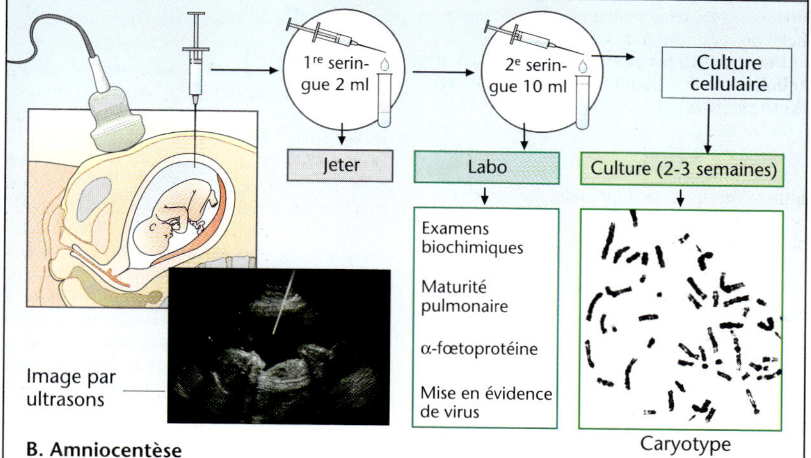


**B. Amniocentèse**

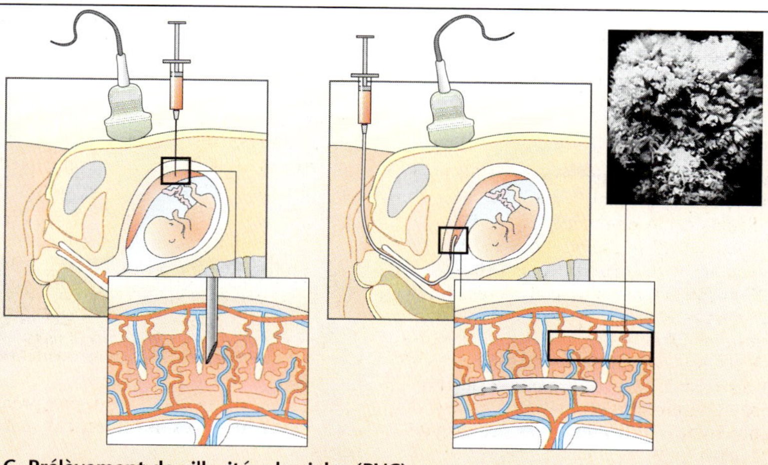

**C. Prélèvement de villosités choriales (PVC)**

## A. Cordocentèse

**Définition.** La cordocentèse est la ponction du cordon ombilical à l'aide d'une fine canule à travers la paroi abdominale maternelle et sous contrôle échographique **(1.)**. Il est raisonnable d'effectuer cet examen seulement à partir de la 19e semaine, les structures étant trop petites avant cette date.

**Procédure.** Comme lieu de ponction on choisit la zone d'implantation du cordon sur le placenta ou sur le fœtus. La fixité du cordon diminue le risque de dérapage de l'aiguille.

On prend soin d'éliminer une contamination par du sang maternel en identifiant l'hémoglobine, par exemple par un test de Kleihauer-Betke, rapidement durant la procédure même **(2.)**.

En principe il est possible de ponctionner aussi bien l'artère que la veine du cordon. Les complications sont toutefois plus fréquentes après la ponction de l'artère du cordon, par ex. des bradycardies fœtales. Par ailleurs, la veine ayant un calibre plus gros, elle est plus facile à ponctionner.

On prélèvera 0,5 à 3 ml de sang fœtal selon l'âge de la grossesse : plus la grossesse est jeune, moins on prélèvera de sang car le volume sanguin fœtal est réduit.

Si nécessaire on procédera à une transfusion sanguine intra-utérine par l'intermédiaire de la même canule.

**Indications.** Les principales indications de la cordocentèse sont :

- détermination de l'hémoglobine et de la bilirubine fœtales en cas d'incompatibilité Rhésus (p. 160),
- transfusion intra-utérine du fœtus en cas d'hémolyse,
- vérification de résultats génétiques incertains après amniocentèse ou PVC (par ex. les mosaïques),
- confirmation ou infirmation d'une infection fœtale secondaire à une infection maternelle (détermination d'anticorps IgM spécifiques ou mise en évidence directe de l'agent pathogène).

**Risques.** Le risque essentiel d'une cordocentèse est l'induction d'une fausse couche ou d'un accouchement prématuré. Selon l'âge de la grossesse le risque se situe à environ 1-2,5 % ; le risque tend à baisser avec l'âge de la grossesse. La possibilité de survenue de bradycardies fœtales implique la surveillance des bruits du cœur fœtal 2 heures après l'intervention. Un traitement fœtal pourrait s'imposer dans certains cas.

## B. Ponction/traitement par laser

La fœtoscopie consiste à observer le fœtus directement grâce à l'introduction d'une optique à travers la paroi abdominale de la mère. Elle a été presque complètement supplantée par l'échographie ultrasonore. Il est devenu moins risqué de faire des prélèvements tissulaires de la musculature fœtale (pour le diagnostic de myopathies héréditaires) ou de foie (en cas de suspicion de maladies métaboliques) sous contrôle échographique.

**Indication.** La fœtoscopie se justifie uniquement pour le prélèvement de cellules de la peau de l'enfant, lorsqu'on suspecte une maladie cutanée grave et potentiellement létale. Elle permet ainsi le diagnostic de diverses formes de l'épidermolyse bulleuse, de l'ichtyose ou de la chondrodysplasie.

La faisabilité d'un traitement intra-utérin s'est progressivement développée au cours de ces dernières années. Ainsi, lors du syndrome transfuseur-transfusé des grossesses gémellaires, il est possible actuellement d'améliorer la circulation fœtale des deux fœtus. On arrive à coaguler les vaisseaux placentaires par laser et sous contrôle de la vue.

On tente actuellement des interventions chirurgicales mineures chez le fœtus, par ex. lors d'obstructions urinaires ou en cas de hernie diaphragmatique.

**Procédure.** L'intervention peut avoir lieu sous anesthésie locale. Après désinfection et anesthésie de la paroi abdominale, on introduit un fin fœtoscope dans la cavité amniotique en traversant la paroi utérine. On pourra alors observer le fœtus, effectuer des prélèvements tissulaires ou faire un traitement par laser grâce à une canule opératoire.

Les risques essentiels sont la rupture des membranes et l'infection intra-utérine suivies d'un avortement ou d'un accouchement prématuré.

## Cordocentèse, fœtoscopie

**Indications**

- Incertitudes sur le diagnostic généti-que ?
- Incompatibilité Rh ?
- Infection?

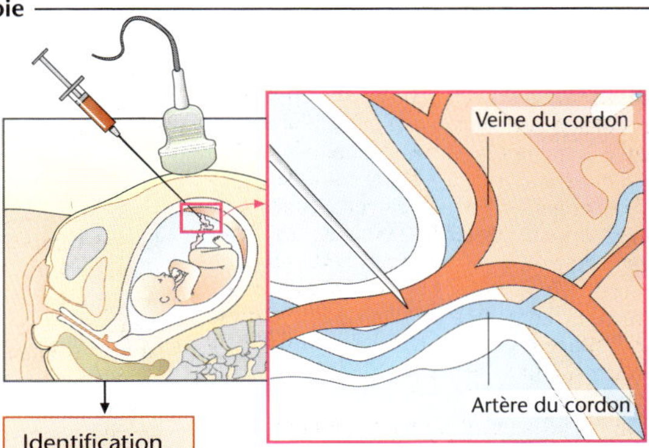


Identification de l'Hb fœtale

**1.** Indication et procédure

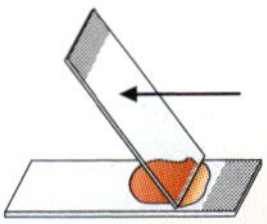

**a)** Étaler la goutte de sang

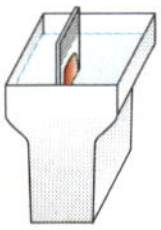

**b)** Coloration

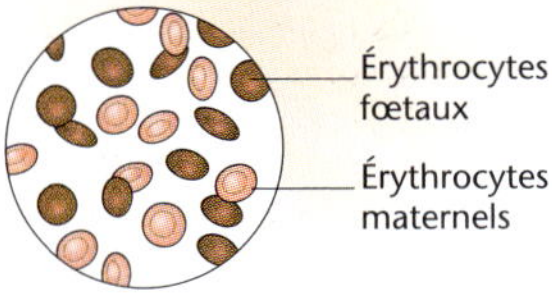


**c)** Microscopie

**2.** Test de Kleihauer-Betke

| Résultat | Conséquence |
|---|---|
| Hémoglobine ↓↓<br>Bilirubine ↑↑ | Transfusion intra-utérine |
| Anomalie génétique sévère | Avortement ? |
| Infection intra-utérine (anti-corps IgM, isole-ment des germes) | Traitement médicamenteux adapté |

**3.** Résultats et conséquences

**A. Cordocentèse**

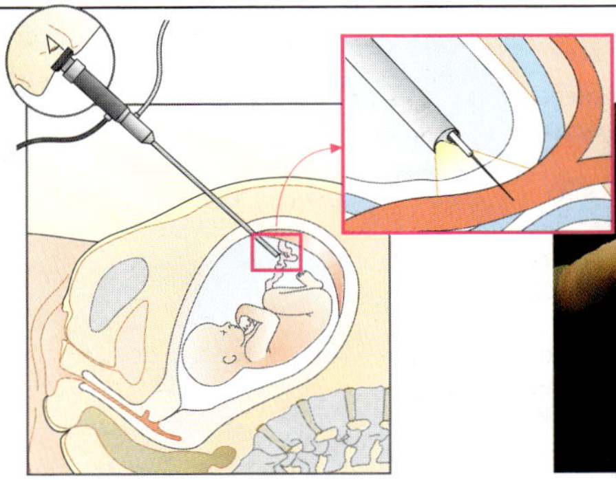

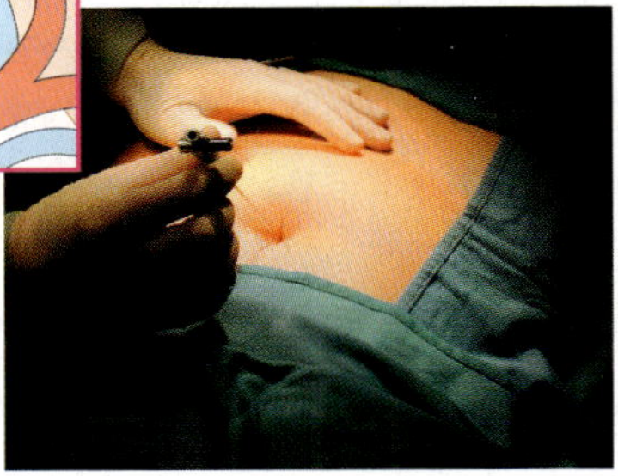

**B. Ponction/traitement par laser**

La cardiotocographie (CTG) consiste en l'enregistrement simultané de la fréquence cardiaque fœtale et de l'activité utérine à l'aide de deux capteurs différents mais fonctionnant en parallèle.

## A. Enregistrement de la fréquence cardiaque fœtale

La fréquence cardiaque fœtale (FCF) est l'inverse de l'intervalle entre 2 battements cardiaques. Ces intervalles sont mesurés grâce au cardiotocographe, tout de suite traduits en battements par minute (bpm) et transposés sur une bande de papier. La FCF est dépendante :

- du tonus vagal et parasympathique,
- du débit cardiaque,
- indirectement de l'oxygénation du fœtus.

Normalement la FCF se modifie en permanence tout en restant dans des limites physiologiques bien définies.

**Procédure.** Deux méthodes ont fait leur preuve : dans l'enregistrement de l'activité cardiaque par voie externe on utilise un capteur à ultrasons, dans l'enregistrement par voie interne on utilise une électrode placée directement au niveau de la présentation.

**1.** Lors de l'enregistrement par voie externe une sonde émet un signal ultrasonore en direction du cœur fœtal en mouvement ; ce signal sera réfléchi avec une fréquence modifiée (effet Doppler, p. 22) et capté par cette même sonde. On fixe la sonde sur la paroi du ventre maternel, à l'endroit où l'on entend le mieux les bruits du cœur fœtal.

**2.** Lors de l'enregistrement par voie interne on enregistre directement les potentiels électriques du cœur fœtal grâce à une électrode. Le plus souvent l'électrode est fixée sur la tête fœtale. Il est nécessaire pour cela que les membranes soient rompues.

Pour éviter les artefacts on effectue en permanence un contrôle de cohérence des signaux (autocorrélation) dans les deux procédés. Ce n'est qu'en cas de large concordance que ces signaux (on parle de *trigger-signal* ou signal-déclenchant) sont pris en compte dans le calcul de la FCF.

## B. Enregistrement de l'activité utérine

**Procédure.** L'enregistrement de l'activité utérine peut se faire de deux façons différentes : par voie externe ou par voie interne.

**1.** Le plus souvent on procède par voie externe. Le capteur de contractions est placé en regard du fond utérin. La contraction du muscle utérin amène des changements au niveau du capteur, ils seront traduits en potentiels électriques et finalement visualisés sous forme d'une courbe.

**2.** Pour le procédé interne on introduit un cathéter à ballonnet rempli de liquide dans l'utérus. La compression du ballonnet permet de mesurer les différences de pression lors des contractions. Seule la méthode interne permet d'évaluer la valeur absolue de la pression intra-utérine.

## C. Interprétation de la CTG

Plusieurs critères sont déterminants dans l'interprétation de la FCF avec la CTG.

*La fréquence de base :* c'est la fréquence cardiaque moyenne sur un tracé de 5-10 minutes. Valeur normale : 110-150 bpm.

*L'amplitude des oscillations :* c'est l'écart entre les points les plus élevés et les plus bas sur la courbe. Valeur normale : 10-25 bpm.

*La fréquence des oscillations (macrofluctuations) :* on dénombre les oscillations de la FCF autour d'une valeur moyenne durant l'espace d'une minute. On calcule le nombre de fois où la courbe de FCF recoupe la ligne moyenne (*floating line*). Valeur normale : 3-6/min.

*Les accélérations :* brèves (< 10 min), augmentation de la fréquence.

*Les ralentissements :* brefs (< 3 min) avec chute de la FCF en dessous de 110 bpm. Selon leur survenue par rapport à la contraction, on distingue :

- *les ralentissements précoces (Dip I)*, contemporains de la contraction,
- *les ralentissements tardifs (Dip II) :* le point le plus bas de la décélération se situe après l'acmé de la contraction,
- *les ralentissements variables :* combinaison de Dip I et de Dip II,
- *les spikes (Dip O) :* ralentissements brefs (< 30 s) indépendants de l'activité utérine,
- *le ralentissement prolongé* (ou bradycardie prolongée) : persistant durant plusieurs minutes, en forme de cuvette ou d'écuelle, il est le plus souvent relié à un événement déclenchant (par ex. chute de tension artérielle chez la mère, contracture utérine).

## Cardiotocographie

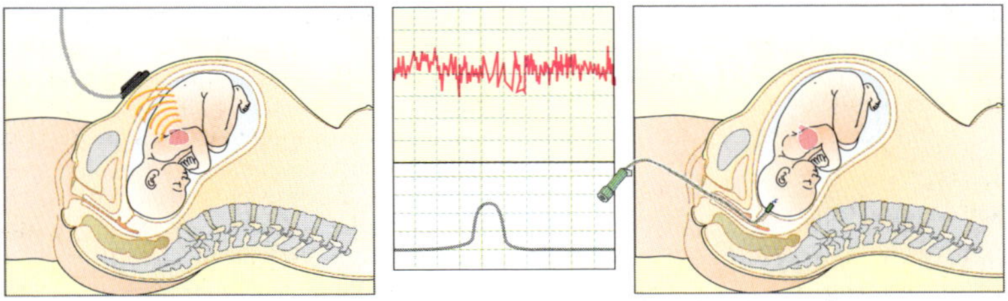

1. Mesure indirecte
2. Mesure directe

**A. Enregistrement de la fréquence cardiaque fœtale (FCF)**

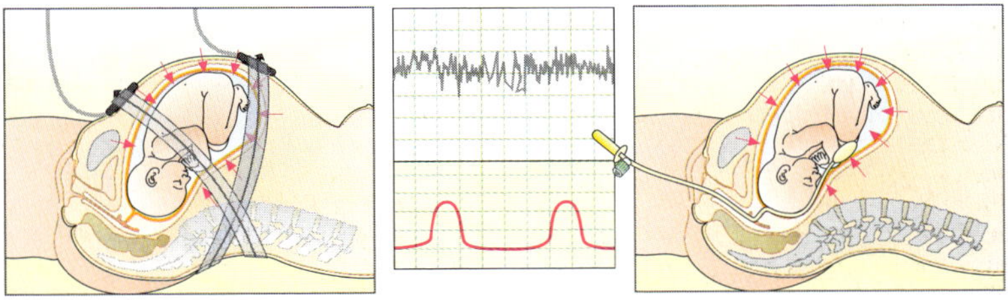

1. Mesure externe
2. Mesure interne

**B. Enregistrement de l'activité utérine**

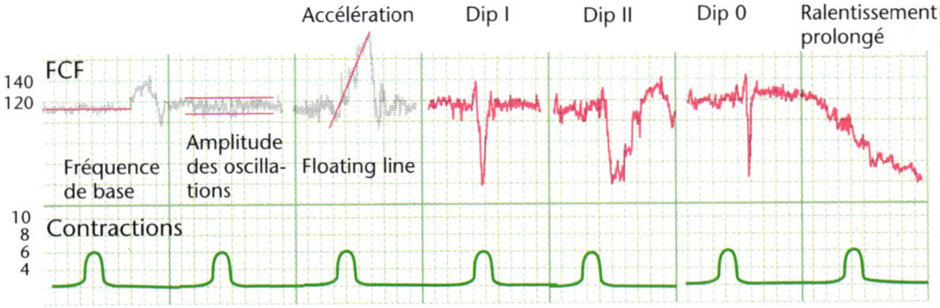


| Points | 0 | 1 | 2 |
|---|---|---|---|
| Fréquence de base (bpm) | < 100 ou >180 | 100 –110 ou 150 –180 | 110 –150 |
| Amplitude des oscillations (bpm) | < 5 | 5 –10 ou > 25 | 10 – 25 |
| Fréquence des oscillations/min | < 2 | 2– 6 | > 6 |
| Accélérations | aucune | périodiques | sporadiques |
| Ralentissements | Tardifs, variables avec critères défavorables | variables | aucun, sporadiques Dip 0 |

| Interprétation |
|---|
| 8 –10 points : vitalité fœtale normale |
| 5 –7 points : signal d'alarme |
| ≤ 4 points : menace pour le fœtus |

**C. Interprétation de la CTG**

## A. Oxymétrie de pouls

Durant les dernières années, la mesure non sanglante de la saturation en oxygène du sang fœtal ($SpO_2$, *oxymétrie de pouls*) est venue s'ajouter aux procédés classiques de l'évaluation de la vitalité fœtale (par ex. la FCF, l'amnioscopie et les ultrasons).

**Principe.** On se base sur le fait que la teneur en oxygène d'un tissu influence la réflexion, voire l'absorption de certaines longueurs d'ondes de lumière **(3.)**.

On arrive à calculer la saturation en oxygène du sang fœtal en émettant de la lumière monochromatique avec deux longueurs d'ondes différentes (735 nm et 890 nm) et en mesurant la lumière réfléchie dans un capteur placé très près de l'émetteur **(2.)**. Avec les appareils modernes on tente d'éliminer les signaux parasites et d'intégrer uniquement les courbes du pouls dans la mesure, en s'aidant d'une analyse mathématique.

**Procédure.** Pour effectuer les mesures chez le fœtus, les membranes doivent être rompues et le col dilaté au moins à 2-3 cm. La mesure n'est donc faisable que durant l'accouchement. En pratique, la mesure de $SpO_2$ se fait avec un capteur introduit dans l'utérus à l'aide d'un guide flexible et appliqué contre la tempe ou la joue du fœtus **(1.)**, ou contre la fesse en cas de siège. Après quelques minutes l'appareil reconnaît les courbes de pouls et commence les mesures.

La saturation en oxygène est affichée en pourcentage au niveau de l'appareil même. D'un autre côté le résultat de la mesure peut être transmis au cardiotocographe et être incorporé graphiquement aux courbes de contractions utérines et d'activité cardiaque fœtale **(4.)**.

En raison de la relative nouveauté de la méthode on ne peut pas porter de jugement définitif sur sa précision et son utilité. Avant d'utiliser l'oxymétrie de pouls de routine il est nécessaire de faire des études supplémentaires, en particulier en parallèle avec la cardiotocographie.

## B. Microanalyse sanguine

La *microanalyse du sang fœtal* (MSF) durant l'accouchement permet l'évaluation de la vitalité fœtale. On détermine ainsi le pH fœtal et, le cas échéant, le déficit de base.

**Indication.** L'indication principale de la microanalyse sanguine est un tracé cardiotocographique pathologique. La question est alors de savoir s'il faut terminer rapidement l'accouchement (césarienne ou accouchement instrumental par voie basse) ou si l'état de l'enfant autorise l'attente d'un accouchement spontané.

Les conditions pour effectuer la mesure sont :

- le col dilaté à au moins 3 cm,
- les membranes rompues,
- la tête fœtale doit au minimum être au détroit supérieur.

**Procédure.**

- désinfection du périnée,
- expansion du vagin par un spéculum ou un amnioscope,
- assèchement de la zone prévue pour le prélèvement à l'aide d'un tampon **(1.)**,
- petite incision du cuir chevelu à l'aide d'une petite lame **(2.)**,
- aspiration des gouttes de sang dans un capillaire **(3.)**.

**Interprétation** (selon Saling).

| Valeurs de pH | Signification/ conduite |
|---|---|
| > 7,30 | normal |
| 7,30-7,25 | abaissé – contrôle après 10 min |
| 7,24-7,20 | préacidose – contrôle après 5 min |
| 7,19-7,15 | acidose légère – contrôle après 2 min |
| 7,14-7,10 | acidose moyenne – accouchement rapide |
| 7,09-7,00 | acidose sévère – accouchement d'urgence |
| < 7,00 | acidose grave |

De nombreux accoucheurs mettent la femme en décubitus dorsal pour effectuer la MSF. Cela peut provoquer des altérations du tracé CTG (décélérations). Dans ce cas il est utile d'effectuer la MSF en décubitus latéral.

Les infections du cuir chevelu surviennent très rarement après une MSF.

## Oxymétrie de pouls fœtale, microanalyse sanguine

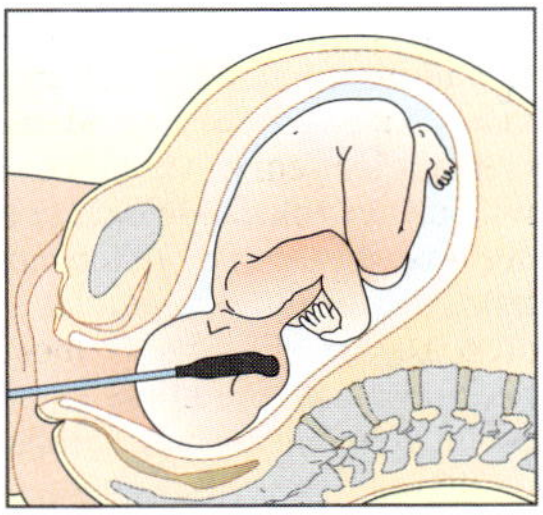

**1.** Pose du capteur

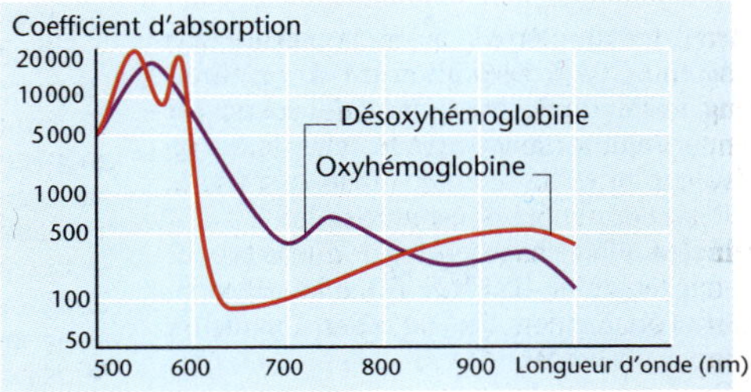


**3.** Spectres d'absorption

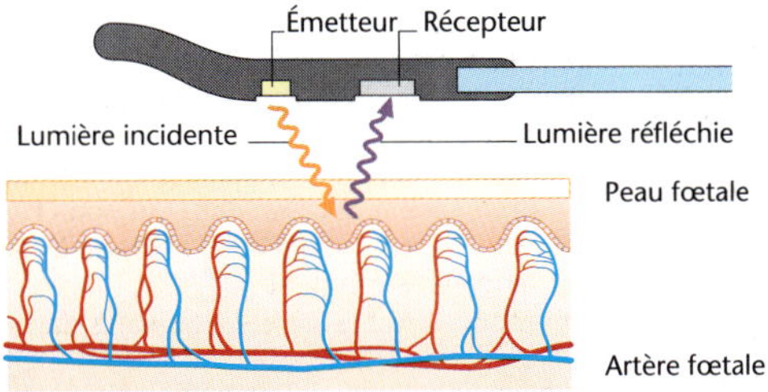


**2.** Principe

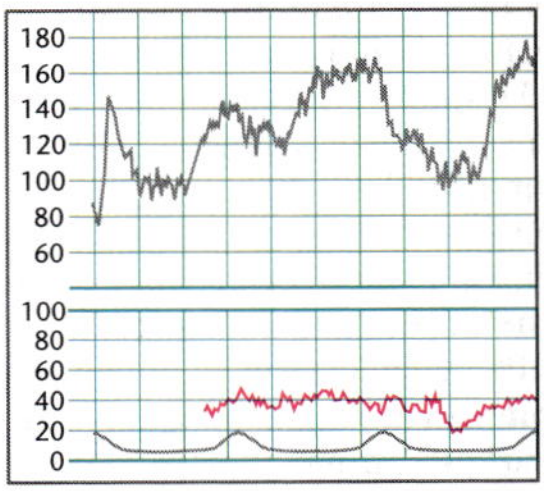


**4.** CTG et courbe d'oxymétrie

**A. Oxymétrie de pouls**

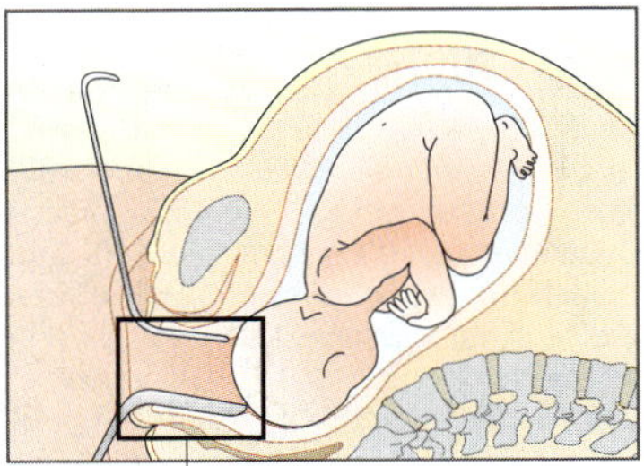

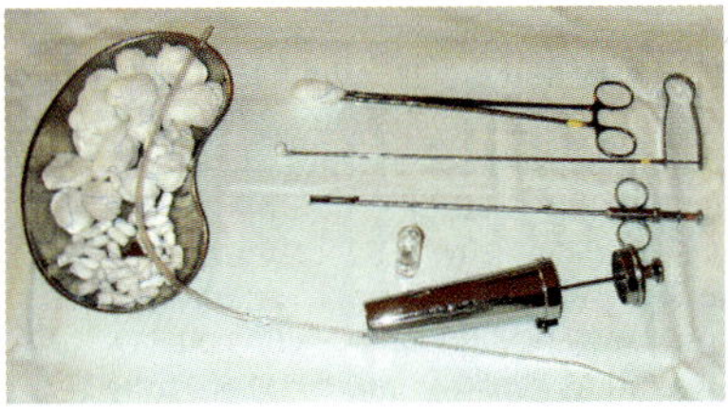

Instruments

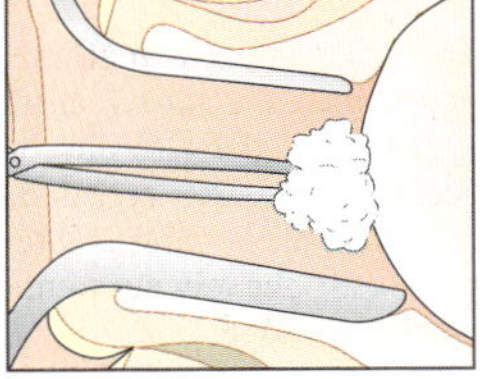

**1.** Tamponner

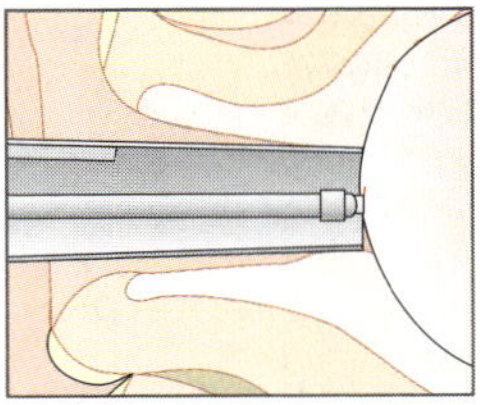

**2.** Inciser la peau

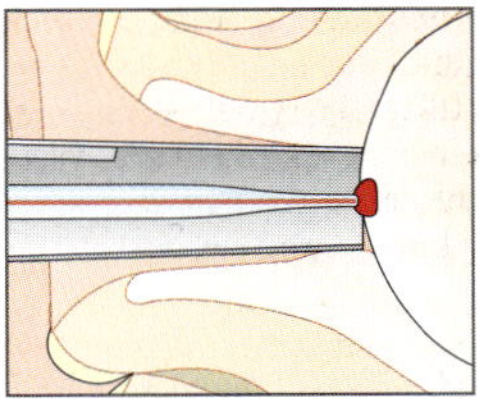

**3.** Aspirer le sang

**B. Microanalyse de sang fœtal (MSF)**

## A. Principe et procédure

L'amnioscopie consiste à observer le liquide amniotique directement grâce à un tube métallique (amnioscope ; **1.**). L'amnioscope est introduit dans le vagin et dans le col et posé contre les membranes ovulaires translucides. Ceci nécessite que le col soit suffisamment dilaté pour permettre le passage de l'amnioscope le plus fin (1 cm de diamètre).

**Indication.** Essentiellement devant une suspicion d'insuffisance d'oxygénation du fœtus, par exemple :

- CTG douteuse,
- maladie maternelle (hypertension artérielle, néphropathie),
- dépassement du terme.

Le placenta praevia est une *contre-indication absolue* (p. 118).

**Procédure.** L'examen se fait de préférence sur une table gynécologique en position de lithotomie. Après désinfection de la vulve, on procède d'abord à un examen au doigt, puis on introduit l'amnioscope à côté du doigt et on le pose prudemment contre les membranes. On branche de la lumière et l'on procède à l'observation **(2.)**.

**Évaluation.** On ne pourra évaluer que la portion de liquide amniotique située en avant de la tête fœtale. Si la tête est fortement apposée, voire engagée à travers le détroit supérieur, il peut s'agir de la poche des eaux, sans relation avec le reste du liquide amniotique dont elle est hermétiquement séparée par la tête.

## B. Résultats de l'examen

**1.** Le liquide amniotique *normalement clair* et parfois un peu laiteux contient jusqu'au terme des flocons d'enduit sébacé (vernix caseosa). Ces flocons ont un aspect blanchâtre. En s'approchant du terme, la quantité de vernix diminue de sorte qu'on en voit de moins en moins lors de l'amnioscopie.

**2.** Une *irrigation insuffisante du fœtus* conduit à l'hypoxie fœtale, puis à des contractions du gros intestin et à l'émission de méconium (matière intestinale fœtale) vers le liquide amniotique. Sous amnioscopie le liquide amniotique paraît alors *vert*. Selon le moment et la durée de l'hypoxie, on aura un liquide amniotique :

- *légèrement teinté de vert* (tout juste un incident passager, hypoxie peu importante),
- *vert sombre* jusqu'à *purée de pois* (hypoxie sévère et peut-être ancienne).

Les cheveux sombres proches des membranes peuvent donner des reflets verdâtres au liquide amniotique. En cas de doute, on essaye de « secouer » un peu la tête du fœtus pour faire la différence entre des reflets verts dus aux cheveux et un liquide amniotique vert.

**3.** En cas d'érythroblastose fœtale, l'hémolyse provoque une hyperbilirubinémie fœtale. La bilirubine est en partie éliminée par le rein fœtal en direction du liquide amniotique qui devient *jaune*.

**4.** Lors du décès fœtal in utero (p. 128) la cytolyse provoque une coloration du liquide amniotique *en brun ou en rouge*.

## C. Complications et risques

La principale complication est la *rupture des membranes* avec l'écoulement de liquide amniotique **(1.)**. Ceci rend l'accouchement inévitable. C'est pour cette raison que l'amnioscopie ne sera normalement effectuée qu'à partir du moment où ce risque ne constitue plus un problème majeur (enfant mûr, > 36 SA).

La manipulation du col peut en outre provoquer des *contractions*.

Lors d'infections vaginales sévères, l'amnioscopie risque d'amener des germes dans la cavité amniotique et peut éventuellement provoquer un *syndrome d'infection amniotique* (p. 124). Pour cette raison, il convient de pratiquer une désinfection soigneuse et de s'assurer avant l'amnioscopie de l'absence d'infection vaginale à l'aide d'un examen extemporané **(2.)**.

## Amnioscopie



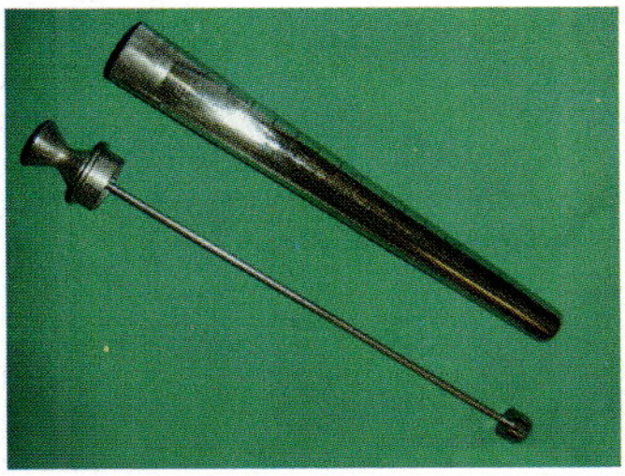

**1.** Amnioscope

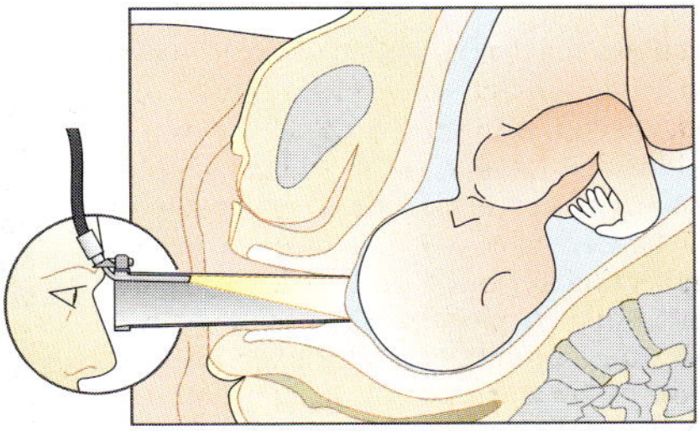

**2.** Examen

**A. Principe et procédure**

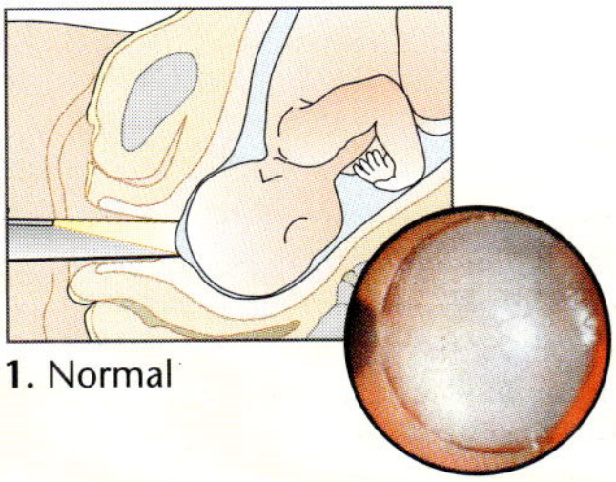

**1.** Normal

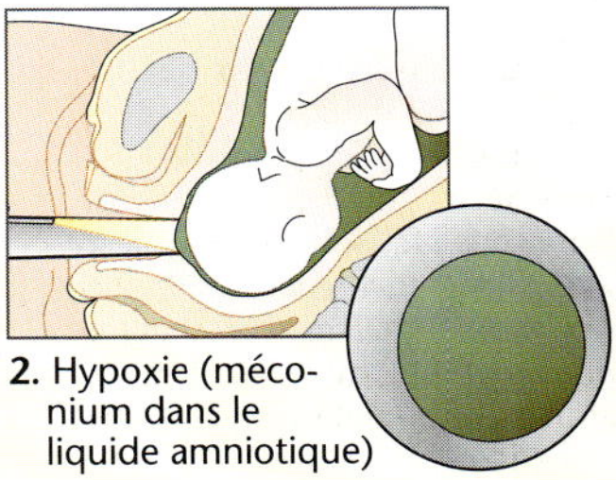

**2.** Hypoxie (méconium dans le liquide amniotique)

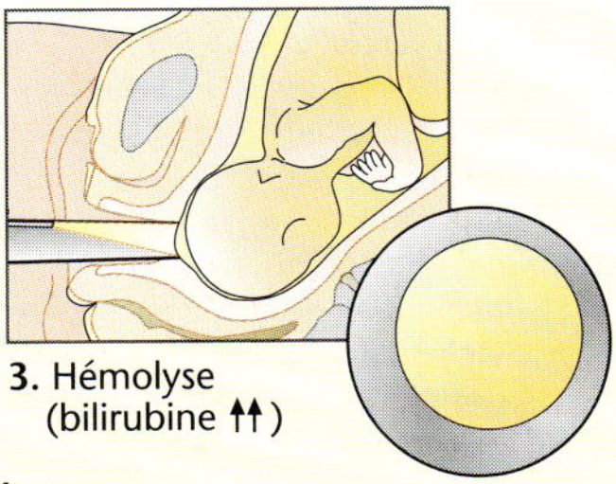

**3.** Hémolyse (bilirubine ↑↑)

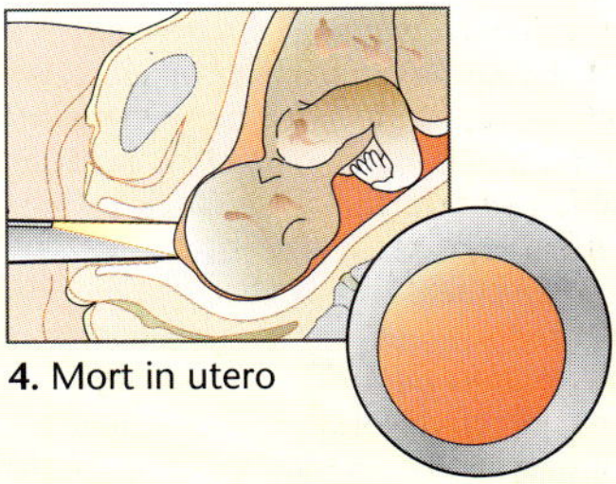

**4.** Mort in utero

**B. Résultats**

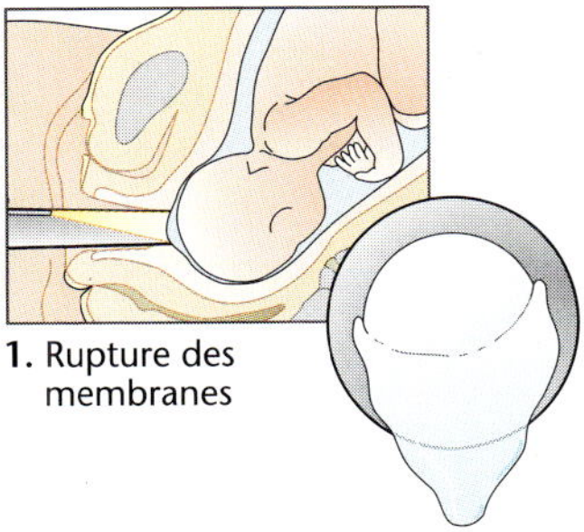

**1.** Rupture des membranes

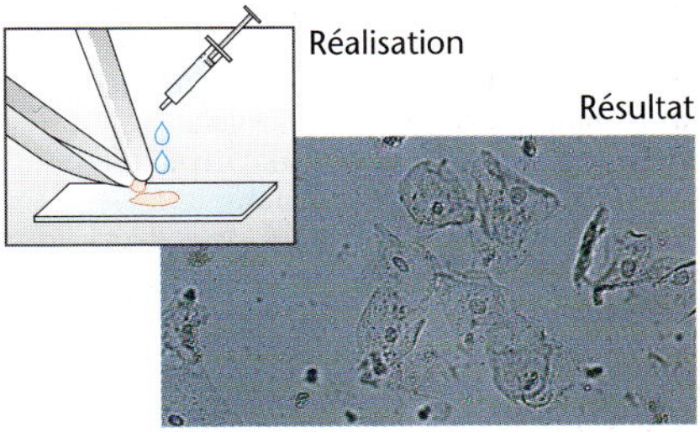


**2.** Frottis extemporané pour éliminer une infection vaginale de la mère

**C. Complications et risques**

## A. Examens radiographiques

En raison du risque de malformations fœtales, l'examen radiologique ne devrait être effectué durant la grossesse qu'en cas d'urgence. Dans les 12 premières semaines en particulier, il conviendra d'éviter si possible tout examen radiologique. Quelques rares examens radiologiques amènent des doses notables de rayons à l'enfant. Ainsi les radioscopies et les angiographies utilisent de fortes doses.

**Doses de rayons.** Voici l'estimation du rayonnement reçu par l'enfant lors d'un examen radiologique de la mère :

- le bras 0,01 mGy,
- la colonne vertébrale 0,20 mGy,
- le thorax 0,08 mGy,
- l'abdomen sans préparation 2,90 mGy,
- l'urographie 4,00 mGy,
- le bassin 4,40 mGy.

**Probabilités de dommages.** Il n'existe pas de dose seuil pour les dommages embryonnaires ou fœtaux. À côté de la dose proprement dite vont jouer l'âge de la grossesse (p. 50) et le fractionnement de la dose à travers le temps.

Les « premiers » dégâts se voient lors de la grossesse précoce à partir d'environ 0,03 Gy (= 30 mGy), des dégâts *irréversibles* à partir d'environ 0,05 Gy (= 50 mGy) ; à partir de 0,1 Gy (= 100 mGy), il faut envisager une interruption de grossesse (p. 90).

**Indication.** Grâce aux ultrasons, l'indication purement obstétricale d'un examen radiologique est devenue très rare. Pour *l'exploration du bassin* (p. 8) il est uniquement nécessaire en cas de déformations pelviennes sévères, par exemple après des fractures traumatiques du bassin, et dans le but de dépister un obstacle à l'accouchement vaginal.

En ce qui concerne le *fœtus*, la radiographie est nécessaire pour le diagnostic de maladies osseuses graves et héréditaires (par ex. l'ostéogenèse imparfaite pour laquelle une césarienne serait à planifier).

## B. Résonance magnétique nucléaire

**Principe.** Dans la *résonance magnétique nucléaire* (RMN) les atomes des tissus à examiner sont mis en vibration par l'intermédiaire d'un champ magnétique ; les noyaux des atomes acquièrent un niveau d'énergie plus élevé. Lors du retour à leur niveau énergétique de départ, ils vont donner cette énergie sous forme d'ondes à hautes fréquences ; ces ondes peuvent être captées et mesurées. Il en résultera des modèles d'énergie variables avec la nature et la densité du tissu. Ils seront traduits en images par des coupes tomographiques grâce à un calcul électronique.

**Avantages.** Contrairement aux rayons X, il n'y a actuellement pas lieu de croire que la RMN est nuisible aux tissus maternels ou fœtaux. Un avantage supplémentaire est que, contrairement à l'échographie, on pourra obtenir la représentation complète du fœtus sur une seule image – et ceci encore au 3e trimestre.

**Désavantages.** L'examen a lieu dans un tube relativement petit, qui peut s'avérer trop petit pour la gestante. De plus la patiente et son fœtus sont soumis durant 40 minutes à un examen comportant une importante nuisance sonore. Le coût élevé de l'examen est un désavantage supplémentaire.

**Indication.** Les indications typiques de la RMN en obstétrique sont :

- la pelvimétrie, en particulier lorsqu'on envisage un accouchement par voie basse en cas de siège,
- les malformations fœtales, en particulier avant de planifier une intervention chirurgicale (omphalocèle, tératome, cardiopathie),
- difficultés d'un examen par ultrasons (par ex. oligoamnios),
- évaluation de certains organes non accessibles aux ultrasons (par ex. l'uretère, les petits vaisseaux).

## Rayons X, RMN

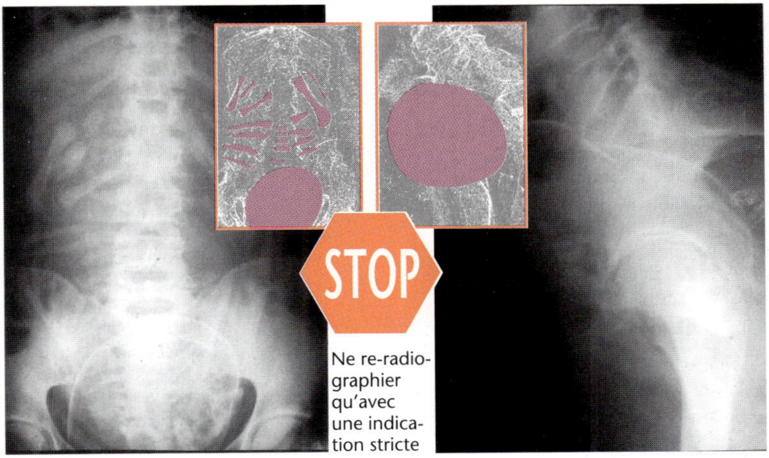


**A. Radiographie**

1. Tubes d'IRM

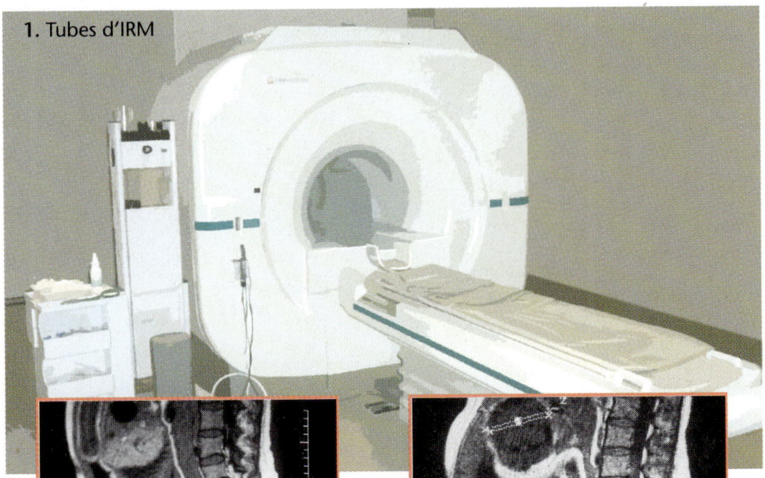

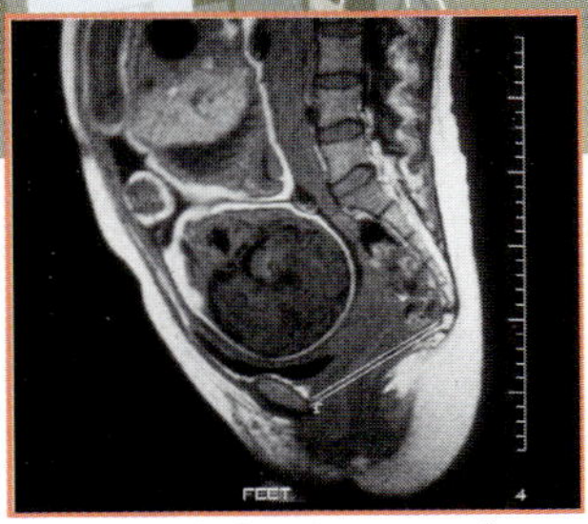

**2.** Mesure du bassin avec présentation céphalique

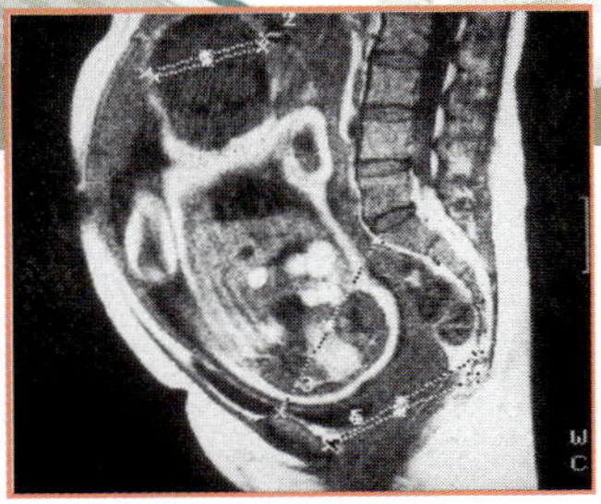

**3.** Mesure lors d'un siège

**B. Tomographie par résonance magnétique (IRM)**

# III

## 1$^{er}$ Trimestre

## A. Développement de l'endomètre lors d'une conception

Contrairement au cycle sans conception (p. 12), l'hémorragie privative ne surviendra pas si l'ovule a été fécondé. L'ovule sécrète de l'HCG (*hormone chorionique gonadotrope*) à partir du 8e jour après la fécondation : ceci empêche l'involution du corps jaune et le rejet de l'endomètre (menstruations). La production de progestérone est poursuivie grâce au maintien du corps jaune.

## B. Maturation de l'ovule

Contrairement à la spermatogenèse (maturation des gamètes mâles), tout le stock d'ovules (environ 600 000-800 000) est déjà présent dans les ovaires au moment de la naissance des filles. À l'entrée de la puberté il persistera environ 400 000-500 000 ovules, dénommés follicules primordiaux **(1.)**, 400-500 d'entre eux arriveront à maturation et ovuleront.

Sous l'influence de l'hormone hypophysaire (p. 12), les follicules par cohortes de 10-12 vont mûrir en *follicules primaires* **(2.)** et ensuite en *follicules secondaires* (entourés de plusieurs couches de cellules granuleuses, **3.**). Dans cette cohorte un ovule se transformera en *follicule tertiaire* **(4.)** et finalement en *follicule de de Graaf* prêt à éclore **(5.)**. Celui-ci a un diamètre de 20-25 mm et est entouré de 15-20 couches de cellules granuleuses. L'ovule est situé dans un tas de cellules granuleuses, c'est le cumulus proliger. Ces cellules restent autour de l'ovule après l'ovulation et sous forme de la couronne radiée (corona radiata). L'ovule lui-même, en plus de sa membrane cellulaire propre, est encore entouré d'une autre membrane : la membrane pellucide.

Au moment de l'ovulation, l'ovule a déjà terminé sa première division cellulaire (méiose) et possède alors 23 chromosomes, c'est-à-dire la moitié du nombre habituel. La deuxième division cellulaire de maturation suivra et l'ovule se durcira jusqu'à une éventuelle fécondation. L'autre moitié des chromosomes est contenue dans le premier globule polaire **(D.)**.

Après l'ovulation **(6.)**, l'ovule, entouré de sa couronne radiée, sera capté par le pavillon de la trompe. Grâce aux mouvements péristaltiques de la trompe et au battement des cils vibratiles de son épithélium, l'ovule sera transporté vers l'utérus.

## C. Développement des spermatozoïdes

Au moment de la naissance d'un garçon les testicules contiennent des *spermatogonies* **(1.)**. Après une phase de repos durant l'enfance, ils vont se transformer à partir de la puberté en *spermatocytes* **(2.)**. Cela aura nécessité un total de 6 mitoses. Les spermatocytes contiennent encore un nombre complet de 46 chromosomes. Après 2 divisions de maturation (méiose) chaque spermatocyte donnera naissance à 4 *spermatides* **(3.)** avec un nombre haploïde de chromosomes. Ils se transformeront ensuite en *spermatozoïdes* **(4.)**. Les spermatozoïdes sont composés :

- d'une tête (acrosome) contenant les chromosomes,
- d'une pièce intermédiaire,
- d'une queue pour leur progression.

L'énergie nécessaire à la mobilité provient des mitochondries situées au niveau de la pièce intermédiaire.

## D. Fécondation (conception)

La fécondation a lieu normalement dans la trompe. Le plus souvent 20 à 50 spermatozoïdes atteignent simultanément l'ovule. Le « premier » traverse la couronne radiée (corona radiata) en quelques minutes **(1.)**., grâce à sa mobilité propre et à la libération au niveau de sa tête d'une enzyme hydrolysante (réaction acrosomiale). Il s'accole ensuite à la zone pellucide. Cette étape se réalise selon un mécanisme analogue à celui des récepteurs et spécifique à chaque espèce.

Après avoir traversé la zone pellucide, le spermatozoïde tombe sur la membrane cellulaire **(2.)**. Ce contact déclenche aussitôt un potentiel électrique qui libérera des enzymes rendant la zone pellucide imperméable à d'autres spermatozoïdes. Grâce à la fonte de la membrane, la tête du spermatozoïde s'enfonce complètement dans l'ovule **(3.)** alors que l'ovule termine sa 2e division de maturation.

À partir de ces deux séries haploïdes de chromosomes vont se former les pronucleus femelle et mâle **(4.)**, qui fusionneront ensuite en un zygote (p. 42, **A.**).

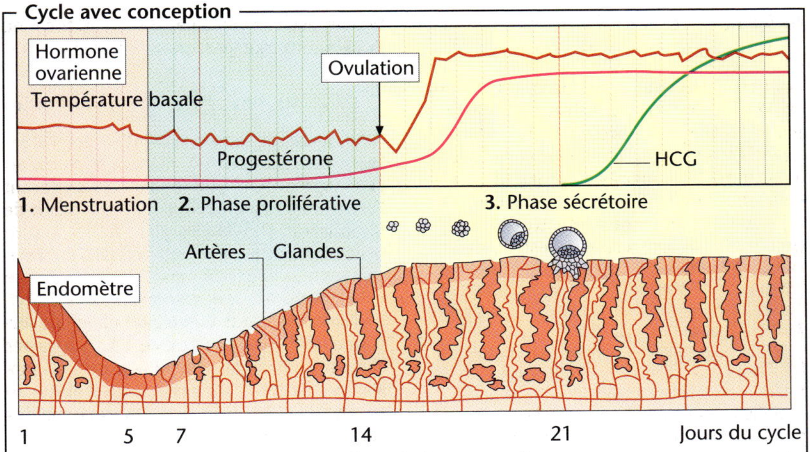


**A. Développement de l'endomètre lors de la conception**

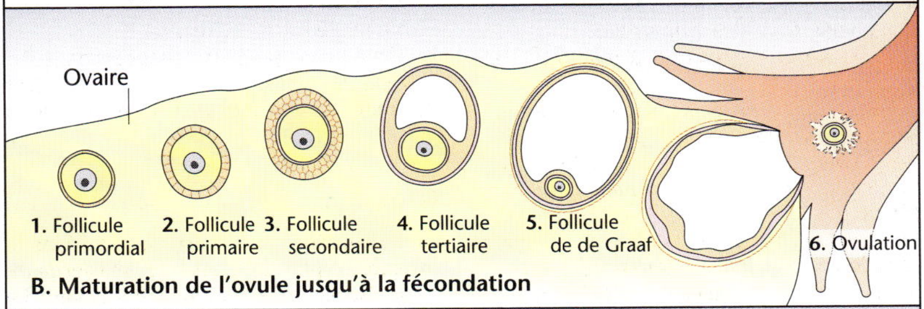


**B. Maturation de l'ovule jusqu'à la fécondation**

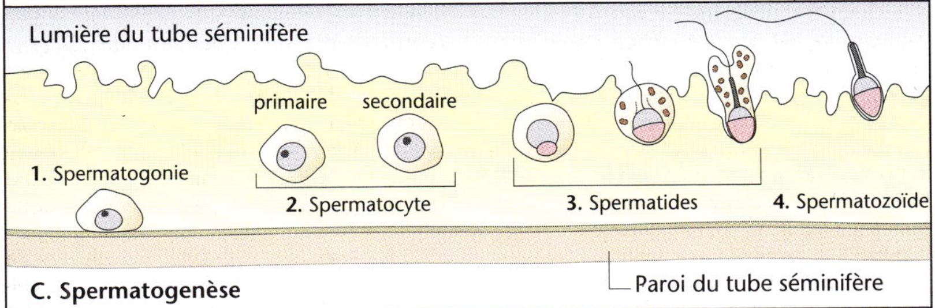


**C. Spermatogenèse**

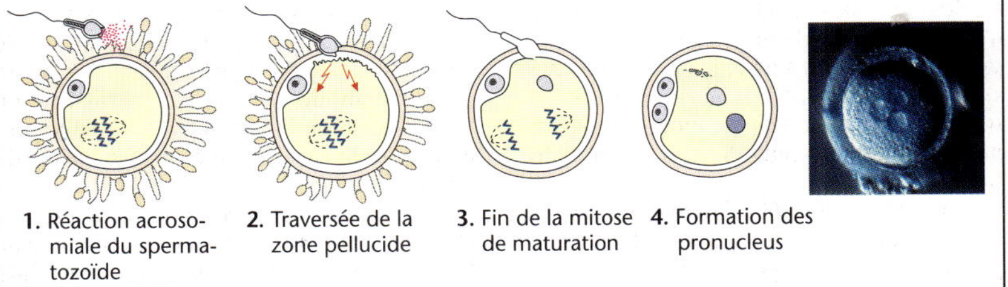


**D. Fécondation**

## A. De la fécondation à l'implantation

Dès la fusion des deux noyaux de l'ovule et du spermatozoïde, le zygote commence une succession de divisions. En l'espace de 3-4 jours on atteint un stade de 8-16 cellules.

Durant ces divisions cellulaires, l'œuf fécondé est transporté vers la cavité utérine grâce à l'épithélium cilié et aux contractions péristaltiques de la trompe. La cavité utérine est atteinte 4-5 jours après la fécondation.

À partir d'environ 16 cellules on parle de *morula* en raison de l'aspect évoquant une petite mûre. À ce stade l'œuf a un diamètre de 0,1-0,2 mm.

À partir de 32-64 cellules débute la différenciation en *blastocyste*. Une cavité se formera au centre de cette « boule de cellules ». Un amas de cellules va s'accumuler près de cette cavité. Les cellules externes constituent le *trophoblaste* et les cellules internes l'*embryoblaste* ou bouton embryonnaire. Les cellules trophoblastiques sécrètent un liquide qui agrandira progressivement la cavité du blastocyste.

À ce stade le blastocyste est encore entouré du reste de la zone pellucide, il va s'en échapper peu avant l'implantation (pénétration dans l'endomètre). Après s'en être échappé il absorbera du liquide, augmentera de volume et atteindra une taille d'environ 0,25 mm. Ceci se passe au 5e-6e jour après la fécondation et ce n'est qu'ensuite que la fixation et l'implantation seront possibles.

## B. Implantation

**Fixation.** Le blastocyste flotte librement dans les sécrétions de l'endomètre, presque comme un ballon, et va secondairement se fixer en une zone de l'endomètre. À cet endroit les cellules du trophoblaste vont fusionner avec les cellules de l'endomètre superficiel et formeront un syncytium, le *syncytiotrophoblaste*. Ce réseau cellulaire émettra des pseudopodes pénétrant dans les espaces intercellulaires séparant les cellules endométriales (pénétration).

Les cellules de l'embryoblaste (bouton embryonnaire) vont vers la partie interne de la cavité trophoblastique, vers l'endroit qui était le point d'entrée dans l'endomètre ; ainsi l'entrée dans l'endomètre (implantation) est orientée et a lieu quasiment « tête première ».

**Implantation.** Lors de l'implantation, la cavité du blastocyste subit d'abord un rétrécissement, par la suite elle sera à nouveau bien remplie par l'afflux de liquide et des sécrétions des cellules du trophoblaste ; elle constituera la vésicule vitelline primitive (p. 48).

L'intrusion de l'embryon jusqu'à la zone compacte de l'endomètre est facilitée par la persistance de cellules déciduales maternelles (différenciation des cellules du tissu conjonctif) et par l'aide d'enzymes du syncytiotrophoblaste. Les protéines, les sucres, les minéraux et les lipides libérés de ce fait vont être résorbés et vont nourrir l'embryon durant sa phase de développement. Les cellules trophoblastiques vont former des lacunes liquidiennes communicant entre elles.

Lorsque, vers le 12e-13e jour après la fécondation, la zone spongieuse de l'endomètre (richement vascularisée) sera atteinte, les artérioles et les veinules seront érodées et ouvertes. Le sang maternel afflue vers les lacunes. C'est le début de la circulation utéro-placentaire. Ceci peut donner lieu à un saignement utérin (hémorragie d'implantation), pris parfois à tort pour une menstruation. On peut ainsi se tromper sur l'âge de la grossesse et sur la date présumée de l'accouchement.

Au niveau de la zone d'implantation, la lésion endométriale sera colmatée par un amas de fibrine (caillot de fibrine). Ceci formera une voussure conique permettant de reconnaître la zone d'implantation. L'implantation est alors achevée.

## De la fécondation à l'implantation

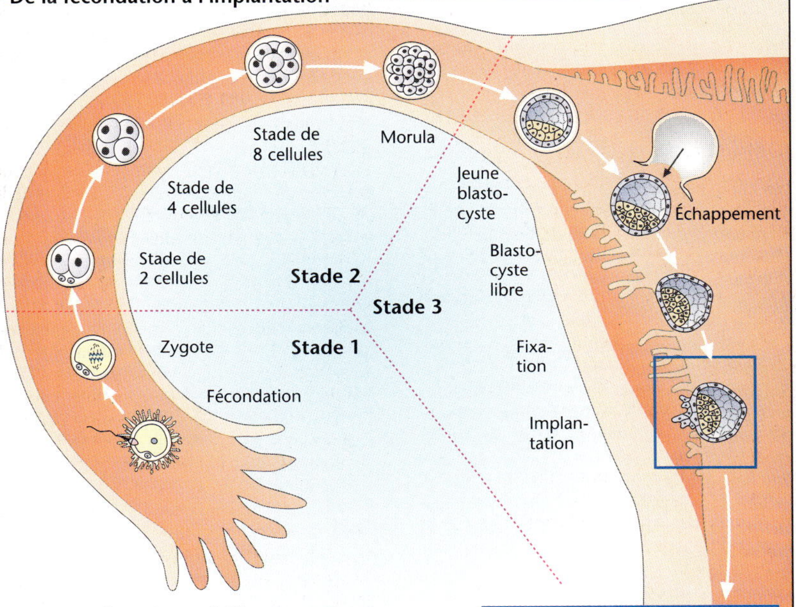


**A. De la fécondation à l'implantation**

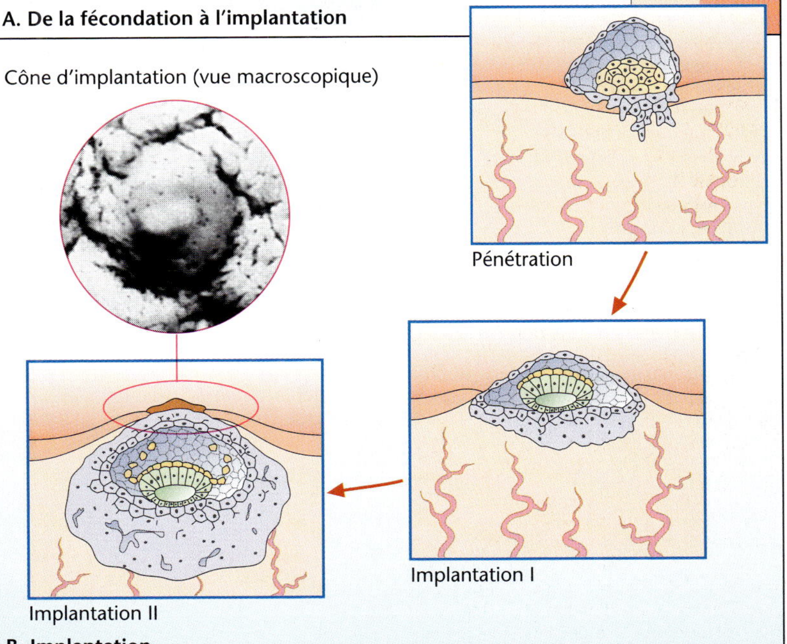


**B. Implantation**

Durant la grossesse, l'organisme maternel subit une série de modifications et d'adaptations qui portent sur les organes génitaux, sur divers systèmes organiques ainsi que sur l'équilibre hormonal.

## A. Modifications des organes génitaux

Les changements les plus radicaux des organes génitaux féminins concernent l'utérus. Sa masse musculaire devient près de 30 fois plus lourde et passe de 30-60 g en dehors de la grossesse à 1200-1500 g. La cellule musculaire s'allonge de 10 à 40 fois et triple de largeur.

La zone de nidation laisse une empreinte lors des premières semaines de la grossesse (environ jusque vers la 12e SA) : la musculature proche de la zone placentaire s'assouplit sous l'influence locale des hormones ; la croissance utérine sera asymétrique avec une bosse à l'endroit de la nidation **(1.)**.

À 16 SA environ le fond utérin est palpable au-dessus du pubis, à 24 SA au niveau de l'ombilic, à 36 SA sous le rebord costal (**2.**, p. 17). Les autres organes abdominaux seront comprimés ou déplacés du fait de l'énorme croissance de l'utérus **(4.)** : ceci explique bien des maux de la grossesse (brûlures d'estomac, constipation, pollakiurie entre autres ; p. 54).

Par suite de l'hypervascularisation des organes génitaux, l'introït, le vagin et le col utérin prennent un aspect bleuâtre. L'accentuation de la transsudation augmente les sécrétions ; on remarquera des pertes vaginales plus abondantes.

Lors de la grossesse, le frottis cytologique met en évidence des cellules naviculaires provenant de la couche intermédiaire hypertrophiée.

## B. Modifications métaboliques

**Métabolisme de base.** Le métabolisme de base augmente de près de 20 % durant la grossesse. Les échanges métaboliques sont élevés chez la mère comme chez le fœtus. La consommation d'oxygène va ainsi augmenter de 20-30 %.

**Métabolisme glucidique.** La consommation périphérique du glucose diminue par suite de l'augmentation des stéroïdes surrénaliens favorisant le passage transplacentaire des hydrates de carbone ; il s'ensuit une relative insulino-résistance. Ceci constitue une ambiance diabétogène et peut provoquer des troubles chez les femmes porteuses d'un diabète sucré latent (p. 44).

**Métabolisme des graisses.** Des acides gras seront libérés sous l'influence hormonale des œstrogènes, du cortisol et de l'hormone lactogène placentaire (*HPL*). Ils constitueront une réserve d'énergie supplémentaire. Au niveau du sang on constatera une élévation de toutes les fractions lipidiques.

**Métabolisme des protéines.** Le bilan azoté est positif durant la grossesse ; cela signifie une accumulation de protéines et par conséquent d'azote dans l'organisme. Parallèlement, on note une rétention de potassium.

**Équilibre hydrique.** Le sang est « dilué » suite à la rétention d'eau qui augmente dans l'organisme maternel (en tout de 6-7 l), aussi bien dans le système vasculaire (environ 1-1,5 l) qu'en dehors des vaisseaux ; le taux d'hémoglobine et l'hématocrite chutent. La fluidité du sang est améliorée et la perfusion placentaire facilitée.

L'augmentation des besoins maternels en eau s'explique aussi par la nécessité de transporter de l'eau vers l'enfant : ainsi à 30 SA il faudra près de 2500 ml d'eau chaque heure pour maintenir les échanges du liquide amniotique.

La rétention d'eau dans le milieu extracellulaire, souvent liée à un *œdème physiologique*, repose d'une part sur :

- la diminution de la pression oncotique intravasculaire (**1.**, hypoalbuminémie),
- la modification de la perméabilité capillaire,
- l'augmentation de la pression veineuse **(2.)**,

et d'autre part sur les effets hormonaux :

- de la progestérone avec l'assouplissement des tissus,
- de l'œstrogène avec la rétention de sodium **(3.)** et la rétention d'eau qui en résulte.

## Adaptation de l'organisme maternel

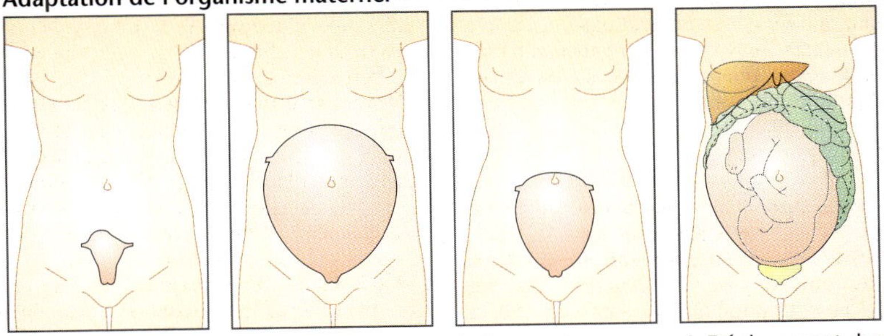

1. Grossesse Jeune
2. 36 SA
3. Post-partum
4. Déplacement des organes abdominaux maternels

**A. Modification des organes génitaux**

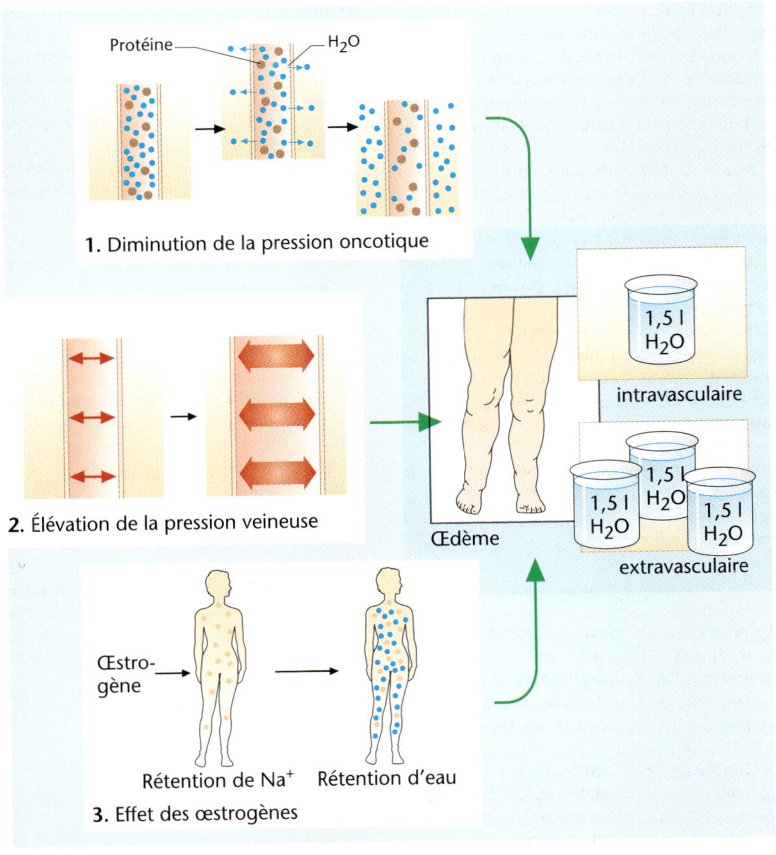


**B. Modifications métaboliques**

## A. Modifications cutanées

La pigmentation de la peau est accentuée du fait d'une augmentation de la production de l'hormone mélanotrope (*MSH*). Ce phénomène est surtout marqué :

- au niveau du mamelon et de l'aréole,
- dans la région vulvaire et péri-anale,
- sur la ligne médiane en dessous de l'ombilic,
- au visage ; c'est le masque de grossesse ou chloasma, hyperpigmentation parfois en aile de papillon.

Ces modifications vont le plus souvent complètement régresser après l'accouchement, en l'espace de quelques semaines.

On peut voir des vergetures sur la peau de l'abdomen. Ce sont des déchirures du tissu sous-cutané favorisées par le relâchement du tissu conjonctif et par l'augmentation de la tension de la peau. Ces lésions ne sont pas réversibles et ne sont qu'hypothétiquement influencées par l'emploi de lotions ou de crèmes.

## B. Modifications respiratoires

Le volume respiratoire/minute s'élève parallèlement à l'élévation de 30 % du métabolisme de base. L'adaptation se fait à la fois par l'augmentation du volume respiratoire et par l'augmentation de la fréquence respiratoire. Les gestantes ont tendance à l'hyperventilation et à la dyspnée, du fait surtout du rétrécissement de la cavité thoracique suite à l'agrandissement progressif de l'utérus.

## C. Modifications cardiovasculaires

Principales modifications cardiovasculaires :

- le volume sanguin augmente d'environ 30 % ou 1,5 litre,
- le volume-minute cardiaque augmente également, avec à la fois une augmentation du volume systolique et une augmentation de la fréquence,
- la résistance périphérique est généralement abaissée ; après avoir chuté légèrement aux 1er et 2e trimestres, elle retrouve ses valeurs normales au 3e trimestre.

L'augmentation du volume sanguin s'accompagne d'une dilution du sang (hydrémie de grossesse). La fluidité du sang est améliorée et la perfusion de l'utérus et du placenta est facilitée. Un traitement martial substitutif est toutefois nécessaire si le taux d'hémoglobine chute en dessous de 120 g/l.

La tendance aux varices et aux thromboses durant la grossesse est due à la diminution de la pression veineuse sous l'effet des gestagènes, à l'augmentation de la compression des grosses veines par l'utérus et au taux croissant d'œstrogènes avec leurs effets sur la coagulation.

## D. Modifications des reins et du système urinaire

L'augmentation du débit sanguin rénal entraîne une hausse de la filtration glomérulaire. Lorsque la capacité de résorption du sucre est dépassée et empêche la résorption de toutes les molécules de glucose, une glycosurie apparaît. Cela se produit chez 20 % des gestantes. Les infections urinaires ascendantes sont favorisées par la dilatation des voies urinaires sous l'effet de la progestérone.

La compression mécanique de la vessie par l'utérus conduit à une réduction de la capacité vésicale et à une pollakiurie.

## E. Modifications du tractus gastro-intestinal

Le tractus gastro-intestinal est lui aussi touché par le relâchement des organes creux sous l'effet des gestagènes :

- l'entrée de l'estomac ne se ferme pas bien (brûlures d'estomac ou pyrosis),
- le péristaltisme intestinal est diminué (constipation),
- la quantité de salive augmente (ptyalisme gravidique).

Par ailleurs, la tendance aux caries est renforcée du fait d'une forte mobilisation du calcium et du fluor et de la modification de la composition de la salive (pH abaissé). Il est conseillé de consulter un dentiste déjà avant la grossesse (planifiée) et d'entreprendre un traitement si nécessaire.

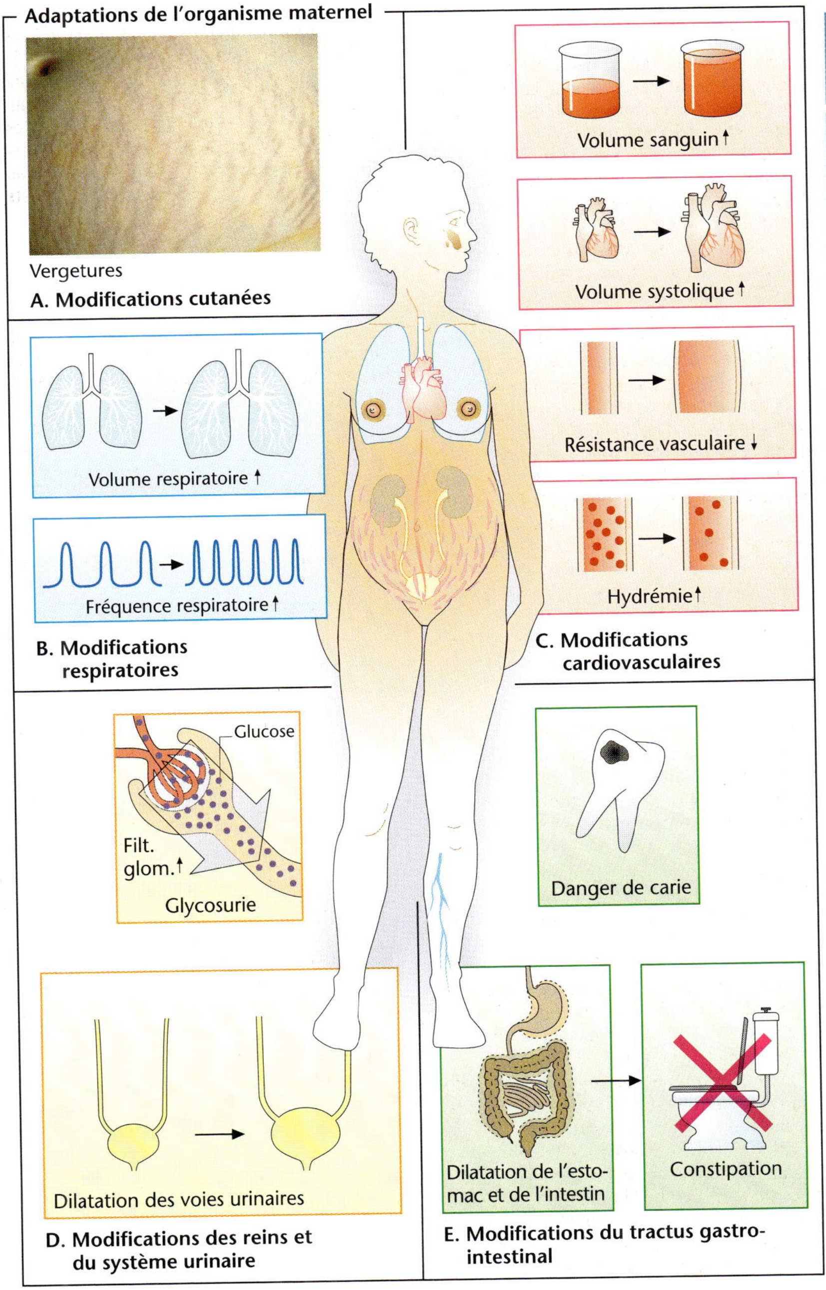
Adaptations de l'organisme maternel
Vergetures
A. Modifications cutanées
Volume respiratoire ↑
Fréquence respiratoire ↑
B. Modifications respiratoires
Volume sanguin ↑
Volume systolique ↑
Résistance vasculaire ↓
Hydrémie ↑
C. Modifications cardiovasculaires
Glucose
Filt. glom. ↑
Glycosurie
Dilatation des voies urinaires
D. Modifications des reins et du système urinaire
Danger de carie
Dilatation de l'estomac et de l'intestin
Constipation
E. Modifications du tractus gastro-intestinal

## A. Effet des hormones placentaires et maternelles

Même si la synthèse de la plupart des hormones placentaires nécessite des précurseurs maternels, il convient de bien distinguer les hormones placentaires des hormones maternelles. Les deux groupes d'hormones ont chaque fois des effets sur l'organisme maternel et sur celui de l'enfant.

### Hormones placentaires

**Hormone chorionique gonadotrope (HCG).** La bêta-HCG est une hormone protéique composée d'acides aminés et d'hydrates de carbone et produite par le trophoblaste dès le 9e jour après la fécondation. Elle empêche l'atrophie du corps jaune et favorise ainsi le maintien de la grossesse. En début de grossesse son taux plasmatique double pratiquement tous les 2 jours, en atteignant un pic vers la 12e SA.

**Hormone lactogène placentaire (HLP).** Synonyme : hormone chorionique somatotrope (*HCS*). Elle est également formée par le syncytiotrophoblaste. Détectable dans le sérum maternel à partir de 6 SA, son taux s'élève progressivement jusqu'à l'accouchement. Elle agit :

- par son activité lipolytique,
- par son effet anti-insuline,
- en développant les seins,
- sur la formation du lait.

Par ailleurs HLP inhibe l'effet de la prolactine sur les glandes mammaires, de sorte que malgré des taux élevés de prolactine il n'y aura pas de formation de lait.

**Œstrogènes (œstradiol, œstriol, œstrone).** Les précurseurs sont formés dans l'organisme maternel et, avec l'évolution de la grossesse, de plus en plus dans les surrénales fœtales ou dans le foie fœtal dans le cas de l'œstriol. Les taux d'œstrogènes sont soumis à d'importantes variations diurnes et interindividuelles. Les effets principaux des œstrogènes sont :

- rétention d'eau dans l'organisme maternel (p. 43),
- préparation de la glande mammaire à la production de lait.

**Progestérone.** En début de grossesse les gestagènes sont produits par le corps jaune sous l'effet de la bêta-HCG et dans le but de maintenir la grossesse. À partir de la 10e SA, la quantité produite par le placenta suffira à ce maintien. Les principaux effets de la progestérone sont :

- avant tout la mise au repos de la musculature utérine,
- le relâchement du tissu conjonctif,
- la distension des organes creux.

### Hormones maternelles

**Prolactine.** Elle est formée par l'antéhypophyse à des taux croissants jusqu'à l'accouchement. Sa principale fonction est de stimuler les tissus de la glande mammaire et de préparer ainsi la formation de lait.

**FSH, LH.** La production de FSH et de LH est presque complètement tarie grâce aux taux élevés d'œstrogènes et de progestérone.

**Ocytocine, vasopressine.** Les concentrations de ces deux hormones post-hypophysaires sont sensiblement inchangées durant la grossesse.

**Hormone thyroïdienne.** La production de thyroxine, et avec elle les besoins en iode, augmente sensiblement lors de la grossesse probablement par suite de la formation de bêta-HCG. En même temps la thyroxine œstrogéno-dépendante va se fixer aux protéines du plasma et à des taux croissants ; la globuline fixant la thyroxine (TBG) est ainsi augmentée. On n'aboutit cependant pas à une hyperthyroïdie car la fraction libre du plasma T4 n'est pas augmentée de façon sensible (évolution des paramètres thyroïdiens maternels, voir **B.**).

**Cortisone, cortisol.** Leur production surrénalienne est augmentée, cependant en raison de leur liaison avec les protéines du plasma, les taux plasmatiques de glucocorticoïdes libres n'augmentent pas.

**Aldostérone.** L'aldostérone, hormone de la rétention hydrique, se trouve durant la grossesse à des taux plasmatiques très élevés. La progestérone joue un rôle important, antagoniste de l'aldostérone elle évitera une trop forte rétention de sodium.

**Parathormone.** Le taux plasmatique de la parathormone croît au cours du 3e trimestre et durant la lactation. Il en résulte des besoins accrus de la mère en calcium. Ce calcium bénéficiera au fœtus grâce à un passage transplacentaire actif. En définitif, on ne constatera pas d'augmentation de la calcémie maternelle.

Changement hormonal

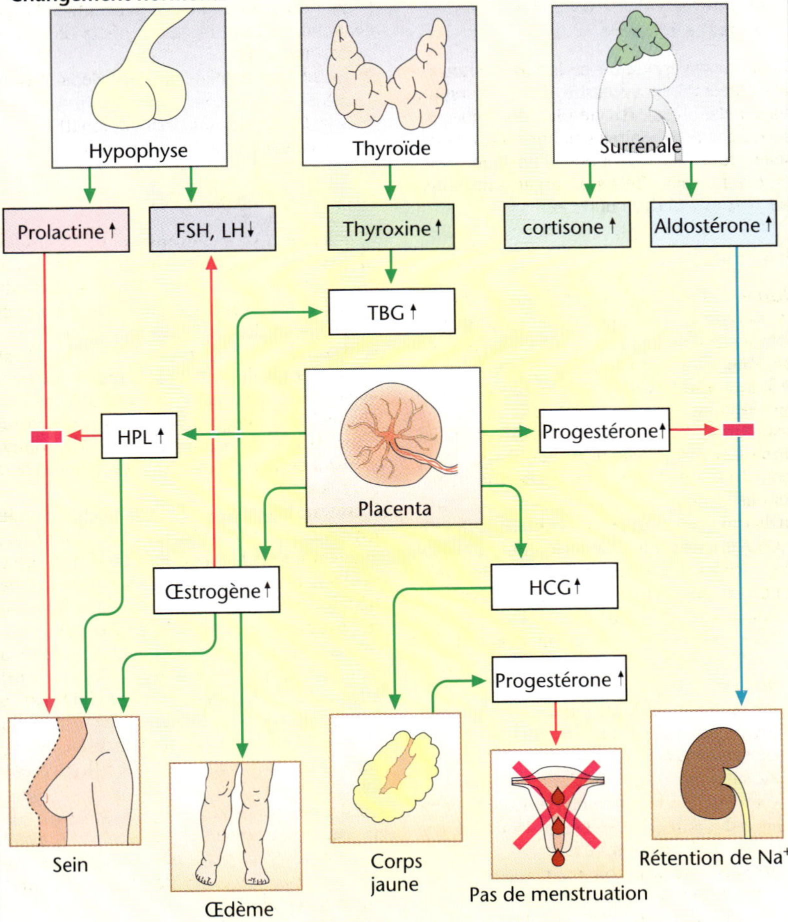


A. Effet des hormones placentaires et maternelles

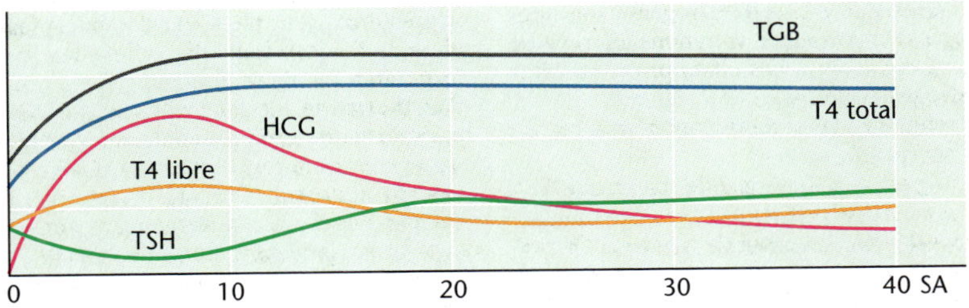


B. Évolution des paramètres thyroïdiens maternels

## A. Développement de l'embryon jusqu'à la fin de la 4e semaine

La phase embryonnaire va jusqu'à 10 semaines après la fécondation ou 12 semaines après les dernières règles. Durant cette phase les organes sont mis en place (organogenèse).

Après l'implantation, la cavité amniotique va se développer au sein du bouton embryonnaire composé de deux feuillets **(1.)**. La migration des cellules de l'ectoderme va former la vésicule vitelline et le cœlome **(2.)**.

À partir de la 5e SA on trouve trois feuillets embryonnaires :

- l'ectoderme,
- le mésoderme,
- l'entoderme.

Le tube neural va se former par invagination de la plaque neurale.

La cavité amniotique s'agrandit et entoure complètement l'embryon à partir de la 6e semaine après la fécondation **(3., 4.)**. En revanche, la vésicule vitelline va régresser ; le cordon va se former à partir du pédicule d'attache et des restes de la vésicule vitelline **(5.)**.

À partir de 5 SA le cœur bat et il y a déjà une circulation entre l'embryon et le placenta.

**Ectoderme.** À partir de l'ectoderme (feuillet embryonnaire superficiel) se forment :

- le système nerveux central,
- le système nerveux périphérique,
- l'épithélium sensoriel (oreille, nez, œil),
- la peau et les phanères,
- l'hypophyse,
- les glandes sudoripares,
- les glandes mammaires,
- l'émail dentaire.

**Mésoderme.** Le feuillet embryonnaire médian ou mésoderme va se glisser entre ectoderme et entoderme. Il va se segmenter en plusieurs sections, les somites. Ils sont responsables de la disposition segmentaire du corps. À partir du mésoderme se forment :

- la musculature striée,
- le cartilage et l'os,
- le tissu conjonctif,
- les vaisseaux sanguins et lymphatiques,
- le système uro-génital.

**Entoderme.** À partir de l'entoderme, feuillet embryonnaire interne, vont se constituer :

- la thyroïde et les surrénales,
- le foie et le pancréas,
- les amygdales et le thymus,
- le revêtement interne du tractus gastro-intestinal et du tractus digestif ainsi que celui de la vessie.

Uniquement pour la zone céphalique, une grande partie du tissu conjonctif proviendra de la crête neurale et non des trois feuillets embryonnaires.

## B. Développement du placenta

Après l'implantation, le trophoblaste se différencie en deux éléments :

- la partie interne (*cytotrophoblaste*) tournée vers la cavité de l'utérus,
- la couche externe (*syncytiotrophoblaste*), qui pénétrera activement dans la paroi utérine. Elle est composée de cellules syncytiales, c'est-à-dire fusionnées entre elles.

Les lacunes du syncytiotrophoblaste **(1.)** vont peu à peu fusionner entre elles. Elles entreront ensuite en contact avec la circulation maternelle. L'arrivée du sang maternel par les artères spiralées marque le début de la circulation utéro-placentaire.

Des cellules du cytotrophoblaste vont pénétrer dans les lacunes, former de petites travées et plus tard les villosités primaires. Celles-ci vont ensuite se remplir de mésoderme (villosités secondaires, **2.**) et plus tard de capillaires sanguines (villosités tertiaires, **3.**). Ces capillaires sont reliés à la circulation embryonnaire (voir p. 102).

Vers le 4e et le 5e mois de la grossesse, des septums s'enfoncent dans l'espace intervilleux **(3.)**, deviennent plus gros et partagent finalement le placenta en 15-20 cotylédons. Ces septums ne vont pas jusqu'au côté fœtal. Cela permet des échanges sanguins entre les espaces intervilleux de cotylédons voisins.

Le placenta mûr pèse 500-600 g à terme. Son diamètre est de 25-30 cm, son épaisseur de 3-4 cm. Du côté fœtal il est recouvert par l'amnios, du côté maternel la limite est marquée par la plaque basale (plaque déciduale). Dans cette zone de contact on trouve aussi bien des cellules fœtales du syncytiotrophoblaste que des cellules maternelles endométriales de la plaque déciduale.

## Développement physiologique lors de la phase embryonnaire

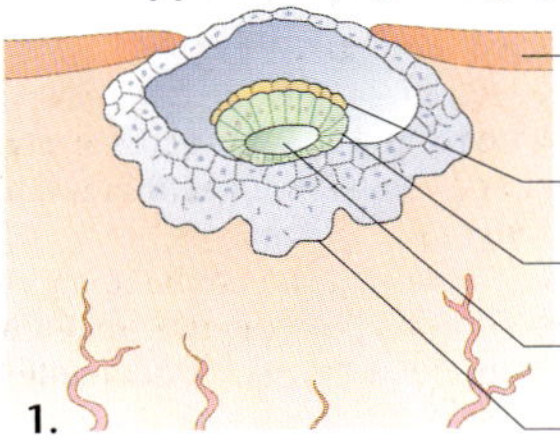


1.

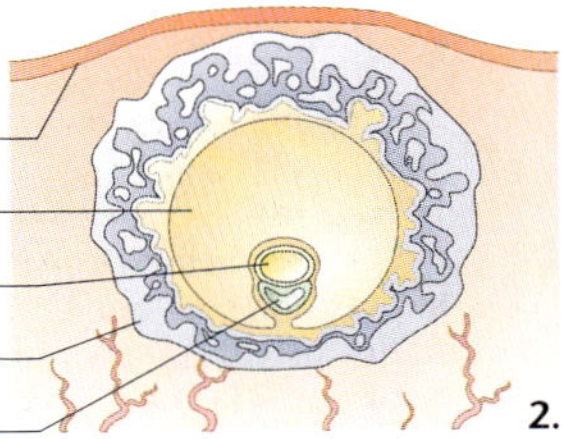


2.

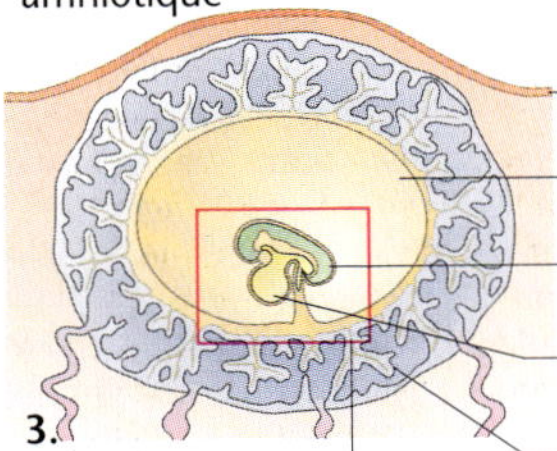


3.

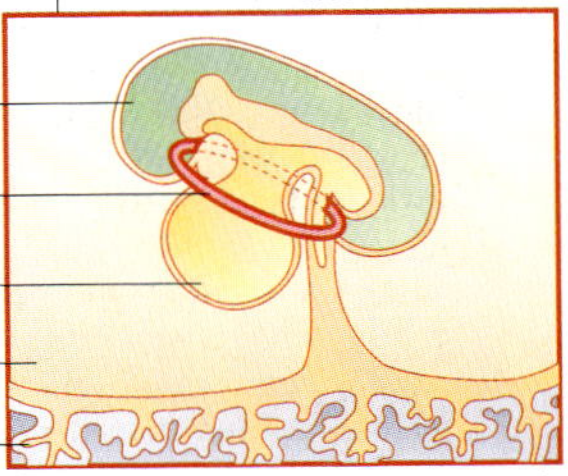


4.

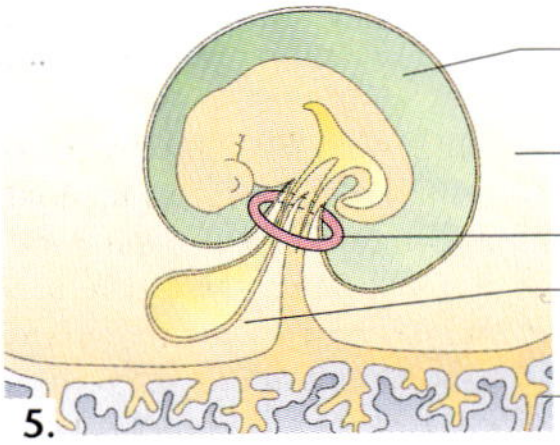


5.

**A. Développement de l'embryon jusqu'à la fin de la 4e semaine**

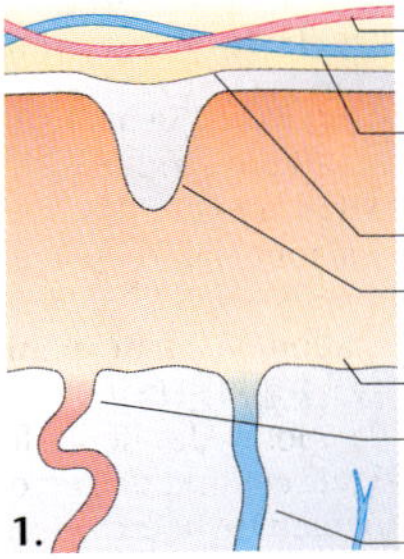


1.

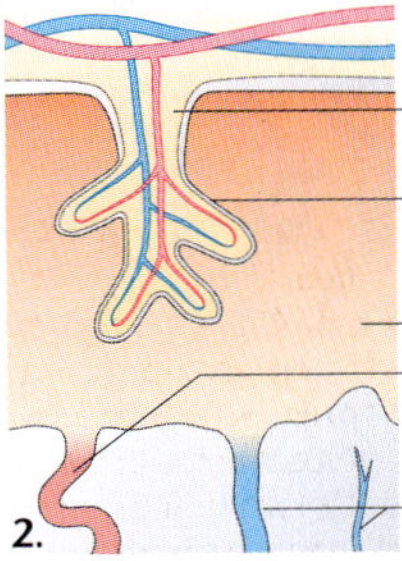


2.

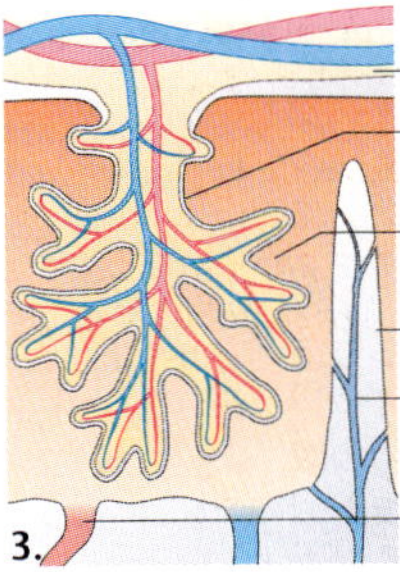


3.

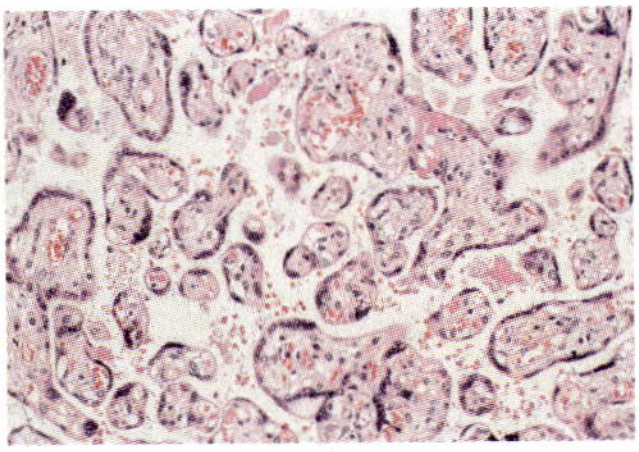

4. Histologie (placenta mature)

**B. Développement du placenta**

Plusieurs influences exogènes et endogènes peuvent compromettre le développement de l'embryon ou du fœtus.

## A. Agents nocifs

La nature et l'étendue du dommage provoqué par un agent nocif externe dépend bien plus du *moment* de l'action tératogène que de sa nature.

Des dégâts peuvent être provoqués par :

- des rayons (rayons X, radioactivité),
- des médicaments (par ex. le thalidomide, les antimétabolites, les antiépileptiques, les androgènes, les anticoagulants oraux),
- la nicotine (inhalation active ou passive),
- l'alcool,
- les drogues (par ex. la cocaïne),
- les poisons (par ex. les insecticides), solvants, plomb, dérivés mercuriels,
- la vitamine A à forte dose, les dérivés de la vitamine A,
- les infections virales (par ex. la rubéole, la varicelle, l'érythème infectieux aigu, le VIH ; voir p. 130),
- les infections bactériennes (par ex. la syphilis),
- les infections parasitaires (par ex. la toxoplasmose, p. 128),
- les maladies métaboliques maternelles (par ex. l'hypothyroïdie, le diabète sucré, voir p. 156),
- l'incompatibilité Rhésus (p. 160).

## B. Phases sensibles du développement

**Blastopathies.** Dans la période précoce allant jusqu'à 5 SA, c'est le plus souvent la loi du « tout-ou-rien » : si le dommage est sérieux, cela aboutit à une fausse couche (avortement) et non à une malformation. Rarement toutefois, on observera des malformations complexes avec absence complète de certaines parties du corps, des malformations par duplication (par ex. les jumeaux siamois) ou encore des malformations organiques sévères. On parle ici de blastopathie.

**Embryopathies.** Durant la phase embryonnaire jusqu'à 10 SA, les agents nocifs provoquent des anomalies sévères car on est dans la phase où les organes se mettent en place. Selon l'âge de la grossesse divers organes peuvent être touchés, car leur sensibilité aux agressions varie avec le temps.

**Fœtopathies.** Durant la période fœtale (de la 11e SA à l'accouchement) les organes sont soumis à un processus de maturation et de différenciation. Les dommages exogènes consisteront d'avantage en des anomalies fonctionnelles ou en de petites lésions qu'en fœtopathies. Ils peuvent néanmoins provoquer des maladies graves et éventuellement mortelles.

## C. Malformations possibles

La manifestation phénotypique des malformations est très variable. On se bornera ici à citer quelques exemples.

**1.** Le ventricule cardiaque unique : les deux cavités ventriculaires ont fusionné en une cavité. L'enfant n'est pas viable.

**2.** Spina bifida : cette malformation vertébrale et médullaire peut s'exprimer de façon variable (p. 82).

**3.** L'atrésie de l'œsophage, souvent associée à une fistule œsophago-trachéale : cette anomalie résulte d'un défaut de fusion entre la portion crâniale venant du pharynx et la portion caudale du tractus gastro-intestinal qui, elle, se dirige vers le haut. Comme les sécrétions cherchent à s'écouler, il s'ensuit souvent une fistule œsophago-trachéale. Tout de suite après la naissance l'enfant risque d'inhaler des aliments et devrait être opéré le plus vite possible. La malformation est déjà visible aux ultrasons avant la naissance (éventuellement dès la 18e SA) : l'impossibilité de déglutir du liquide amniotique conduit à l'hydramnios (p.158).

**4.** La fente labio-maxillo-palatine : elle résulte d'un défaut de fusion de l'os et des parties molles dans la zone du maxillaire supérieur. La lésion peut être limitée aux muscles du palais (palais mou), au palais osseux (palais dur) ou s'étendre à la lèvre supérieure. Selon l'importance des lésions une correction chirurgicale s'imposera dès la naissance ou au cours des deux premières années de l'enfant. Dans les formes graves, les ultrasons permettent déjà de faire un diagnostic intra-utérin.

## Les phases sensibles du développement

Rayons X ou radioactivité | Médicaments | Nicotine | Alcool | Poisons et Infections

**A. Agents nocifs**

| Âge en sem. (p.c.) | 1 | 2 | 3 | 4 | 5 | 6 | 7 | 8 | 12 | 16 | 20 | 24 | 28 | 32 | 36 |
|---|---|---|---|---|---|---|---|---|---|---|---|---|---|---|---|
| SA | 3 | 4 | 5 | 6 | 7 | 8 | 9 | 10 | 14 | 18 | 22 | 26 | 30 | 34 | 38 |

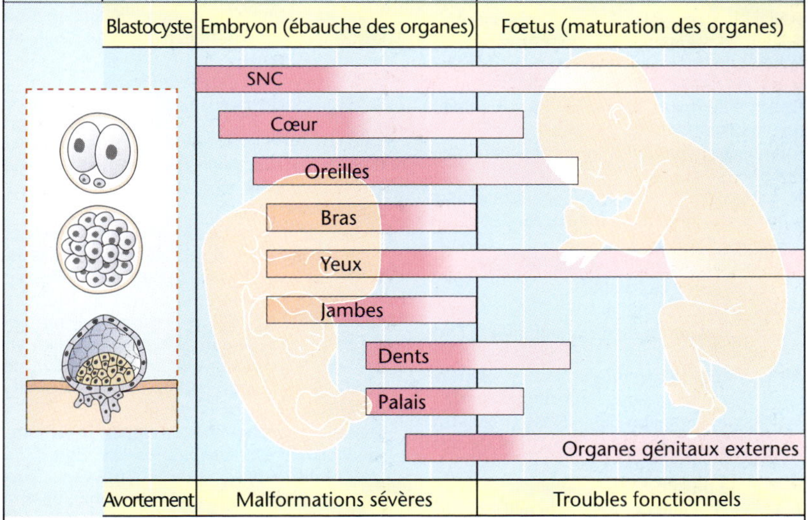


**B. Phases sensibles du développement**

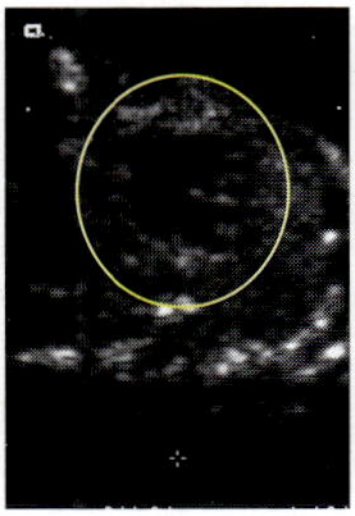

**1.** Ventricule unique

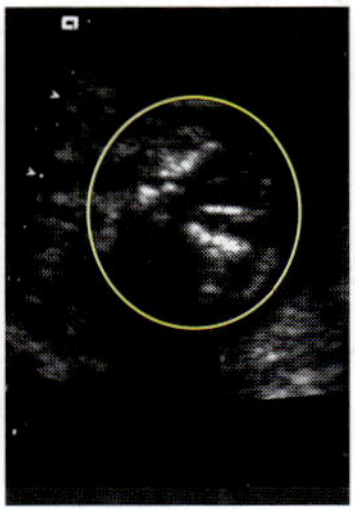

**2.** Spina bifida

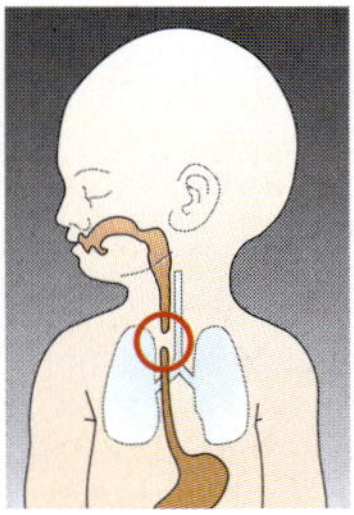

**3.** Atrésie de l'œsophage

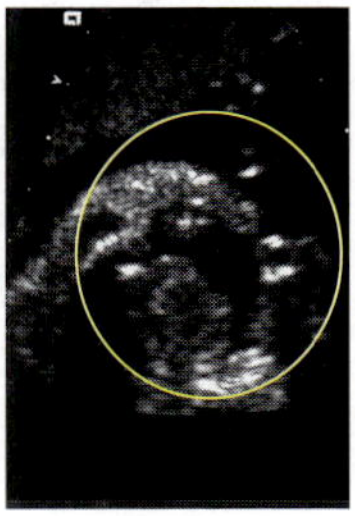

**4.** Fente labio-maxillo-palatine

**C. Malformations possibles**

## A. Déroulement de la consultation

Après la prise de contact et le recueil de l'anamnèse, on réalisera :

- un examen physique avec examen gynécologique (p. 16),
- un prélèvement d'urines et de sang (p. 18),
- le report des constatations dans le « passeport de grossesse » (carnet de maternité en France) (p. 60).

Enfin on informera la patiente des résultats et on lui prodiguera les conseils pour la conduite de la grossesse (p. 64).

## B. Recueil de l'anamnèse

L'interrogatoire sur les antécédents pathologiques est une partie importante de la surveillance prénatale. Le soin consacré au recueil de l'anamnèse permettra le cas échéant de reconnaître précocement les facteurs de risque, de les surveiller et de les traiter à temps. L'anamnèse se décompose en plusieurs étapes :

**Anamnèse actuelle.** On pose plusieurs questions concernant :

- les troubles de la grossesse actuelle (surtout les douleurs, les saignements, les pertes vaginales),
- la prise de poids (dans les dernières semaines et en totalité),
- les problèmes sociaux,
- s'agit-il d'une grossesse souhaitée ou non souhaitée ?

**Antécédents gynécologiques et obstétricaux.** Les informations importantes sont :

- l'âge de la ménarche, le cycle (régularité, dernières règles ; important pour calculer la date du terme),
- la date de la conception (si connue),
- la contraception (type, durée de la contraception, éventuelle prise en début de grossesse ?),
- les grossesses antérieures (avortements, interruptions provoquées, pathologie gravidique) pour bien évaluer les risques de la grossesse en cours, actuels ou potentiels,
- les accouchements antérieurs (durée des grossesses en SA ; mode d'accouchement, poids de l'enfant, complications éventuelles),
- les opérations gynécologiques (y compris curetage après avortement, conisation),
- le dernier frottis cervical de dépistage (avec si nécessaire un nouveau prélèvement en début de grossesse).

**Antécédents personnels généraux.** Existence de maladies (surtout l'hypertension, le diabète sucré, les néphropathies, l'asthme bronchique), antécédents de maladies graves, interventions chirurgicales, accidents (surtout avec l'implication du bassin osseux).

**Antécédents familiaux.** On demande s'il existe dans la famille des problèmes de grossesse ou d'accouchement, des maladies génétiques (risque de récidive ?, arbre généalogique le cas échéant) des avortements et/ou des affections malignes.

**Prise de médicaments.** Pour évaluer les éventuels risques de malformations : prise de médicament actuellement ou antérieurement, prise régulière ou sporadique, « remède de bonne femme » ?

**Hygiène et mode de vie.** On s'enquiert du problème des mictions et des selles, des habitudes alimentaires, de la consommation de drogues, de nicotine, d'alcool et des troubles du sommeil.

## C. Signes de grossesse

La distinction entre signes de grossesse certains, incertains ou probables a perdu de son intérêt depuis la généralisation de l'échographie en Allemagne[1].

**Signes de certitude de grossesse.** Ils sont représentés par l'objectivation de la grossesse par les ultrasons (à partir de 5 SA avec possibilité d'un enregistrement de l'activité cardiaque), la perception clinique des bruits du cœur fœtal (à partir de la 18e SA), la perception de parties du corps fœtal (à partir de la 20e SA), la perception de mouvements fœtaux (à partir de la 20e SA).

**Signes de probabilité et signes incertains.** Aménorrhée secondaire (possible suite à un trouble hormonal), malaises, nausées, troubles de l'appétit, surtout le matin (gastroentérite ?), tension des seins, utérus agrandi (fibrome ?), ramollissement de l'utérus, coloration bleuâtre de l'introït et du vagin (infection ?), pigmentations typiques (masque de grossesse, ligne médiane sous l'ombilic, p. 42).

La détermination de bêta-HCG (signe de probabilité) dans les urines ou le sang est très rarement faussement positive (par ex. en cas de tumeur sécrétante des ovaires). On ne peut pas en conclure que tout est normal. La recherche de bêta-HCG est positive dans les cas d'avortement (p. 86), de grossesse extra-utérine (p. 76) ou de grossesse molaire (p. 80).

---

1. *Note du traducteur :* même constatation pour la France et de nombreux pays européens.

## Première consultation, signes de grossesse

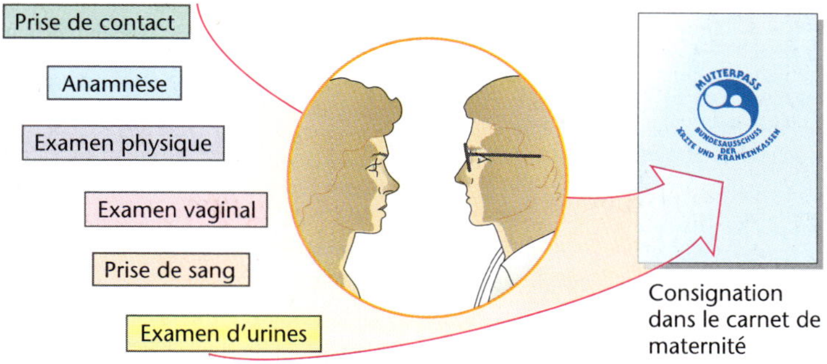


**A. Déroulement de l'examen**

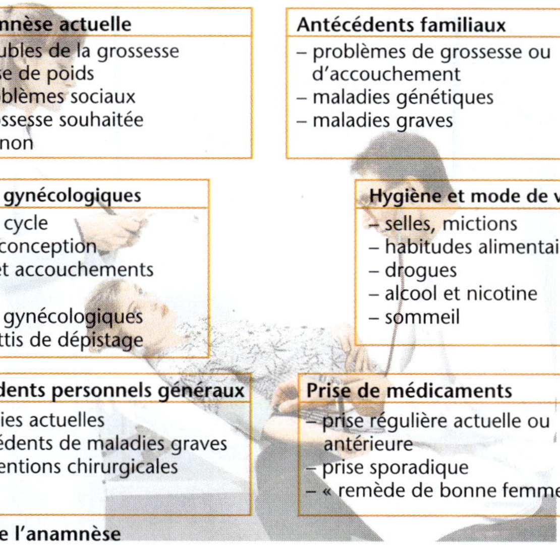

**Anamnèse actuelle**
- troubles de la grossesse
- prise de poids
- problèmes sociaux
- grossesse souhaitée ou non

**Antécédents familiaux**
- problèmes de grossesse ou d'accouchement
- maladies génétiques
- maladies graves

**Antécédents gynécologiques**
- ménarche, cycle
- date de la conception
- grossesse et accouchements antérieurs
- opérations gynécologiques
- dernier frottis de dépistage

**Hygiène et mode de vie**
- selles, mictions
- habitudes alimentaires
- drogues
- alcool et nicotine
- sommeil

**Antécédents personnels généraux**
- maladies actuelles
- antécédents de maladies graves
- interventions chirurgicales

**Prise de médicaments**
- prise régulière actuelle ou antérieure
- prise sporadique
- « remède de bonne femme »

**B. Recueil de l'anamnèse**

- Auscultation des bruits du cœur (à partir de 18 SA)
- Palpation des parties fœtales, des mouvements fœtaux
- Ultrasons (à partir de 6-7 SA avec enregistrement de l'activité cardiaque)

**1.** Signes de certitude

- Aménorrhée
- Nausées, vomissements
- Tension des seins
- Utérus gros et ramolli
- Aspect bleuâtre de l'introït et du vagin
- Masque de grossesse, ligne sombre abdominale médiane

**2.** Signes incertains

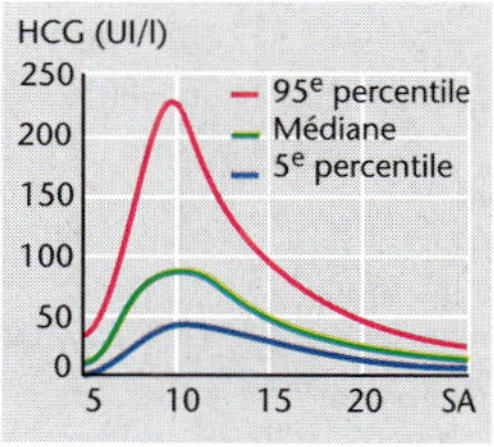


**3.** Signe probable (courbe de HCG)

**C. Signes de grossesse**

## A. Hauteur utérine

L'utérus continue de grandir durant toute la grossesse. Son bord supérieur (fond) est tout juste palpable au-dessus de la symphyse en 12e SA. La mesure de la hauteur utérine doit être prise régulièrement lors de chaque consultation prénatale. Un utérus trop petit peut être dû à une erreur de terme (p. 58), mais aussi à un retard de croissance du fœtus (p. 150). Un utérus trop grand peut être le fait :

- d'une grossesse gémellaire,
- d'un hydramnios,
- d'une macrosomie fœtale.

La hauteur du fond utérin est souvent appréciée grâce à des repères sur le corps maternel. Ces points de repère sont :

- la symphyse (S),
- l'ombilic (O),
- l'arc costal (AC).

La distance entre le fond utérin et le point repère est exprimée en travers de doigts. Par exemple :

- 3/S = 3 travers de doigts au-dessus de la symphyse,
- O/2 = 2 travers de doigts en dessous de l'ombilic.

Ces données manquent de précision et par ailleurs l'on constate de grandes variations interindividuelles de la morphologie maternelle **(A.)**. Il serait préférable d'objectiver la croissance utérine par la mesure en centimètres de la distance symphyse-fond utérin (p. 14A).

## B. Problèmes courants durant la grossesse

Le déplacement des organes abdominaux par le gros utérus provoque divers troubles chez les gestantes ; ils s'expliquent par la compression des organes.

**Estomac.** Les troubles typiques sont : les brûlures d'estomac, les éructations fréquentes, les sensations de plénitude (seulement les petits repas sont possibles), la mauvaise haleine par suite de reflux gastro-œsophagien.

**Poumon (surélévation du diaphragme).** Les troubles typiques sont : l'essoufflement, la fatigabilité, l'aggravation d'un asthme bronchique.

**Système vasculaire.** Le syndrome de la veine cave inférieure, principalement dans le dernier trimestre, est une complication importante de la grossesse : en décubitus dorsal la matrice grosse et pesante peut comprimer la veine cave et ainsi diminuer fortement le retour veineux vers le cœur. L'hypovolémie se manifeste par une sensation de vertiges, éventuellement par un choc et par une hypoxie fœtale. La tendance aux varices et la tachycardie s'expliquent également par la diminution du retour veineux.

**Reins et voies urinaires.** Au niveau de l'uretère et du bassinet on observe typiquement une stase, prédominante à droite. Suite à la réduction de la capacité vésicale beaucoup de patientes se plaignent également de pollakiurie.

## C. Conflits psychiques et sociaux

Pour beaucoup de femmes la grossesse n'est pas uniquement vue de façon positive car elle amène aussi une série de problèmes sociaux et psychiques. L'enfant n'est pas toujours souhaité. Le déroulement de la grossesse et l'arrivée de l'enfant n'ont pas toujours lieu dans des conditions financières ou familiales optimales.

Ces problèmes devront être abordés lors de la prise en charge. On proposera un soutien en collaboration avec divers services d'entraide (par ex. l'employeur, le service social, le service pour la jeunesse ou d'autres services sociaux).

Il faudra penser à une névrose grave devant certaines manifestations :

- manque de sollicitude envers la grossesse,
- non-observation répétée des rendez-vous pour les examens,
- conduite indifférente ou agressive lors de l'abord des problèmes.

Il faudrait alors absolument motiver la patiente à consulter un psychothérapeute ou un psychiatre.

Des soutiens financiers – des services pour la jeunesse ou des services sociaux par exemple – pourront parfois améliorer la situation de la femme et résoudre le conflit.

**Problèmes avec le partenaire.** Lors de problèmes dans le couple, il est éventuellement possible d'améliorer la relation père-enfant en demandant au père d'assister à l'examen échographique.

## Consultations prénatales

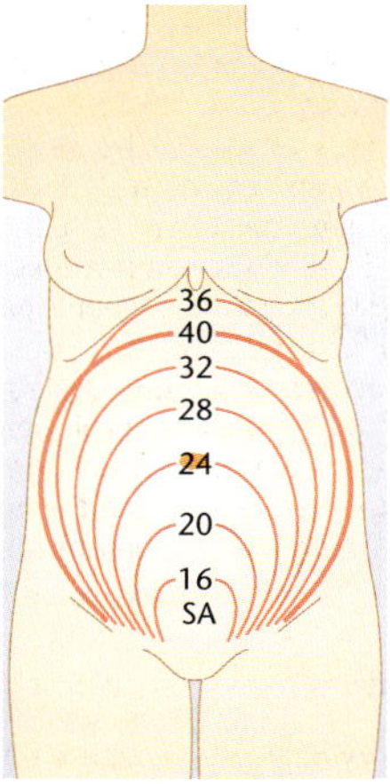


**A. Hauteur utérine**

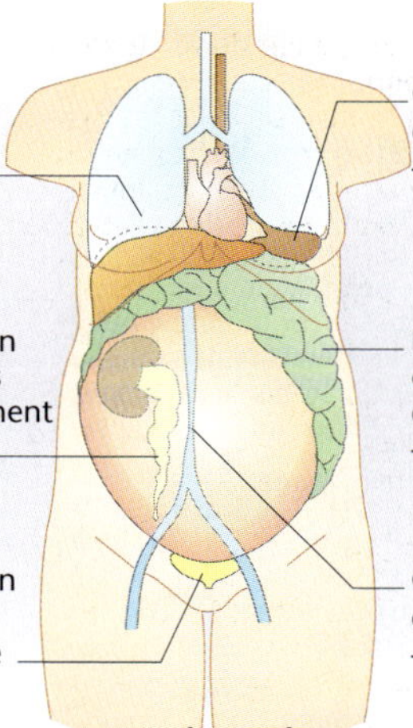


**B. Problèmes courants durant la grossesse**

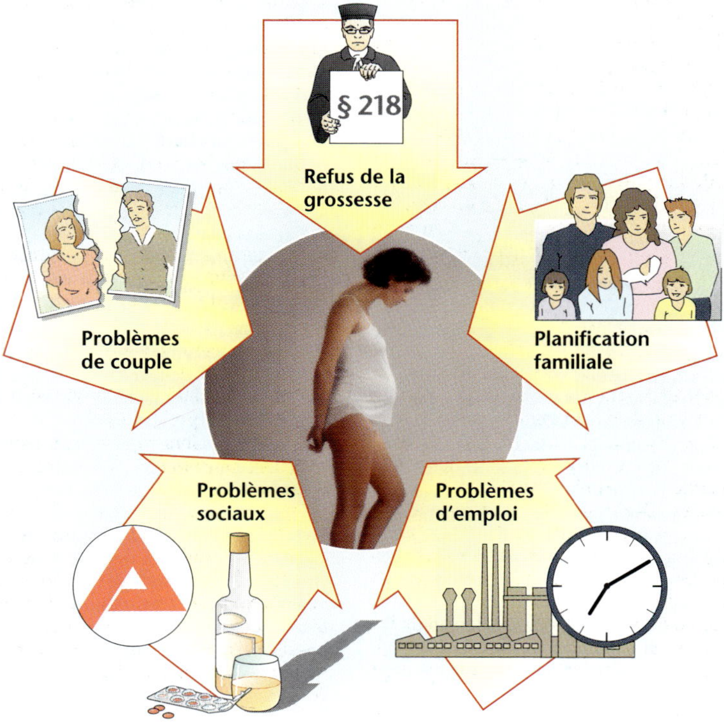


**C. Conflits psychiques et sociaux**

Au 1er trimestre de la grossesse (9-12 SA), l'examen aux ultrasons permet essentiellement de vérifier :

- la localisation normale de la grossesse,
- l'intégrité de la grossesse (activité cardiaque positive).

En cas d'incertitude sur le terme, l'échographie précoce permet en outre une détermination très précise de l'âge de la grossesse, et par conséquent du terme théorique. En effet, les changements de taille de la cavité ovulaire et du fœtus se font jour après jour et sont parfaitement mesurables (voir courbes en annexe).

On peut encore dépister les grossesses gémellaires et distinguer les grossesses monochoriales des bichoriales. Enfin, à cette époque, il est encore possible de rechercher des signes de malformations d'origine chromosomique (par ex. l'œdème de la nuque en cas de suspicion de trisomie 21).

À cette époque de la grossesse on conseille d'effectuer l'échographie par voie vaginale ; elle permet de mieux visualiser les structures fœtales.

## Résultats échographiques normaux

Le *sac gestationnel* peut être détecté par échographie au plus tôt au 14e jour après la conception, c'est-à-dire au début de la 5e SA, avec un diamètre de 2-3 mm. Ses dimensions doublent pratiquement chaque semaine jusqu'à la 8e SA. Le sac gestationnel devrait être visible aux ultrasons à partir d'un taux de bêta-HCG de 700-800 U/l ; si non il faudra évoquer la possibilité d'une grossesse extra-utérine (p. 76).

La *vésicule vitelline* est la première structure repérable sous forme d'un petit anneau, visible au milieu de la 5e SA.

L'*activité cardiaque* de l'embryon est reconnaissable à partir de la 6e SA environ. À partir de ce moment le développement du cœur permet de distinguer 2 oreillettes et 2 ventricules (image dite des 4 cavités).

**Mensurations fœtales.** Jusqu'à la 12e SA on utilise la longueur crânio-caudale (LCC) et ensuite le diamètre bipariétal (BIP).

Les bourgeons des membres sont visibles à partir de la 7e SA **(A.)** ; les bourgeons des bras apparaissent un peu plus tôt que ceux des jambes.

Physiologiquement l'embryon possède une hernie ombilicale dans les premiers stades de son développement. La paroi abdominale en regard de l'ombilic n'est pas encore fermée. Cela évite aux gros vaisseaux ombilicaux (en comparaison de la taille du fœtus) d'être coincés. Cette hernie ombilicale régresse à partir de la 9e SA et ne devrait plus être visible à partir de la 12e SA.

## Début de grossesse anormal

**Saignements.** Le saignement utérin (métrorragie) est l'anomalie la plus fréquente en début de grossesse (p. 86). Malgré les soucis provoqués à la patiente, dans près de la moitié des cas la grossesse est intacte. Il n'est pas rare de trouver un hématome intra-utérin à l'examen par ultrasons.

**Grossesse extra-utérine.** Lors d'une grossesse extra-utérine (p. 76) on trouve un endomètre épaissi mais pas de sac ovulaire.

**Anomalie chromosomique.** L'œdème nucal (hygroma kystique du cou) à la 11e-12e SA est le meilleur signe évocateur d'une anomalie chromosomique. Si l'épaisseur dépasse 3 mm on peut s'attendre à près de 30 % d'aberrations chromosomiques, dont près de 60 % seront des syndromes de Turner. Les 40 % restants se partagent entre la trisomie 21, la trisomie 18, la constellation XXY ou des formes plus rares, y compris les mosaïques. La découverte d'un œdème nucal devrait ainsi suggérer une analyse chromosomique (p. 10).

**Défauts du tube neural.** Le défaut du tube neural le plus souvent isolé est l'anencéphalie, diagnosticable à partir de la 10e SA avec les ultrasons. L'anencéphalie consiste en l'absence du crâne osseux, de l'encéphale et du diencéphale. L'échographie n'arrive pas à visualiser le crâne alors que, même lors d'un examen rapide, le crâne, la faux du cerveau et les ventricules sont les premières structures mises en évidence **(C.)**.

**Anomalies de la paroi abdominale.** L'omphalocèle et le laparoschisis, anomalies pariétales abdominales les plus fréquentes, sont reconnaissables également au cours du 1er trimestre (p. 82). Le diagnostic différentiel devra prendre en considération la persistance d'une hernie ombilicale physiologique jusque vers la 12e SA.

## Échographies au 1er trimestre

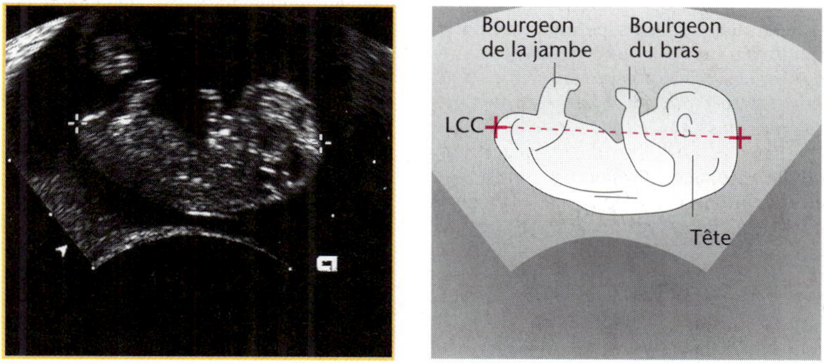


A. 6e SA

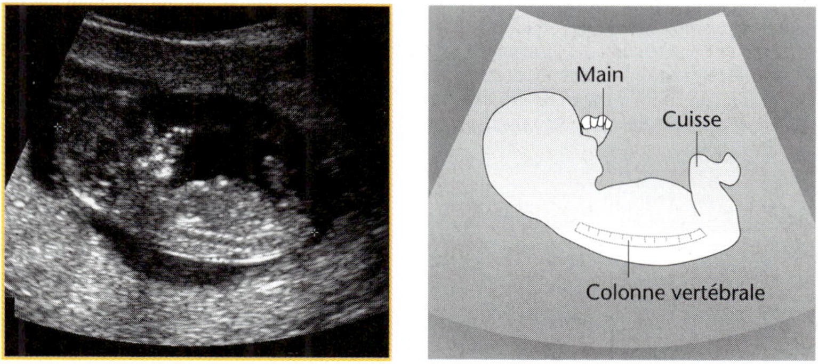


B. 8e–9e SA

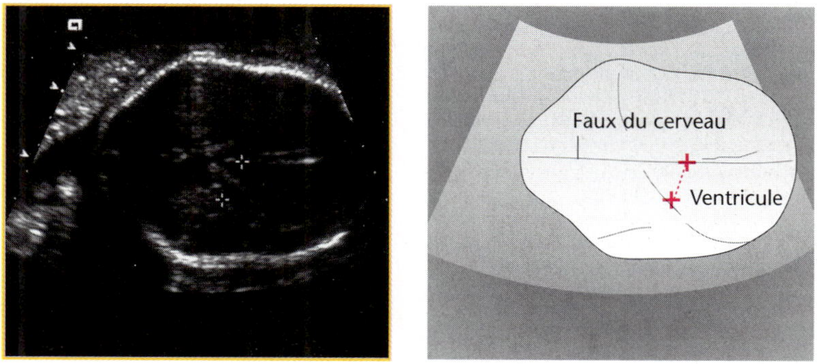


C. 12e SA

Il est important de bien déterminer le terme théorique (TT) de la grossesse (ou le terme calculé TC) pour s'assurer plus tard du bon développement de la grossesse et du fœtus, pour effectuer une surveillance correcte en cas de dépassement du terme (p. 172), et aussi pour calculer les délais légaux relatifs à la protection maternelle.

## A. Calendrier de grossesse

Même si l'on arrive à déterminer mentalement le terme théorique **(B.)**, il est bien compliqué à tout moment de calculer l'âge de la grossesse en semaines. Le plus souvent on s'aide aujourd'hui d'une règle circulaire composée de deux cercles concentriques. Les jours et les mois de l'année se lisent à l'extérieur, les semaines de grossesse se lisent à l'intérieur sur le petit cercle qui est mobilisable. On fixe d'abord le premier jour des dernières règles ou éventuellement le jour de conception s'il est connu. Cela permet, en regardant la date actuelle, de lire directement la semaine ou même très exactement le jour de la grossesse.

Le plus souvent la règle gravidique contient encore d'autres informations, par exemple :

- le début de la période légale de protection de la maternité,
- le poids moyen et la taille moyenne du fœtus,
- des informations sur la morphologie aux ultrasons.

## B. Règle de Naegele

En considérant que la durée de grossesse humaine est de 267 jours après la conception et donc de 281 jours après la menstruation, le terme théorique pourra se calculer de la manière suivante :

**Terme théorique** = date des dernières règles
+ 7 jours
– 3 mois
+ 1 an

**Par exemple** : 25.03.2001
+ 7 jours = 01.04.2001
– 3 mois = 01.01.2001
+ 1 an = 01.01.2002

**Règle de Naegele élargie.** Le mode de calcul ci-dessus ne prend pas en compte les variations individuelles de durée du cycle de la femme. Pour ce faire, on utilise aujourd'hui la règle de Naegele élargie : à la fin du calcul ou ajoute ou l'on retranche un certain nombre de jours pour corriger le cycle standard de 28 jours.

**Terme théorique** = date des dernières règles
+ 7 jours
– 3 mois
+ 1 an
**± x**

Pour un cycle de 33 jours, le calcul est le suivant :

**Terme théorique** = 12.03.2002
+ 7 jours = 19.03.2002
– 3 mois = 19.12.2001
+ 1 an = 19.12.2002
**+ 5 jours = 24.12.2002**

**Erreur de calcul**. Les écarts entre le terme calculé avec le calendrier gravidique et le terme calculé selon la règle de Naegele s'expliquent par :

- l'oubli de la correction pour un cycle différent de 28 jours,
- la longueur différente des mois (28, 30 ou 31 jours) sur certains cercles.

## C. Aide électronique au calcul du terme théorique

Divers systèmes électroniques largement répandus permettent actuellement le calcul du terme théorique. Ils prennent en compte non seulement la variation de longueur des mois mais aussi les années bissextiles. Ils peuvent faire le calcul en fonction de la date de la conception ou introduire une correction en fonction des données d'une échographie précoce.

Les échographes possèdent couramment des logiciels calculant directement l'âge de la grossesse ou le terme théorique à partir des mesures effectuées. En cas de discordance entre plusieurs mesures, la plupart des appareils vont jusqu'à suggérer les erreurs possibles.

## Calcul du terme

A. Calendrier de grossesse : « gravidarium »

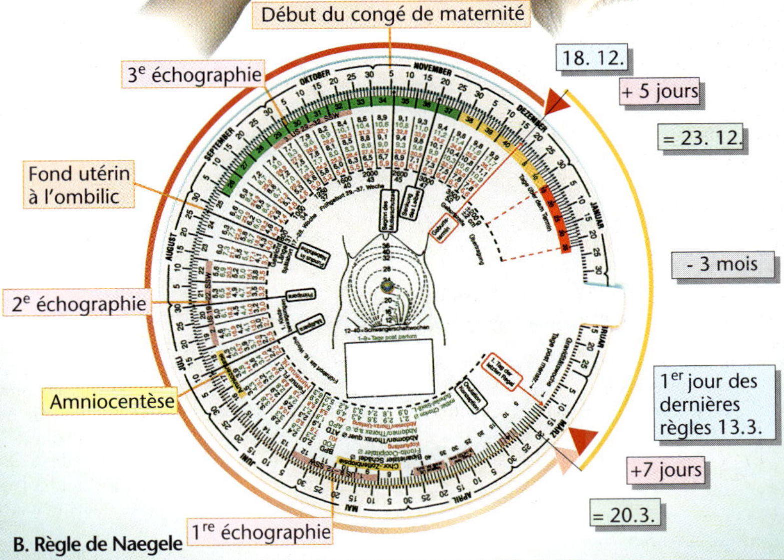


B. Règle de Naegele

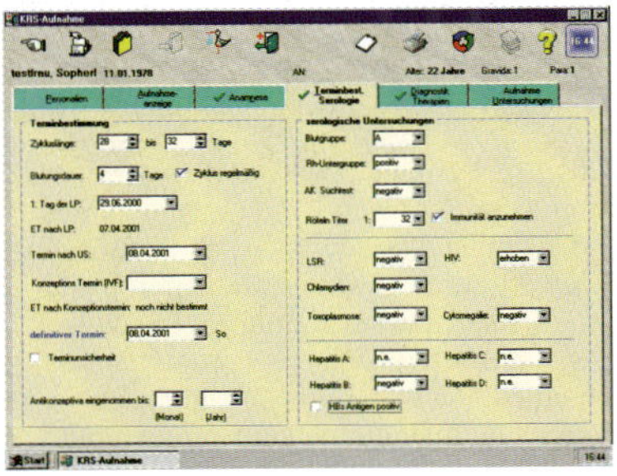

1. Calculs électroniques

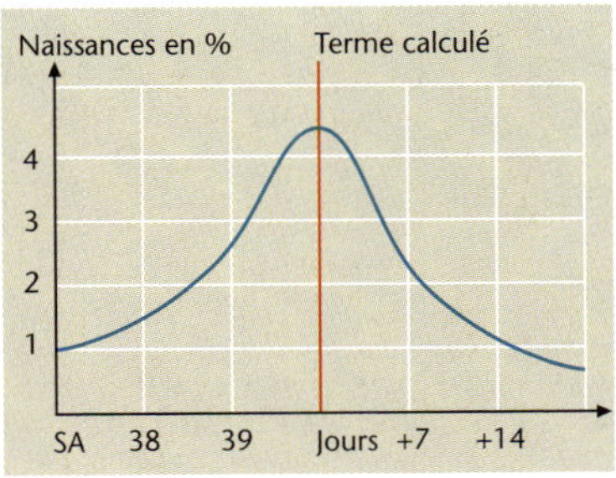


2. Précision de la règle de Naegele

**C. Aide électronique au calcul du terme théorique**

Le « passeport de maternité »[1] est destiné à enregistrer les diverses informations utiles au bon déroulement de la grossesse ou de l'accouchement. Ce sont :

- les données de l'anamnèse (grossesse à risque par suite d'une maladie antérieure ? complications lors de grossesses précédentes ?),
- des données de laboratoire,
- des informations relatives à l'examen physique,
- des résultats d'examens par ultrasons.

Un carnet de maternité permet de documenter deux grossesses. Bien rempli, il permet au médecin/à la sage-femme d'être informé rapidement ; il constituera une aide essentielle particulièrement en cas d'urgence. La future mère devrait l'avoir en permanence avec elle.

Le « passeport de maternité » est disposé de la façon suivante :

## Page 1

C'est l'emplacement du cachet du médecin et/ou de la sage femme.

On peut y noter les dates des futures consultations.

## A. Page 2

L'État civil et les résultats des examens sérologiques figurent en 2e page : en plus du groupe sanguin il faudrait marquer le facteur-Rhésus en clair (« positif » ou « négatif », afin d'éviter des erreurs). On marquera de la même façon le 1er test de recherche d'anticorps irréguliers ainsi que le titrage des anticorps de la rubéole.

## B. Page 3

Le test de dépistage des *Chlamydiae*, la sérologie de la syphilis, les recherches ultérieures d'anticorps irréguliers et éventuellement les sérologies de la rubéole. La recherche d'antigène anti-hépatite B (antigène HBs) devrait être effectuée de routine à partir de la 32e semaine, vu son importance pour le nouveau-né. Il faudra parfois le vacciner dès sa naissance. Si la recherche se faisait plus tôt dans la grossesse, une infection de fin de grossesse risquerait de passer inaperçue.

## Page 4

On enregistre ici les grossesses précédentes, avec :

- l'année,
- les complications de la grossesse ou de l'accouchement,
- le poids et la taille de l'enfant,
- la durée de la grossesse en SA.

On utilisera éventuellement des abréviations :

- VE pour *vacuum extractor* (ou ventouse obstétricale),
- F pour forceps,
- SP pour spontané,
- C pour césarienne (en allemand S pour sectio caesarea).

## C. Page 5

Cette page contient une série d'informations concernant l'anamnèse. Certaines particularités sont à préciser ; il ne faut pas se contenter par exemple de marquer « allergie » mais préciser la nature de l'allergène, ou encore préciser la nature des charges familiales.

Le quart inférieur de la page est réservé aux conseils donnés à la gestante (par ex. diététique, travail, sport, gymnastique prénatale).

## D. Page 6

On enregistre les événements marquants de la grossesse.

On coche d'une croix les anomalies observées. Le numéro du risque est reporté sur la colonne correspondante en page 8. Il conviendra bien sûr de compléter par des commentaires ou des explications car la gravité d'une maladie ne peut être traduite par la seule présence d'une croix.

Le milieu de la page est réservé au calcul du terme (p. 58) et aux éventuelles corrections.

---

1. *Note du traducteur* : en France, on utilise le carnet de santé de maternité. Il est donné à toutes les gestantes par le service de la Protection Maternelle et Infantile suite au 1er examen prénatal. En plus du dossier médical, ce carnet renferme de nombreuses informations pratiques : conseils pour la grossesse, données législatives et administratives. Des extraits du carnet figurent en annexe (voir p. 279 et s.).

## Passeport de maternité I

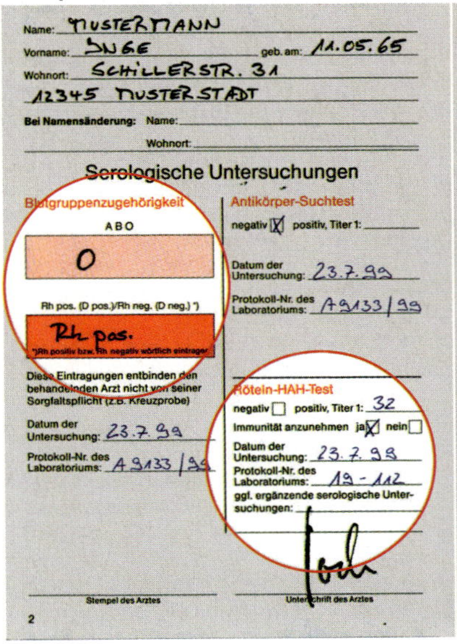

Name: MUSTERMANN
Vorname: INGE geb. am: 11.05.65
Wohnort: SCHILLERSTR. 31
12345 MUSTERSTADT
Bei Namensänderung: Name:
Wohnort:

Serologische Untersuchungen

Blutgruppenzugehörigkeit
ABO
0
Rh pos. (D pos.)/Rh neg. (D neg.) *)
Rh pos.
*)Rh positiv bzw. Rh negativ wörtlich eintragen
Diese Eintragungen entbinden den behandelnden Arzt nicht von seiner Sorgfaltspflicht (z.B. Kreuzprobe)
Datum der Untersuchung: 23.7.99
Protokoll-Nr. des Laboratoriums: A 9133/99

Antikörper-Suchtest
negativ ☒ positiv, Titer 1:
Datum der Untersuchung: 23.7.99
Protokoll-Nr. des Laboratoriums: A 9133/99

Röteln-HAH-Test
negativ ☐ positiv, Titer 1: 32
Immunität anzunehmen ja ☒ nein ☐
Datum der Untersuchung: 23.7.99
Protokoll-Nr. des Laboratoriums: 19-112
ggf. ergänzende serologische Untersuchungen:

Stempel des Arztes
Unterschrift des Arztes
2

A. Groupe sanguin, AC-rubéole

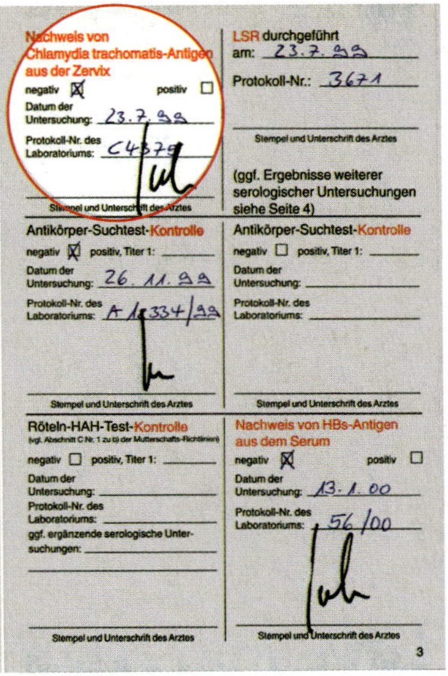

Nachweis von Chlamydia trachomatis-Antigen aus der Zervix
negativ ☒ positiv ☐
Datum der Untersuchung: 23.7.99
Protokoll-Nr. des Laboratoriums: C 4379
Stempel und Unterschrift des Arztes

LSR durchgeführt am: 23.7.99
Protokoll-Nr.: 3671
Stempel und Unterschrift des Arztes
(ggf. Ergebnisse weiterer serologischer Untersuchungen siehe Seite 4)

Antikörper-Suchtest-Kontrolle
negativ ☒ positiv, Titer 1:
Datum der Untersuchung: 26.11.99
Protokoll-Nr. des Laboratoriums: A 11334/99
Stempel und Unterschrift des Arztes

Antikörper-Suchtest-Kontrolle
negativ ☐ positiv, Titer 1:
Datum der Untersuchung:
Protokoll-Nr. des Laboratoriums:
Stempel und Unterschrift des Arztes

Röteln-HAH-Test-Kontrolle
(vgl. Abschnitt C Nr. 1 zu b) der Mutterschafts-Richtlinien)
negativ ☐ positiv, Titer 1:
Datum der Untersuchung:
Protokoll-Nr. des Laboratoriums:
ggf. ergänzende serologische Untersuchungen:
Stempel und Unterschrift des Arztes

Nachweis von HBs-Antigen aus dem Serum
negativ ☒ positiv ☐
Datum der Untersuchung: 13.1.00
Protokoll-Nr. des Laboratoriums: 56/00
Stempel und Unterschrift des Arztes
3

B. Chlamydiae

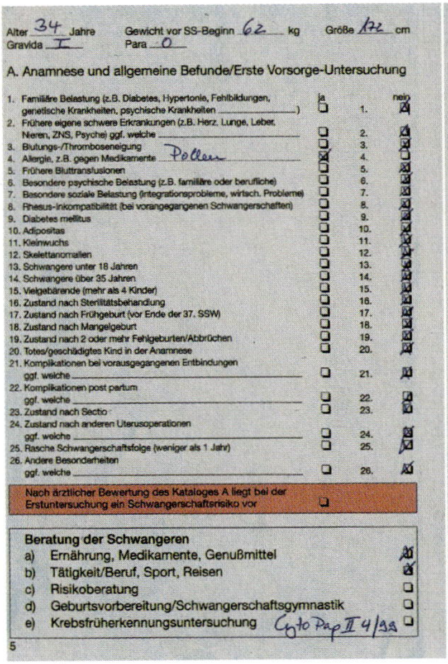

Alter 34 Jahre Gewicht vor SS-Beginn 62 kg Größe 172 cm
Gravida I Para 0

A. Anamnese und allgemeine Befunde/Erste Vorsorge-Untersuchung

| | ja | | nein |
|---|---|---|---|
| 1. Familiäre Belastung (z.B. Diabetes, Hypertonie, Fehlbildungen, genetische Krankheiten, psychische Krankheiten) | ☐ | 1. | ☒ |
| 2. Frühere eigene schwere Erkrankungen (z.B. Herz, Lunge, Leber, Nieren, ZNS, Psyche) ggf. welche | ☐ | 2. | ☒ |
| 3. Blutungs-/Thromboseneigung | ☐ | 3. | ☒ |
| 4. Allergie, z.B. gegen Medikamente Pollen | ☒ | 4. | ☐ |
| 5. Frühere Bluttransfusionen | ☐ | 5. | ☒ |
| 6. Besondere psychische Belastung (z.B. familiäre oder berufliche) | ☐ | 6. | ☒ |
| 7. Besondere soziale Belastung (Integrationsprobleme, wirtsch. Probleme) | ☐ | 7. | ☒ |
| 8. Rhesus-Inkompatibilität (bei vorangegangenen Schwangerschaften) | ☐ | 8. | ☒ |
| 9. Diabetes mellitus | ☐ | 9. | ☒ |
| 10. Adipositas | ☐ | 10. | ☒ |
| 11. Kleinwuchs | ☐ | 11. | ☒ |
| 12. Skelettanomalien | ☐ | 12. | ☒ |
| 13. Schwangere unter 18 Jahren | ☐ | 13. | ☒ |
| 14. Schwangere über 35 Jahren | ☐ | 14. | ☒ |
| 15. Vielgebärende (mehr als 4 Kinder) | ☐ | 15. | ☒ |
| 16. Zustand nach Sterilitätsbehandlung | ☐ | 16. | ☒ |
| 17. Zustand nach Frühgeburt (vor Ende der 37. SSW) | ☐ | 17. | ☒ |
| 18. Zustand nach Mangelgeburt | ☐ | 18. | ☒ |
| 19. Zustand nach 2 oder mehr Fehlgeburten/Abbrüchen | ☐ | 19. | ☒ |
| 20. Totes/geschädigtes Kind in der Anamnese | ☐ | 20. | ☒ |
| 21. Komplikationen bei vorausgegangenen Entbindungen ggf. welche | ☐ | 21. | ☒ |
| 22. Komplikationen post partum ggf. welche | ☐ | 22. | ☒ |
| 23. Zustand nach Sectio | ☐ | 23. | ☒ |
| 24. Zustand nach anderen Uterusoperationen ggf. welche | ☐ | 24. | ☒ |
| 25. Rasche Schwangerschaftsfolge (weniger als 1 Jahr) | ☐ | 25. | ☒ |
| 26. Andere Besonderheiten ggf. welche | ☐ | 26. | ☒ |

Nach ärztlicher Bewertung des Kataloges A liegt bei der Erstuntersuchung ein Schwangerschaftsrisiko vor ☐

Beratung der Schwangeren
a) Ernährung, Medikamente, Genußmittel ☒
b) Tätigkeit/Beruf, Sport, Reisen ☒
c) Risikoberatung ☐
d) Geburtsvorbereitung/Schwangerschaftsgymnastik ☐
e) Krebsfrüherkennungsuntersuchung Cyto Pap II 4/99 ☐
5

C. Anamnèse et examen prénatal

B. Besondere Befunde im Schwangerschaftsverlauf
27. Behandlungsbedürftige Allgemeinerkrankungen, ggf. welche
28. Dauermedikation
29. Abusus
30. Besondere psychische Belastung
31. Besondere soziale Belastung
32. Blutungen vor der 28. SSW
33. Blutungen nach der 28. SSW
34. Placenta praevia
35. Mehrlingsschwangerschaft
36. Hydramnion
37. Oligohydramnie
38. Terminunklarheit
39. Placenta-Insuffizienz
40. Isthmozervikale Insuffizienz
41. Vorzeitige Wehentätigkeit
42. Anämie
43. Harnwegsinfektion
44. Indirekter Coombstest positiv
45. Risiko aus anderen serologischen Befunden
46. Hypertonie (Blutdruck über 140/90)
47. Eiweißausscheidung 1‰ (entsprechend 1000 mg/l) oder mehr
48. Mittelgradige - schwere Ödeme
49. Hypotonie
50. Gestationsdiabetes
51. Einstellungsanomalie
52. Andere Besonderheiten ggf. welche

Terminbestimmung
Zyklus 28 / 4-5 Letzte Periode 28.5.99
Konzeptionstermin (soweit sicher):
Schwangerschaft festgestellt am: in der SSW
Berechneter Entbindungstermin: 4.3.00
Entbindungstermin (ggf. nach Verlauf korrigiert):

Kommentar
6

D. Calcul du terme

## A. Pages 7 et 8

**Gravidogramme** (ou *check-list* de grossesse). Le point central du passeport de maternité est constitué par les deux pages du gravidogramme. On reportera ici toutes les informations recueillies durant la grossesse. Au-dessus du tableau il y a de la place pour marquer :

- les examens sanguins restant à faire durant la grossesse (hépatite B, 2e recherche d'anticorps irréguliers),
- la prévention anti-D,
- la prise de contact de la patiente avec la maternité où elle prévoit d'accoucher.

**Semaines de grossesse.** L'enregistrement de la semaine de grossesse se fait toujours en référence aux dernières règles (post-menstruation, p.m.). On inscrira soit les semaines révolues et les jours de la semaine entamée (par ex. 28 + 4 = 28 semaines révolues + 4 jours), soit les jours de la semaine en cours (29/4 = 4e jour de la 29e semaine).

**Hauteur utérine.** On l'exprime le plus souvent en travers de doigts par rapport à la symphyse (S)[1], à l'ombilic (O) ou à l'arc costal (AC) ; 2/O signifiera par exemple 2 travers de doigts au-dessus de l'ombilic, AC/3 signifiera 3 travers de doigts en-dessous de l'arc costal. En début de grossesse, le fond utérin n'est pas palpable à travers la paroi abdominale et la rubrique correspondante restera vide.

**Présentation fœtale.** La présentation fœtale n'est significative au plus tôt qu'à partir de la 26e SA. Avant cette date, la rubrique n'est pas remplie. Le plus souvent on trouvera C (céphalique) ou SG (siège).

**Bruits du cœur.** Les bruits du cœur fœtal peuvent être saisis par ultrasons, cardiotocographie ou avec le stéthoscope en bois à partir de la 30e SA. On marquera soit le chiffre de la fréquence cardiaque fœtale, soit un signe + pour une activité positive.

**Autres constatations.** Mouvements fœtaux, œdème, varices seront maqués + ou –.

**Examen vaginal.** En règle générale lors de l'examen vaginal deux résultats sont importants à relever dans le passeport de maternité :

- la longueur du col (LC),
- la dilatation du col (DC).

LC+ signifie par exemple col long (environ 3 cm), DC ∅, col fermé.

Enfin il reste en page 8 un espace pour diverses annotations, par exemple :

- amniocentèse,
- hospitalisation,
- résultat de la cardiotocographie (CTG).

## Pages 10 et 11

On note ici le résultat des examens par ultrasons (p. 57, p. 107). Trois emplacements sont prévus pour les 3 examens faits de routine au cours de la grossesse ; on notera les données chiffrées ainsi que les remarques en clair. Les examens échographiques supplémentaires seront enregistrés soit dans le gravidogramme (page 8) soit en pages 12 et 13.

## Page 12

On pourra marquer ici en clair les examens supplémentaires par ultrasons, tels que :

- un examen Doppler,
- un examen diagnostique invasif,
- des remarques au sujet de l'examen par ultrasons.

## B. Page 13

À l'aide de diagrammes de normalité on reporte certaines mensurations échographiques (LCC = longueur crânio-caudale, BIP = diamètre bipariétal, DAT = diamètre abdominal transverse). Cette façon de faire permettra par exemple de reconnaître plus rapidement un retard de croissance fœtale.

## C. Page 15

En dernière page figurent les données résumant la grossesse, l'accouchement et les suites de couches. Ceci autorisera une vue d'ensemble rapide lors d'une prochaine grossesse ou d'un prochain accouchement.

---

1. *Note du traducteur :* le lecteur trouvera ici l'équivalence des sigles les plus courants : (O) ombilic = (N) Nabel ; (S) symphyse = (S) Symphyse ; (AC) arc costal = (RP) Rippenbogen ; (C) céphalique = (SL) Schädellage ; (SG) siège = (BEL) Beckendlage ; (LC) longueur du col = (P) Portiolänge ; (DC) dilatation du col = (MM) Muttermundsweite ; (LCC) longueur céphalo-caudale = (SSL) Scheitel-Steiss-Länge ; (BIP) diamètre bipariétal = (BPD) biparietaler Durchmesser ; (DAT) diamètre abdominal transverse = (ATD) abdominaler transversaler Durchmesser.

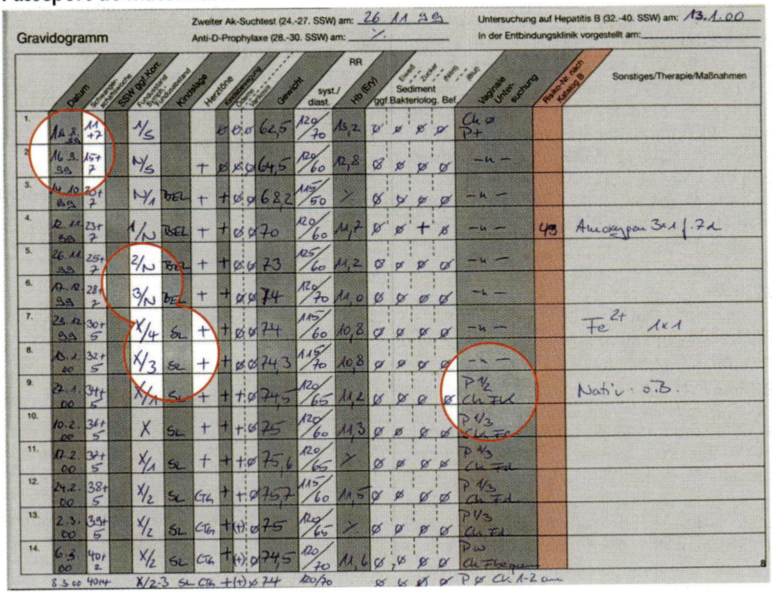


A. Gravidogramme, semaines de grossesse, hauteur utérine

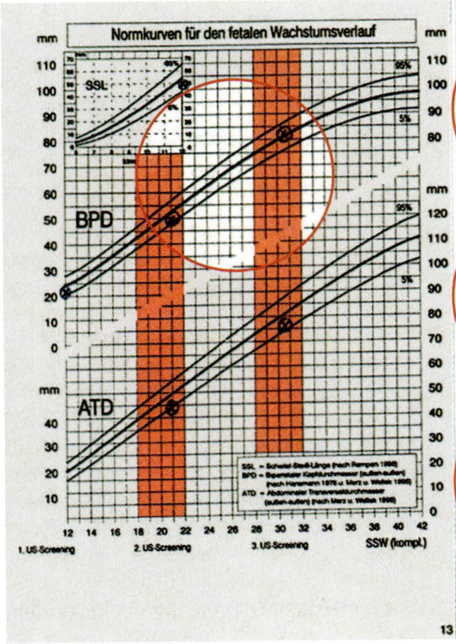


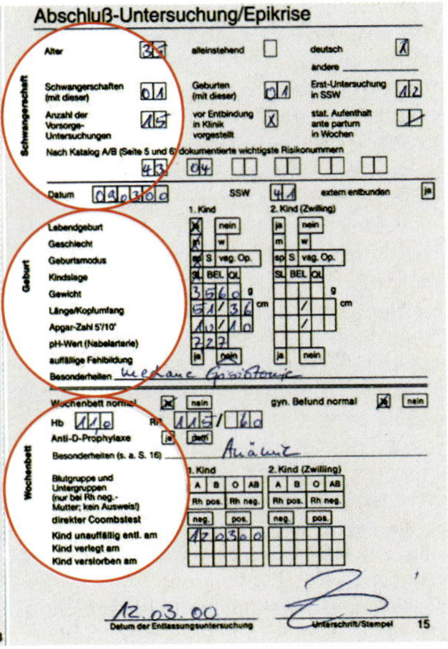


B. Courbes de croissance

C. Résumé final

## A. Alimentation

Ne pas « manger pour deux » est le conseil primordial à suivre au premier trimestre de la grossesse. Les besoins caloriques n'augmentent qu'à partir du deuxième trimestre et d'ailleurs modérément, d'environ 1200 kJ par jour (= environ 250 kcal). L'augmentation du métabolisme de base de près de 20 % est à l'origine de ceci. La prise de poids ne devrait pas dépasser 12-15 kg durant la grossesse.

Idéalement l'alimentation devrait comporter :

- 15-20 % de protéines,
- 25 % de graisses,
- 55-60 % d'hydrates de carbone.

**Protéines.** Les besoins en protéines augmentent durant la grossesse pour assurer la croissance du fœtus. Les besoins quotidiens sont de 80-100 g, dont les 2/3 devraient être d'origine animale. Les aliments riches en protéines à privilégier sont : le lait, les laitages, la viande maigre, le poisson et les céréales complètes.

**Graisses.** Il conviendrait de ne pas dépasser 70 g de graisses en tout par jour. À côté des graisses visibles (par ex. l'huile, le beurre, la margarine), il faut particulièrement prendre garde aux graisses cachées (charcuteries, chocolat, gâteaux entre autres). Un régime trop restreint en graisses peut par contre conduire à un manque en vitamines liposolubles.

**Hydrates de carbone.** Il conviendrait de privilégier les hydrates de carbone sous forme de céréales complètes. Elles favorisent le transit intestinal de la gestante menacée de constipation.

**Minéraux et oligo-éléments.** Les besoins en calcium sont élevés durant toute la grossesse en raison de la formation du squelette de l'enfant. Un apport quotidien de 1,5 g est conseillé avec du lait, des produits laitiers, des noix, des légumes verts et des céréales complètes. Le besoin en fer est également élevé chez la gestante. À partir du 2e trimestre, on conseille un apport quotidien de 20 mg. Les aliments particulièrement riches en fer sont :

- les légumes secs (pois, lentilles, haricots),
- diverses formes de choux (chou-fleur, chou de Bruxelles, brocoli, chou-rave),
- les légumes verts,
- le lait, les laitages,
- les flocons d'avoine, les germes de blé, la levure,
- les fruits à noyau.

Le besoin en iode augmente sensiblement durant la grossesse. Un apport de 200 µg est un minimum à conseiller. La plupart des régions allemandes étant pauvres en iode, on conseille généralement aux gestantes de prendre de l'iode sous forme de comprimés.

## B. Sport

En plus de la gymnastique de grossesse, il est bon d'avoir des activités physiques, par exemple la natation, le vélo ou la marche.

Les sports ne pouvant pas être interrompus spontanément en cas d'incident subit (tels le vol à voile, la voile ou l'escalade) posent problème.

Sont à éviter également les sports avec des mouvements brusques ou avec surcharge de la musculature pelvienne tels le tennis, le squash, le saut sur tremplin.

Le sport de compétition devrait être interrompu durant la grossesse, en raison de la surcharge de l'organisme maternel et de la diminution éventuelle des apports au fœtus.

## C. Voyages

Le 2e trimestre est la période idéale pour les voyages. Le chemin de fer est le mode de transport à privilégier. La patiente y conserve toute sa liberté de mouvement. Il n'y a pas d'objection au voyage en automobile sous réserve d'effectuer les pauses adaptées (au moins toutes les 2 heures). Il faudra veiller à la pose correcte de la ceinture de sécurité. La bande abdominale ne doit pas recouvrir le ventre mais être placée par dessus le bassin osseux.

Les voyages en avion comportent des risques d'irradiations (rayons cosmiques). Les longs voyages en avion posent le problème de la station assise prolongée avec l'augmentation des risques de thromboses. Il n'y a pas d'objection aux voyages à l'intérieur de l'Europe. Le problème des longs voyages doit être abordé avec le médecin traitant ; il émettra parfois des objections.

La plupart des compagnies aériennes demandent un certificat médical et refusent souvent les gestantes après la 36e SA.

## Conseils I

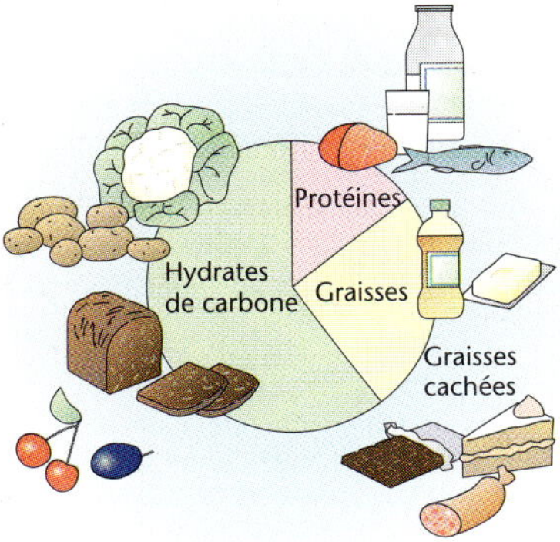


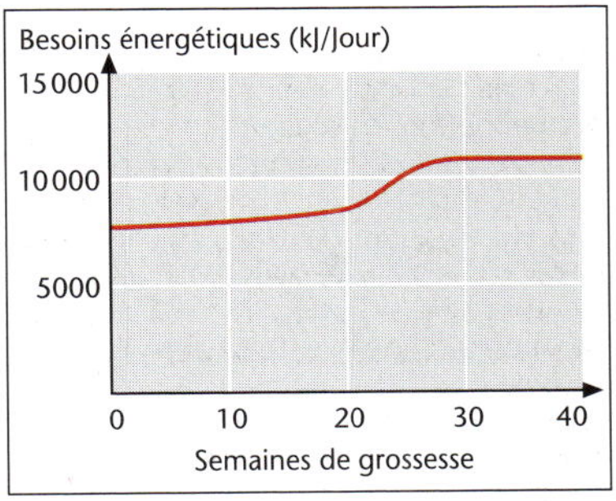


**A. Alimentation**

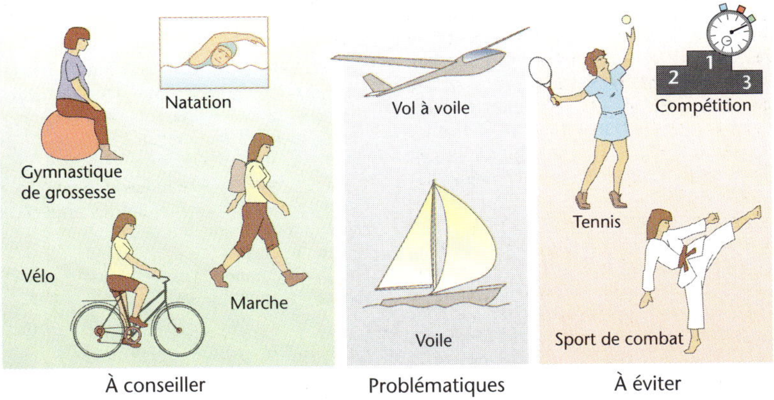


**B. Sport**

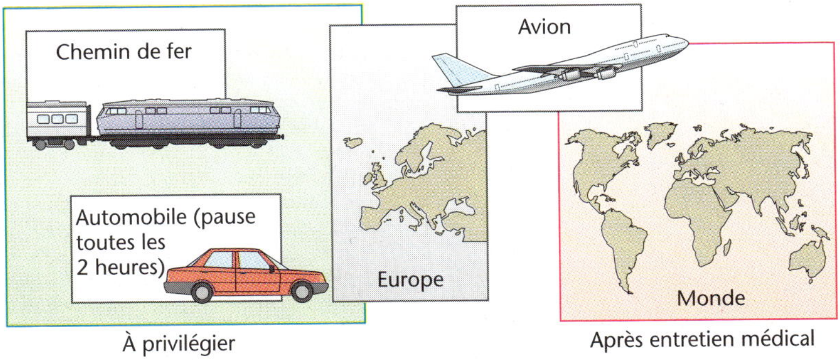


**C. Voyages**

## A. Consommations nocives

**Nicotine.** La nicotine est souvent la cause d'un retard de croissance fœtale. Suite à la vasoconstriction, il apparaît :
- une diminution progressive du débit sanguin utérin,
- une calcification prématurée du placenta et par conséquent une diminution des apports au fœtus **(1.)**.

L'inhalation passive de fumée est aussi un facteur de risque. Les fumeurs à proximité de la gestante devront être responsabilisés. Le sevrage d'une grande fumeuse durant la grossesse sera parfois problématique. Une forte réduction de la consommation de cigarettes sera souvent préférable à l'échec d'une tentative de sevrage complet.

**Caféine.** La consommation de café, de thé et d'autres boissons riches en caféine (les boissons au cola contiennent en plus de forts taux de sucres) devrait être limitée, car une consommation régulière et excessive (plus de 0,5 l/j) s'accompagne d'une élévation du taux d'hypotrophie. Certaines anomalies ont été signalées chez les nouveau-nés (tremblements, irritabilité, problèmes de succion) **(2.)**.

**Alcool.** Toute consommation d'alcool est à déconseiller pendant la grossesse. L'alcool arrive pratiquement inchangé à l'organisme du fœtus, après avoir traversé le placenta **(3.)**. Une consommation de 10 g d'alcool par jour (environ 250 ml de bière ou 140 ml de vin) peut déjà entraîner des troubles de comportements chez l'enfant, voire une diminution de son intelligence ou des troubles du développement. Une consommation importante aboutit au classique syndrome d'embryo-fœtopathie alcoolique avec dysmorphies faciales, anomalies des extrémités et retards mentaux.

**Drogues.** La consommation de drogues durant la grossesse n'est pas sans problèmes (codéine, héroïne, cannabis, ecstasy entre autres). L'action directe sur l'embryon ou le fœtus entraîne des malformations, des retards de croissance, des retards mentaux. Chez la mère on constate des insuffisances nutritives et des infections concomitantes (par ex. hépatite et VIH lors de la prise de drogues par voie IV). Les sédatifs peuvent agir sur l'enfant. Malgré tout, le sevrage n'est pas conseillé durant la grossesse. Il est conseillé par contre d'administrer de la méthadone à titre substitutif durant la grossesse ou le post-partum. Il est vivement recommandé de coopérer étroitement avec le médecin traitant ou avec le centre de désintoxication dépendant des services de santé. À la naissance, il faut s'attendre à un syndrome de manque chez l'enfant ; l'accouchement devra se dérouler dans un centre périnatal pourvu d'un service de pédiatrie **(4.)**.

## B. Soins corporels

**Sudation.** La sudation devient plus abondante durant la grossesse en raison de la congestion cutanée. On conseille une hygiène corporelle attentive, à l'aide de douches, de bains ou de nettoyages du corps entier. L'utilisation d'huile cutanée ou d'huile de massage est recommandée de façon quotidienne – en particulier pour la peau du ventre. On veillera à préparer les mamelons à l'allaitement en les « durcissant ». On prendra de brefs bains de soleil ou d'air, ou on évitera de porter un soutien-gorge (p. 148).

**Cheveux.** Dans le dernier trimestre beaucoup de femmes se plaignent de perte de cheveux. Ce phénomène est en règle générale complètement réversible après les suites de couches.

**Habits.** Il conviendrait de choisir des vêtements légers et amples.

## C. La valise pour la maternité

Il est conseillé de se préparer à l'avance pour l'admission en maternité. Il est bon d'avoir sa « valise » prête, car parfois le temps presse. À mettre dans la valise :
- documents importants [passeport de maternité (carnet de santé de maternité en France), pièce d'identité, éventuellement livret de famille],
- vêtements et sous-vêtements pour 5-7 jours,
- maquillage, médicaments,
- gants et serviettes de toilette,
- habits du nouveau-né pour le voyage de retour,
- éventuellement un siège-coque adapté au transport des petits enfants en automobile.

## Conseils II

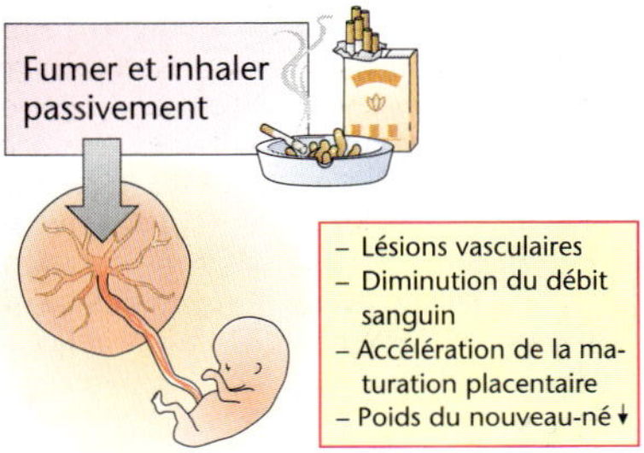


**1.** Nicotine

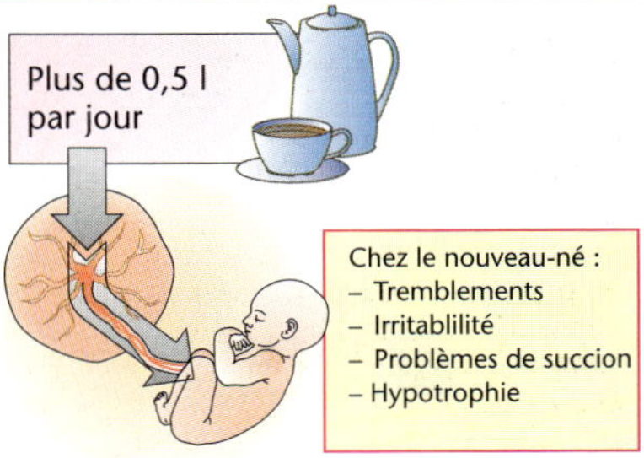


**2.** Boissons avec caféine

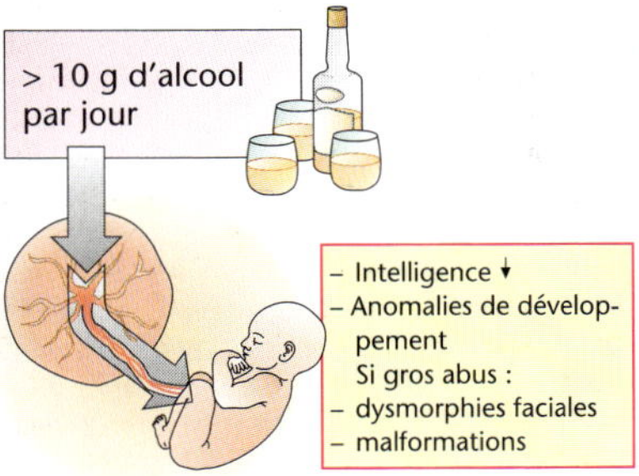


**3.** Alcool

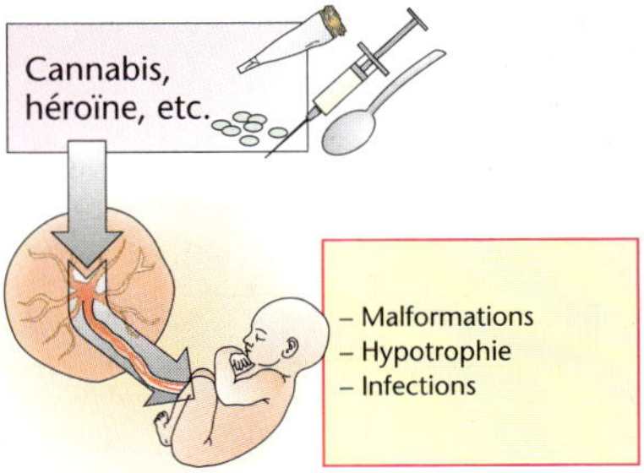


**4.** Drogues

**A. Consommations nocives**

Douche

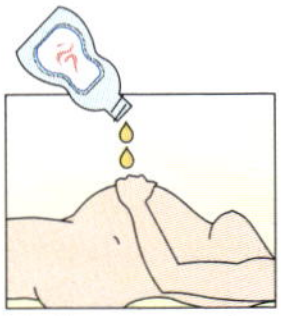

Huiles cutanées

Brefs bains d'air ou de soleil

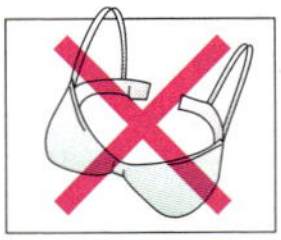

Se passer de soutien-gorge

**B. Soins corporels**

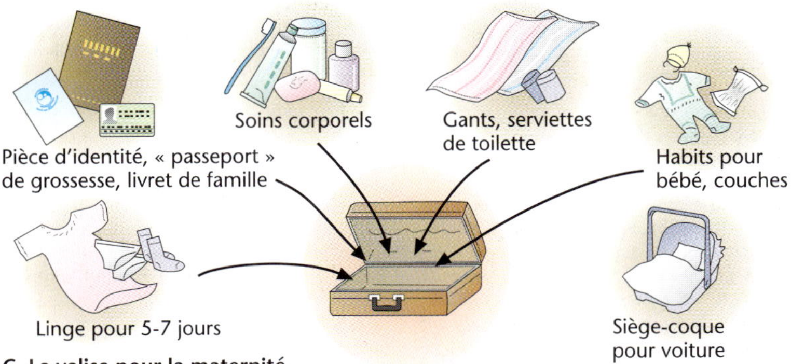


**C. La valise pour la maternité**

Que ce soit pour la mère ou pour l'enfant, les risques gravidiques spécifiques résultent :
- d'anciennes maladies de la gestante,
- de complications de grossesses ou d'accouchements antérieurs,
- de problèmes de la grossesse en cours.

## A. Risques liés aux antécédents

Le recueil soigneux des antécédents permet souvent de révéler d'importants facteurs de risque.

**Chirurgie utérine.** Un antécédent de césarienne, de myomectomie ou de plastie pour malformation utérine augmente le risque d'avortement ou d'accouchement prématuré ; il existe en outre un risque de rupture utérine au 3e trimestre (p. 162), lors du travail ou de l'accouchement. En conséquence, on surveillera soigneusement la paroi utérine par échographie et l'on procédera à une césarienne itérative.

**Plusieurs curetages.** Il y a un risque de lésion endométriale et d'anomalies de placentation (avortement, placenta praevia, placenta acreta ; p. 226) : des contrôles échographiques fréquents sont nécessaires, éventuellement hospitalisation.

**Affections médicales chroniques.** Un diabète, une hypertension artérielle et d'autres affections organiques peuvent être aggravés durant la grossesse et conduire à une nutrition fœtale insuffisante : cela implique la coopération avec d'autres spécialistes (internistes, néphrologues, neurologues entre autres).

**Antécédents familiaux pathologiques.** Il faut prendre garde au diabète sucré, aux thromboses, aux malformations et aux antécédents de mort-né dans la famille. Un risque de diabète latent ou une fréquence accrue d'avortements peuvent exister : la surveillance sera renforcée, les échographies fréquentes.

## B. Antécédents obstétricaux pathologiques

**Antécédent d'avortements (2 ou plus).** Risque d'un nouvel avortement : examens échographiques plus fréquents et éventuellement hospitalisation au 1er trimestre.

**Antécédent d'accouchement prématuré.** Net risque de récidive : surveillance du pH vaginal, recherche d'une infection, éventuellement tocolyse.

**Antécédent d'enfant mort-né ou fortement lésé.** Net risque de récidive : enquête causale avec éventuellement une amniocentèse, un prélèvement de villosités choriales (p. 24) ou une ponction du cordon (p. 26).

**Incompatibilité Rhésus.** Net risque de récidive pour un nouvel enfant Rhésus positif : surveillance du taux d'anticorps, échographies fréquentes, éventuellement amniocentèse pour la détermination de la bilirubine du liquide amniotique.

## C. Risques durant la grossesse

**Obésité.** Tendance à l'hypertension, danger de dystocie des épaules, contractions prématurées : surveillance étroite.

**Infections urinaires à répétition.** Infection pyélique ascendante, septicémie d'origine rénale : antibiothérapie précoce.

**Hypertension artérielle.** Danger des complications de l'hypertension et grossesse (p. 150).

**Hypotension artérielle.** Retard de croissance intra-utérin : échographies plus fréquentes et éventuellement traitement médicamenteux (p. 72).

**Anémie.** Apports insuffisants au fœtus : traitement martial.

**Saignements lors de la grossesse.** Avortements, accouchements prématurés, placenta praevia, décollement prématuré du placenta (p. 116).

**Infections.** Voir p. 124, p. 130.

**Rupture prématurée des membranes.** Infection ascendante, accouchement prématuré (p. 164).

**Dépassement du terme.** Insuffisance placentaire (p. 172).

**Contractions prématurées, incompétence du col.** Voir p. 120.

## D. Conséquences

Les conséquences dépendent de la nature du risque ; la première mesure à prendre et souvent la plus importante consiste à resserrer la surveillance. Dans certains cas il sera nécessaire d'hospitaliser. Il est important de bien informer la patiente du résultat des examens et de lui expliquer la conduite à tenir. Il faudra avant tout éviter de déclencher des peurs inconscientes et inutiles, en particulier la hantise de malformations.

Grossesse à risques

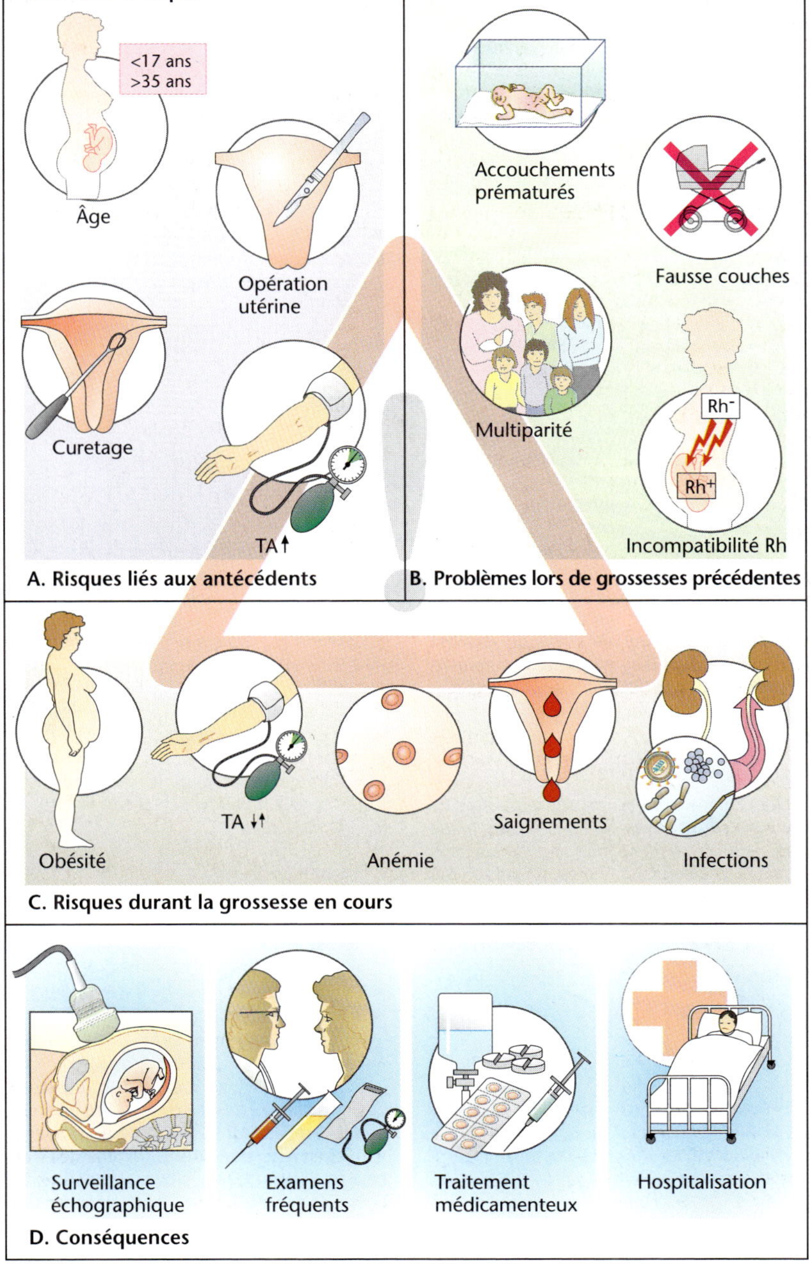


A. Risques liés aux antécédents

B. Problèmes lors de grossesses précédentes

C. Risques durant la grossesse en cours

D. Conséquences

Le conseil génétique d'un couple avant ou pendant la grossesse consiste à évaluer le risque d'une affection héréditaire pour l'enfant à venir. Il faut bien noter que les affections congénitales ne sont pas toutes d'ordre génétique. De ce fait il est impossible de garantir que l'enfant sera sain, même si les examens pratiqués sont normaux. Les affections génétiques les plus importantes sont :

| | |
|---|---|
| Aberrations chromosomiques | 0,6-0,7 % |
| Affections monogéniques | |
| – autosomique récessive | 0,2 % |
| – autosomique dominante | 0,2-1,0 % |
| – chromosome X | 0,1-0,2 % |
| Malformations multifactorielles | 2,7-3,0 % |
| Total | 3,6-5,1 % |

Outre l'évaluation du risque, on envisagera :

- d'autres procédures diagnostiques,
- les conséquences thérapeutiques,
- d'éventuelles mesures préventives.

L'information doit permettre au couple/à la mère de prendre une décision en étant conscient de sa responsabilité : poursuivre la grossesse à son terme ou non, ou renoncer à toute descendance le cas échéant.

## A. Arbre généalogique

L'élément essentiel du conseil génétique est l'anamnèse, et avant tout l'anamnèse familiale. Le plus souvent il est sage d'établir un arbre généalogique ; cela permet une meilleure vue d'ensemble des maladies familiales.

## B. Indications

Les principales indications d'un conseil génétique sont :

- âge maternel/paternel au-dessus de 35/45 ans,
- fausses couches à répétition : deux ou plus,
- maladies héréditaires dans la famille,
- couple consanguin,
- affections génétiques dans la fratrie,
- forte charge psychique du couple (par ex. par le travail en milieu handicapé ou par le contact avec un enfant handicapé parmi les proches),
- infection de la mère au cours de la grossesse (par ex. la rubéole),
- orchite ourlienne ou autres infections paternelles avant la grossesse,
- prise de médicaments durant la grossesse (par ex. anti-diabétiques, cytostatiques) ou avant la grossesse (par ex. la vitamine A et ses dérivés),
- consommation de drogues, abus d'alcool,
- irradiations durant ou avant la grossesse (examens par rayons X, irradiation professionnelle),
- risques professionnels (risque infectieux, chimique, toxique ou radioactif),
- anomalies à l'échographie (p. 56),
- triple-test anormal.

## C. Déroulement d'un conseil génétique

Selon la question que l'on se pose, le conseil génétique sera fait avant la grossesse ou au cours d'une grossesse en évolution. L'existence de maladies graves dans la famille, par exemple la dystrophie musculaire du type Duchenne, doit inciter le couple à s'informer déjà avant la grossesse sur le risque d'avoir un enfant malade.

Le conseil génétique peut être effectué par le gynécologue traitant, par un service de génétique humaine, ou encore par le médecin qui effectuera le geste diagnostique invasif. Voici le déroulement type de la consultation :

- recueil de l'anamnèse, en particulier l'anamnèse familiale,
- établissement de l'arbre généalogique jusqu'au 3e degré de parenté,
- calcul/évaluation du risque de lésion (d'origine génétique),
- éventuellement caryotype des parents,
- information des possibilités et des risques du diagnostic prénatal (méthodes invasives et non invasives).

La consultation doit obligatoirement envisager les conséquences d'un examen positif. Faudra-t-il par exemple envisager une nouvelle procédure invasive si l'on constate un risque élevé de malformations ? Faudra-t-il le cas échéant envisager une interruption de la grossesse pour motif médical ?

## Conseil génétique

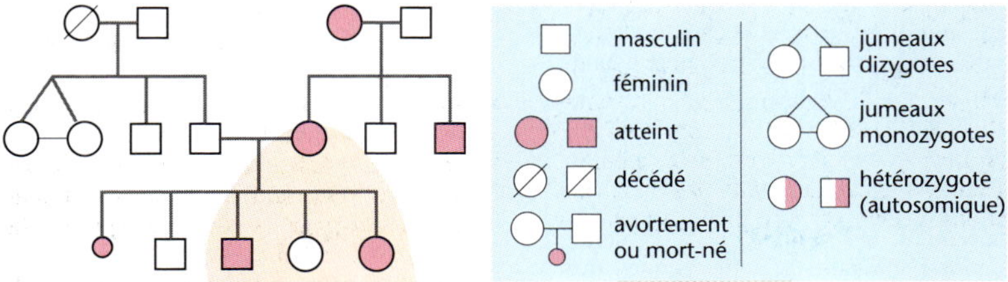


**A. Arbre généalogique**

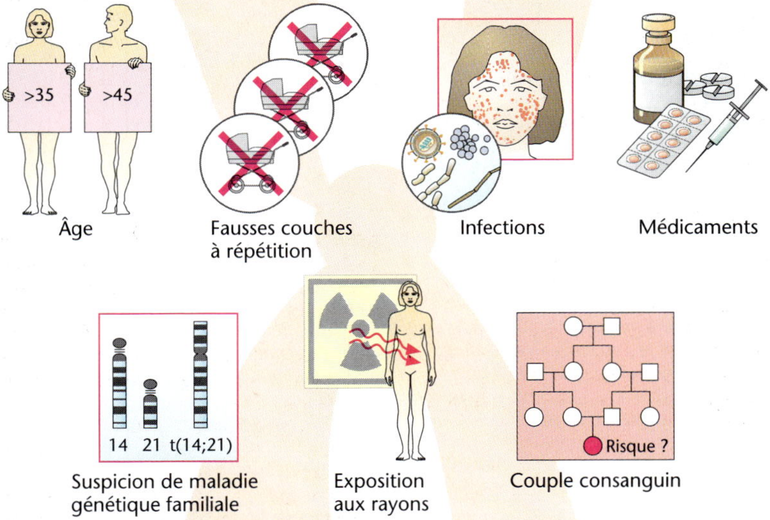


**B. Indications d'un conseil génétique**

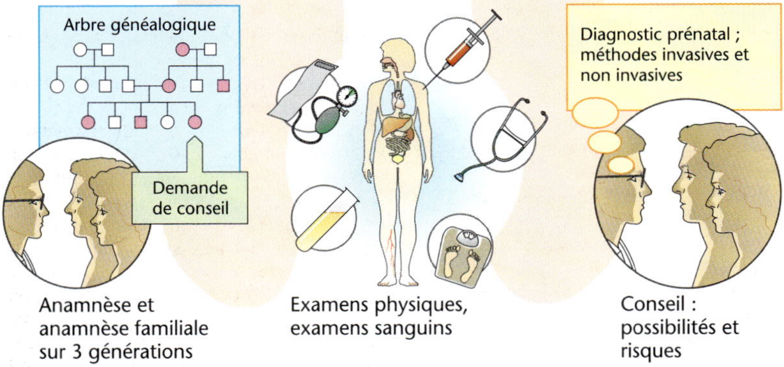


**C. Déroulement du conseil génétique**

## A. Asthme bronchique

Dans la plupart des cas la grossesse n'a pas d'effet sévère sur un asthme préexistant. La capacité vitale est toutefois réduite lors du 3e trimestre en raison de l'ascension du diaphragme ; il s'ensuit une hypoventilation pulmonaire et une chute de la pression partielle d'oxygène dans le sang.

**Traitement.** On poursuit le traitement par glucocorticoïdes et bêtamimétiques durant la grossesse. Ces médicaments ont une action relaxante sur l'utérus (inhibition des contractions) et, de plus, favorisent la maturation pulmonaire du fœtus (p. 120).

## B. Modifications de la tension artérielle

**1. Hypertension.** Une hypertension artérielle peut s'aggraver considérablement durant la grossesse ; c'est la « *Propfgestose* » (p. 150) des auteurs de langue allemande. Le rétrécissement de calibre des vaisseaux provoque une insuffisance d'apport sanguin à l'utérus, le placenta arrive à maturité trop vite et se calcifie. L'organisme essaie de compenser ceci par une élévation de la pression artérielle, et l'on risque alors de rentrer dans un cercle infernal de régulation et de contre-régulation avec au bout une tension artérielle qui ne cesse de monter.

Un traitement médicamenteux sera nécessaire pour interrompre ce cercle infernal. On emploiera avant tout la dihydralazine et la méthyldopa.

**2. Hypotension.** La tension artérielle trop basse (inférieure à 100/60 mmHg) conduit également durant la grossesse à un manque d'apports au placenta et au fœtus. On risque un retard de croissance intra-utérin du fœtus et, de ce fait, une prématurité.

Le traitement comprend :

- des mesures mécaniques (par ex. bas de contention, exercices circulatoires, bains alternés, massage des extrémités),
- pour certains auteurs, la prise de médicaments.

## C. Maladies du cœur

Lors de cardiopathies graves (souvent un rétrécissement mitral) la surcharge cardiovasculaire de la grossesse peut aggraver une insuffisance cardiaque préexistante (p. 44). Une consultation chez le cardiologue est conseillée avant la grossesse. Si la grossesse est en cours, il faudra éventuellement envisager une interruption médicale (p. 30) dans la mesure où la santé ou la vie de la patiente seraient menacées.

Les anomalies valvulaires vont aggraver l'anémie gravidique par suite d'effets mécaniques sur les érythrocytes. En fin de compte l'oxygénation sera insuffisante.

L'accouchement par voie vaginale, mieux toléré du point de vue cardiovasculaire, est préférable à la césarienne ; l'expulsion sera souvent assistée par ventouse ou forceps. Le cardiologue et l'anesthésiste seront obligatoirement consultés.

**Traitement.** Le traitement sera adapté à la nature de l'affection. La chirurgie cardiaque sera exceptionnelle en raison des risques pour la mère aussi bien que pour le fœtus.

Les patientes ayant des antécédents d'endocardite seront mises systématiquement sous antibiothérapie préventive (par ex. avec de l'ampicilline) lors des derniers jours de la grossesse ou durant l'accouchement.

L'opportunité d'un traitement par l'aspirine sera discutée avec l'interniste ; le but est d'éviter les microthromboses. Chez certaines patientes on se contentera de poursuivre le traitement préventif par aspirine institué en dehors de la grossesse en raison d'une cardiopathie thrombogène.

En raison du risque de malformations, les produits coumariniques devront être arrêtés avant une grossesse programmée ou immédiatement dès que le diagnostic de grossesse est posé. Le relais sera pris par l'héparine.

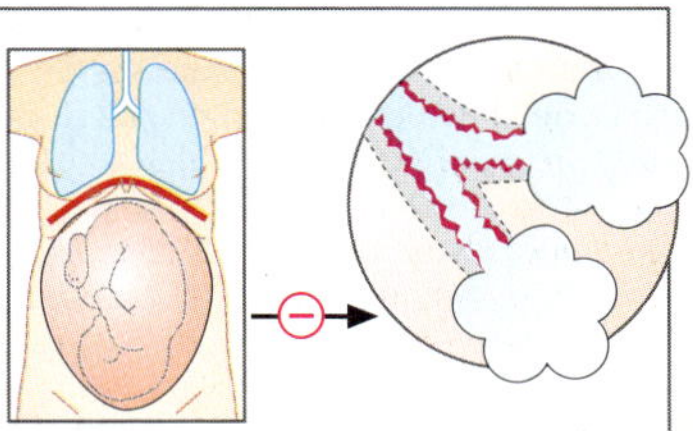

Surélévation du diaphragme

Asthme bronchique

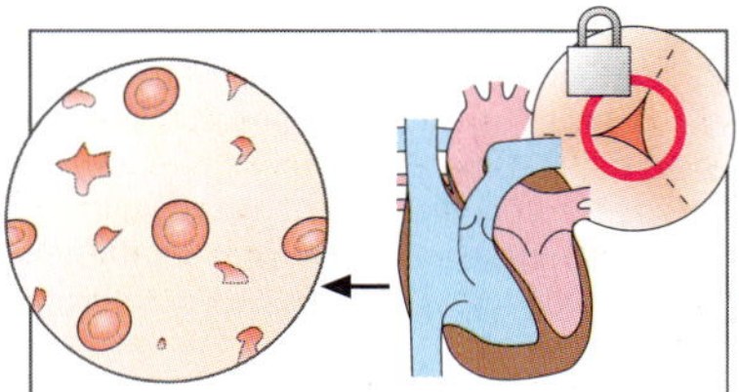

Effets mécaniques sur les érythrocytes

Insuffisance cardiaque ; valvulopathie

Oxygénation fœtale insuffisante

**Traitement**

| Corticostéroïdes | β-mimétiques |
| --- | --- |
| Accélération de la maturation pulmonaire | Tocolyse |

**A. Asthme bronchique**

**Traitement**

Risque opératoire élevé pour la mère et l'enfant ; traitement adapté à chaque cas

**C. Cardiopathies**

Diminution de la perfusion placentaire

Réduction du calibre vasculaire

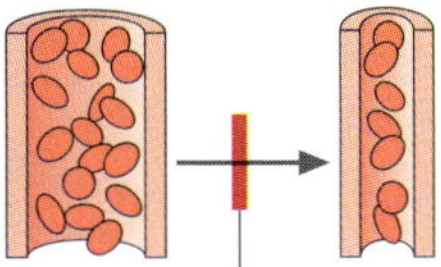

Élévation de la TA

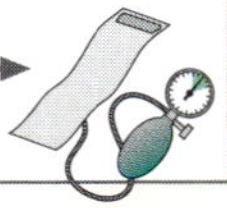

TA↓

**Traitement**

Dihydralazine

α-Méthyldopa

**1.** Hypertension

Apports au fœtus insuffisants

TA <100/60 mmHg

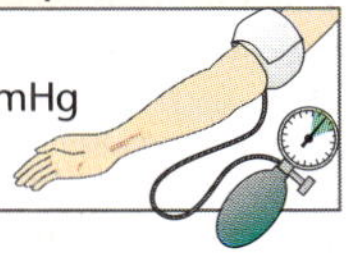

**Traitement**

- Bas de contention
- Exercices circulatoires
- Bains alternés
- Massages

**2.** Hypotension

**B. Modifications de la tension artérielle**

## A. Diabète sucré

Le diabète latent comme le diabète sucré (type I) préexistant à la grossesse doivent être équilibrés au mieux. Il n'est pas exceptionnel de constater des malformations embryonnaires secondaires à de fortes variations de la glycémie (Gl) ou à une hyperglycémie permanente. Lorsqu'on prévoit une grossesse, la Gl doit être strictement équilibrée avant la conception à des valeurs de 90 à 100 mg/dl.

**Les problèmes.** Durant la grossesse, le besoin en insuline augmente progressivement jusqu'à l'accouchement. Le fœtus produit lui aussi de l'insuline et arrive ainsi à compenser les pics de glycémie d'origine maternelle. Cela peut amener du côté maternel à des Gl apparemment normales. Du côté fœtal, l'offre excessive d'hydrates de carbone provoque une production d'insuline compensatoire. En découle une *macrosomie fœtale* avec un gros pannicule adipeux, un poids supérieur à 4000 g, de l'hydramnios et un retard de maturation des poumons avant tout.

**Traitement.** À côté des mesures diététiques, l'administration d'insuline à la mère est le pilier du traitement. En raison de leurs effets tératogènes, les antidiabétiques oraux devront être arrêtés avant la grossesse ou au plus tard dès qu'elle est connue. La patiente sera soignée en collaboration étroite avec son interniste. Les gestantes diabétiques développent plus facilement une hypertension (p. 150) durant la grossesse ; raison de plus pour effectuer une surveillance étroite de la mère et de l'enfant.

**Accouchement.** Le terme de l'accouchement sera fonction de l'équilibre glycémique. Avec une bonne courbe quotidienne de glycémie et en l'absence d'anomalies fœtales, il n'y a pas d'objection à laisser évoluer la grossesse jusqu'au terme prévu. En cas de complications, l'accouchement prématuré sera souvent la solution (mauvais équilibre glycémique, macrosomie, complications vasculorénales).

## B. Néphropathies

La préexistence d'une néphropathie, en particulier d'une glomérulonéphrite chronique, conduit dans plus de 30 % des cas à une hypertension de grossesse **(1.)** avec des risques particuliers pour le fœtus (p. 72). La grossesse peut en outre aggraver la néphropathie.

Lors d'une protéinurie massive, le bilan protéique devra être corrigé grâce à des substitutions adéquates.

En cas de protéinurie manifeste sur un terrain d'hypertension préexistant à la grossesse, jusqu'à 70 % des cas verront leur hypertension artérielle aggravée ; les risques fœtaux seront également augmentés. Si l'hypertension s'aggrave déjà à la fin du 1er trimestre, il faudra s'attendre à une forte mortalité périnatale. L'apparition d'une insuffisance rénale avec rétention azotée pose le problème de l'interruption de grossesse pour indication maternelle et fœtale – le cas échéant après consultation du néphrologue.

**Infection des voies urinaires.** L'infection des voies urinaires est facilitée lors de la grossesse par la dilatation des voies urinaires et éventuellement par la glycosurie gravidique. La bactériurie est souvent asymptomatique durant la grossesse ; elle doit néanmoins être traitée. L'évolution peut se faire vers la cystite, la pyélite ou même la pyélonéphrite avec septicémie. Le côté droit est le plus souvent atteint car la dilatation des voies urinaires prédomine à droite.

L'infection urinaire s'accompagne typiquement de douleurs du flanc, de fièvre élevée avec des modifications du sang (globules blancs et CRP) et des urines. Il existe des formes de pyélonéphrites atypiques et afébriles. Ces formes sont souvent reconnues tardivement, et mènent plus fréquemment à des lésions du parenchyme rénal. Le traitement se base sur l'antibiothérapie ; en cas de pyélonéphrite, l'hospitalisation est nécessaire.

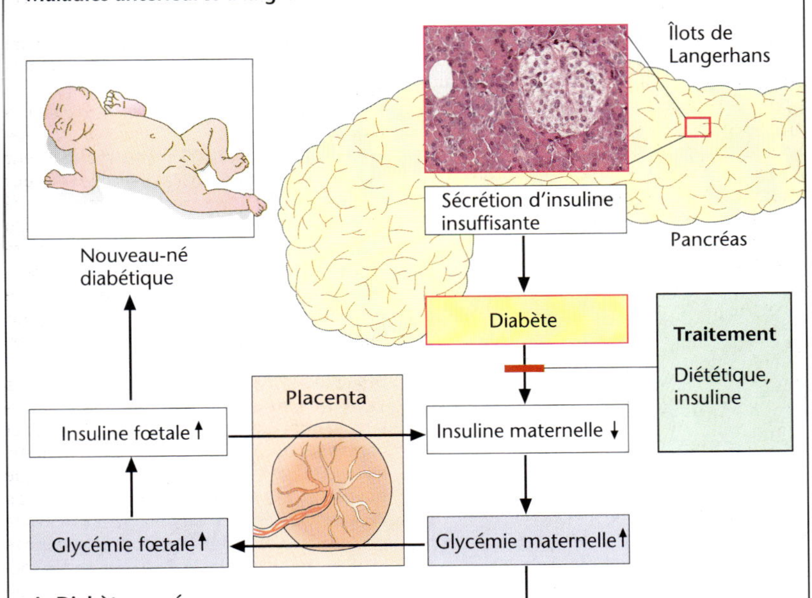


A. Diabète sucré

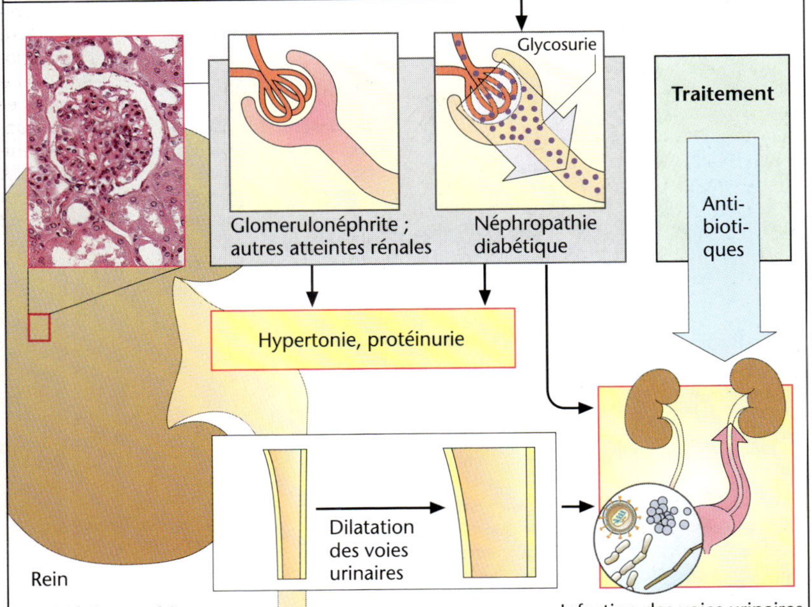


B. Néphropathies

La grossesse extra-utérine (GEU) se rencontre 1 fois sur 100 grossesses. La fécondation a lieu normalement, mais la nidation se fait en dehors de l'utérus et non dans sa cavité comme normalement. Ceci résulte du fait que la nidation de l'ovule fécondé se réalise au 6e-7e jour, qu'il ait fait sa migration vers l'utérus ou non.

## A. Localisation

La grande majorité des GEU (95-98 %) siègent au niveau de la trompe. La migration tubaire est perturbée pour les raisons suivantes :

- séquelles de salpingite,
- endométriose,
- chirurgie tubaire (par ex. précédente GEU),
- stérilet (modifications de la mobilité tubaire),
- trompe anormalement longue,
- défauts dans la mobilité ou le péristaltisme tubaire.

## B. Clinique et diagnostic

Des douleurs du bas-ventre apparaissent vers la 5e-6e semaine ; le développement de la GEU dilate la trompe et irrite douloureusement le péritoine. La déchirure de la trompe (rupture tubaire) se traduit par une douleur soudaine et violente, unilatérale le plus souvent **(1.)**. L'hémorragie abdominale se traduira par des signes de choc (tachycardie, sueurs froides ; **2.**).

La croissance du fruit s'arrête en général vers la 6e-7e semaine par manque de place dans la trompe. Ceci entraîne une chute de la production de bêta-HCG, puis celle de la progestérone et par voie de conséquence l'apparition de petites pertes sanglantes **(3.)**.

À côté des signes cliniques décrits plus haut et de l'examen gynécologique (douleurs à la palpation, trompe dilatée, utérus ramolli ou assoupli), les ultrasons vont jouer un rôle décisif pour établir le diagnostic. On constatera la vacuité de la cavité utérine, un endomètre épais, parfois du liquide dans le cul-de-sac de Douglas, et dans certains cas, la GEU elle-même. Le laboratoire permettra de montrer la présence de bêta-HCG ; on complétera tout de suite par les examens préopératoires : formule sanguine, électrolytes, coagulation, groupe sanguin.

## C. Traitement

En règle générale le traitement de la GEU est chirurgical. Près de 90 % des interventions ont actuellement lieu par cœlioscopie. Par une chirurgie a minima et peu invasive, on effectue :

- une intervention conservatrice, la trompe est laissée en place (environ 30 % de récidives),
- l'ablation de la trompe (salpingectomie).

Si l'on veut conserver la trompe, on effectue une petite incision à travers laquelle on enlève la GEU.

Une autre possibilité, peu répandue en Allemagne, est d'utiliser un traitement médicamenteux (méthotrexate). Ceci bloque le développement du trophoblaste qui sera ensuite résorbé par l'organisme maternel. L'administration de méthotrexate pourra parfois compléter un traitement chirurgical incomplet, avec persistance de restes de trophoblaste. On s'en rend compte car le taux de bêta-HCG ne se négative pas après l'opération ; il faut en conclure qu'il reste des villosités choriales dans la trompe. Une réintervention aura été évitée grâce à l'emploi du méthotrexate, sous réserve bien sûr de la négativation du taux de bêta-HCG confirmant l'efficacité du traitement.

## D. Complications

La rupture tubaire peut s'accompagner d'une hémorragie intrapéritonéale massive pouvant mettre le pronostic vital en jeu **(1.)**. L'opération doit être immédiate.

Dans le cas d'une chirurgie tubaire conservatrice, il faut s'attendre à 30 % de récidive de GEU. Une autre possibilité est l'occlusion tubaire complète avec une stérilité **(2.)**.

## Grossesse extra-utérine

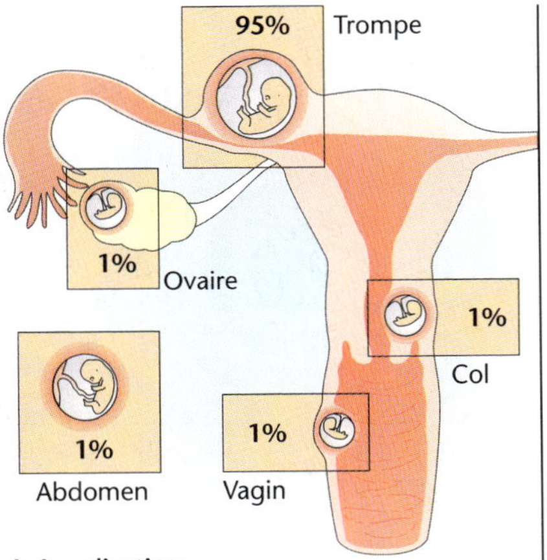


**A. Localisation**

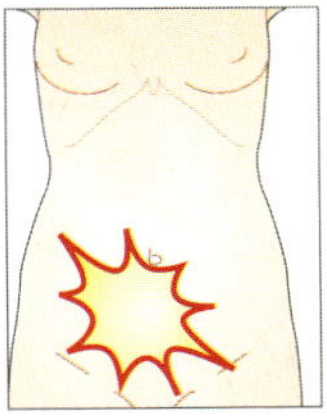

**1.** Douleurs du bas-ventre en 5$^{e}$– 6$^{e}$ SA

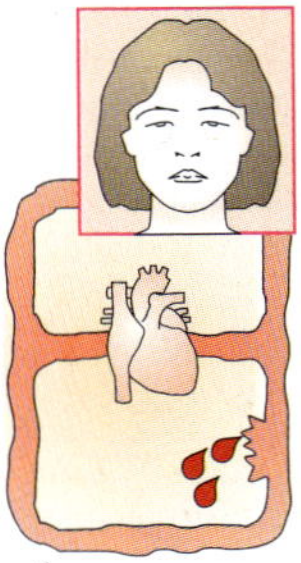

**2.** Évent. choc par hémoragie dans l'abdomen

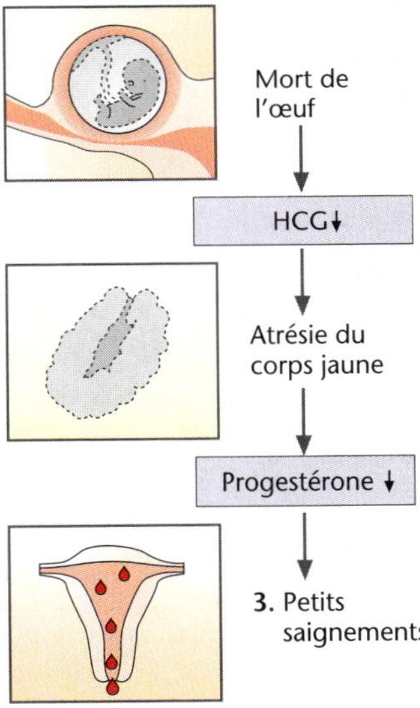


**3.** Petits saignements

**B. Clinique**

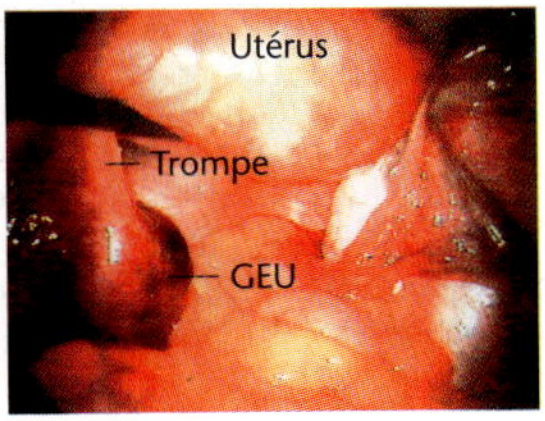


Grossesse extra-utérine (GEU)

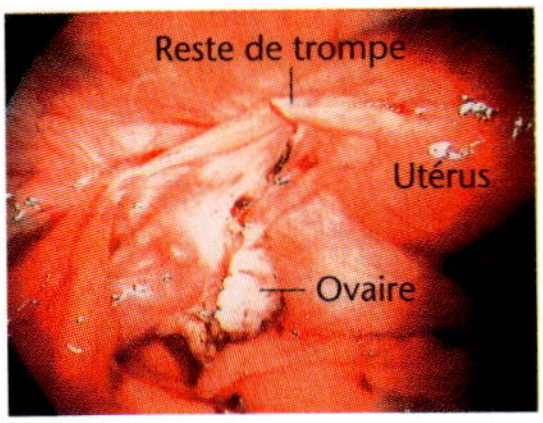


Trompe après l'opération

**C. Traitement**

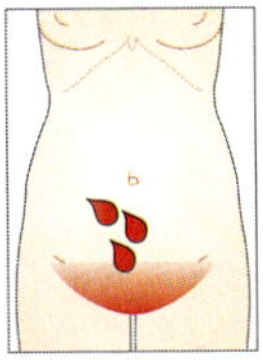

**1.** Saignements intra-péritonéaux

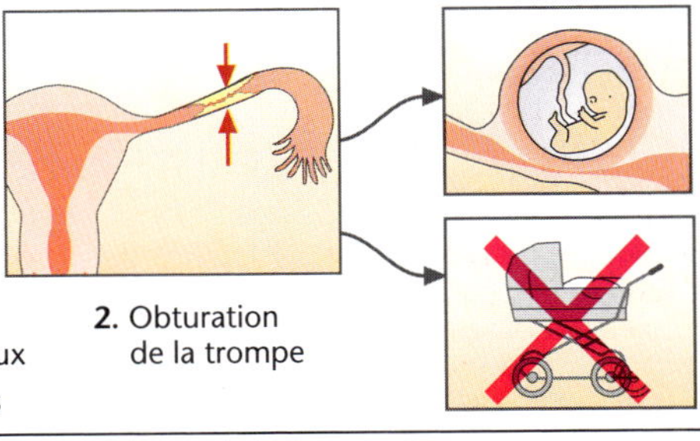


**2.** Obturation de la trompe

**D. Complications**

Par maladie gravidique précoce on entend le ptyalisme gravidique (hypersalivation) et les nausées et vomissements à prédominance matinale. On parle de vomissements graves quand la patiente ne retient plus de nourriture. Cela aboutit à des troubles du métabolisme et à des déséquilibres électrolytiques.

## Ptyalisme gravidique

Dans les cas extrêmes la quantité de salive émise en 24 heures peut atteindre 1000 ml. Situation gênante pour la future mère, ce n'est pas une véritable maladie. Le plus souvent l'hypersalivation aura cessé avant la fin de la 14e SA.

Ses causes sont une élévation du tonus parasympathique, l'émotivité et la nervosité.

**Traitement.** Le plus souvent il n'est pas nécessaire d'établir de traitement. Dans les formes majeures, les bains de bouches avec des astringents peuvent amener un soulagement.

## A. Vomissements gravidiques

Presque toutes les gestantes se plaignent de nausées matinales en début de grossesse (jusqu'à 12 SA). La symptomatologie est plus ou moins marquée. Près de la moitié des femmes se plaignent de vomissements occasionnels. On parle de vomissements graves si la gestante ne retient ni nourriture ni boissons. Ceci ne survient que dans 0,5 % des grossesses.

**Étiologie.** Le métabolisme maternel se modifie sous l'influence des hormones placentaires, en particulier de la bêta-HCG. Lorsque les taux de bêta-HCG sont élevés (par ex. grossesse gémellaire, p. 112, môle hydatiforme, p. 80), les vomissements gravidiques sont bien plus fréquents que lors d'une situation « normale ».

Les facteurs psychiques sont également fortement en cause :

- refus inconscient de la grossesse,
- crainte d'être dépassée par la situation,
- rejet du père de l'enfant,
- rejet de l'entourage social.

**Symptômes.** Suite à son incapacité de retenir la nourriture et les boissons, la patiente présentera plusieurs troubles :

- perte de poids,
- déshydratation,
- hypoglycémie,
- déséquilibres électrolytiques (hypokaliémie, alcalose hypochlorémique),
- dans les cas extrêmes, défaillances des reins et du foie.

**Traitement.** Le traitement sera fonction de la gravité de la maladie. Dans les formes légères il suffit souvent de modifier les habitudes alimentaires : prendre par exemple le premier repas au lit avant de se lever, boire un verre de lait froid à jeun, multiplier les petits repas pauvres en graisses et en protéines, manger en fonction de son appétit. L'acupuncture peut donner de bons résultats.

Dans le cas de vomissements graves l'hospitalisation sera nécessaire. On corrigera la déshydratation et les troubles électrolytiques grâce à des perfusions. On utilisera souvent un traitement anti-émétique. Après quelques jours, on commencera une réalimentation prudente.

À côté du traitement purement somatique, l'hospitalisation agit en soustrayant la patiente à son entourage social. Après investigation soigneuse de la situation personnelle de la femme, on sera parfois amené à prescrire un arrêt de travail.

## Maladies gravidiques précoces

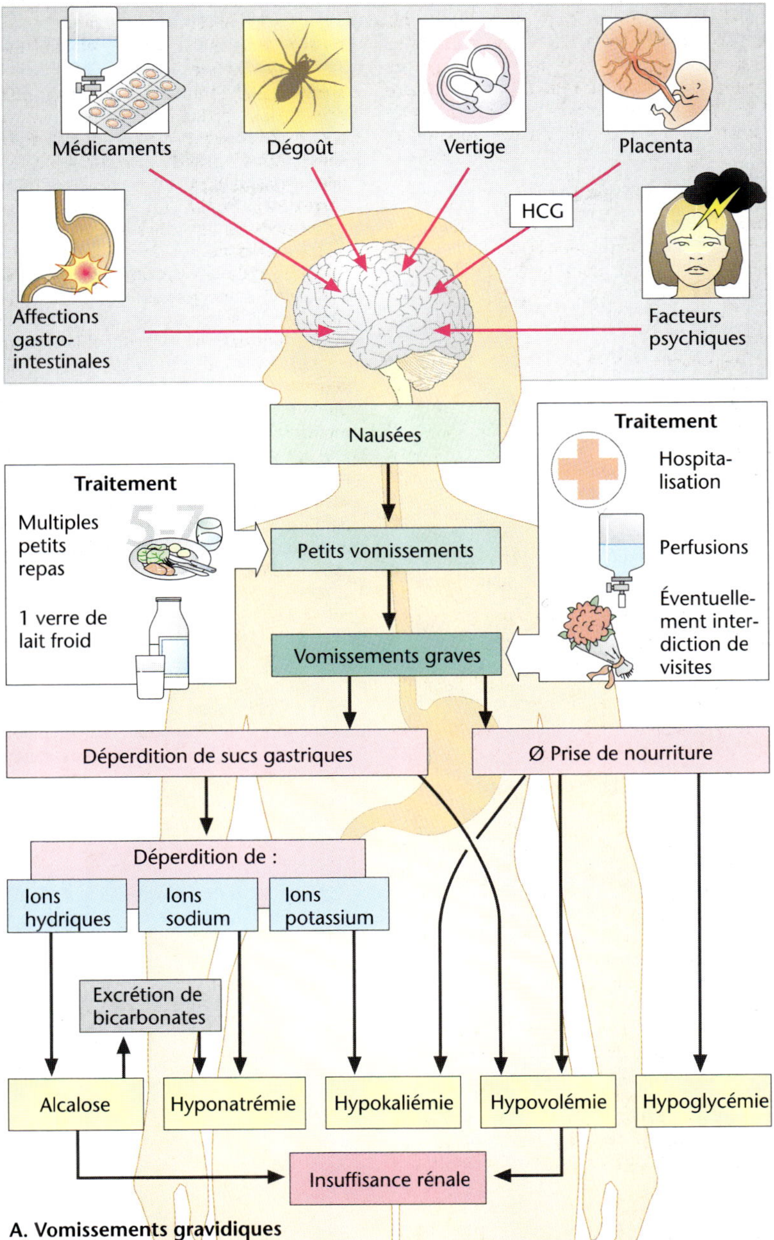


A. Vomissements gravidiques

## A. Môle hydatiforme

Environ une grossesse sur 3000 s'accompagne d'un mauvais développement des villosités choriales, le plus souvent suite à des anomalies chromosomiques. Des petites vésicules, pouvant atteindre un diamètre de 2 mm, se développent à partir des villosités choriales. Le développement embryonnaire est en général tellement perturbé qu'on ne retrouvera plus d'embryon. Ce n'est que dans la môle partielle, où la dégénérescence villositaire ne touche que quelques villosités, qu'un développement embryonnaire normal pourra éventuellement se faire.

**Diagnostic.** Le trophoblaste produit des quantités énormes de bêta-HCG, pouvant éventuellement atteindre 1 million d'unités. C'est un élément essentiel du diagnostic. Les ultrasons vont confirmer le diagnostic en mettant en évidence de multiples vésicules : on voit la classique image de « tempête de neige ».

Le taux élevé des bêta-HCG s'accompagne le plus souvent de vomissements gravidiques (p. 36) et de kystes lutéiniques ovariens. Ces derniers sont identifiables aux ultrasons.

**Traitement.** Le traitement consiste en l'évacuation utérine instrumentale sous anesthésie. Les grandes quantités de bêta-HCG s'accompagnent d'un ramollissement marqué de l'utérus. Le danger de perforation est très grand. L'intervention est faite en conséquence sous utérotoniques (ocytocine, prostaglandine). Dans certains cas ponctuels, une hystérectomie d'hémostase sera nécessaire en raison d'une hémorragie massive.

Il est important de suivre l'évolution du taux des bêta-HCG jusqu'à leur complète négativation.

## B. Chorioépithélioma ou choriocarcinome

Dans près d'un cas sur 20 000 naissances on assiste à la dégénérescence maligne du tissu chorial en chorioépithélioma ou choriocarcinome. Le choriocarcinome représente 0,5 % des tumeurs génitales. Son incidence varie en fonction de facteurs socio-économiques ; en Asie par exemple, on rencontre 1 cas pour 1400 naissances.

Le plus souvent le chorioépithélioma survient après une môle (près de 50 % des cas). Il peut aussi se voir après un avortement (25 %), une grossesse normale (20 %) ou plus rarement après une grossesse extra-utérine.

**Formes cliniques.** Selon leur agressivité, on distingue plusieurs formes de chorioépithélioma :

- môle invasive avec ou sans métastases,
- choriocarcinome sans métastases,
- choriocarcinome de bas grade avec métastases,
- choriocarcinome de haut grade avec métastases.

À côté de l'envahissement de la paroi utérine on voit surtout des métastases pulmonaires, et dans les cas de haut grade des métastases cérébrales, rénales ou hépatiques **(3.)**.

**Diagnostic.** Le diagnostic découle du taux sérique élevé de HCG, voire de l'absence de chute du taux de bêta-HCG après un avortement, un accouchement ou une grossesse extra-utérine. Les saignements dominent le tableau clinique. Au TV on note un utérus très mou et agrandi. L'examen histologique des produits d'avortements ou de la môle posera le diagnostic de façon formelle.

**Traitement.** Le traitement du chorioépithélioma consiste en l'évacuation utérine et l'administration de cytostatiques. Diverses associations médicamenteuses et diverses posologies sont utilisées. Le méthotrexate est utilisé dans tous les protocoles et souvent associé à l'actinomycine. En principe on traite jusqu'à négativation du taux sanguin de bêta-HCG.

**Pronostic.** Le pronostic est bon, même pour les formes avec métastases. Dans près de 90 % des cas on aboutit à une rémission complète.

Avec un recul de 2 années sans rechute, il est autorisé d'envisager une nouvelle grossesse.

## Môle hydatiforme, chorioépithélioma

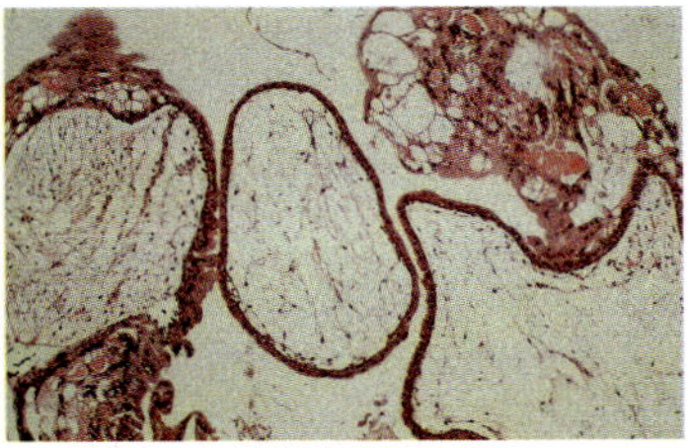

Microscopie

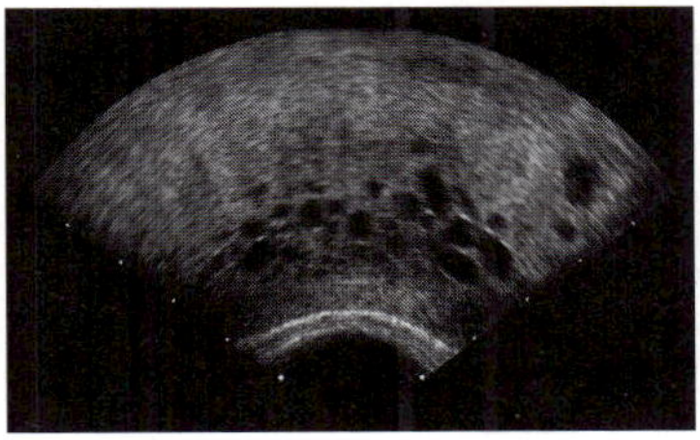

Échographie

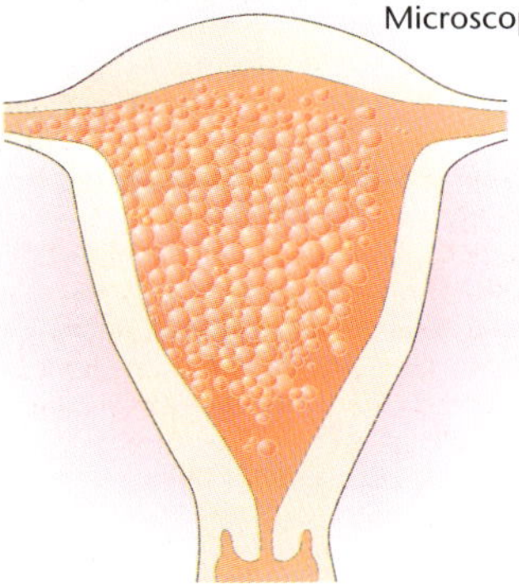

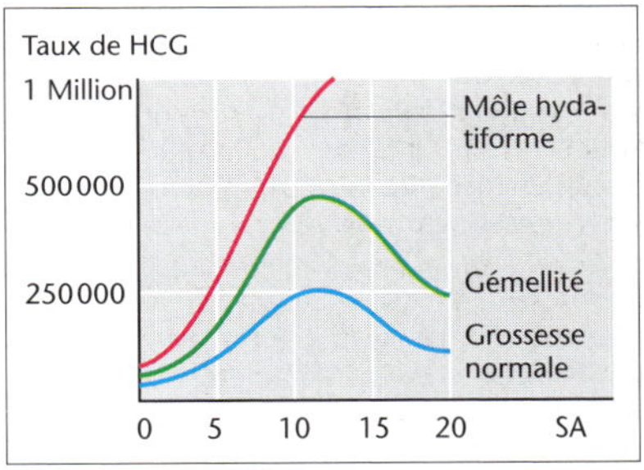


**A. Môle hydatiforme**

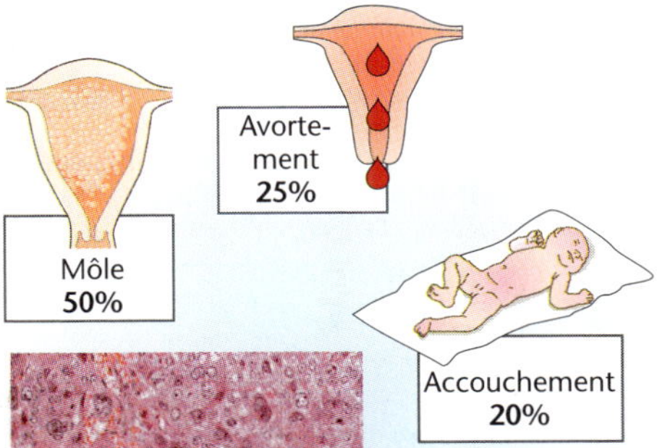


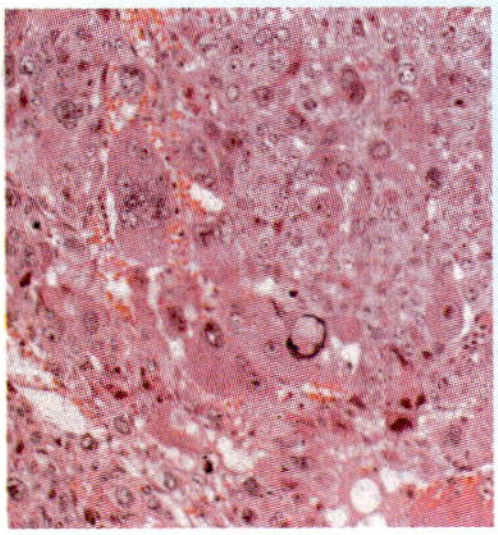

Histologie

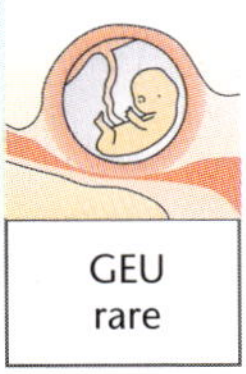


**1.** Fréquence

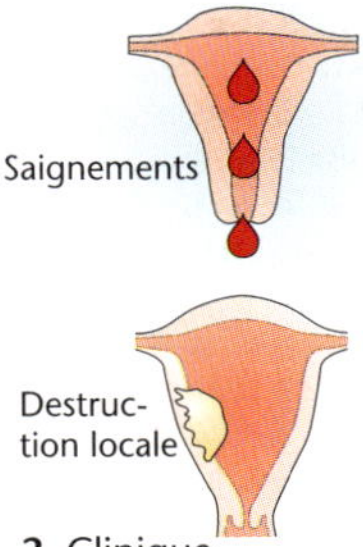


**2.** Clinique

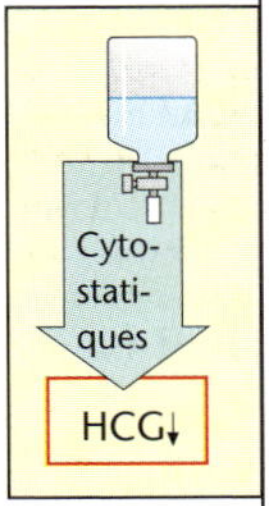


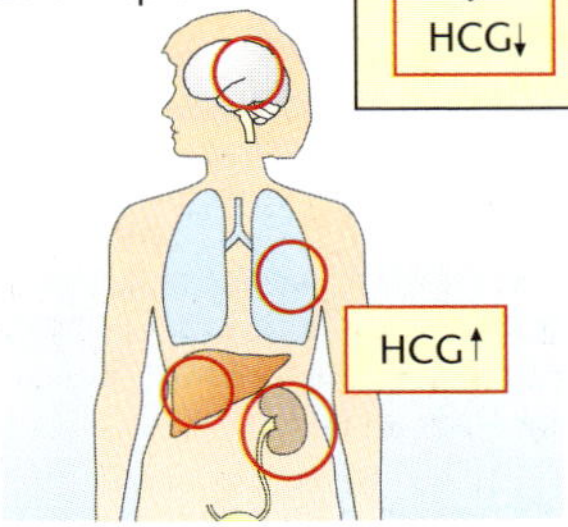


**3.** Métastases

**B. Chorioépithélioma ou choriocarcinome**

## A. Spina bifida, rachischisis

Le terme *spina bifida* englobe diverses malformations du tube neural, plus ou moins prononcées.

Au niveau de la partie basse de la colonne lombaire, on peut trouver des anomalies de la fermeture du tube neural et des arcs vertébraux. Ce type de malformation se trouve environ 1 fois sur 2000 à 3000 naissances vivantes. Selon leur gravité on distingue :

**Le spina bifida occulte (2.).** C'est la forme mineure du défaut de fermeture. Il y a uniquement défaut de fermeture de l'arc vertébral ; le tissu nerveux n'est pas exposé. La constatation de l'anomalie est souvent faite par hasard, à l'occasion d'une radiographie de la région lombaire. Par dessus la malformation on peut trouver :

- une fossette cutanée,
- une anomalie de la pigmentation (hyperpigmentation),
- ou une pilosité abondante (hypertrichose).

**La méningocèle (3.).** Lorsque le défaut de fermeture touche plusieurs arcs vertébraux, les méninges peuvent faire une hernie et former un kyste. Ce kyste lui-même ne renferme pas d'éléments nerveux.

**La myéloméningocèle (4.).** Si, dans l'expansion de l'espace arachnoïdien, on trouve une portion de la moelle épinière, on parle de myéloméningocèle. Dans ce cas, le canal neural est parfois lui-même kystique et agrandi (canal épendymaire). Le plus souvent la peau recouvre la malformation.

**Le rachischisis (5.).** Dans les formes les plus graves de la malformation le canal neural ne s'est pas fermé, le tissu nerveux est à vif, directement à la surface du corps (« dos ouvert »).

**Malformations associées et pronostic.** Le pronostic des enfants atteints dépend naturellement de la gravité du cas et éventuellement des anomalies associées. On tentera d'opérer dans les 24-48 h suivant la naissance. Le problème important est celui de la paralysie des membres inférieurs, de la vessie et de l'intestin.

Les malformations dans le domaine neural sont souvent associées à des malformations cérébrales (hydrocéphalie interne le plus souvent).

## B. Omphalocèle, laparoschisis

Parmi les défectuosités de la paroi abdominale, on distingue :

- de véritables malformations par défaut de fermeture de la paroi abdominale,
- la persistance de la hernie ombilicale physiologique (omphalocèle).

**Omphalocèle (1.).** Jusqu'à 14 SA l'implantation du cordon sur le corps de l'enfant est tellement large que des anses intestinales peuvent y pénétrer. Si les anses ne se retirent pas dans la cavité abdominale, elles formeront une hernie recouverte d'amnios (membrane ovulaire). Cette malformation se rencontre dans près de 1 cas sur 4000 naissances vivantes ; les enfants avec une trisomie 21 ou une trisomie 18 sont plus fréquemment touchés.

**Laparoschisis (2.).** Le laparoschisis est un défaut du développement embryonnaire de la paroi abdominale ; les deux feuillets latéraux de paroi abdominale n'effectuent pas leur accolement sur la ligne médiane. Selon le niveau de la lésion divers organes pourront sortir par l'orifice pariétal : le cœur, le foie, l'estomac, l'intestin ou la vessie.

**Diagnostic et conduite à tenir.** Le plus souvent les ultrasons permettent le diagnostic anténatal des lésions (graves) du tube neural ou des malformations de la paroi abdominale. L'enfant devrait naître par césarienne[1] dans un centre périnatal où il sera aussitôt pris en charge par une équipe de chirurgie infantile.

Il est sage de contacter le centre périnatal dès le diagnostic posé. La patiente devra se présenter à l'équipe du centre périnatal assez tôt et à distance du terme.

1. *Note du traducteur :* le laparoschisis n'impose pas obligatoirement la césarienne.

## Spina bifida, déficiences de la paroi abdominale

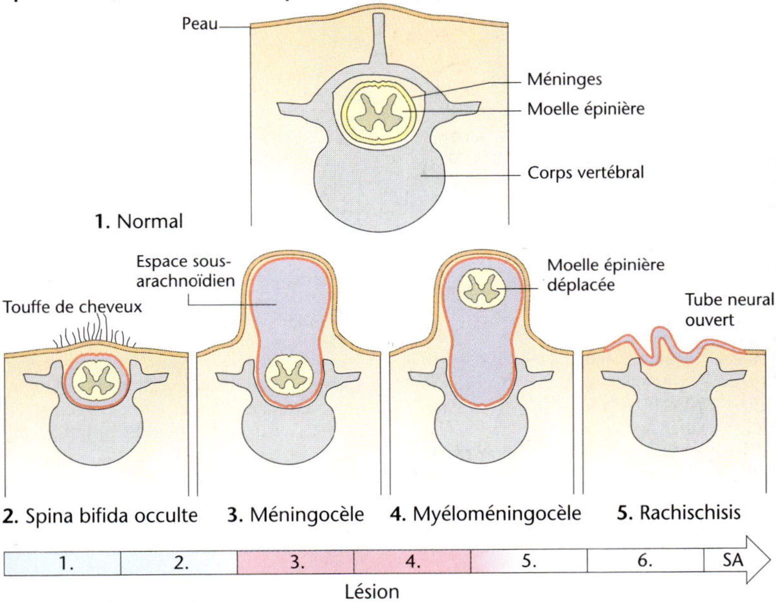


**A. Spina bifida, rachischisis**

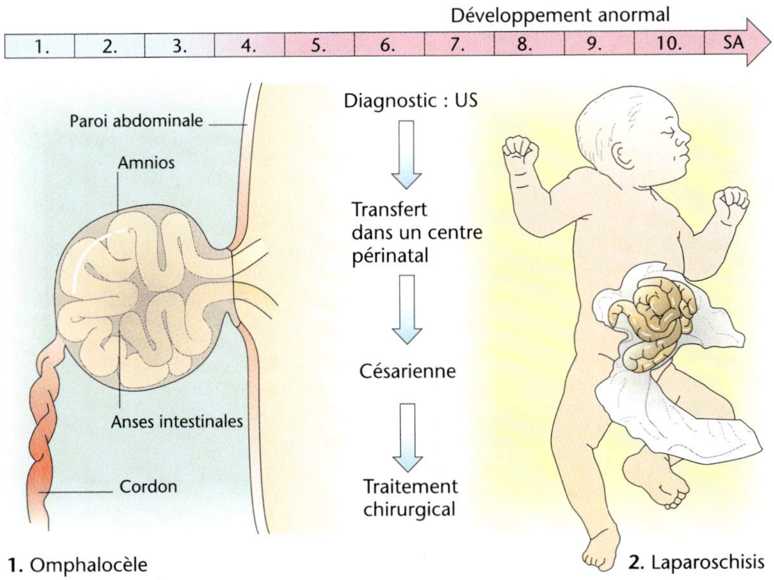


**B. Omphalocèle, laparoschisis**

## A. Malformations rénales

Les malformations des reins ou des voies urinaires surviennent près d'une fois sur 1400 naissances vivantes. Il faut distinguer :

- les malformations graves, comme l'aplasie rénale bilatérale (rarissime),
- les malformations moins graves, comme l'aplasie rénale unilatérale (1/1500 naissances), des uretères surnuméraires ou des valves urétrales.

Diverses formes de kystes rénaux peuvent s'observer :

**Maladie polykystique rénale autosomique récessive ; Potter I (1a).** Forme générale des malformations canalaires avec participation des voies biliaires avec des kystes et de la fibrose périportale dans le foie. Les deux reins sont augmentés et les tubes collecteurs sont élargis.

**Forme autosomique dominante ; Potter III (1b).** Les kystes prolifèrent partout au niveau des néphrons et des tubes collecteurs. Cette maladie ne se manifeste en général qu'à partir de 30-50 ans. Elle aboutit à la perte de tout le parenchyme rénal.

**Polykystose rénale ; Potter II (1c).** Suite à une perturbation du développement des bourgeons urétéraux, des kystes vont se former à partir des calices rénaux ; l'aspect ressemble à celui d'un rein obstructif.

**Autres malformations.** Les uretères surnuméraires sont fréquents **(2.)** ; le plus souvent cela n'a pas de signification pathologique. Ce n'est qu'en cas d'abouchement ectopique (col de la vessie, urètre ou vestibule) que des problèmes apparaîtront du fait de fuites urinaires ou d'une symptomatologie de reflux.

Au cours du développement embryonnaire, les reins migrent de leur emplacement pelvien originel vers les flancs. Si la migration est arrêtée, par exemple au niveau de l'artère iliaque primitive, le rein restera sur place ; ceci donnera un rein pelvien. Les deux reins peuvent être serrés l'un contre l'autre et former un rein en fer à cheval **(3.)**. Ces deux malformations n'ont le plus souvent pas de traduction clinique.

## B. Malformations du cœur

En raison des diverses modifications circulatoires survenant à la naissance, de nombreuses malformations cardiaques pourront s'accompagner d'un développement fœtal intra-utérin normal ; la malformation n'aura de conséquences hémodynamiques qu'après la naissance. Suite à l'expansion des poumons et à leur irrigation sanguine après la première respiration du nouveau-né, il y a une chute de pression sanguine dans le cœur droit et une hausse de pression dans le cœur gauche. De ce fait, le trou ovale (trou de Botal) et le canal artériel vont s'oblitérer (p. 100).

**Communication inter-auriculaire.** La déficience du septum secondaire de localisation crâniale est en général relativement facile à réparer **(1.)**. La déficience du septum primaire de localisation caudale **(2.)** englobe souvent le canal atrioventriculaire ; elle est plus difficile à traiter chirurgicalement.

**Communication inter-ventriculaire.** La déficience siège le plus souvent dans la portion membraneuse et haute du septum ventriculaire.

**Hémodynamique.** Lors de communications inter-auriculaires ou inter-ventriculaires isolées, le sang du cœur gauche va vers le cœur droit ; ce sang mixte ira ensuite vers la circulation pulmonaire. Au départ il s'agit d'une malformation non cyanogène. Suite à la surcharge de la circulation pulmonaire et à l'accentuation de la sclérose des vaisseaux pulmonaires, les résistances vasculaires augmentent et l'on aura une inversion du shunt. Du sang veineux circulera dans la grande circulation, la personne atteinte de cette anomalie se cyanosera.

**Transposition des gros vaisseaux (3.).** L'aorte part du ventricule droit et l'artère pulmonaire du ventricule gauche. La survie de l'enfant n'est possible qu'à condition que le canal artériel reste perméable.

**Tétralogie de Fallot (4.).** C'est une malformation associant quatre anomalies : sténose pulmonaire, communication interventriculaire, aorte « à cheval » au-dessus des deux ventricules, hypertrophie du ventricule droit. Il s'agit d'une cardiopathie cyanogène compatible avec la vie.

## Malformations du rein et du cœur

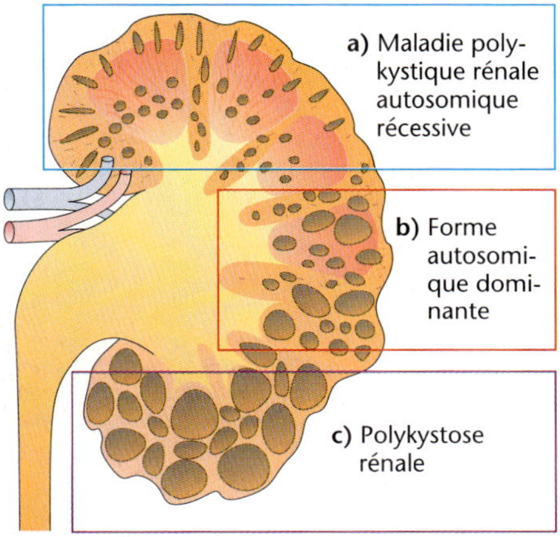


**1.** Kystes rénaux

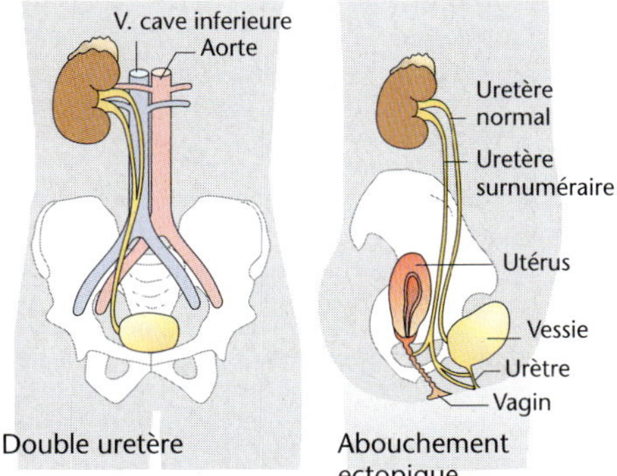


**2.** Anomalies urétérales

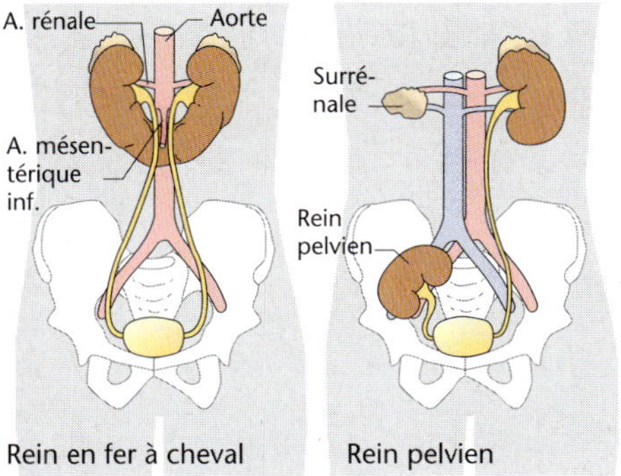


**3.** Situation anormale des reins

**A. Malformations des reins**

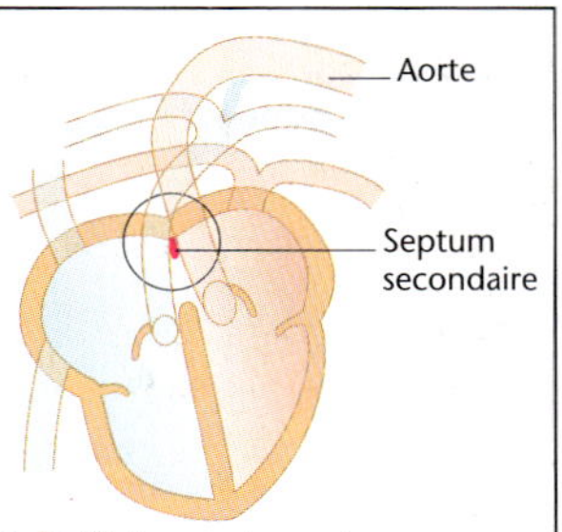


**1.** Déficience du septum secondaire

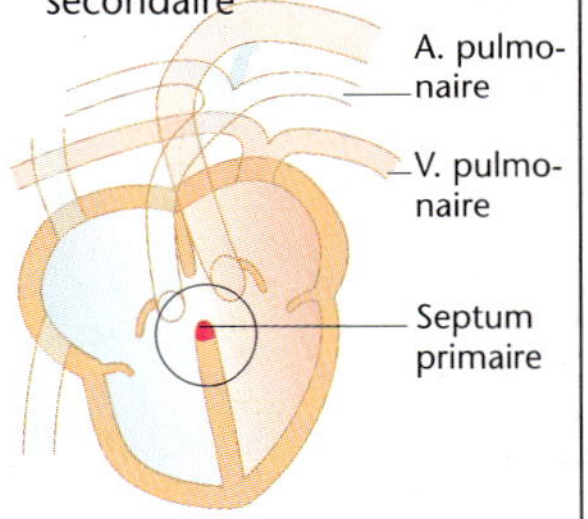


**2.** Déficience du septum primaire

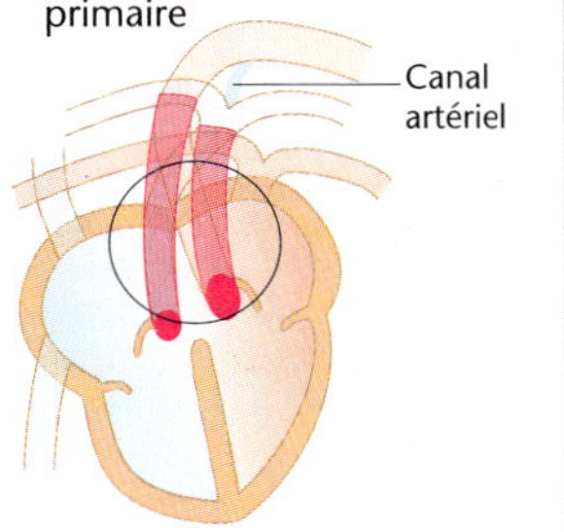


**3.** Transposition des gros vaisseaux

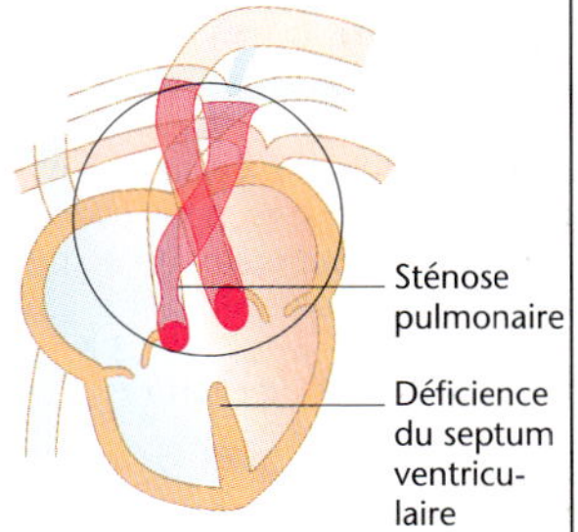


**4.** Tétralogie de Fallot

**B. Malformations du cœur**

## A. Définition et étiologie

Selon l'époque de leur survenue, on peut classer les avortements (fausses couches) en :

- avortement précoce jusqu'à 16 SA,
- avortement tardif jusqu'à 23 SA.

On parle d'un mort-né à partir de la 24e SA ou éventuellement lorsque le poids fœtal est d'au moins 500 g (selon la loi de l'État civil).

**Étiologie.** Les anomalies chromosomiques constituent les causes les plus fréquentes des avortements précoces. On sait actuellement qu'à cause de cela près de 60 % des grossesses conçues ne vont pas conduire au développement d'un enfant sain. Le plus souvent il en résulte un arrêt du développement après la première division cellulaire. La femme ne remarque même pas qu'elle était enceinte car les règles ne sont pas décalées ou seront à peine décalées.

Les autres causes d'avortement sont :

- des raisons immunologiques ; le plus souvent l'organisme maternel fait une réaction de rejet contre l'œuf fécondé et la nidation normale ne sera pas possible,
- des anomalies utérines, par exemple cloison utérine, synéchies après curetage,
- un fibrome,
- des causes hormonales, par exemple un manque de progestérone par insuffisance du corps jaune, hyper- et hypothyroïdie,
- des infections, en particulier dans les stades précoces de la grossesse ; plus tardivement, il apparaîtra éventuellement des malformations fœtales (par ex. rubéole, toxoplasmose, érythème infectieux),
- des médicaments (par ex. les dérivés de la coumarine, les antidiabétiques oraux),
- certains produits de consommation (plutôt rares).

Dans près de 25 % des avortements on ne trouve pas de cause. On les appelle *avortements idiopathiques*.

En règle générale l'avortement constitue une importante surcharge psychique pour la femme et même pour son partenaire. Il faut absolument en tenir compte et adopter une attitude compréhensive envers les personnes affectées.

## B. Formes cliniques de l'avortement précoce

Les avortements précoces peuvent se voir sous la forme de :

**Menace d'avortement.** Il existe de légers saignements vaginaux. La grossesse paraît intacte aux ultrasons ; de légères contractions se manifestent par des douleurs à type de tiraillements dans le bas-ventre. Beaucoup de femmes s'inquiètent à cause des saignements ; il faut bien savoir qu'un léger saignement est fréquent en début de grossesse (jusqu'à 25 % des grossesses), sans que cela pose problème pour l'enfant.

**Avortement en cours.** Les saignements sont plus abondants que lors d'une menstruation, la grossesse n'est plus intacte ; la patiente perçoit des douleurs à type de crampes ou de contractions qui vont en s'intensifiant.

**Avortement incomplet.** Il se caractérise par des saignements plus forts, par l'expulsion de fragments tissulaires et par de fortes douleurs du bas-ventre. Le fruit a été expulsé de l'utérus en totalité ou en partie. L'examen trouvera éventuellement des fragments tissulaires (ayant l'aspect de foie de veau) dans le vagin.

**Avortement complet.** L'utérus a complètement expulsé la grossesse, le saignement cesse à nouveau, la cavité utérine est vide aux ultrasons.

**Œuf mort retenu** (*missed abortion*). La grossesse ne poursuit plus son développement, le produit de conception cesse de vivre. Il n'y a ni saignements, ni contractions utérines. Aux ultrasons l'embryon est petit pour l'âge de la grossesse, et n'a plus d'activité cardiaque. Le diagnostic surprend la patiente lors d'un contrôle de routine et alors qu'elle se sent tout à fait « bien ».

**Avortement septique.** L'avortement fébrile ou septique réalise une forme particulière d'avortement. Il peut survenir dans toutes les formes précédentes d'avortement. Il se caractérise par une infection intra-utérine. Il commence généralement par de la fièvre, associée éventuellement à des frissons. L'irruption de toxines bactériennes dans la circulation sanguine maternelle peut mener au choc septique. La femme ressent une forte sensation de malaise, d'épuisement, avec une fièvre élevée et de fortes douleurs du bas-ventre.

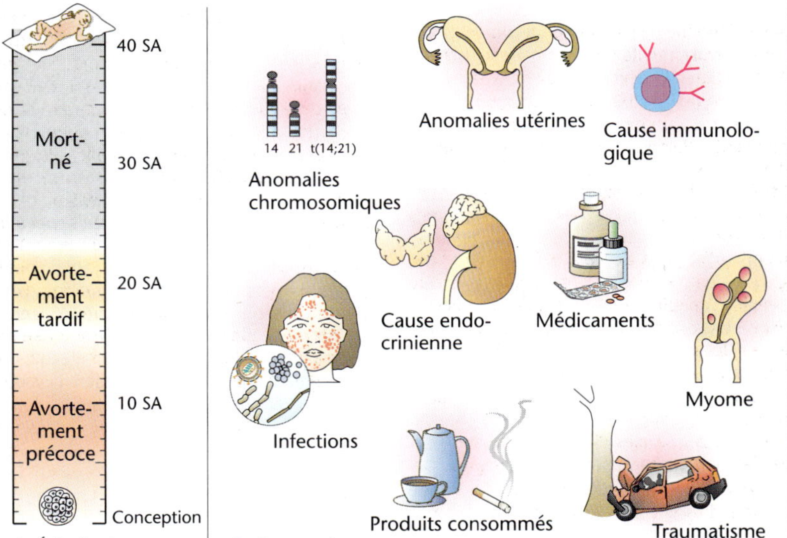


**1.** Échelle de temps

**2.** Causes des avortements

**A. Définition et étiologie**

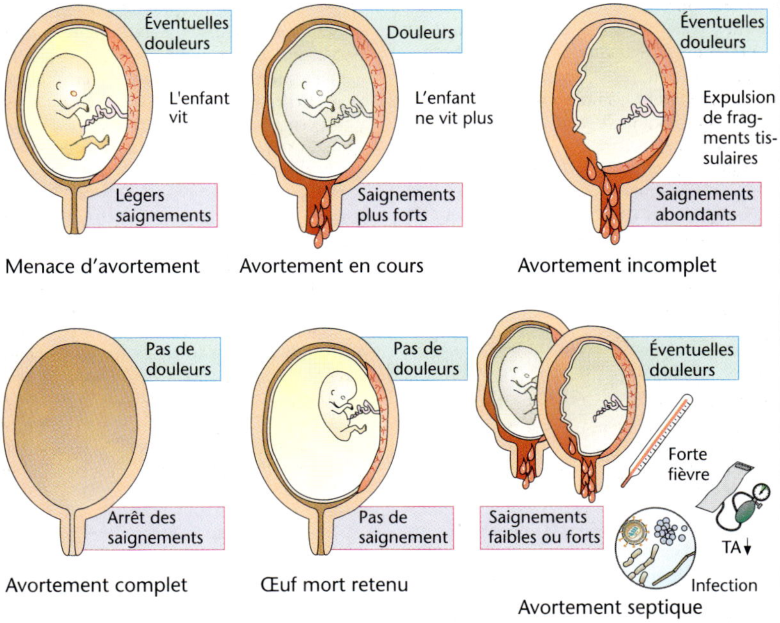


**B. Formes cliniques de l'avortement précoce**

## A. Diagnostic

Le diagnostic d'avortement repose surtout sur l'examen clinique, les ultrasons et le dosage des bêta-HCG.

**Examen clinique.** On recueille les éléments suivants :

- *Consistance de l'utérus :* en l'absence de contraction l'utérus est mou, il se durcit par contre lors d'une contraction. Des douleurs se manifestent lors de contractions fortes ou lors d'un avortement septique.
- *Taille de l'utérus :* y a-t-il concordance entre la taille utérine et l'âge théorique de la grossesse ?
- *Col utérin :* est-il fermé, plus ou moins dilaté ?
- *Abondance des saignements :* y a-t-il de petites pertes sanguinolentes ? des pertes de l'abondance des règles ? plus fortes ou moins fortes que des règles ? avec élimination de fragments tissulaires ?

**Ultrasons.** Les ultrasons permettent une bonne différenciation des diverses formes d'avortement. Il faut faire attention :

- à la taille de l'utérus (en correspondance avec l'âge théorique de la grossesse ?),
- à la taille de la cavité ovulaire et de l'embryon,
- à l'activité cardiaque de l'embryon (présente ?),
- à la localisation du placenta,
- aux observations complémentaires (hématome intra-utérin ?).

**Bêta-HCG.** La détermination isolée du taux de bêta-HCG dans le sérum maternel n'a pas grande valeur en raison des fortes variations interindividuelles. La répétition des dosages peut apporter des arguments évolutifs.

## B. Traitement

**Menace d'avortement.** Hospitalisation avec d'abord repos strict au lit et ensuite, en l'absence de saignements, repos au lit moins strict. Les médicaments anti-contractions sont peu efficaces en début de grossesse.

**Avortement en cours, avortement incomplet.** Un geste chirurgical du genre curetage (évacuation instrumentale) est nécessaire pour évacuer complètement l'utérus de tout produit ovulaire.

**Avortement complet.** Jusqu'à 8 SA on peut se passer d'un curetage si la cavité utérine est vide aux ultrasons et sous réserve d'une bonne coopération de la patiente, avec une surveillance régulière des bêta-HCG. Dans tous les autres cas et à la moindre suspicion de restes placentaires intra-utérins, il faudra pratiquer un curetage.

**Œuf mort retenu** (*missed abortion*) **avant 12 SA.** Curetage éventuellement après maturation du col par les prostaglandines (p. 92).

**Œuf mort retenu après 12 SA.** Expulsion médicamenteuse par prostaglandines ; curetage après expulsion de la grossesse.

**Avortement fébrile ou septique.** Après stabilisation cardiovasculaire de la mère, on administre des antibiotiques à fortes doses et des ocytociques (pour provoquer des contractions utérines). Ce n'est qu'après le traitement de la phase aiguë que l'on réalisera un curetage. Si l'on intervenait trop tôt, il y aurait un trop grand risque d'essaimage bactérien dans la circulation sanguine.

## C. Avortement habituel

On parle d'avortement habituel si une femme a présenté au moins trois fausses couches successives. Plusieurs causes sont possibles :

- Anomalies chromosomiques ; c'est pour cette raison que l'on conseille l'examen génétique du 3^e produit d'avortement ainsi qu'un conseil génétique du couple.
- Malformations utérines ; on s'aide des ultrasons, le cas échéant de l'examen de la cavité utérine par hystéroscopie ou des parois utérines par cœlioscopie. La plupart des malformations utérines sont curables chirurgicalement, exception faite entre autres du véritable utérus double.
- Insuffisance du col (p. 120) ; en cas de dilatation prématurée du col on peut éventuellement faire un cerclage du col (pose chirurgicale d'un lien autour du col) ou réaliser chirurgicalement son obturation totale.
- Insuffisance du corps jaune ; la progestérone du sérum maternel est basse et peut, le cas échéant, être normalisée grâce à un traitement substitutif. Si le traitement est commencé tôt (5-6 SA) les chances de succès sont bonnes.
- Formation d'anticorps maternels contre des antigènes du père. À ce jour, il n'existe pas de traitement efficace. Les essais de vaccination de la femme avec des leucocytes de l'homme n'ont pas donné le résultat espéré. Le but théorique était d'inhiber la réaction immunologique à l'origine du rejet de la grossesse.

| | Menace d'avortement | Avortement en cours | Avortement incomplet | Avortement complet | Œuf mort retenu |
|---|---|---|---|---|---|
| Saignements | légers | plus forts | forts | aucun | aucun |
| Col | fermé | légèrement ouvert | ouvert/à nouveau fermé | à nouveau fermé | fermé |
| Taille de l'utérus | correspond à l'âge | correspond à l'âge | correspond à l'âge/évent. plus petit que la normale | correspond à l'âge/évent. plus petit que la normale | trop petit pour SA |
| Échographie vaginale | grossesse intacte, activité cardiaque | pas d'activité cardiaque | pas d'embryon intact | utérus « vide » | embryon beaucoup trop petit pour SA |
| β-HCG dans le sérum | correspond aux SA | correspond aux SA, chute | chute | chute | a chuté |

**A. Diagnostic**

| Menace d'avortement | Avortement en cours | Avortement incomplet | Avortement complet | Œuf mort retenu |
|---|---|---|---|---|
| Repos au lit | Aspiration-curetage, utérotoniques | Aspiration-curetage | Aspiration-curetage | < 12 SA, en 1 temps : aspiration-curetage<br>> 12 SA, en 2 temps : expulsion médicamenteuse, puis curetage |

**B. Traitement**

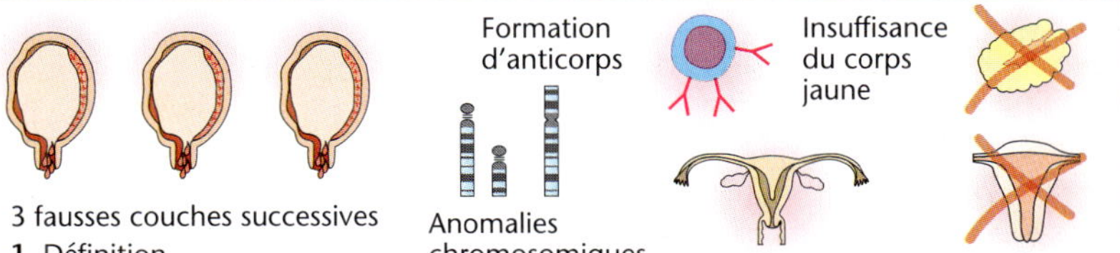


Malformation utérine

Insuffisance du col

**1.** Définition

**2.** Étiologie

**C. Avortement habituel**

## A. Bases légales

Les dispositions légales de l'interruption de la grossesse se trouvent pour l'essentiel dans l'article 218 du Code pénal. L'article et ses amendements de 1995 ont fait l'objet de nombreuses discussions.

Dans la version actuellement valable, il faut distinguer entre :

- l'interruption légale de la grossesse (indication médicale ou judiciaire),
- et l'interruption à la demande de la patiente, certes illicite mais impunie sous certaines conditions bien définies.

Dans le cas des interruptions légales, les frais sont pris en charge par les caisses maladies. Dans le cas d'une interruption à la demande, c'est à la gestante de payer les frais (environ 330 €). Les personnes nécessiteuses pourront le cas échéant faire une demande de prise en charge par les organismes sociaux du *Land* (= région).

**Indications médicales.** Ce sont les cas où la grossesse fait courir un risque vital ou un risque d'atteinte grave à la santé physique ou mentale de la mère, et où le risque ne peut être écarté d'aucune autre manière que par l'interruption de la grossesse. Dans ce cas il n'y a pas de limite à l'âge de la grossesse pour effectuer l'interruption.

Depuis la nouvelle version de l'article 218, on inclut les malformations et les anomalies chromosomiques de l'enfant à venir dans les indications médicales. Dans ce contexte on tient compte de la menace pour la santé psychique de la mère. On ne peut exiger de la mère qu'elle poursuive une grossesse quand les anomalies de l'enfant feraient craindre chez elle d'importants problèmes psychiques. Malgré l'absence de précision légale, l'interruption de la grossesse pour anomalie de l'enfant est effectuée au plus tard à 22 SA.

**Indication judiciaire.** Si la grossesse résulte d'un viol, l'interruption est possible jusqu'à 12 semaines après la conception (c'est-à-dire 14 semaines après les règles) à la demande de la mère.

## B. Déroulement formel

**Interruption à la demande de la gestante.** Cette forme d'interruption de grossesse est impunie si les conditions suivantes sont remplies :

- la constatation de grossesse est faite par un médecin diplômé, le plus souvent à l'aide des ultrasons qui permettront aussi une datation précise,
- la patiente demande l'interruption de la grossesse,
- entretien dans le cadre d'un organisme reconnu par l'État (par ex. des organisations religieuses, Profamilia) et délivrance d'une attestation d'entretien,
- délai d'attente d'au moins 3 jours, débutant le lendemain de l'entretien,
- réalisation par un médecin agréé jusqu'à la 12e semaine après la conception (= 14e semaine post-menstruation),
- le médecin qui effectue l'avortement ne doit pas avoir de relation financière avec l'organisme qui effectue l'entretien,
- les coûts sont payés par la patiente, ou par le *Land* pour les personnes nécessiteuses et sur leur demande.

**Statistique des interruptions de grossesse.** Malgré l'obligation de déclarer toutes les interruptions de grossesse de façon anonyme et trimestrielle au Service Fédéral des statistiques de Wiesbaden, les chiffres allemands sont nettement sous-évalués (certains de 60 %). Au lieu des 130 000 interruptions déclarées on peut admettre un chiffre de 300 000 interruptions comme plus vraisemblable. De ce chiffre il faut retirer environ 4000 interruptions pour motif légal et 30 à 40 pour motif judiciaire. La majorité des interruptions sont faites selon la procédure de l'entretien réglementaire.

Les interruptions sont effectuées au cabinet du médecin (environ 71 000) ou à l'hôpital (environ 59 000) et le plus souvent de façon ambulatoire.

## Interruption de grossesse I

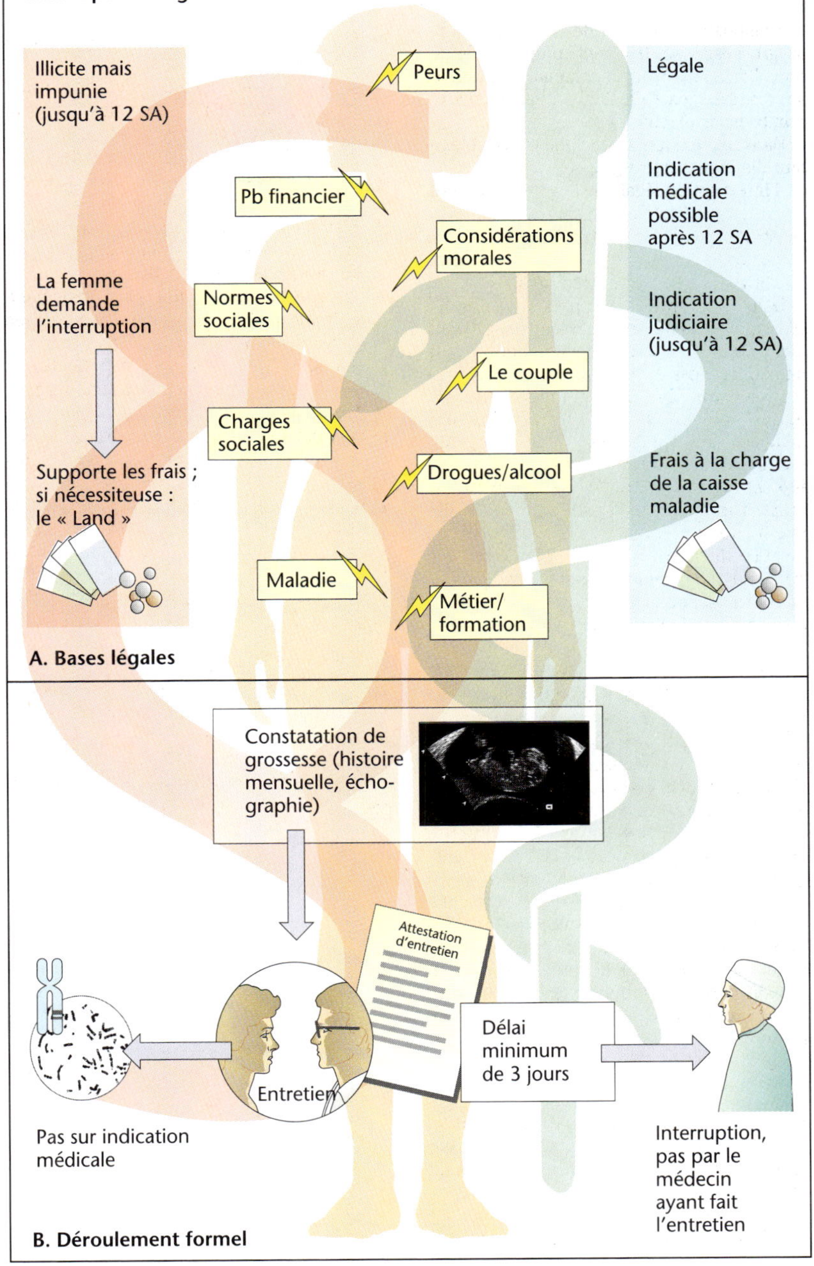

## A. Techniques selon l'âge de la grossesse

Diverses méthodes sont utilisables pour interrompre une grossesse. Elles dépendent essentiellement du moment de l'interruption.

**Procédure avant 12 SA (après les règles).**

- Introduction d'un ovule de prostaglandines dans le vagin pour dilater le col utérin,
- attendre son effet environ 4-6 h,
- anesthésie : soit générale, soit spinale (moelle épinière),
- dilatation mécanique du col avec des bougies de Hégar,
- aspiration,
- éventuellement contrôle à la curette mousse pour s'assurer de l'absence de restes dans la cavité utérine.

**Procédure après 12 SA (après les règles).**

- Introduction d'un ovule de prostaglandines dans le vagin pour dilater le col,
- administration complémentaire par voie intraveineuse de médicaments provoquant des contractions (ocytocine ou prostaglandine),
- attendre l'expulsion spontanée de la grossesse,
- anesthésie : soit générale, soit spinale,
- curetage de contrôle à la curette mousse.

## B. Interruption de grossesse avec la mifépristone

À côté des procédures mécaniques pour interrompre la grossesse il existe une procédure médicamenteuse, autorisée maintenant en Allemagne depuis 2000. La patiente reçoit un antigestagène sous forme de comprimés ; ceci bloque les récepteurs de la progestérone et sera suivi de l'involution du corps jaune. L'embryon cesse de vivre et sera expulsé. Ce processus est soutenu grâce aux prostaglandines qui induiront des contractions et dilateront le col utérin.

L'usage n'est autorisé en Allemagne qu'après confirmation précise de la grossesse (en principe avec les ultrasons et avec la mise en évidence d'une activité cardiaque, sûre seulement à partir de la 7e ou 8e SA) et seulement jusqu'au 49e jour après la conception (= 9 SA). En raison de l'obligation d'un entretien réglementaire et d'un délai d'attente de 3 jours, il ne reste à la femme qu'un étroit créneau pour cette forme d'interruption. Par ailleurs le médicament n'est pas disponible en pharmacie et ne sera obtenu que sur la demande personnelle d'un médecin.

## C. Complications de l'interruption de grossesse

*Durant l'intervention* diverses complications sont possibles :

- perforation de l'utérus par la curette ; en cas de saignement abondant la lésion sera suturée soit par cœlioscopie soit par laparotomie (incision du ventre) ; dans certains cas exceptionnels on se résoudra à l'hystérectomie (ablation de l'utérus) pour arrêter l'hémorragie,
- lésions d'organes voisins (vessie, intestin) ; une intervention suivra pour réparer les organes lésés,
- saignements : dans la plupart des cas ils sont maîtrisés à l'aide de médicaments, par ex. l'ocytocine,
- déchirure du col ; elle est suturée durant l'intervention,
- incidents anesthésiques (aspiration, problèmes respiratoires),
- lésion de la moelle épinière lors de l'anesthésie spinale,
- maux de tête.

Comme *complications post-opératoires précoces* on peut citer :

- les saignements,
- l'infection de l'utérus avec endomyométrite, la péritonite, la septicémie, le choc septique.

Les *complications tardives* sont :

- les troubles du cycle,
- l'obturation des trompes, en particulier après infection (voir ci-dessus),
- un taux plus élevé de grossesses extra-utérines,
- la stérilité,
- des problèmes psychiques, en particulier sentiment de culpabilité envers l'enfant qui n'est pas né ; ces problèmes peuvent survenir de nombreuses années après l'interruption.

## Interruption de grossesse II

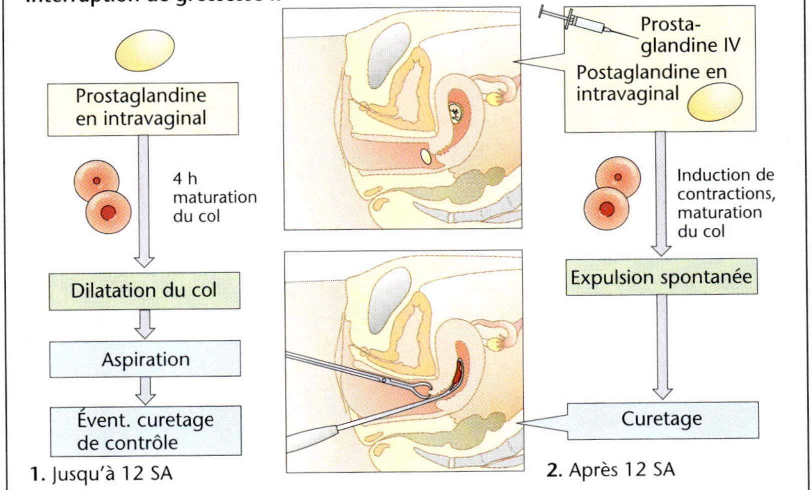


**A. Techniques selon l'âge de la grossesse**

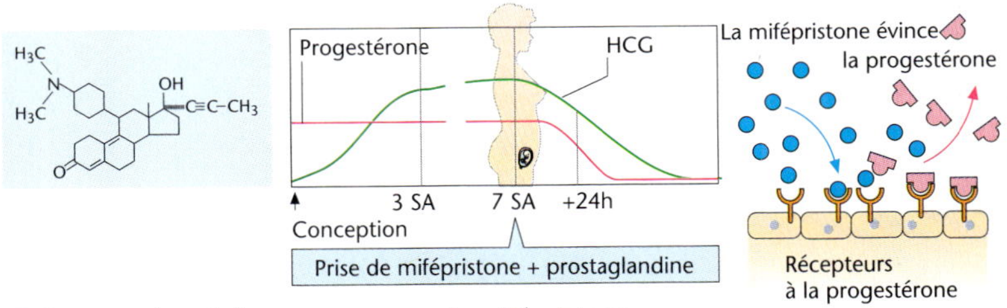


**B. Interruption de la grossesse avec la mifépristone**

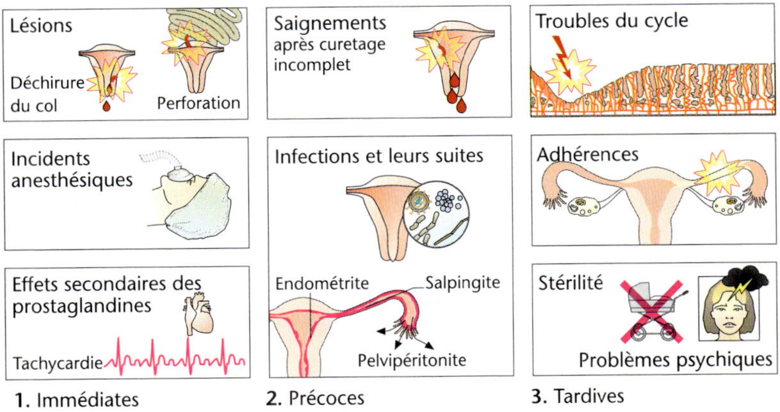


**C. Complications de l'interruption de grossesse**

# IV

## 2e Trimestre

## A. Modifications au 2e trimestre

**1.** L'augmentation de volume du ventre est la principale modification extérieure ; l'entourage s'aperçoit clairement du changement. Le « gros ventre de grossesse » devient de plus en plus visible avec la poursuite de la croissance de l'utérus. Le centre de gravité de la gestante se déplace vers l'avant. Il en résulte une modification de posture, la partie supérieure du tronc s'incline vers l'arrière ; ceci peut éventuellement se manifester par des douleurs du dos.

**2.** En raison de l'ascension de l'utérus en dehors du petit bassin, la pression sur la vessie diminue ; la pollakiurie, souvent fréquente dans les premières semaines, disparaît généralement. Les nausées matinales se réduisent en raison de la diminution des taux de bêta-HCG ; il n'y a pas encore de compression de l'estomac, comme cela se voit au 3e trimestre. La prise de poids est relativement modérée, le plus souvent il n'y a pas encore de rétention d'eau. D'une façon générale on peut décrire le 2e trimestre comme « une période de bien-être ».

**3.** C'est aussi l'époque des premiers mouvements de l'enfant. Du point de vue psychologique la patiente prend maintenant contact avec son enfant. Les bases de la relation mère-enfant sont posées et renforcées par « l'écoute intérieure » de son propre corps, par la perception de l'enfant à naître, par la perception de ses mouvements et aussi par le dialogue avec l'enfant.

**4.** En ce qui concerne le milieu environnant, cette phase de la grossesse se manifeste par une attitude fondamentalement positive. La future mère cherche d'avantage les contacts extérieurs, s'efforce de bouger d'avantage et d'avoir des activités physiques, voire même de légères activités sportives. C'est aussi la période idéale pour planifier et réaliser un voyage.

## B. Risques du 2e trimestre

Au cours du 2e trimestre il y a risque d'avortement tardif. Les causes suivantes peuvent intervenir :

**Contractions prématurées (1.).** Les contractions dépassent la fréquence habituelle à ce stade de grossesse (au maximum 3 contractions par heure) et le col utérin peut s'ouvrir. Les causes les plus fréquentes sont :

- grossesse multiple,
- infection vaginale,
- infection générale, par exemple infection urinaire,
- malformation utérine,
- hydramnios,
- fibrome utérin,
- stress physique ou psychique.

**Insuffisance du col (2.).** Il faut distinguer la *véritable* insuffisance du col de la dilatation du col liée aux contractions utérines (p. 120) : le col se dilate en l'absence de contractions significatives. Là également on peut noter des risques d'apparition spontanée, mais aussi des risques connus antérieurement :

- infection vaginale,
- faiblesse générale du tissu conjonctif,
- excès de poids,
- hydramnios,
- grossesse multiple.

Rarement, la poche des eaux pourra descendre (prolapsus) dans le vagin à travers le col dilaté **(3.)**. Dans ce cas on pourra essayer de remettre la poche des eaux en place sous anesthésie et tenter un cerclage d'urgence pour conserver la grossesse. Les chances de succès sont toutefois très minces en raison de la fréquente coexistence d'une infection.

En cas d'ouverture du col **(4.)**, il y a principalement un risque d'infection ; les germes vaginaux risquent d'infecter les membranes ou l'endomètre. La survenue d'un syndrome d'infection amniotique ferait courir un très grand danger à l'enfant et même à la mère.

## Modifications typiques de l'organisme maternel

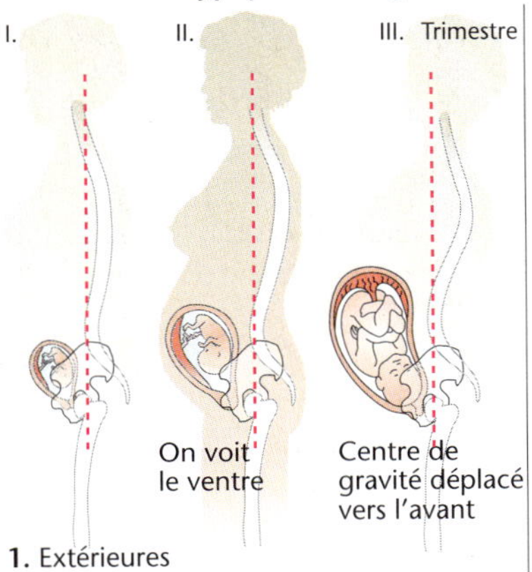


**1.** Extérieures

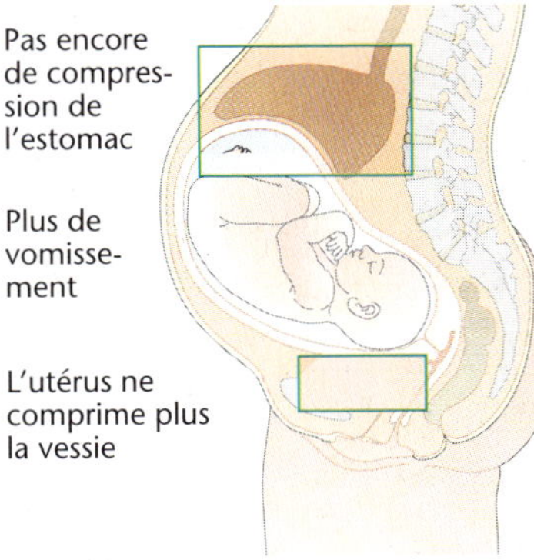


**2.** Intérieures

« Phase de bien-être »

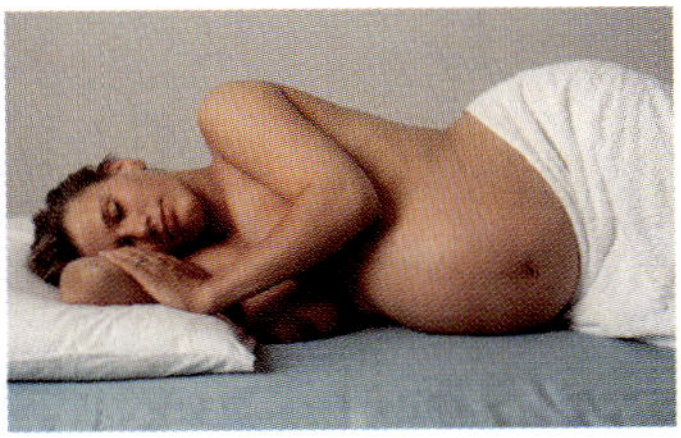

**3.** Psychiques

**4.** Concernant le milieu environnant

**A. Modifications au 2$^{e}$ trimestre**

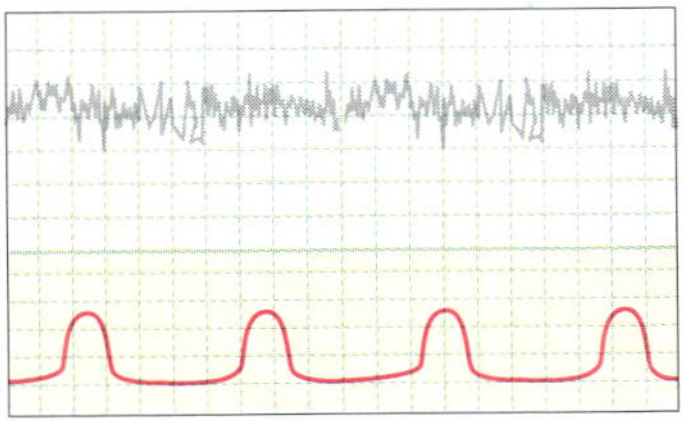

**1.** Contractions prématurées

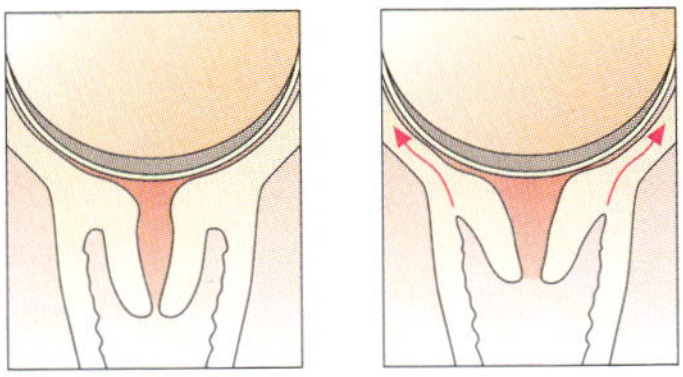

**2.** Insuffisance du col

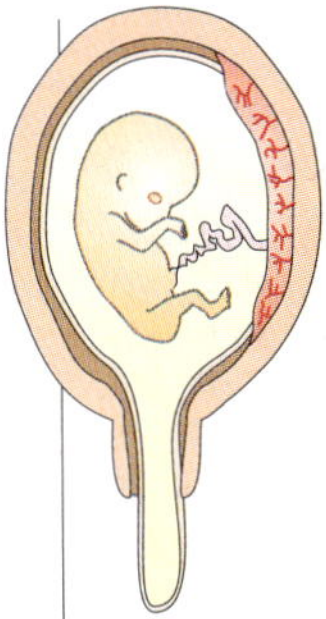

**3.** Prolapsus

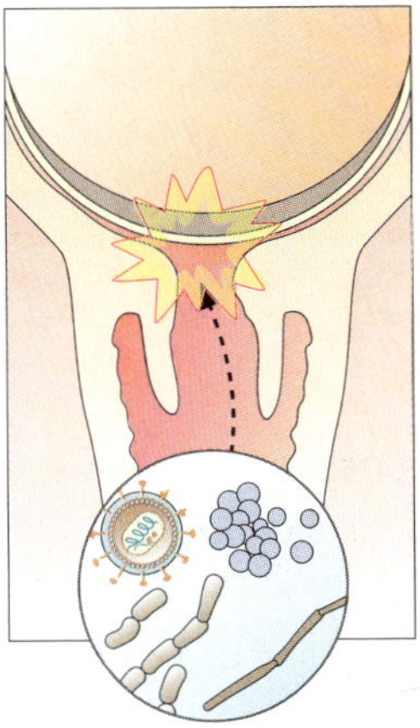

**4.** Infection sur col dilaté

**B. Risques au 2$^{e}$ trimestre**

## A. 15e-18e semaine de grossesse

Le 2e trimestre est surtout marqué par la croissance des organes, pratiquement au complet maintenant. L'enfant a relativement beaucoup de place dans la cavité amniotique et peut bien bouger.

Ce stade de l'évolution est le moment favorable pour effectuer un diagnostic prénatal par amniocentèse : le liquide amniotique est abondant et la ponction est relativement sans risque.

Au cours de ce trimestre, les ultrasons permettront le recueil de mensurations (biométrie fœtale) utiles au dépistage précoce des anomalies de croissance. On mesure :

- *BIP :* diamètre bipariétal, c'est-à-dire le diamètre transversal des os du crâne (os pariétaux),
- *DFO :* diamètre fronto-occipital, diamètre « d'avant en arrière », c'est-à-dire du front vers l'occiput,
- *PC :* périmètre crânien (calculé électroniquement),
- *DAT :* diamètre abdominal transversal ; section transversale du petit ventre fœtal au niveau de la veine ombilicale,
- *DAAP :* diamètre abdominal antéropostérieur ; diamètre allant de l'avant vers l'arrière,
- *CA :* circonférence abdominale (calculée électroniquement),
- *Fe :* longueur du fémur (longueur de l'os de la cuisse).

## B. 19e-22e semaine de grossesse

Au cours de cette période de grossesse, la 2e mesure systématique par ultrasons est réalisée, comme prévu par la législation de protection maternelle. Il faudra en particulier rechercher les malformations fœtales, afin de penser à une éventuelle interruption de grossesse.

On vérifie en outre la croissance fœtale, la quantité de liquide amniotique et la situation ainsi que la structure du placenta.

À cette période la gestante perçoit le plus souvent les premiers mouvements de l'enfant, normalement sous forme de coups contre la paroi du ventre. Les primigestes les confondront au début assez souvent avec des ballonnements. Le conjoint pourra être associé activement à la perception du fœtus, en sentant les mouvements ou en entendant les bruits du cœur.

## C. 23e-26e semaine de grossesse

À partir de la 26e semaine on atteint le stade où l'enfant est potentiellement viable à l'extérieur de l'utérus. Si l'expulsion survenait à cette période, on ne parlerait plus de fausse couche mais d'accouchement très prématuré.

À cet âge de grossesse, le développement et la maturité de la majorité des enfants prématurés ne leur laissent qu'une faible chance de survie (survie globale d'environ 25 %). Les survivants présentent souvent d'importantes séquelles suite à la prématurité (par ex. retard de développement psychomoteur, rétinopathie due à l'oxygénothérapie). On a néanmoins franchi la limite entre la non-viabilité et l'éventuelle viabilité du fruit de la grossesse.

## D. Croissance et facteurs de croissance

L'intégrité de la fonction placentaire est la condition indispensable à la croissance intra-utérine du fœtus. Le placenta est à la fois un filtre et un organe d'échanges entre les circulations de la mère et du fœtus ; il apporte par exemple des acides aminés, du glucose, des vitamines et des substances minérales.

La croissance fœtale elle-même est soumise à une régulation par des hormones fœtales et placentaires. Les plus importantes sont ici :

**L'insuline.** Elle favorise le métabolisme du glucose. La sécrétion d'insuline par le pancréas fœtal permet d'utiliser l'apport maternel du glucose.

**La GH** (*growth hormone* ou hormone de croissance). Il s'agit de l'hormone sécrétée par l'antéhypophyse, très importante pour la stimulation de la croissance fœtale. La GH favorise l'absorption cellulaire des acides aminés.

**La TSH** (thyréostimuline). Elle influence la synthèse et la sécrétion des hormones thyroïdiennes.

## Modifications du fœtus

| SA | BIP (mm) | DFO (mm) | PC (mm) | DAT (mm) | DAAP (mm) | CA (mm) | Fe (mm) |
|---|---|---|---|---|---|---|---|
| 15 | 31 | 38 | 117 | 29 | 28 | 89 | 18 |
| 16 | 35 | 43 | 131 | 32 | 31 | 99 | 21 |
| 17 | 39 | 48 | 144 | 36 | 34 | 110 | 24 |
| 18 | 43 | 52 | 157 | 39 | 37 | 120 | 27 |

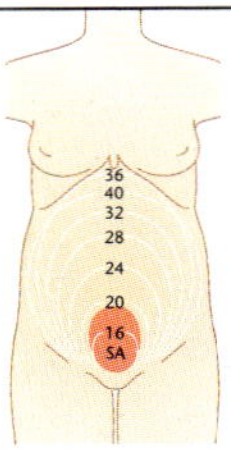


**A. 15ᵉ – 18ᵉ semaine de grossesse**

| SA | BIP (mm) | DFO (mm) | PC (mm) | DAT (mm) | DAAP (mm) | CA (mm) | Fe (mm) |
|---|---|---|---|---|---|---|---|
| 19 | 46 | 57 | 169 | 42 | 41 | 130 | 30 |
| 20 | 50 | 61 | 182 | 45 | 44 | 140 | 32 |
| 21 | 53 | 65 | 194 | 49 | 47 | 151 | 35 |
| 22 | 56 | 69 | 205 | 52 | 50 | 161 | 38 |

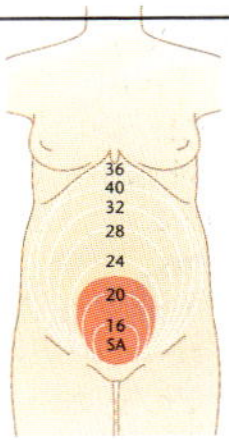


**B. 19ᵉ – 22ᵉ semaine de grossesse**

| SA | BIP (mm) | DFO (mm) | PC (mm) | DAT (mm) | DAAP (mm) | CA (mm) | Fe (mm) |
|---|---|---|---|---|---|---|---|
| 23 | 60 | 73 | 217 | 55 | 54 | 171 | 41 |
| 24 | 63 | 77 | 228 | 58 | 57 | 182 | 43 |
| 25 | 66 | 80 | 239 | 62 | 60 | 192 | 46 |
| 26 | 69 | 84 | 249 | 65 | 64 | 202 | 49 |

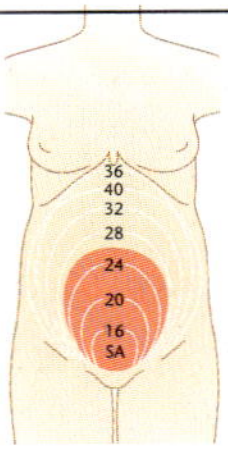


**C. 23ᵉ – 26ᵉ semaine de grossesse**

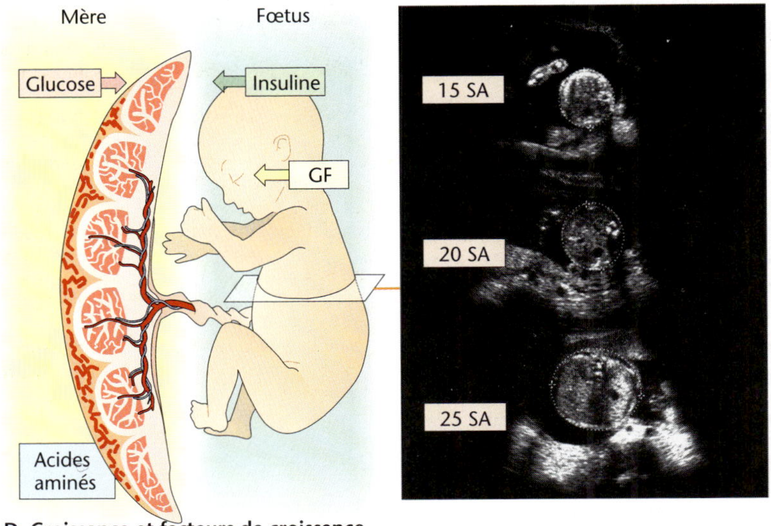


**D. Croissance et facteurs de croissance**

Il y a de considérables différences entre la circulation fœtale et la circulation du nouveau-né ; cela vient du fait qu'en situation intra-utérine les poumons ne sont pas ventilés et que le fœtus reçoit tout son oxygène et toute ses substances nutritives à partir du placenta.

Quand on parle d'artère et de veine, on prend toujours en compte le sens du courant circulatoire et non la saturation en oxygène :

- vers le cœur fœtal = veines,
- à partir du cœur fœtal = artère.

## A. Circulation avant l'accouchement

Le sang en provenance du placenta est riche en oxygène et en substances nutritives et va vers le fœtus par l'intermédiaire de la veine ombilicale. Après son entrée dans le corps fœtal au niveau de l'ombilic, le sang va dans le canal veineux d'Arantius à proximité du foie et se jettera dans la grosse veine cave inférieure. De là, il arrivera à l'oreillette droite et ensuite, sans trop se mélanger avec le sang en provenance de la veine cave supérieure, il se dirigera à travers le trou de Botal (orifice de communication entre l'oreillette droite et l'oreillette gauche) vers le ventricule gauche. Ainsi le sang riche en oxygène va aller du ventricule gauche vers l'aorte, puis vers la tête et les membres supérieurs. Ceci apporte au cerveau le sang le mieux oxygéné.

Le sang revenant de la tête va, par l'intermédiaire de la veine cave supérieure, arriver à l'oreillette droite, puis au ventricule droit et aux artères pulmonaires. Les poumons n'étant pas dépliés, près de 70 % du sang évitera les poumons, se jettera grâce à un raccord (canal artériel) directement dans l'aorte ; à ce niveau les artères destinées à la tête ont déjà quitté l'aorte. Ceci évite de renvoyer à nouveau du sang pauvre en oxygène et en substances nutritives vers le cerveau.

Les 30 % dirigés vers les poumons retourneront vers l'oreillette gauche, puis vers le ventricule gauche et enfin vers l'aorte. Le sang aortique irriguera :

- le foie et les organes du ventre (tronc cœliaque),
- les reins (artères rénales),
- les intestins (artères mésentériques),

et retournera vers le placenta à travers les deux artères ombilicales.

## B. Modifications à la naissance

Le poumon de l'enfant se déplie avec la première respiration. La résistance maintenue jusqu'alors dans les vaisseaux pulmonaires cesse d'un coup ; les poumons seront complètement irrigués. Seule une faible partie du sang passera encore à travers le canal artériel.

L'augmentation du flux de sang allant des poumons vers l'oreillette gauche va fermer le trou de Botal, car la pression de l'oreillette gauche sera supérieure à celle de l'oreillette droite. Une petite membrane (valvule) se placera contre le trou de Botal et l'obturera.

## Circulation chez le Nouveau-né

Les vaisseaux qui étaient nécessaires à la circulation fœtale et dans lesquels ne circule plus (ou très peu) de sang se thromboseront en quelques minutes. C'est le cas :

- du canal veineux d'Arantius,
- du canal artériel,
- des artères ombilicales,
- de la veine ombilicale.

Quelques jours après la naissance, ils seront complètement fermés et se transformeront ensuite en tissu conjonctif (le canal artériel devient par ex. le ligament artériel).

La valvule recouvrant le trou de Botal va le plus souvent s'accoler à la paroi inter-auriculaire. Chez près de 30 % des adultes cependant l'occlusion sera purement fonctionnelle, car la valvule ne s'accole pas et l'orifice restera perméable à une sonde.

## Circulation fœtale

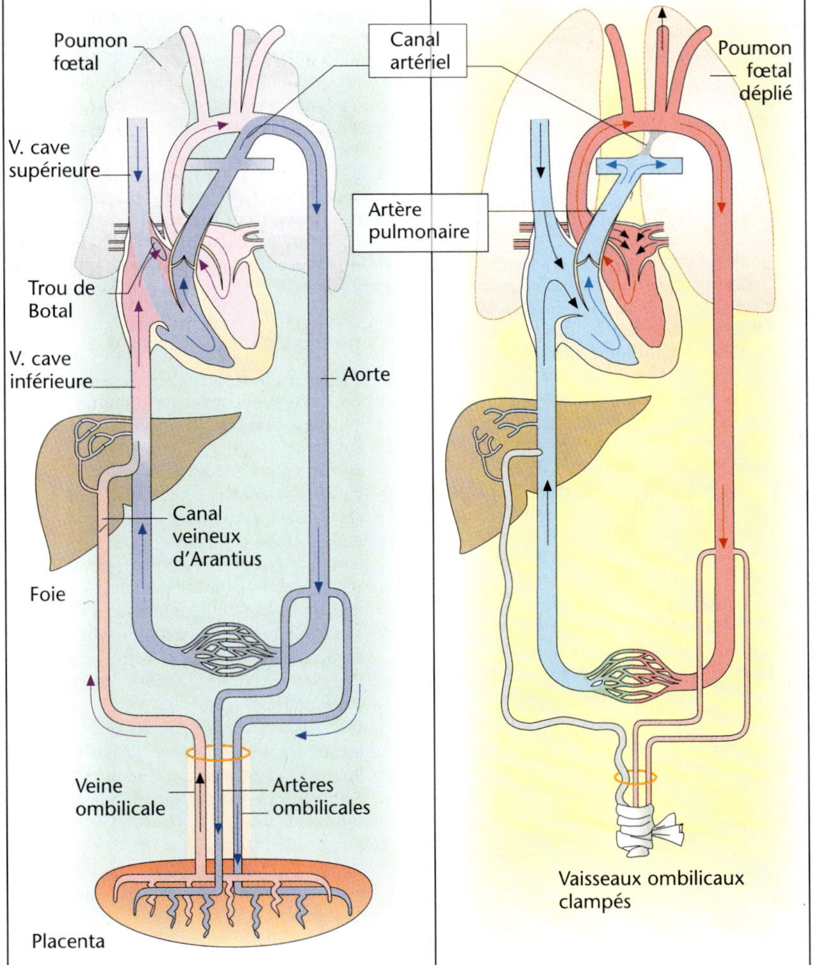


**A. Circulation fœtale** **B. Modifications après la naissance**

| | |
|---|---|
| 40% | élevée |
| 37% | élevée à moyenne |
| 30% | moyenne à basse |
| 16% | basse |

Saturation en $O_2$ en pourcentage

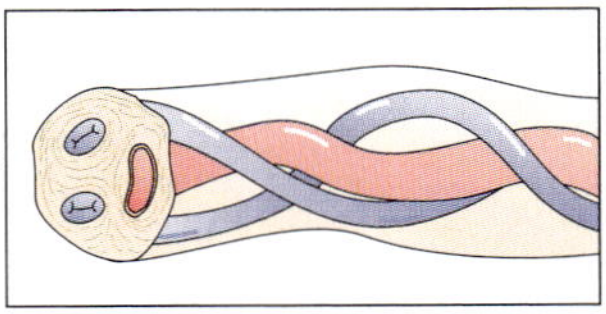

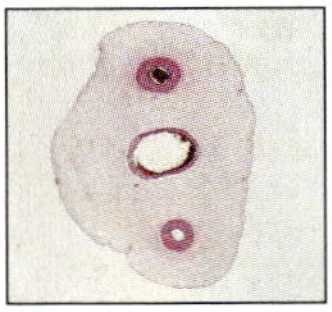

Schéma de section du cordon

## A. Développement de l'arbre villositaire

Le placenta (du latin signifiant « gâteau ») se développe à partir :

- d'un côté du trophoblaste (p. 48), c'est-à-dire de cette partie de l'ébauche embryonnaire qui se spécialisera plus tard dans les apports à l'embryon,
- d'un autre côté de la transformation de cellules de la muqueuse utérine maternelle (endomètre), la caduque.

Le sang maternel et le sang fœtal n'ont pas de contact direct entre eux dans le placenta **(B.)**, sinon la mère pourrait enclencher une réaction de rejet contre les cellules fœtales, « étrangères » pour elle. Le placenta autorise d'un côté la stricte séparation cellulaire des deux individus, d'un autre côté il les rapproche intimement pour permettre des échanges vitaux pour l'enfant. Des substances nutritives seront échangées entre l'organisme de la mère et celui de l'enfant.

Le sang maternel circule dans de grosses lacunes où s'enfoncent des expansions de l'organisme fœtal, les villosités placentaires.

L'arbre villositaire se développe en trois étapes :

**Villosité primaire.** Des travées, sorte de cloisons à l'allure de poutres, vont se développer en s'enfonçant dans les lacunes sanguines maternelles, à partir du 12e-13e jour après la conception. Des cellules du cytotrophoblaste vont s'enfoncer dans la travée et se creuser en leur milieu. À ce stade la villosité n'est pas encore vascularisée (13e-15e jour après la conception) ; on parle de *villosité primaire*.

**Villosité secondaire.** Les capillaires vont entrer dans la villosité ; on parle alors de *villosité secondaire*.

**Villosité tertiaire.** Les villosités vont se développer et « s'arboriser » ; on comptera près de 400 villosités. Les capillaires vont également se ramifier. Les vaisseaux se trouveront dans le tronc des villosités, les anses capillaires par contre siègeront dans les petits bourgeons des villosités.

## B. Structure

À terme le placenta pèse environ 500-600 g (y compris les membranes et le cordon). Son épaisseur est d'environ 3-4 cm. Le plus souvent il a la forme d'un disque arrondi d'un diamètre d'environ 25 cm. Du point de vue macroscopique on distingue une face fœtale avec l'amnios brillant, transparent et l'insertion du cordon ; la face maternelle creusée de sillons se compose de 20-30 cotylédons (p. 48). La plaque choriale du côté fœtal et la plaque basale ou déciduale du côté maternel enveloppent le parenchyme placentaire proprement dit.

À l'intérieur de chaque villosité, un arbre vasculaire fœtal va ainsi baigner dans les lacunes sanguines maternelles. Les échanges entre mère et enfant ont lieu à l'extrémité de cet arbre vasculaire, au niveau des capillaires **(C.)**.

## C. Barrière placentaire

Les processus d'échanges placentaires se font à travers un espace de 2-4 µm constitué des couches suivantes (de la mère vers l'enfant) :

- syncytiotrophoblaste,
- cytotrophoblaste,
- stroma villositaire,
- endothélium capillaire.

Les échanges se font pour l'essentiel selon deux mécanismes différents :

**Échange passif.** On distingue :

- *la diffusion simple :* par exemple les éléments gazeux, l'eau, l'urée, les médicaments liposolubles à poids moléculaire < 600 daltons,
- *la diffusion facilitée :* par exemple glucose, lactates, électrolytes,
- *la diapédèse* (filtration) : cellules sanguines, macromolécules, médicaments hydrosolubles.

**Échange actif.** On distingue :

- *le procédé enzymatique :* par exemple pour les acides aminés, vitamines, ions anorganiques,
- *la pinocytose, la phagocytose :* par exemple pour les protéines, lipides, macromolécules.

## D. Anomalies de forme

Tout une série d'anomalies placentaires peuvent se voir. Le plus souvent elles n'ont pas de signification pathologique pour l'enfant.

## Placenta, circulation fœto-placentaire

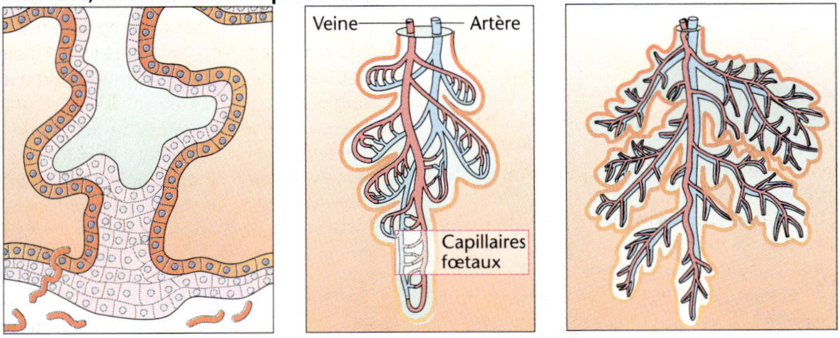


Villosité primaire — Villosité secondaire — Villosité tertiaire

**A. Développement de l'arbre villositaire**

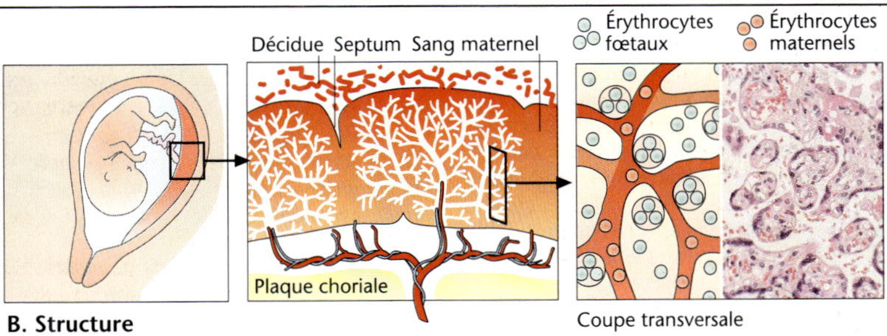


**B. Structure**

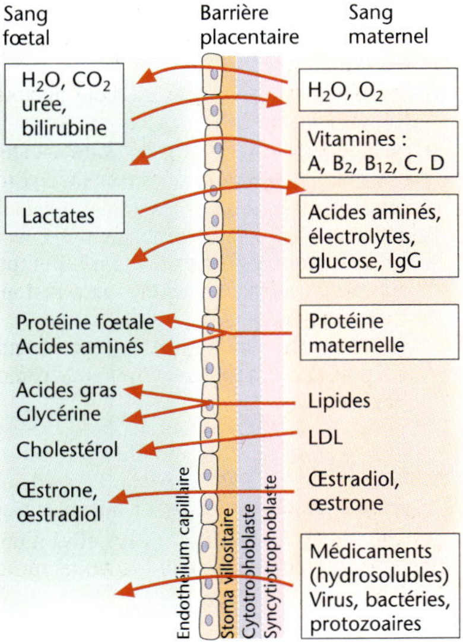


**C. Barrière placentaire**

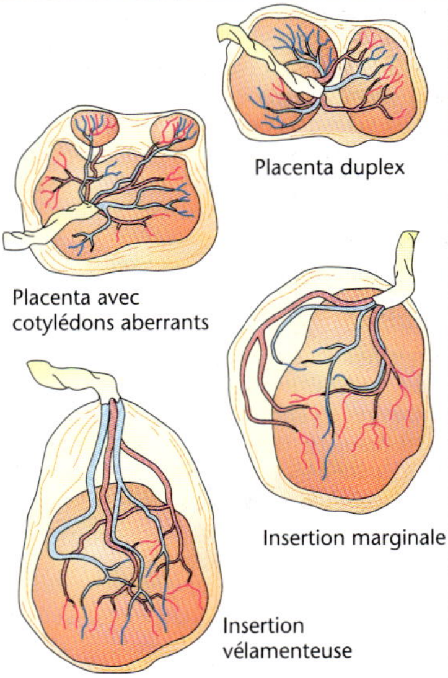


**D. Anomalies de forme**

## A. Examen physique

La surveillance de la grossesse du 2e trimestre comprend :

**Les manœuvres de Leopold** (p. 16). Elles permettent de déterminer :

- la position – le rapport de la colonne vertébrale de l'enfant avec celle de la mère ; par exemple position longitudinale ou transversale,
- la variété de position – la position du point guide (ou repère) fœtal par rapport à l'organisme maternel ; par exemple dos à droite,
- la présentation – la partie du fœtus qui est en avant, vers le bassin ; par exemple tête ou siège.

Dans le schéma, une position transversale es représentée.

**La hauteur utérine (ou distance symphyse-fond utérin).** On la mesure pour évaluer la croissance de l'utérus. Sa mesure exacte est plus performante qu'une évaluation par rapport à des repères maternels (symphyse, ombilic, arc costal).

**L'examen vaginal.** On cherche en particulier un éventuel raccourcissement ou une dilatation du col. Normalement le col est long de 3 cm, fermé – ou éventuellement perméable au bout du doigt.

La détermination du pH vaginal permet le dépistage précoce des infections vaginales : en cas d'infection bactérienne, la flore vaginale normale productrice d'acide lactique (bacilles de Döderlein) est évincée. Le pH vaginal physiologiquement acide deviendra alcalin. Un traitement par ovules de bacilles de Döderlein suffira souvent à normaliser la flore vaginale.

## B. Paramètres biologiques et autres

L'interrogatoire est un élément important de toute surveillance de grossesse. Il faut en particulier s'enquérir de :

- troubles récents,
- prise de poids excessive,
- rétention d'eau (l'alliance ne passe plus, les jambes sont gonflées),
- perte d'eau (pollakiurie, dysurie),
- pertes vaginales, saignements vaginaux.

On complétera par divers examens :

- poids (en moyenne environ 370 g/semaine),
- recherche des anticorps irréguliers, 2e test,
- tension artérielle, pour dépister précocement une hypertension induite par la grossesse,
- taux d'hémoglobine pour éliminer une anémie,
- bandelette urinaire pour le sucre, protéines, leucocytes, nitrites,
- glycémie pour éliminer un diabète gestationnel, avec éventuellement un test de tolérance au glucose per os.

## C. Échographie, cardiotocographie

Au 2e trimestre, l'examen aux ultrasons est conseillé entre la 19e et la 22e semaine. On recherche des malformations et on vérifie la croissance fœtale (p. 106). Par ailleurs on regardera la quantité de liquide amniotique, la localisation du placenta et sa maturité.

Normalement on ne fait pas de cardiotocographie au 2e trimestre. On la réalise de routine à partir de la 32e SA. Il peut être sage de le faire plus tôt si l'on suspecte des contractions prématurées ou en cas d'anomalies à l'échographie. Il faut tenir compte en particulier :

- d'anomalies des contractions (normalement pas plus de 3 contractions par heure),
- de la fréquence cardiaque fœtale (p. 28).

## D. Recommandations

Recommandations classiques selon le résultat de l'examen :

**Hypotension** (tension artérielle < 100/60 mmHg). Douches à température alternante, se frotter ou se brosser le corps, éventuellement traitement médicamenteux.

**Gestante Rhésus négative.** Prévention anti-D en 28e SA après contrôle du 2e test des anticorps irréguliers.

**Anémie.** Si Hb < 120 mg/dl, traitement substitutif par du fer ; effet secondaire : constipation.

**Prévention du goitre.** En raison du manque d'iode généralisé à l'ensemble du territoire allemand, on conseille un supplément systématique d'iode sous la forme d'iodure à raison de 100 µg par jour.

**Examens typiques**

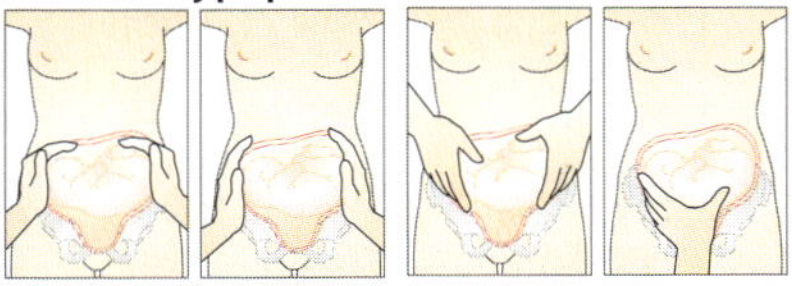

Manœuvres de Leopold :
position, variété de position, présentation

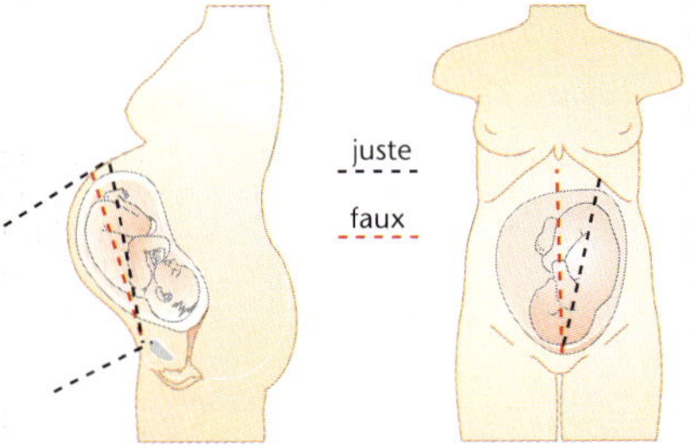


Distance symphyse-fond utérin

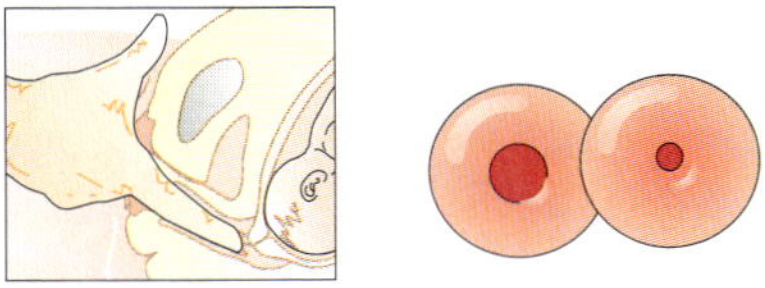

Examen vaginal :
longueur du col, col ouvert/fermé

**A. Examen physique**

Anamnèse:
– état de santé ?
– plaintes ?

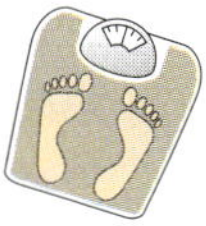

Prise de poids :
– normale,
env. 370 g/sem.

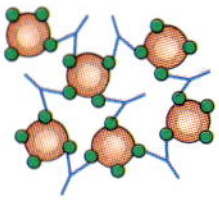

– 2e recherche d'anticorps
– taux d'Hb : anémie ?

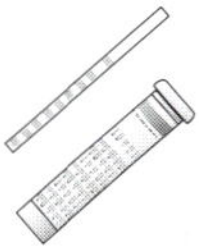

Bandelettes urinaires :
– infection ? sucre ?

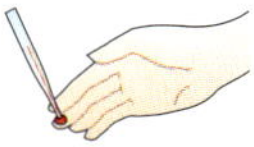

Glycémie :
– diabète gestationnel ?

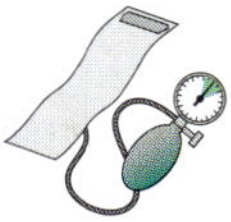

TA :
– hypotension ? hypertension ?

**B. Laboratoire et autres paramètres**

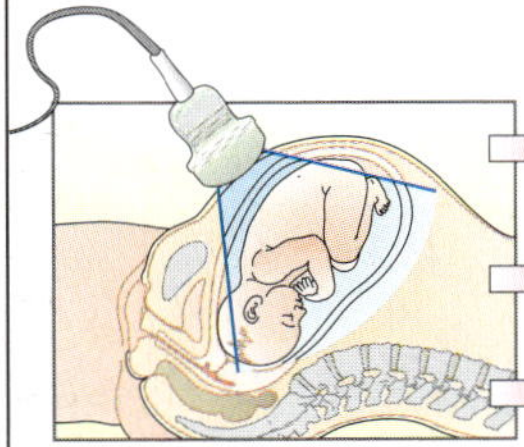

Fœtus :
– croissance
– malformation ?

Liquide amniotique

Placenta :
– localisation ?
– maturité ?

**1.** Échographie

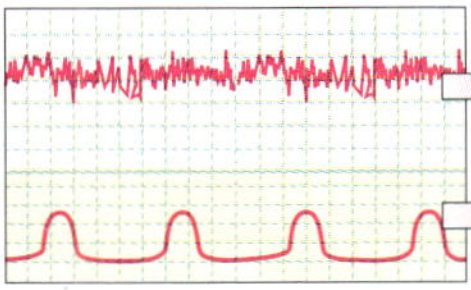

– Fréquence cardiaque fœtale normale ?
– Contractions prématurées ?

**2.** CTG

**C. Échographie et CTG**

TA (<100/60 mmHg) → – Douches alternantes
– se frotter à sec
– évent. médicaments

Gestante rhésus négative → – Prophylaxie anti-D

Hémoglobine ↓ → – Fer en substitution

Manque d'iode → – Iodure 100 μg/d

**D. Recommandations**

## A. Biométrie fœtale

Selon les directives réglementaires concernant la protection de la maternité, l'examen par ultrasons du 2e trimestre est à faire entre la 19e et la 22e SA.

Voici les paramètres à vérifier :

- signes de vitalité fœtale (battements cardiaques, mobilité),
- activité cardiaque (fréquence, rythme),
- nombre de fœtus,
- position du fœtus,
- cordon (3 vaisseaux ? position ?),
- quantité de liquide amniotique (hydramnios, oligoamnios ?).

En ce qui concerne la biométrie, on vérifiera les paramètres suivants et on les comparera aux courbes de normalité (en partie reprises dans le « passeport de maternité »). Cela permettra de reconnaître un éventuel retard de croissance asymétrique ou de l'infirmer :

- BIP (diamètre bipariétal),
- DFO (diamètre fronto-occipital),
- PC (périmètre crânien),
- DAT (diamètre abdominal transverse),
- DAAP (diamètre abdominal antéro-postérieur),
- CA (circonférence abdominale),
- Fe (longueur du fémur),
- Hu (longueur de l'humérus).

Pour obtenir les diamètres céphaliques standard, il faut avoir une coupe ovoïde du crâne avec les limites du septum pellucide et la faux du cerveau.

La coupe abdominale standard est ronde et passe au niveau de la veine ombilicale. Les côtes seront visualisées de chaque côté et de manière symétrique.

## B. Résultats caractéristiques

Les organes suivants devront être examinés soigneusement :

- *colonne vertébrale :* position longitudinale ou transversale → défaut de fermeture, méningocèle ?
- *crâne :* ventricule, largeur du ventricule, vue de profil du versant facial du crâne → hydrocéphalie ? fente palatine ?
- *abdomen :* mise en évidence de l'estomac **(2., 3.)**, vessie et reins → kystes ? contenu intestinal anormal ? omphalocèle ?
- *extrémités :* mise en évidence des 4 extrémités, contrôle des 2 mains et des pieds,
- *cœur :* contrôle du rythme cardiaque, incidence des 4 cavités avec vérification des 2 oreillettes et des 2 ventricules, gros vaisseaux,
- *contours du corps :* recherche de fentes, en particulier au niveau de la colonne et de l'abdomen,
- *recherche du sexe* (demander aux parents s'ils veulent connaître le résultat),
- *revêtement cutané :* épaissi en cas de diabète ou de maladie hémolytique.

Lorsqu'on découvre une anomalie il ne faut pas oublier de pratiquer une échographie complète, afin de ne pas passer à côté d'une malformation complexe.

Lorsque les constatations sont incertaines, il faudra demander un examen de contrôle à un centre spécialisé (en Allemagne DEGUM-2 ou DEGUM-3 ; DEGUM = Deutsche Gesellschaft für Ultraschall in Medizin, Société allemande pour les ultrasons en médecine).

## C. Structure du placenta

À côté de l'évaluation du fœtus, du liquide et du cordon, il est possible et utile d'examiner le placenta. Les paramètres suivants sont à examiner :

- *localisation du placenta :* normal (paroi antérieure, postérieure, latérale, fond) ou atypique (placenta praevia, situation basse) ?
- suspicion d'hématome rétroplacentaire ?
- *maturité du placenta :* l'aspect placentaire se modifie au cours de la grossesse. Avec Grannum on distingue quatre grades de maturité. Normalement :

| | |
|---|---|
| Grannum 0 | au 1er trimestre |
| Grannum 1 | jusqu'à la 32e SA |
| Grannum 2 | jusqu'à la 36e SA |
| Grannum 3 | à partir de la 36e SA |

Une maturation précoce (Grannum 3 avant la 36e SA) peut être le signe d'une insuffisance placentaire.

## Ultrasons au 2^e^ trimestre

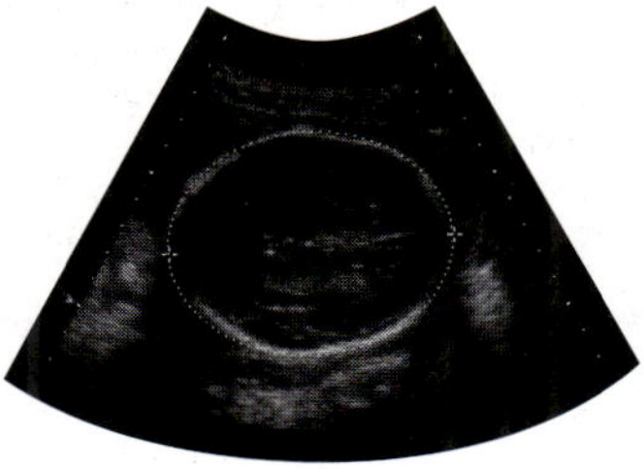

**1.** Diamètre bipariétal

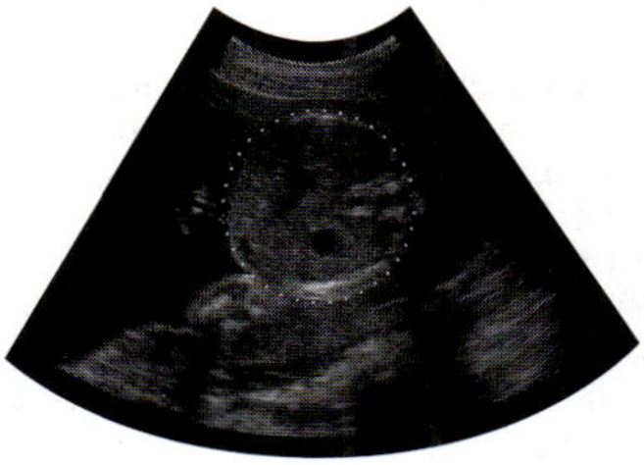

**2.** Diamètre thoracique transverse

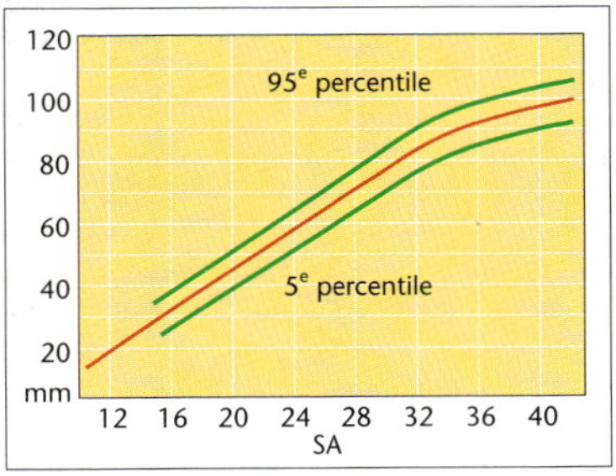


Diamètre bipariétal

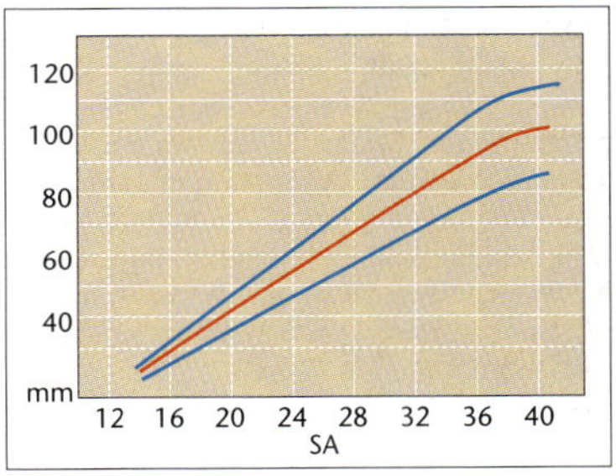


Diamètre thoracique transverse

**A. Biométrie fœtale – valeurs normales**

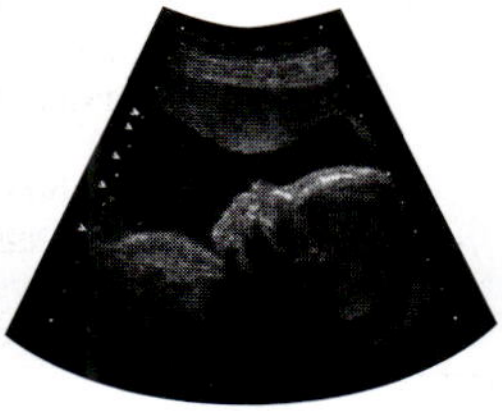

**1.** Profil

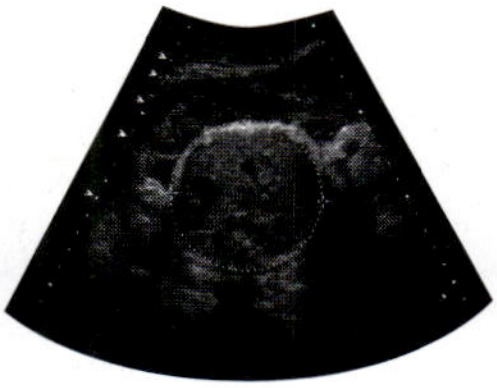

**2.** Estomac vide

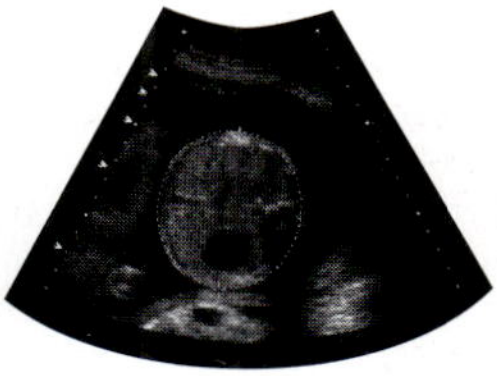

**3.** Estomac plein

**B. Images typiques du 2^e^ trimestre**

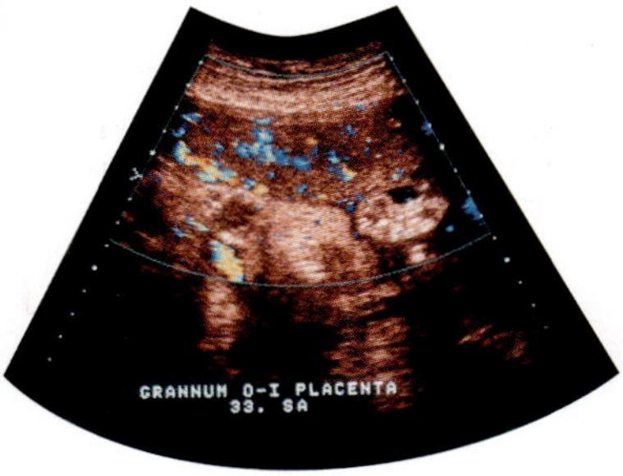


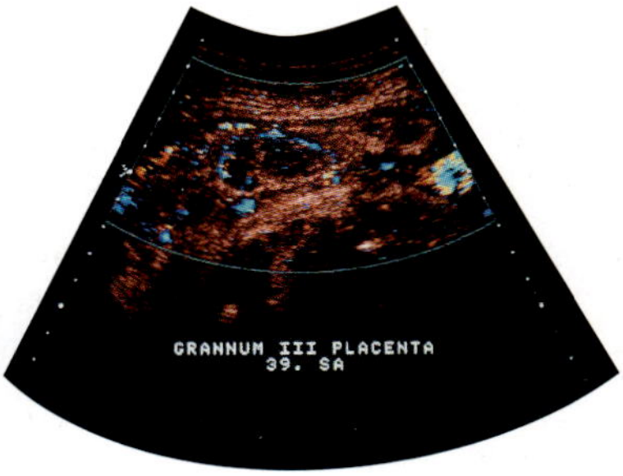


**C. Structure du placenta (selon Grannum)**

Le but du diagnostic prénatal est la reconnaissance aussi précoce que possible de malformations, d'anomalies de fonctionnement ou de maladies graves. Selon les cas les conséquences seront :

- un traitement intra-utérin (par ex. avec des médicaments ou, dans quelques cas, une opération),
- la préparation de certaines mesures spéciales (par ex. le transfert intra-utérin vers un centre périnatal avec un service de chirurgie infantile),
- dans quelques cas la décision d'une interruption de la grossesse.

La consultation (conseil) précédant le geste invasif prénatal est particulièrement importante ; il faut que les conséquences éventuelles soient clairement perçues par le couple ou par la femme. Les mesures diagnostiques impliquent certains risques qui doivent être signalés ; en cas d'amniocentèse par exemple, le risque d'avortement est d'environ 0,5 %.

## A. Date du diagnostic prénatal

L'exécution des diverses procédures dépend en particulier de l'âge de la grossesse. Voici les dates en question :

- le prélèvement de villosités choriales : 8e-12e SA,
- l'amniocentèse précoce : 11e-14e SA,
- le triple test : 14e-17e SA,
- l'amniocentèse : 15e-18e SA,
- le dosage de l'alpha-fœtoprotéine (AFP) : 15e-18e SA,
- l'amniocentèse tardive : à partir 16e SA,
- l'examen détaillé par ultrasons : 16e-22e SA,
- la cordocentèse : à partir 22e SA.

## B. Indications du diagnostic prénatal

Les principales indications d'un diagnostic prénatal ressortent de la recherche des facteurs de risque à l'interrogatoire ou de problèmes survenus durant la grossesse en cours.

**Anamnèse.** Arguments importants découlant des antécédents suivants :

- âge maternel au-dessus de 35 ans,
- âge paternel au-dessus de 55 ans,
- diabète sucré de la mère,
- maladies auto-immunes de la mère,
- accumulation de déficiences génétiques dans la famille,
- malformations congénitales dans la fratrie,
- antécédents de plusieurs fausses couches,
- naissance d'un mort-né,
- abus d'alcool,
- abus de médicaments,
- toxicomanie,
- problèmes psychiques chez la mère.

Risques survenus lors de la grossesse actuelle :

- anomalies cliniques (par ex. retard de croissance, hydramnios),
- anomalies à l'examen échographique de routine,
- anomalie des marqueurs sériques (AFP ; triple test),
- exposition des gamètes ou de la grossesse à des agents nocifs (par ex. substances chimiques ou radioactives),
- anomalies sanguines faisant craindre une infection,
- infection manifeste lors de la grossesse.

## C. Déroulement

La cascade des mesures diagnostiques prénatales évolue, des mesures peu invasives aux mesures les plus invasives et les plus contraignantes.

Dans chaque cas il est primordial de consulter d'abord la gestante ou le couple.

On cherchera ensuite à mieux cerner la maladie en question à l'aide d'examens sérologiques, par exemple le dosage de l'AFP ou le diagnostic d'une infection. Le plus souvent on réalisera également un examen par ultrasons.

Selon les résultats, il faudra faire un PVC ou une amniocentèse, afin d'obtenir des cellules fœtales. Elles seules permettront un diagnostic chromosomique, voire, dans certains cas, la recherche d'anomalies métaboliques (p. 24).

Après l'examen de l'ensemble des résultats, viendra le moment de la consultation finale et une éventuelle proposition de traitement.

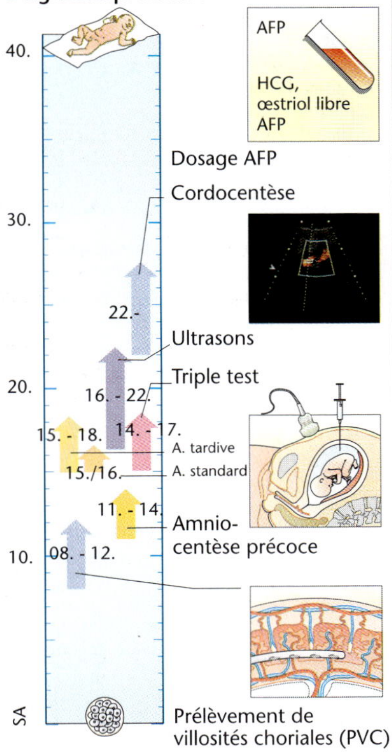


**A. Date du diagnostic prénatal**

Anamnèse des facteurs de risques

- âge : ♀ > 35 ans, ♂ > 55 ans
- maladie maternelle (diabète sucré, épilepsie, maladie auto-immune)
- déficiences ou maladies fréquentes dans la fratrie
- anomalies dans la fratrie
- antécédents de mort-nés ou de fausses couches
- abus de drogues, de médicaments, d'alcool

Anomalies de la grossesse en cours

- anomalies cliniques (par ex. hydramnios, infection)
- anomalies aux ultrasons de routine
- anomalies de marqueurs sériques (triple test, AFP)
- anomalies au screening des infections
- expositions nocives des gamètes ou de la grossesse

**B. Indications du diagnostic prénatal**

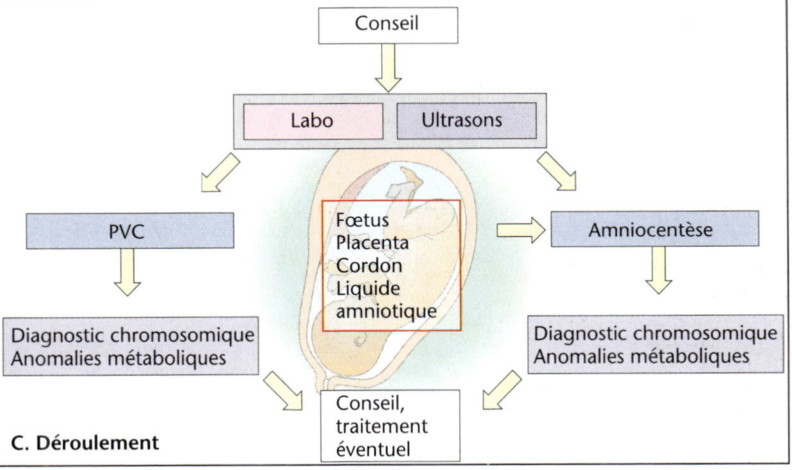


**C. Déroulement**

## A. Diagnostic prénatal par ultrasons

L'échographie est l'examen le plus important et le plus répandu dans le cadre du diagnostic prénatal. En Allemagne, pratiquement toutes les gestantes ont recours à l'examen échographique systématique (*screening*) entre la 19e et la 22e SA. En plus du dépistage des malformations, cet examen permet d'évaluer la croissance fœtale, d'observer le liquide amniotique, le cordon et le placenta **(1., 2.)**.

Si l'on note quelque chose de particulier, il faut absolument rechercher d'autres malformations et éventuellement demander un contrôle à un centre spécialisé (en Allemagne DEGUM-2 ou DEGUM-3 : DEGUM = Deutsche Gesellschaft für Ultraschall in Medizin, Société allemande pour les ultrasons en médecine).

Les diverses régions à examiner sont (détails p. 106) :

- la tête,
- les membres, le squelette,
- l'abdomen,
- le tube neural,
- le système uro-génital,
- les contours corporels,
- le placenta,
- le cordon,
- le liquide amniotique,
- le thorax, le cœur.

## B. Trisomie 21

La malformation génétique la plus fréquente est la trisomie 21 ou syndrome de Down (autrefois appelé mongolisme).

On trouve 3 chromosomes 21 dans toutes les cellules du corps ou dans certaines d'entre elles seulement ; dans ce dernier cas, on parle de mosaïque.

Le risque de trisomie 21 et d'autres malformations croît considérablement avec l'âge de la gestante. Le stock d'ovule est au complet dès la naissance d'une femme. À partir de l'âge de 35 ans, leur division de maturation s'accompagne de plus en plus souvent d'une erreur dans la répartition des chromosomes.

C'est pour cette raison qu'une amniocentèse est conseillée à toutes les gestantes de plus de 35 ans dans le but de dépister une anomalie chromosomique.

Voici les risques statistiques de trisomie 21 en fonction de l'âge :

| | | |
|---|---|---|
| 24 ans | 1:1200 | 0,08 % |
| 29 ans | 1:1000 | 0,10 % |
| 35 ans | 1:350 | 0,28 % |
| 39 ans | 1:100 | 1,00 % |
| 43 ans | 1:40 | 2,5 % |
| 46 ans | 1:10 | 10 % |

**Triple test.** Il y a quelques années, on tenta d'évaluer le risque individuel de trisomie 21 grâce au triple test **(1.)**. À l'aide d'un examen de laboratoire du sang maternel on dose l'HCG, l'AFP et l'œstrogène. Ceci a conduit à une désorientation des gestantes ainsi qu'à une augmentation du nombre d'amniocentèses inutiles. La méthode est assez généralement délaissée maintenant.

**Diagnostic par ultrasons.** Les signes les plus importants d'une trisomie 21 sont :

- l'épaississement de la nuque fœtale ou l'œdème de la nuque **(2.)**.
- le raccourcissement du fémur et/ou de l'humérus,
- une atrésie duodénale **(3.)**.

En face d'une telle anomalie, il convient de faire une amniocentèse pour déterminer le caryotype.

Si l'épaisseur de la nuque atteint plus de 3 mm, il faut compter de 20 à 60 % d'anomalies chromosomiques (selon les auteurs). Elles ne se limiteront pas à la trisomie 21, on pourra voir également une trisomie 13 ou 18 ou d'autres anomalies génétiques.

**Clinique.** Le retard mental est plus ou moins marqué : il dépendra beaucoup de la prise en charge précoce de l'enfant. Les enfants trisomiques 21 peuvent présenter les signes suivants :

- petite taille,
- front haut,
- une fourche à 4 doigts,
- macroglossie,
- épicanthus (pli mongolien),
- malformations cardiaques (en particulier au niveau du canal atrio-ventriculaire),
- atrésie duodénale,
- omphalocèle.

## Diagnostic prénatal II

**Tête :**
taille, forme ?
contours ?
structures internes ?
nuque ?

**Extrémités/squelette :**
dysplasies ?

**Thorax :**
cœur ?
poumons ?
diaphragme ?
hydrothorax ?

**Abdomen:**
atrésies ?
défauts de la paroi ?

**Tube neural :**
anencéphalie ?
spina bifida ?

**Système urogénital :**
reins : agénésie, kystes ?
voies urinaires :
obstruction ?
anomalies génitales ?
kystes ovariens ?

**Divers :**
hydrops fœtal ?
tumeurs ?

**1.** Embryon/fœtus

**Placenta/ membranes :**
forme ?
tumeur ?
étendue/épaisseur ?
structure interne ?

**Cordon :**
vaisseaux ?
aplasie?
nœuds ?
tumeurs/kystes ?

**Liquide amniotique :**
quantité ?
(semi quantitative)

**2.** Secondairement

**A. Diagnostic prénatal par ultrasons**

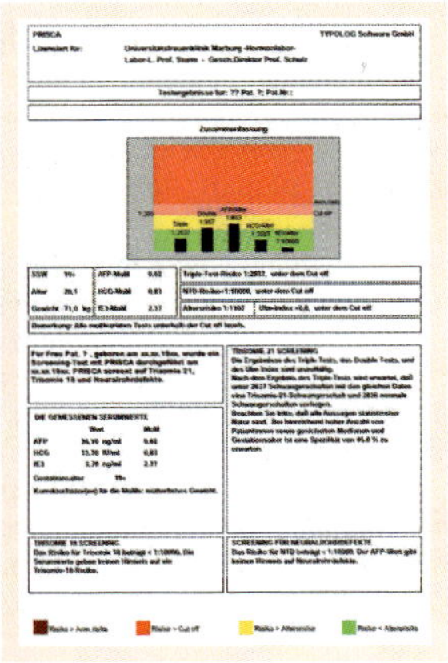

**1.**Triple test

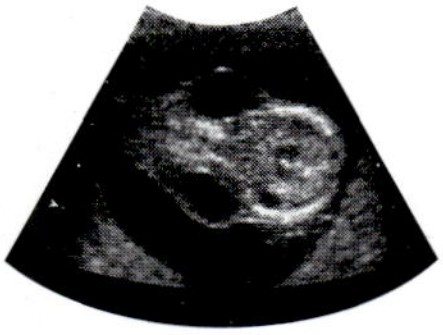
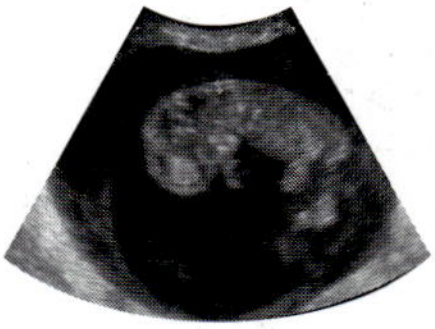

**2.** Épaississement nucal

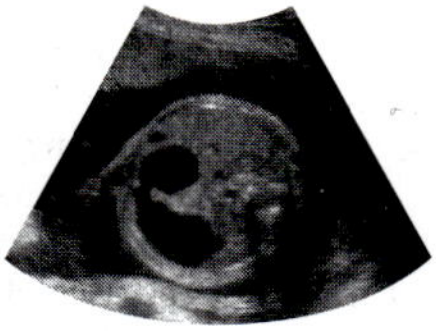

**3.** Atrésie duodénale

**4.** Phénotype de Down

**B. Trisomie 21**

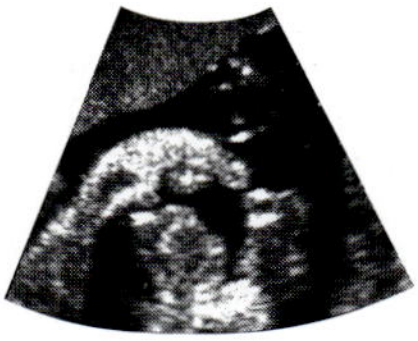

**1.** Fente labio-palatine

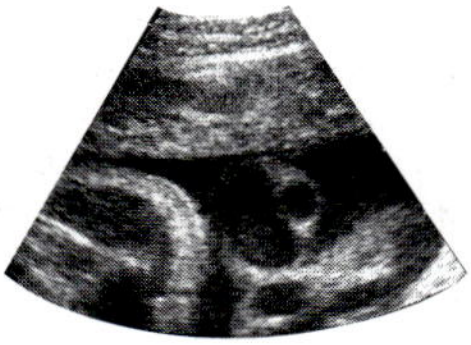

**2.** Artère ombilicale unique

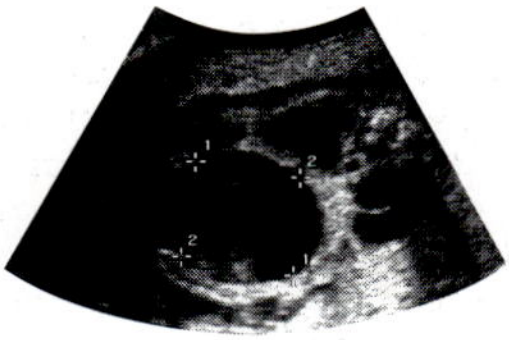

**3.** Nœud du cordon

**C. Images de malformations à l'échographie**

## A. Évolution de la grossesse multiple

**Fréquence.** Selon la règle de Hellin, la fréquence des grossesses multiples est la suivante :

| | | | |
|---|---|---|---|
| Jumeaux | 1:85 | | 1,18 % |
| Triplés | $1:85^2$ | 1:7255 | 0,013 % |
| Quadruplés | $1:85^3$ | 1:614 125 | |
| Quintuplés | $1:85^4$ | 1:52 200 625 | |

En raison de l'augmentation des traitements médicamenteux de la stérilité, la fréquence des grossesses gémellaires est actuellement en Allemagne de près de 2 %.

**Mono-/dizygotie.** Les jumeaux ou les autres grossesses multiples peuvent être issus d'un ovule (monozygote) ou de deux ovules (dizygote). Près de 75 % des jumeaux sont bi-ovulaires.

Les jumeaux uni-ovulaires sont toujours du même sexe. Les jumeaux bi-ovulaires peuvent avoir le même sexe ou être de sexe différent (fille et garçon).

**Prédisposition.** Les facteurs prédisposant au développement d'une grossesse bi-ovulaire sont **(1.)** :

- les ovulations multiples,
- des taux élevés de FSH et/ou de LH,
- l'âge maternel entre 35 et 39 ans,
- la multiparité (la probabilité augmente de 0,8 % avec chaque grossesse antérieure),
- la grossesse dans les 3 premiers mois du mariage,
- la grossesse en dehors du mariage,
- la gémellité dans la famille.

**Développement de la grossesse bi-ovulaire.** Chez les jumeaux bi-ovulaires, chaque ovule sera fécondé séparément, la nidation dans l'utérus se fera séparément également **(2.a)**. Les placentas peuvent être séparés ou fusionnés. Les membranes ovulaires sont toujours séparées (*diamniotiques* et *dichoriales*).

**Développement de la grossesse uni-ovulaire.** Les jumeaux uni-ovulaires **(2.b)** peuvent se séparer au stade de la morula, ou un peu avant ; les membranes se développeront séparément (jumeaux *diamniotiques*, *dichoriaux*). Si la séparation a lieu au stade du blastocyste, les cavités amniotiques se développeront séparément, le chorion sera commun (jumeaux *diamniotiques*, *monochoriaux*). Si la séparation a lieu après la formation de la cavité amniotique, ou aura des jumeaux *monoamniotiques* et *monochoriaux*. Il faut s'attendre à des complications, en particulier dans le cas de la dernière combinaison :

- l'accrochage des jumeaux lors de l'accouchement,
- des problèmes de cordon,
- le syndrome de transfusion fœto-fœtale (p. 114).

## B. Comparaison entre les grossesses uniques et les grossesses gémellaires

Si l'on compare les deux types de grossesses, on remarque que les problèmes sont nettement plus fréquents avec les grossesses gémellaires qu'avec la grossesse unique habituelle (p. 132).

**Complications précoces.** Les vomissements gravidiques liés aux taux élevés de bêta-HCG sont nettement plus fréquents : 30 % pour les grossesses gémellaires, contre 15-20 % pour les grossesses uniques.

**Complications tardives.** La plupart des complications des grossesses gémellaires surviennent plus tard en raison d'un besoin de place. Le taux de prématurité est particulièrement élevé ; la plupart des accouchements surviennent avant la 38e SA.

La fréquence de l'hypertension de fin de grossesse est pratiquement le double que lors d'une grossesse unique (environ 20 % contre 12-15 %).

De même pour l'hydramnios et l'insuffisance placentaire, qui sont deux fois plus fréquents en cas de grossesse gémellaire que lors d'une grossesse unique.

**Fausses couches.** Le taux de fausses couches est en lui-même déjà très élevé et atteint 50-60 % pour les grossesses uniques, si l'on inclut les fausses couches très précoces avant 4 SA (après les règles). Dans le cas des grossesses multiples s'ajoute la possibilité du décès précoce d'un des enfants. Sa fréquence est estimée à près de 30 % de toutes les grossesses gémellaires.

## Grossesse multiple I

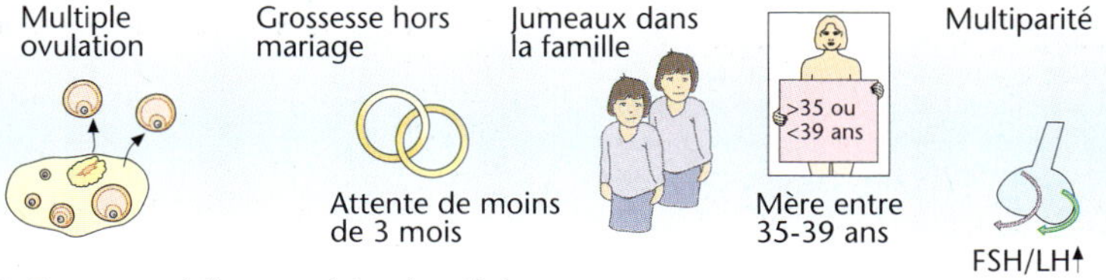


**1.** Facteurs prédisposant à la gémellité

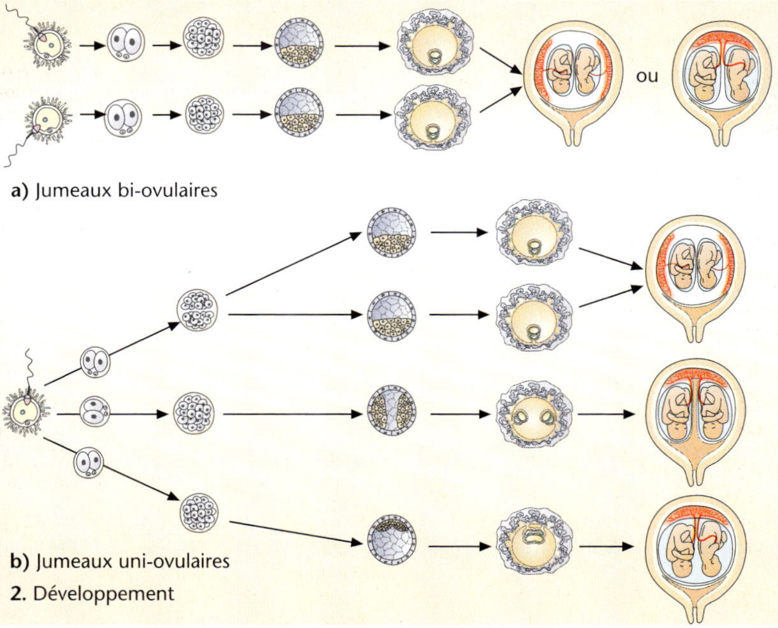


**a)** Jumeaux bi-ovulaires

**b)** Jumeaux uni-ovulaires

**2.** Développement

**A. Développement d'une grossesse multiple**

| | Durée p.m. | Fréquence | Fausses couches | Vomissements | HTA gravidique | Hydramnios | Insuffisance placentaire |
|---|---|---|---|---|---|---|---|
| Grossesse unique | 40 semaines | 85 | n | ~18 % | ~15 % | 3% | 5–8% |
| Grossesse gémellaire | 37 semaines | 1 (bi-ovulaire) | 2 x n | ~30 % | ~20 % | jusqu'à 5% | 15–20% |

**B. Comparaison entre les grossesses gémellaires et les grossesses uniques**

## A. Développement pathologique des jumeaux

**Évolution double et symétrique.** Si des jumeaux uni-ovulaires se séparent incomplètement lors de leur division, il en résultera une malformation double et symétrique : des « pages » (du grec *paegnymein*, attacher, lier). Selon le niveau de la fusion on parle de :

- crâniopages (fusion des têtes),
- thoracopages (fusion du tronc, jumeaux siamois),
- ischiopages (fusion du pelvis).

La possibilité de séparer chirurgicalement les deux jumeaux dépend essentiellement de l'importance de la fusion, et en particulier de la participation des organes internes à la fusion. Il peut n'y avoir que de la peau, la séparation sera « aisée ». Parfois les deux enfants auront un foie unique en commun.

**Évolution double et asymétrique.** La forme asymétrique est une autre forme de séparation incomplète. Ici se développent des jumeaux dits parasites : un embryon/fœtus se développe de façon pratiquement normale, l'autre est un jumeau rudimentaire (par ex. épignathe, épipyge ou thoracopage parasite).

**Fréquence.** Les malformations doubles se voient chez 2 % des jumeaux uni-ovulaires.

## B. Syndrome de transfusion fœto-fœtale

85 % des jumeaux monozygotes verront leurs circulations reliées par des anastomoses vasculaires placentaires. Celles-ci peuvent se faire à la surface du placenta ou en profondeur, au niveau des cotylédons : entre les artères, entre les veines, ou entre artère et veine.

Le plus souvent les anastomoses vasculaires n'ont pas de signification pathologique. Dans certains cas cependant, on assistera à un syndrome de transfusion fœto-fœtale. La répartition sanguine est alors très inégale entre les deux fœtus. Un enfant « vole » littéralement le sang de l'autre.

**Tableau clinique.** Il faut penser au syndrome de transfusion fœto-fœtale lorsque l'examen échographique fait suspecter une différence pondérale de plus de 10 % entre les deux jumeaux. Chez le donneur, on peut observer les problèmes suivants :

- anémie,
- développement insuffisant,
- oligoamnios,
- cordon mince,
- diminution de la mobilité.

Chez le receveur, on peut voir :

- macrosomie,
- hydramnios,
- cordon plus épais,
- polyglobulie,
- risques de thromboses.

Si la répartition sanguine inégale est très importante, on aboutit au décès intra-utérin dans près de 70 % des grossesses, le plus souvent avant la 25e SA. Actuellement on tente de coaguler les anastomoses par laser, plus souvent avant la 20e SA et dans des centres spécialisés.

## C. Particularités de la surveillance prénatale

En raison du plus grand stress pour la mère, du fort élargissement de son ventre et de la tendance à la prématurité, voici les mesures à prendre pour la surveillance d'une grossesse gémellaire (p. 192) :

- les consultations seront faites tous les 15 jours,
- à partir de la 28e semaine, un examen par semaine sera pratiqué,
- les contrôles échographiques seront plus fréquents (croissance, différence entre les deux enfants),
- les cardiotocographies seront effectuées plus souvent, on se méfiera en particulier de contractions prématurées,
- lors du toucher vaginal, on se méfiera tout particulièrement du raccourcissement ou des dilatations prématurées du col,
- l'arrêt du travail sera autorisé à partir de la 28e semaine,
- en cas d'anémie (Hb < 120 mg/dl) on prescrira des médicaments à base de fer,
- un manque d'iode devrait être compensé (par ex. 200 µg d'iodure/j),
- avec trois fœtus ou d'avantage, il faudra le cas échéant effectuer un cerclage préventif (vers la 15e SA).

## Grossesse multiple II

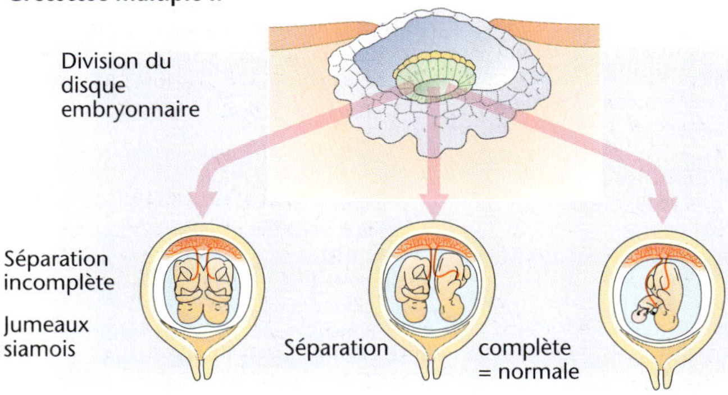


**A. Développement pathologique des jumeaux**

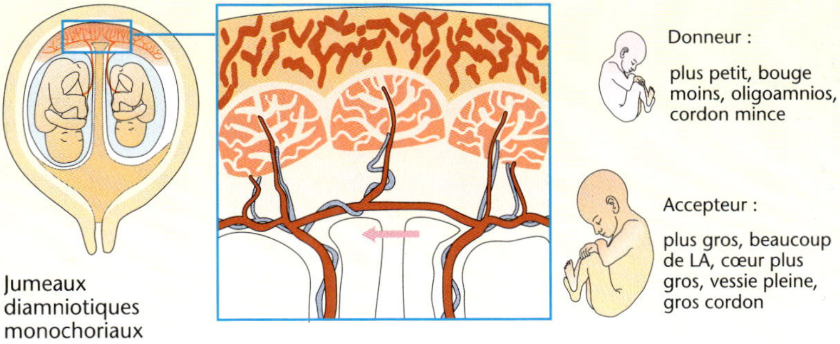


**B. Syndrome de transfusion fœto-fœtale**

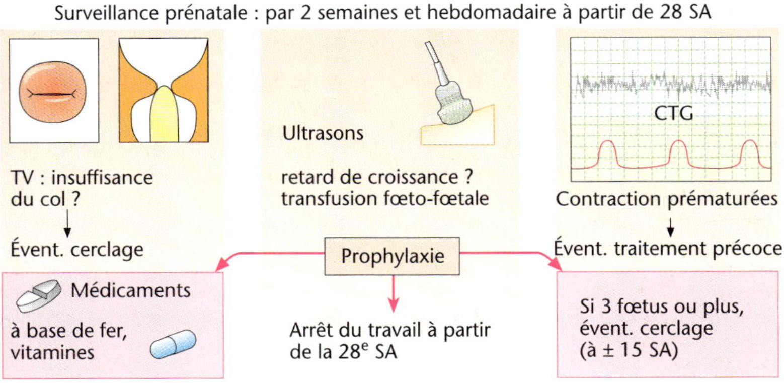


**C. Particularités de la surveillance de grossesse**

Chaque saignement vaginal survenant durant la grossesse doit être examiné très sérieusement. Selon son importance, il peut être le signe d'un danger pour le fœtus ou pour la mère. L'importance du saignement est évaluée par comparaison avec les saignements des règles.

Interrogatoire. Il faut bien préciser :

- l'abondance des saignements,
- l'existence de douleurs,
- l'époque de leur survenue durant la grossesse.

## A. Causes

**Première moitié de la grossesse.** Les causes possibles des saignements durant la première moitié de la grossesse sont :

- avortement : avant la 16e SA, saignements faibles ou forts selon le type d'avortement, douloureux (p. 86),
- grossesse molaire : le plus souvent avant la 12e SA, saignements faibles (p. 80),
- tumeurs du trophoblaste : très rares, saignements faibles à extrêmement forts (p. 80),
- grossesse extra-utérine : souvent petites pertes brun sépia, dans la 8e-10e SA, douleurs du bas-ventre (p. 76).

**Deuxième moitié de la grossesse.** Les causes les plus fréquentes en deuxième moitié de grossesse sont :

- placenta praevia : saignement non douloureux, légère activité contractile (p. 118),
- décollement prématuré du placenta : douloureux le plus souvent (p. 162),
- troubles de la coagulation.

**Durant l'accouchement :**

- placenta praevia (p. 118),
- décollement prématuré du placenta (p. 162),
- rupture utérine (p. 162),
- déchirures : col, vagin, périnée, clitoris, lèvres,
- insertion vélamenteuse du cordon (p. 102),
- troubles de la coagulation, par exemple lors d'une coagulopathie de consommation.

**Indépendantes de la grossesse.** Il ne faut pas oublier les causes indépendantes de la grossesse :

- érosion du col,
- saignements de varices,
- polype du col,
- cervicite érosive,
- cancer du col,
- saignements urétraux ou anaux, par exemple lors de cystite ou d'hémorroïdes.

## B. Diagnostic en deuxième moitié de grossesse

La conduite dépendra surtout de l'importance de l'hémorragie.

*Important : le toucher vaginal est interdit jusqu'à ce qu'on ait exclu un placenta praevia. Sont uniquement autorisés : la pose d'un spéculum et l'examen aux ultrasons.*

**Saignements faibles :**

- consultation chez le gynécologue,
- examen au spéculum : source du saignement ?
- ultrasons : localisation du placenta, hématome ?
- éventuellement cardiotocographie pour le contrôle de la vitalité fœtale.

**Saignements plus abondants :**

- signes vitaux de la gestante (pouls, tension artérielle, choc ?),
- restauration de l'équilibre vasculaire : perfusions éventuellement,
- transfert couché à l'hôpital,
- stock d'alèses disponibles,
- examen au spéculum : origine du saignement ?
- ultrasons d'urgence (vitalité fœtale, localisation du placenta, décollement du placenta ?).

## C. Conduite thérapeutique

La suite de la conduite tiendra compte des facteurs suivants :

- importance et cause de l'hémorragie,
- âge de la grossesse (avant ou après la 24e SA),
- danger pour la mère ou pour le fœtus,
- dilatation du col,
- parité de la gestante.

Si les saignements sont faibles et en l'absence de danger pour la mère et pour le fœtus :

- avant la 34e-36e SA : hospitalisation, repos strict au lit, éventuellement tocolyse et maturation pulmonaire,
- après la 36e SA : favoriser l'accouchement.

En cas d'hémorragie importante et/ou en cas de danger pour la mère ou pour l'enfant :

- traitement préventif ou curatif du choc,
- éventuellement césarienne,
- éventuellement transfusion de sang.

## Saignements durant la grossesse

**1^re moitié de la grossesse**

- Avortement 🩸 — 🩸🩸 < 16 SA
- Môle 🩸 — 🩸🩸🩸 < 16 SA
- Tumeurs tropho-blastiques 🩸🩸
- GEU 🩸

**2e moitié de la grossesse**

- Placenta praevia
- Décollement prématuré du placenta
- Fibrinogène ↓

**Accouchement**

- Placenta praevia/placenta bas situé
- Décollement prématuré du placenta/rupture du sinus marginal
- Rupture utérine
- Déchirures : col, vagin, périnée, clitoris, lèvres

**Non liées à la grossesse**

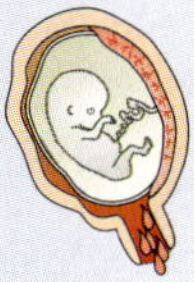

- Érosion du col, polype du col
- Varices
- Évent. extra-génitales : urétrales, anales
- Cancer du col
- Fibrinogène ↓

### A. Causes

Saignement

🩸 faible → 

→ Examen au spéculum
→ CTG
→ Ultrasons
- Localisation du placenta ?
- Décollement du placenta ?

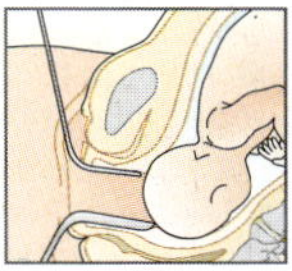

🩸🩸🩸 fort → STOP Pas de TV

→ Transfert alité

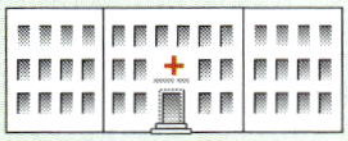

→ Examen au spéculum
→ Paramètres vitaux
→ Utrasons d'urgence

Stock d'alèses

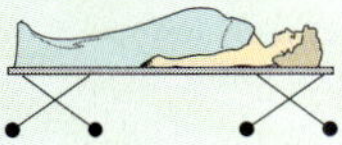

- Décollement du placenta ?
- Insertion vélamenteuse ?
- Fréquence du cœur fœtal

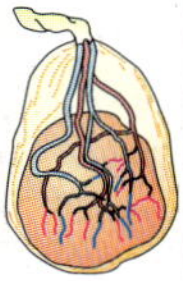

### B. Diagnostic en 2e moitié de grossesse

La conduite dépend de :

importance de l'hémorragie, sa cause, risque pour la mère/le fœtus

âge de la grossesse/maturité fœtale

dilatation du col (dispositions pour l'accouchement)

parité

- Saignement 🩸 ou pas
- Mère et fœtus OK
- Membranes intactes

→

< 36 SA*

Surveillance étroite, évent. tocolyse

Repos strict au lit

> 36 SA

Accouchement

- Saignement 🩸🩸🩸🩸
- Mère/fœtus ~~OK~~

→

Traitement préventif/ou curatif du choc

Césarienne

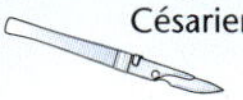

Évent. transfusion de sang

*Évent. favoriser la maturité pulmonaire

### C. Conduite thérapeutique

## A. Nidation, formes anatomiques, tableaux typiques

Si le placenta est situé directement devant le col utérin ou près de son bord, on parle de placenta praevia. Ceci vient d'une mauvaise nidation de l'œuf après sa fécondation. Sa migration se fait trop loin vers le bas. Le placenta praevia survient dans près de 0,5-1 % de toutes les grossesses.

**Formes anatomiques.** On distingue les formes suivantes :
- placenta bas inséré : à la limite de la situation normale,
- placenta praevia marginal : il est en lisière du col ; les saignements sont faibles le plus souvent, un accouchement par voie vaginale est possible,
- placenta praevia partiel : une partie de l'orifice interne du col est recouvert ; l'accouchement est éventuellement encore possible par voie vaginale, le saignement reste souvent faible,
- placenta praevia total : l'orifice interne est totalement recouvert ; on risque une forte hémorragie. Dans ce cas l'accouchement doit toujours se faire par césarienne.

**Les signes, leur importance.** L'hémorragie du placenta praevia est en général indolore et survient déjà avec une légère activité utérine. Typiquement, on voit de « petites hémorragies annonciatrices » à partir de la 26e SA dans près de 80 % des cas : ce sont de légers saignements survenant après quelques contractions ou après un effort physique.

Si l'on diagnostique un placenta praevia cela signifie toujours que la grossesse est à risque. La gestante doit être informée des risques potentiels. Souvent on lui conseillera une hospitalisation.

**Résultat des examens.** Le diagnostic est posé grâce aux ultrasons et éventuellement par l'examen au spéculum. Si le col est déjà dilaté, on peut éventuellement voir des portions de placenta à l'œil nu.

**Évolution.** La croissance utérine au cours de la grossesse pourra favoriser un « glissement » du placenta vers le haut. Ainsi la constatation d'un placenta praevia, par exemple en 16e SA, devra être relativisée.

## B. Risques

La plus grande menace pour la mère comme pour le fœtus vient du risque de fortes hémorragies :
- importante perte sanguine avec choc hypovolémique,
- troubles de la coagulation, en particulier coagulopathie de consommation,
- infection avec septicémie maternelle,
- embolie gazeuse : la mise à nu de gros vaisseaux placentaires peut éventuellement laisser pénétrer de l'air dans la circulation maternelle et causer une embolie,
- asphyxie intra-utérine,
- fréquentes atonies du post-partum,
- mortalité de la mère élevée (environ 0,5-0,8 %),
- mortalité de l'enfant élevée (10-15 %).

## C. Conduite

Elle dépendra essentiellement des facteurs suivants :
- importance de l'hémorragie,
- semaine de grossesse,
- maturité fœtale,
- localisation du placenta.

**Absence d'hémorragie.** On prendra en général les mesures préventives suivantes :
- hospitalisation et observation,
- repos strict au lit,
- le cas échéant don de sang pour une future autotransfusion,
- le cas échéant planifier une césarienne pour la 36e SA.

**Hémorragie légère.** En cas d'hémorragie légère avant la 36e SA on conseille :
- hospitalisation,
- repos strict au lit,
- surveillance du système circulatoire,
- le cas échéant tocolyse,
- le cas échéant maturation pulmonaire fœtale,
- le cas échéant planifier une césarienne pour la 36e SA.

**Hémorragie abondante ou danger.** En cas d'hémorragie abondante mettant la vie de la mère en jeu, il est nécessaire de faire une césarienne d'urgence, sans tenir compte de l'âge de la grossesse :
- surveillance intensive,
- traitement du choc,
- césarienne.

## Placenta praevia

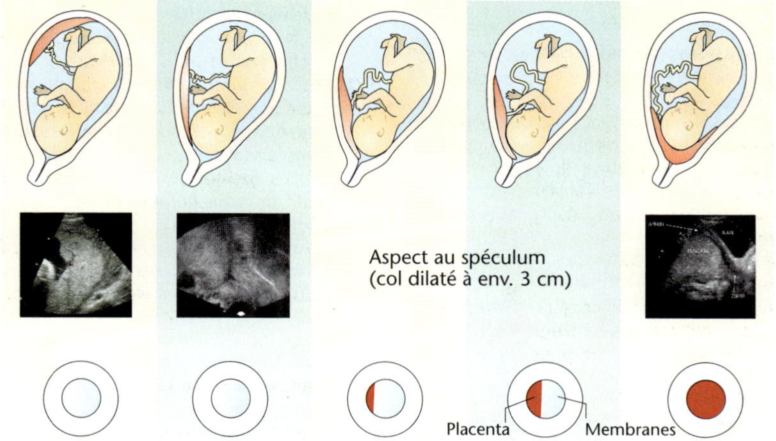


| Situation normale | Situation basse | Placenta praevia marginal | Placenta praevia partiel | Placenta praevia total |
|---|---|---|---|---|

**A. Localisations et formes cliniques**

Hémorragies abondantes/choc (indolore)

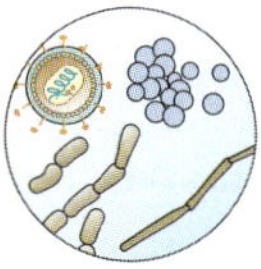

Infection/septicémie

Embolie gazeuse

Asphyxie intra-utérine

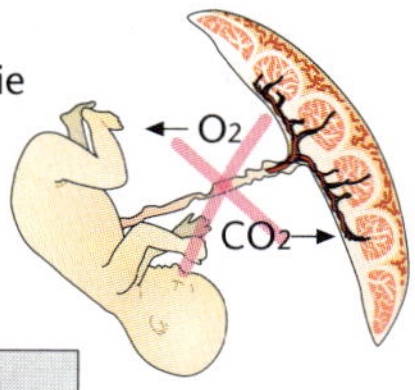

Mère : plus élevée
Enfant : ~10%

**B. Risques**

Toujours interdits

- TV
- Amnioscopie

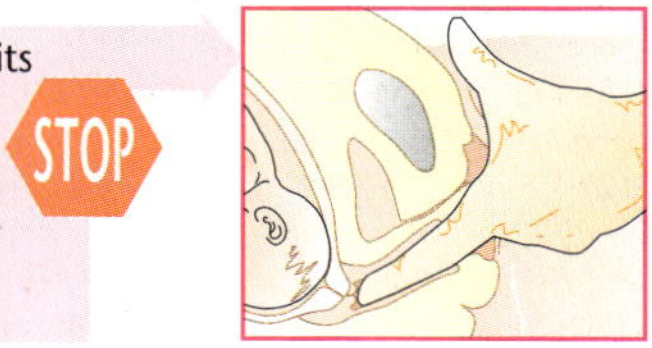


**Pas d'hémorragie**

- évent. autotransfusion
- évent. césarienne

**Légère/modérée < 36 SA**

Observation
- évent. tocolyse
- évent. maturation pulmonaire

**Forte**

- surveillance intensive
- évent. traiter le choc
- évent. césarienne

**Mode d'accouchement**

- marginal : vaginal le plus souvent
- partiel : évent. vaginal
- total : césarienne

**C. Conduite**

## A. Causes et facteurs de risque

La cause la plus fréquente de mortalité périnatale est la prématurité, c'est-à-dire l'accouchement avant 37 semaines d'aménorrhée révolues.

Les facteurs favorisant l'accouchement sont les contractions prématurées (fréquentes) et la véritable insuffisance du col, c'est-à-dire l'ouverture du col en l'absence de contractions. Les infections vaginales sont la cause la plus fréquente des contractions prématurées.

Parmi les autres causes et facteurs de risque d'accouchement prématuré, il y a les risques anamnestiques, par exemple :

- antécédents de plusieurs avortements,
- antécédent d'accouchement(s) prématuré(s),
- antécédent de mort-né (étiologie connue ?),
- multiparité (faiblesse des systèmes de fermeture).

Les maladies maternelles :

- malformations utérines (par ex. l'utérus subseptus),
- fibrome utérin (réduction de l'espace disponible pour le fœtus),
- troubles du métabolisme (par ex. diabète sucré, hyper- ou hypothyroïdie),
- néphropathies,
- hypertension de la grossesse.

Les risques apparus lors de la grossesse actuelle :

- infection vaginale (cause la plus fréquente ; p. 124) ; infection des voies urinaires,
- grossesse multiple,
- insuffisance placentaire (p. 126),
- placenta praevia (p. 118),
- anomalies de présentation fœtale,
- anémie,
- hydramnios,
- tabac,
- hypertension de la grossesse.

Les facteurs sociaux :

- âge maternel < 18 ou > 35 ans,
- bas niveau social,
- surcharges psychiques,
- mère seule.

## B. Diagnostic et traitement des contractions prématurées

Une certaine activité utérine est physiologique durant la grossesse. Aussi longtemps qu'elle n'agit pas sur le col il n'est pas nécessaire de traiter.

**Diagnostic.** Les paramètres importants pour le diagnostic sont **(1.)** :

- l'examen clinique : hauteur utérine, gémellité, hauteur de la présentation, fréquence et intensité des contractions,
- le toucher vaginal : consistance et longueur du col, activité contractile, dilatation du col,
- le frottis cervical : examen extemporané, valeur du pH, éventuellement examen bactériologique,
- la cardiotocographie : détermination de la fréquence des contractions, de leur intensité relative, état du fœtus,
- les ultrasons : biométrie fœtale, gémellité, longueur du col, évasement de l'orifice interne marquant le début de la dilatation du col, quantité de liquide amniotique,
- l'examen des urines : signes d'infection, protéinurie, sucre,
- l'examen du sang : marqueurs sanguins de l'infection (leucocytes, CRP), Hb.

**Traitement.** Le traitement **(2.)** dépend de l'âge de la grossesse en SA, de l'intensité des contractions et de leur effet sur le col. À côté du traitement de la cause (s'il est toujours possible), d'autres mesures thérapeutiques entrent en ligne de compte :

- hospitalisation et repos au lit strict,
- tocolyse per os ou intraveineuse,
- éventuellement antibiotique par voie locale ou générale,
- éventuellement favoriser la maturité pulmonaire.

## Efficacité des tocolytiques

L'excitation des récepteurs à ocytocine provoque des contractions de la musculature utérine. Le traitement médicamenteux a pour but d'enrayer les contractions prématurées.

**Agents tocolytiques.** La relaxation utérine est obtenue soit par le magnésium antagoniste du calcium, soit par la stimulation des récepteurs $\beta_2$ ou par l'action d'antagonistes de l'ocytocine. Les médicaments les plus importants sont ici les bêta-mimétiques ritodrine (Pré-par), salbutamol (Salbumol), fénotérol (Partusisten ; **A1.**), ou des antagonistes de l'ocytocine comme l'atosiban (Tractocile).

Même si l'on n'arrive pas à enrayer complètement l'activité utérine – ceci est dépendant de l'intensité des contractions – on arrivera souvent à arrêter son effet sur le col.

## Contractions prématurées, insuffisance du col I

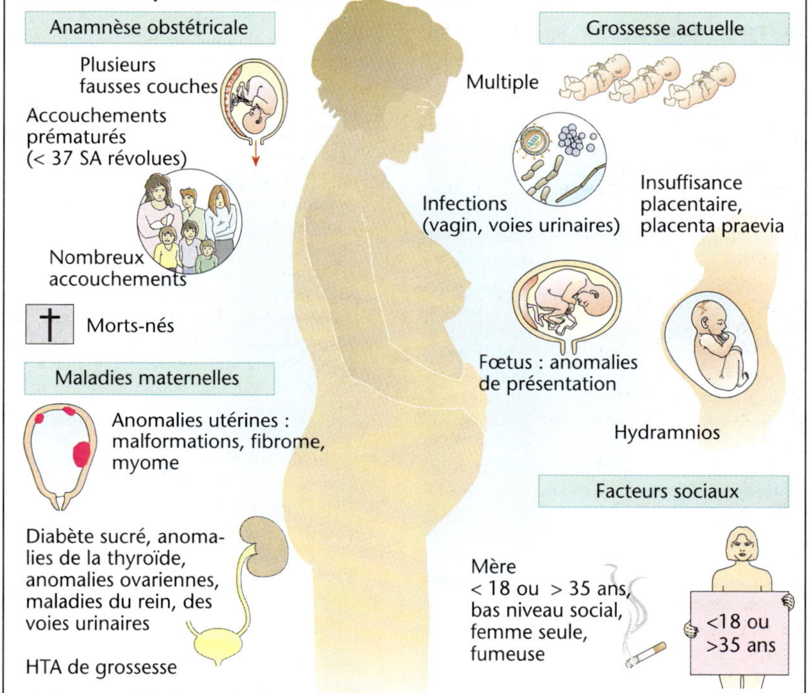


**A. Causes et facteurs de risque**

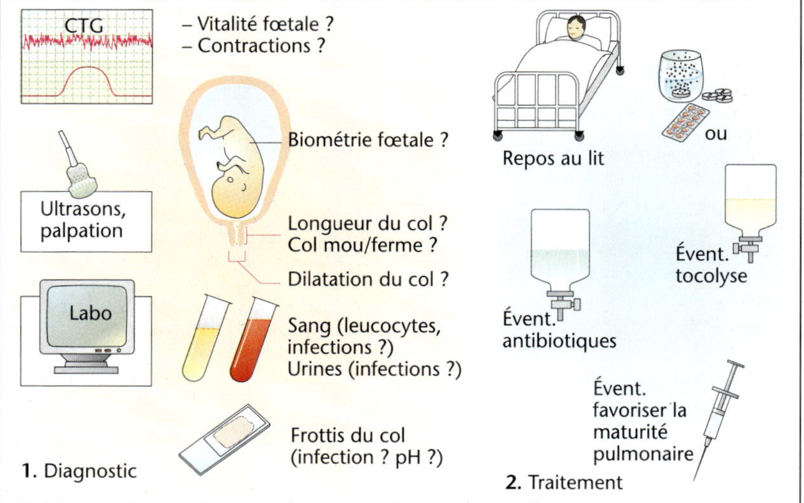


**B. Diagnostic et traitement des contractions prématurées**

## A. Tocolytiques. Effets secondaires

Les bêta-mimétiques ont une série d'effets secondaires en raison de leurs propriétés pharmacologiques spécifiques **(2.)**. Chez beaucoup de patientes, cela se traduit par une forte nervosité intérieure, des maux de tête et parfois des sensations de vertiges. Cette nervosité pourra parfois s'extérioriser par un grand besoin de mouvement et ira à l'encontre de l'obligation de repos alité.

**Tachycardie.** Dès le début du traitement, on pourra constater une tachycardie souvent associée à des palpitations cardiaques marquées. Pour cette raison on associe souvent un traitement par magnésium au traitement tocolytique. On renforce ainsi l'effet tocolytique des bêta-mimétiques dont la posologie pourra être réduite. Par ailleurs on bénéficie alors de l'effet cardio-protecteur du magnésium. À partir de valeurs supérieures à 120 battements par minute, il faudrait compléter le traitement avec des médicaments bêta-bloquants.

**Autres effets.** En raison de l'augmentation de l'apport intra-cellulaire de potassium, il est possible sous bêta-mimétiques de constater des hypokaliémies ; des altérations du pH dans le sens d'une acidose métabolique ont été décrites. Par ailleurs, les bêta-mimétiques ont un effet diabétogène car ils favorisent la sortie du glucose en dehors des cellules.

Les bêta-mimétiques favorisent aussi la rétention d'eau. Combinés avec les glucocorticoïdes souvent administrés pour la maturation pulmonaire fœtale, ils peuvent favoriser un œdème pulmonaire interstitiel.

**Surveillance.** En raison des effets secondaires, la surveillance de la gestante s'impose. Sous bêta-mimétiques il est important de vérifier :

- certains paramètres biologiques (potassium, glucose, hématocrite, magnésium),
- électrocardiogramme, tension artérielle, pouls,
- poids (œdèmes),
- réflexes (le magnésium peut induire une aréflexie),
- auscultation du cœur et des poumons.

## B. Insuffisance cervicale

Il faut bien distinguer la vraie insuffisance cervicale, indépendante de contractions, de la dilatation du col provoquée par des contractions prématurées.

Les mesures thérapeutiques possibles en cas d'insuffisance cervicale sont les suivantes :

- éviter les efforts physiques, arrêt du travail (repos, relaxation),
- pas de relations sexuelles (éviter les infections et les contractions),
- éventuellement, hospitalisation avec repos au lit,
- éventuellement antibiothérapie,
- cerclage (voir plus bas),
- cerclage par pessaire cervical (voir plus bas),
- éventuellement, fermeture chirurgicale complète du col (voir plus bas).

## Conduite à tenir

Après le traitement de l'infection locale, souvent associée, et la prescription du repos au lit, on en vient au traitement de l'insuffisance cervicale proprement dite. Il faudra toutefois tenir compte de divers aspects :

- l'âge de la grossesse,
- l'éventuel stress de l'intervention ou de l'anesthésie,
- le risque d'une infection amniotique.

**Cerclage par pessaire.** Un pessaire en silicone est posé autour du col et va créer un œdème cervical qui à son tour favorisera la fixité du pessaire. Suite à la pose du pessaire, on constate souvent une augmentation des sécrétions vaginales ; elles ne sont pas le signe d'une infection.

**Cerclage.** L'utilité du cerclage dans la prolongation de la grossesse n'est pas définitivement démontrée à ce jour. L'intervention consiste à entourer le col avec du fil non résorbable. Le fil sera enlevé au plus tard en fin de SA ou au début de l'accouchement.

**Fermeture totale du col.** On procède à l'occlusion complète du col ; ceci doit empêcher l'ascension de germes. À l'occasion, on combinera cette intervention avec un cerclage.

## Contractions prématurées, insuffisance cervicale II

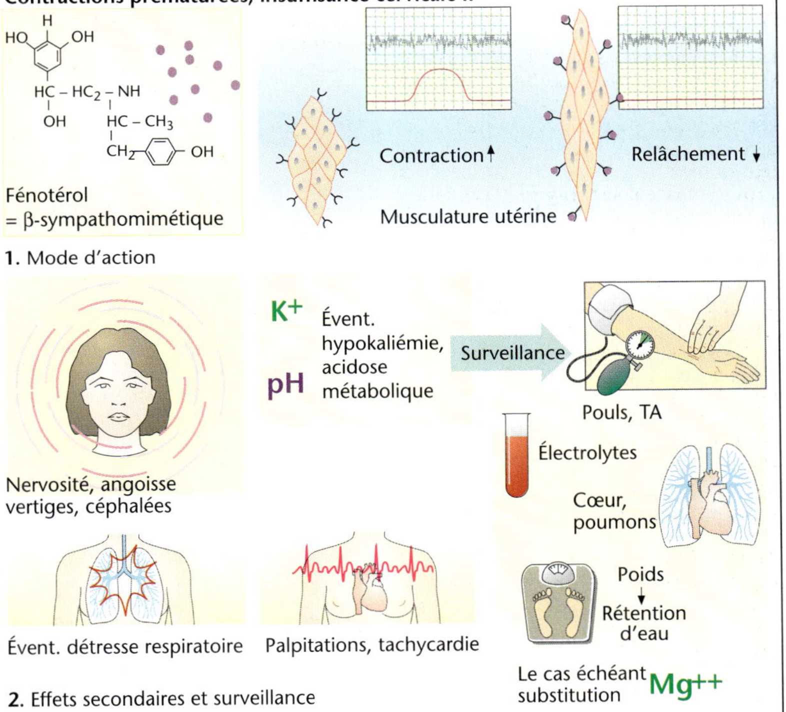


**A. Tocolytiques – action, effets secondaires**

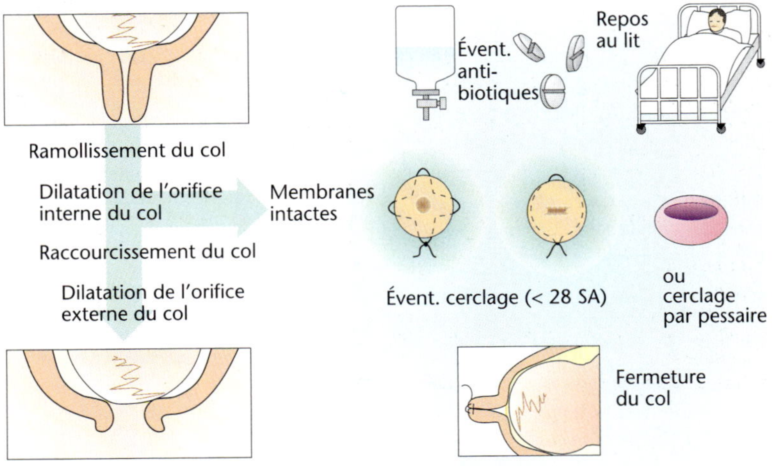


**B. Insuffisance cervicale**

## A. Agents infectieux. Complications possibles

Près de 5 % des femmes présentent une infection vaginale durant la grossesse. Le plus souvent, les agents pathogènes ne sont pas très dangereux et sont aisément maîtrisés par des médicaments. Dans quelques cas, ils peuvent être à l'origine d'une infection ascendante et de complications sérieuses chez la mère ou chez l'enfant (voir plus bas).

Les agents pathogènes possibles :

**Les champignons.** Les infections par champignons (mycoses) sont le plus souvent sans danger pour la mère ; les agents pathogènes peuvent toutefois être transmis à l'enfant durant l'accouchement et provoquer chez celui-ci des infections buccales et/ou gastro-intestinales.

L'infection vaginale se manifeste cliniquement par des pertes blanches avec des petits grumeaux et des démangeaisons (prurit). Le plus souvent on trouve des infections par :

- *Candida albicans* (muguet),
- *Torulopsis*.

**Les bactéries.** Selon le germe pathogène, on observera soit une vulvite/cervicite « gênante » (par ex. *Gardnerella vaginalis*), soit un syndrome d'infection amniotique suite à une infection ascendante, soit une septicémie du nouveau-né (par ex. avec des streptocoques bêta-hémolytiques du groupe B). Certaines bactéries peuvent provoquer une infection généralisée (par ex. *Treponema pallidum*) et se propager à l'enfant par voie transplacentaire.

L'infection bactérienne se développe le plus souvent quand les défenses naturelles du milieu vaginal (les bacilles lactiques) sont altérées ou absentes. Pour cette raison on recommande de mesurer le pH (avec une bandelette) lors de chaque consultation prénatale. Les sécrétions vaginales doivent avoir un pH situé entre 4,2 et 5,0. La liste des agents pathogènes typiques est donnée en p. 125.

**Virus.** Il faut distinguer les infections virales localisées des infections généralisées. En cas d'infection localisée, le fœtus risque d'être contaminé au moment de l'accouchement (HPV peut par exemple être à l'origine de papillomes laryngés, l'infection aiguë par herpès simplex peut provoquer des lésions herpétiformes chez le nouveau-né). L'infection virale généralisée peut affecter le fœtus in utero (VIH, hépatite B, cytomégalovirus ; voir p. 125).

**Protozoaires.** En ce qui concerne les infections à protozoaires, il s'agit avant tout des infections par le *Trichomonas* (infection vaginale, diagnostic et examen extemporané) et par le toxoplasme (infection généralisée). Les agents pathogènes sont :

- *Trichomonas vaginalis*,
- *Toxoplasma gondii* (p. 130).

**Complications possibles.** La plupart des infections bactériennes peuvent entraîner les complications suivantes :

- infection ascendante,
- contractions prématurées,
- syndrome d'infection amniotique,
- septicémie du nouveau-né,
- septicémie maternelle.

Ces infections ne surviennent pratiquement pas lors du 1er trimestre et très rarement dans le 2e trimestre, car le col est alors bien fermé. Si, malgré tout, une infection ascendante survient dans les deux premiers trimestres de la grossesse, cela évoluera vers un avortement fébrile ou septique (voir p. 86).

Dans le 3e trimestre, ces infections sont souvent à l'origine d'un accouchement prématuré. Toute mesure visant à réduire la prématurité s'attachera en particulier à éviter l'infection vaginale ou à la dépister précocement.

## B. Traitement et pronostic

Le traitement dépendra de l'agent pathogène, de sa diffusion et de l'âge de la grossesse.

**Infection localisée.** Les mesures à prendre sont :

- traitement local, par exemple avec de la crème de clindamycine ou des ovules de métronidazole,
- explications des mesures d'hygiène,
- acidification du milieu vaginal pour favoriser la prolifération des bacilles lactiques.

**Syndrome d'infection amniotique.** Au stade initial :

- hospitalisation et repos strict au lit,
- antibiothérapie par voie intra-veineuse,
- tocolyse.

Dans les cas graves, il faut interrompre la grossesse sans tenir compte de son âge ; si l'enfant n'est pas viable (< 24 SA), on pratiquera un avortement tardif par voie vaginale ; si l'enfant a plus de 24 SA, on fera éventuellement une césarienne. Le pronostic de l'enfant dépendra essentiellement de l'âge de la grossesse : les chances de survie, inférieures à 5 % à la 24e SA, atteindront 98 % à partir de 37 SA.

## Infections vaginales

1^er^ et 2^e^ trimestres (col fermé) — 3^e^ trimestre (col ouvert)

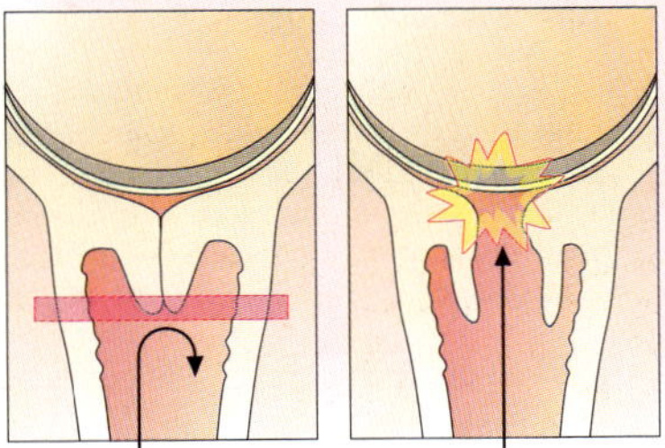

Conséquences

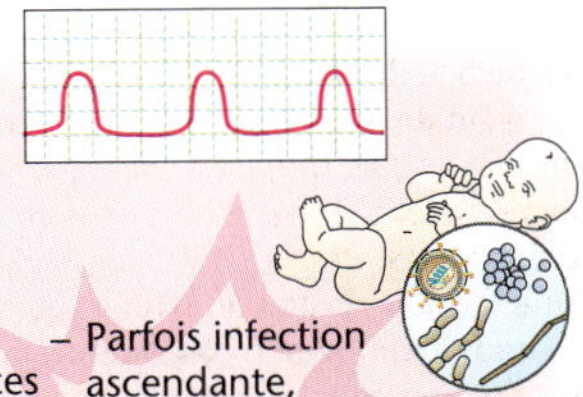

- Parfois infection ascendante, syndrome d'infection amniotique
- Infection fœtale
- Contractions prématurées
- Septicémie du nouveau-né

Agents pathogènes

**Champignons**

Candida albicans

**Bactéries**

- Staphylococcus aureus
- Streptocoques (groupes A et B)
- Escherichia coli, autres bactéries intestinales
- Anaérobies (vaginite)
- Haemophilus influenzae
- Chlamydia trachomatis
- Neisseria gonorrhoe
- Gardnerella vaginalis (vaginite)
- Treponema pallidum

**Virus**

- Herpes simplex (type 2)
- Human Papilloma-Virus (HPV)
- Virus de l'hépatite B
- VIH
- Cytomégalovirus

**A. Agents pathogènes typiques et complications éventuelles**

**Vaginite à « amines »**

Acidification du milieu vaginal par Lactobacillus ou vitamine C

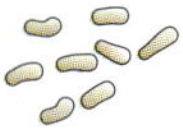

Évent. métronidazole (voie locale)

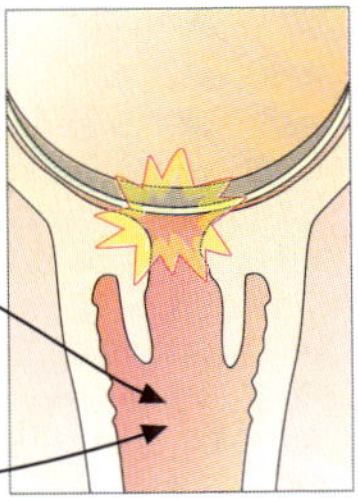

**Syndrome d'infection amniotique**

Antibiotiques

Hospitalisation

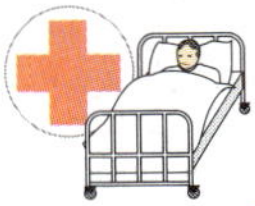

Évent. déclenchement de l'accouchement ou césarienne

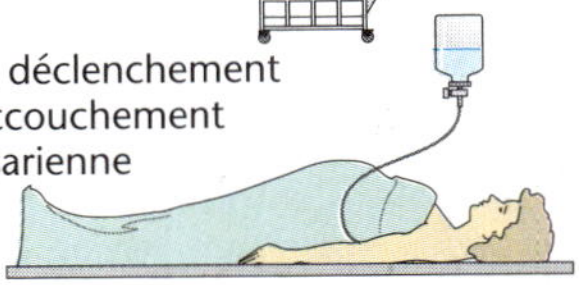

**B. Traitement et pronostic**

## A. Insuffisance placentaire

On parle d'insuffisance placentaire en cas d'apport insuffisant en substances nutritives et en oxygène au fœtus. L'insuffisance peut être chronique, subaiguë ou aiguë.

### Insuffisance placentaire chronique

En cas d'insuffisance placentaire chronique, l'insuffisance des apports s'installe progressivement au cours de la grossesse.

**Causes.** Les causes possibles sont :

- hypertension artérielle avec réduction du calibre des vaisseaux et de la perfusion utérine et placentaire,
- abus de nicotine avec altérations vasculaires et dégénérescence des villosités placentaires,
- abus de drogues/d'alcool,
- malnutrition,
- anomalies chromosomiques fœtales (par ex. syndrome de Turner, trisomie 21),
- infections avec altérations de la structure placentaire (par ex. toxoplasmose, cytomégalovirus).

**Diagnostic.** Le diagnostic d'insuffisance placentaire est étayé par les paramètres suivants :

- la hauteur utérine ne correspond pas en général à l'âge de la grossesse,
- aux ultrasons, on trouve un oligoamnios et/ou un retard de croissance fœtale (le plus souvent asymétrique) ; il s'agit d'un fœtus petit pour son âge (SGA = *small for gestational age*) avec une tête normale et un diamètre thoracique petit,
- aux ultrasons Doppler les indices sont modifiés,
- à la cardiotocographie, on trouve des signes d'insuffisance d'apports au fœtus (par ex. tachycardie, oscillations réduites).

**Traitement.** Le traitement dépendra de l'âge de la grossesse, de la cause et de la gravité de l'insuffisance. Si le tableau est sévère, il faudra éventuellement accoucher de suite. Dans d'autres cas on envisagera certaines mesures thérapeutiques :

- si possible écarter l'agent nocif,
- hospitalisation avec repos au lit afin d'améliorer la perfusion sanguine utérine,
- éventuellement, tocolyse pour améliorer la perfusion sanguine utérine,
- surveillance régulière par cardiotocographie, ultrasons : échographie et Doppler,
- éventuellement, test des contractions pour mieux évaluer les « réserves » du placenta.

### Insuffisance subaiguë

L'insuffisance subaiguë survient lors du dépassement du terme de la grossesse. Selon les altérations du placenta, il faut s'attendre à une insuffisance d'apport au fœtus lorsque le terme théorique est dépassé de 10-12 jours ou d'avantage. La surveillance est possible par :

- amnioscopie (altération de la couleur du liquide amniotique ? ; voir p. 32),
- cardiotocographie,
- ultrasons : échographie et Doppler,
- test des contractions.

En principe, on provoque l'accouchement si des signes d'insuffisance placentaire font leur apparition ; l'enfant est en général mûr pour l'accouchement.

### Insuffisance placentaire aiguë

Dans la forme aiguë, l'apport en oxygène au fœtus est brutalement interrompu ou fortement diminué.

**Causes.** Les causes possibles sont :

- contractions hypertoniques ou contracture utérine permanente (perfusion sanguine),
- syndrome de la veine cave inférieure : l'utérus lourd comprime la veine cave de la gestante lorsqu'elle est allongée sur le dos ; ceci fait chuter le débit de sang retournant au cœur maternel,
- pathologie du cordon ombilical : par exemple procidence, nœud, circulaire,
- décollement prématuré du placenta,
- rupture utérine.

**Traitement.** L'insuffisance placentaire aiguë est toujours une urgence obstétricale. Dans le cas du syndrome de compression de la veine cave, on modifie tout simplement la position de la gestante en la mettant sur le côté ; la cause de l'insuffisance étant levée, la tension se normalisera. En dehors de ce syndrome, la meilleure solution thérapeutique est d'accoucher immédiatement. Selon l'avancement de l'accouchement on procédera à un accouchement par voie vaginale, souvent instrumental, ou par césarienne.

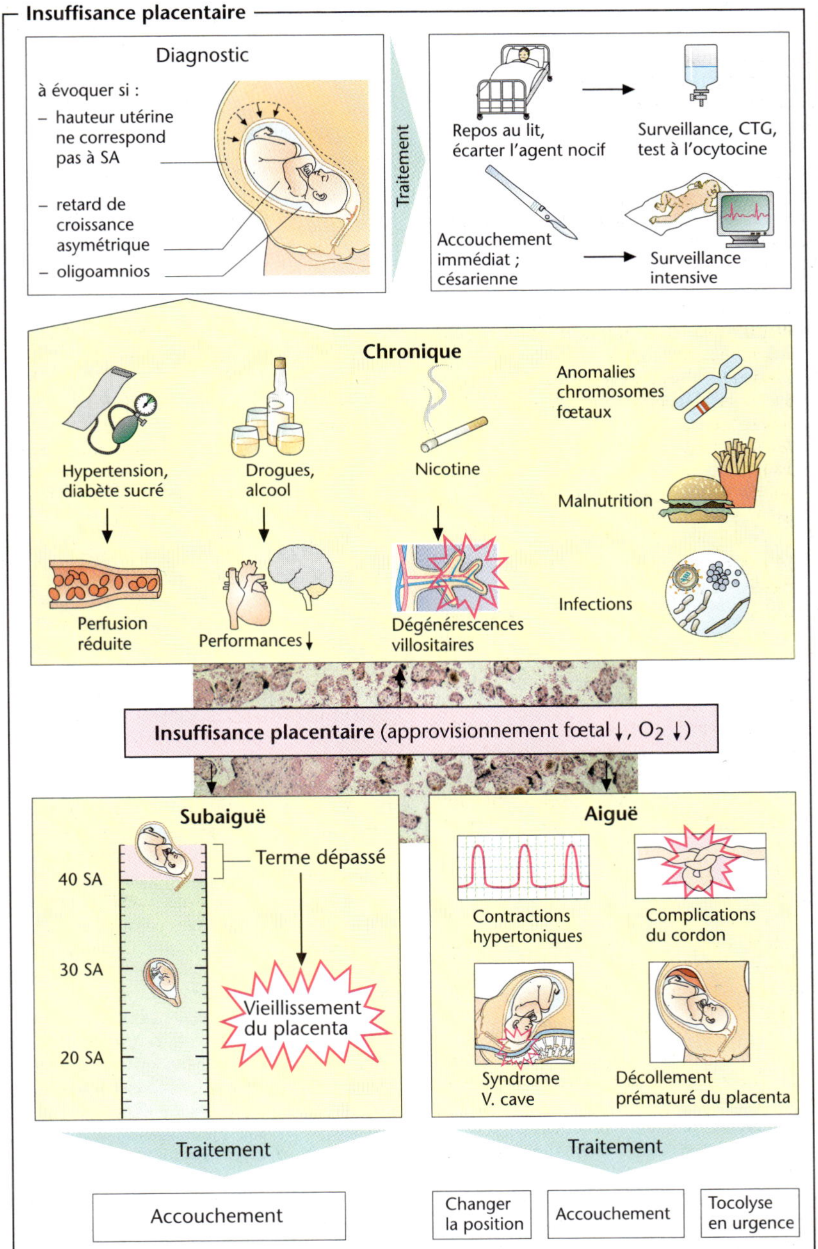


A. Insuffisance placentaire

## A. Définitions

Lorsque la mort du fœtus a lieu à l'intérieur de l'utérus, on parle de mort fœtale intra-utérine. Avant 24 SA, il s'agit d'un avortement tardif ; après 24 SA, il s'agit de l'accouchement d'un mort-né. La 24e SA représente une limite arbitraire à partir de laquelle la survie du fœtus est possible en dehors du ventre de la mère – si l'on se réfère à l'état actuel de la médecine dans les pays industrialisés[1].

**Fréquence.** En Allemagne, la fréquence de la mort in utero est d'environ 3‰.

**Obligation de déclaration.** La déclaration à l'état civil est obligatoire et l'obligation d'inhumation lui est liée en Allemagne pour tous les mort-nés pesant plus de 500 g. Si les parents le souhaitent l'enfant peut être inhumé dans tous les cas, indépendamment de son poids. Certaines villes ou communes proposent des tombes collectives pour les enfants mort-nés.

Si l'enfant est mort-né suite à une interruption légale de la grossesse, la déclaration à l'État civil n'est pas obligatoire même si son poids dépasse 500 g.

## B. Causes

**Insuffisance placentaire.** L'insuffisance placentaire est de loin la cause la plus fréquente des morts in utero (environ 50 % des cas).

Comme forme chronique on trouve des troubles de la diffusion et de la perfusion, qui conduisent d'abord au retard de croissance fœtale in utero (p. 126) et, en cas d'aggravation, à la mort in utero. L'insuffisance placentaire peut être aiguë en cas de décollement prématuré du placenta ou de décollement d'un placenta praevia.

**Pathologie du cordon ombilical.** La pathologie du cordon est la deuxième cause de mort in utero (environ 20 % des cas). Le cordon peut s'enrouler fortement autour du corps fœtal ou bien subir une forte constriction au niveau d'un nœud du cordon suite aux mouvements du fœtus. La circulation sanguine sera réduite, voire interrompue.

**Malformations.** Les malformations fœtales constituent une cause fréquente de mort in utero (environ 10 % des cas). Il s'agit en particulier de malformations cardiaques et d'anomalies du système nerveux central.

**Autres causes.**

- Maladies maternelles, en particulier l'hypertension, le diabète sucré et d'autres anomalies métaboliques (environ 7 % des cas).
- Infections, avant tout les infections généralisées de la mère (environ 5 % des cas).
- Anémie maternelle, traumatismes (par ex. accident) ou infection locale avec chorioamniotite.

## C. Conduite et complications

**Tableau clinique et diagnostic.** Le premier signe d'une éventuelle mort in utero est la diminution, voire la disparition, des mouvements fœtaux ressentis par la mère. Cette constatation est confirmée par un examen aux ultrasons ou par une cardiographie.

Ce diagnostic placera non seulement la mère et son partenaire, mais aussi le médecin et la sage-femme, dans une situation extrêmement pesante. Beaucoup de compassion et une attention sincère seront nécessaires pour obtenir un peu d'adoucissement.

**Conduite après l'établissement du diagnostic.** En règle générale, le fœtus mort est accouché par la voie vaginale. Pour induire ou accélérer l'accouchement on utilise des prostaglandines et/ou de l'ocytocine. Une brève anesthésie de la mère est en général effectuée lors de la phase d'expulsion ; elle permettra d'effectuer un curetage de contrôle après l'expulsion du placenta.

**Soutien psychologique.** Il sera souvent nécessaire de soutenir la mère/les parents pour surmonter la situation et effectuer un travail de deuil approprié. Cela peut se réaliser grâce à un soutien psychologique et par l'entremise d'un groupe d'entraide ; de plus, une bonne cohésion familiale est nécessaire.

En règle générale il est important que la mère/les parents voient leur enfant après la naissance et puissent ensuite s'en séparer de manière active. Le médecin accoucheur et la sage-femme pourront apporter leur utile soutien.

---

1. *Note du traducteur :* cette définition varie d'un pays à l'autre (entre 22 et 28 SA). L'OMS, Organisation Mondiale de la Santé, recommande l'enregistrement de tous les accouchements avec un fœtus pesant au moins 500 g ou, si l'on ne dispose pas du poids de naissance, de tous ceux présentant un âge gestationnel d'au moins 22 SA.

## Avortement tardif, mort in utero, accouchement d'un mort-né

**Mort in utero**

40 SA

30 SA

20 SA

> 24 SA — Mort-né

< 24 SA — Avortement tardif

**Déclaration à l'état civil**

< 500 g, pas de signe de vie : non obligatoire

> 500 g : obligatoire (excepté : mort-né après interruption légale de la grossesse)

**A. Définitions**

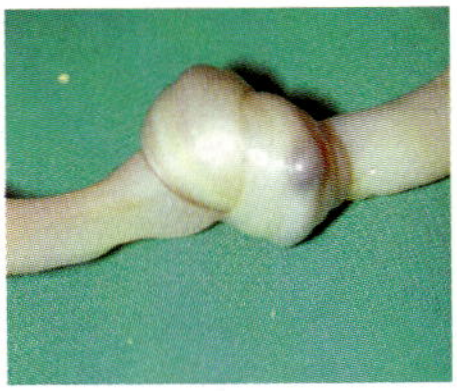

Nœud du cordon

Anémie, par ex. hémolyse

Malformations fœtales

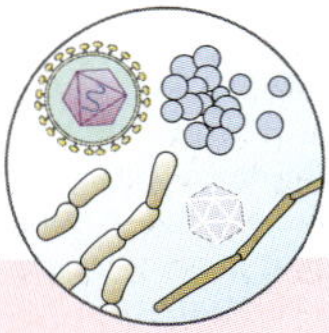

Infections

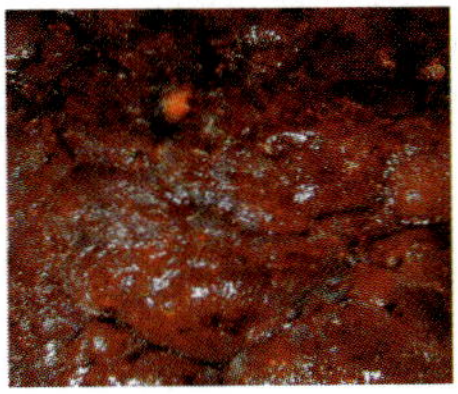

Insuffisance placentaire (chronique/aiguë)

Maladie, par ex. éclampsie

**B. Causes**

**Diagnostic**

Absence de mouvements fœtaux →

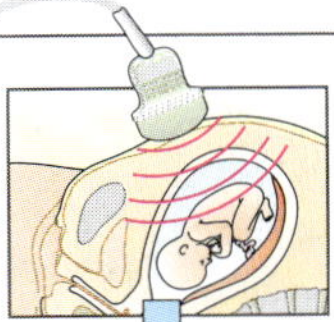

Confirmation (ultrasons ou CTG)

**Accouchement**

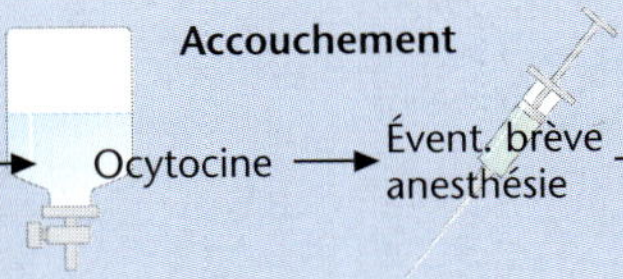

Prostaglandine (maturation du col) → Ocytocine → Évent. brève anesthésie → Surveillance (facteurs de coagulation)

**Sage-femme/médecin**

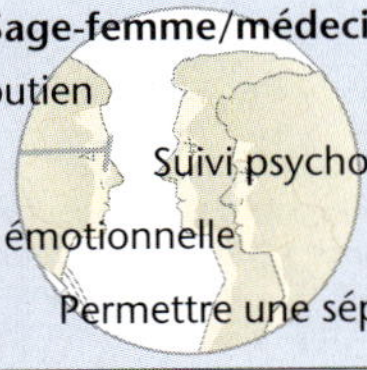

Soutien

Suivi psychologique

Aide émotionnelle

Permettre une séparation

**Couple**

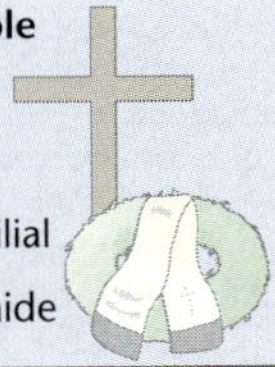

Deuil

Inhumation

Soutien familial

Groupes d'entraide

**C. Conduite et complications**

## A. Syphilis

**Infection.** L'agent de la syphilis, *Treponema pallidum*, est transmis par contage direct, lors d'une relation sexuelle génitale/anale, ou par la muqueuse buccale.

**Stade primaire.** La période d'incubation chez l'homme dure environ 3 semaines. Les manifestations cliniques surviennent d'abord sous la forme du complexe primaire :

- ulcération à base ferme correspondant à la porte d'entrée (chancre dur, infectieux !),
- tuméfaction des ganglions de la région (1 ou 2 semaines plus tard).

**Stade secondaire.** Les manifestations du stade secondaire apparaissent après une période de latence de 2 à 12 semaines (infection généralisée) :

- altération de l'état général,
- apparition de divers exanthèmes et, le cas échéant, de larges condylomes cutanés spécifiques (condylomes plans) de nature infectieuse, modifications des muqueuses, chute des cheveux,
- tuméfactions généralisées des ganglions,
- atteinte des organes internes.

En l'absence de traitement, près des deux tiers des patientes arriveront au **stade tertiaire** après une nouvelle phase de latence de plusieurs années. Les lésions se situent au niveau de l'aorte et/ou du système nerveux central, des os, des muscles, de la peau, des yeux (anomalies tissulaires, gommes).

**Infection fœtale.** La contamination transplacentaire du fœtus est extrêmement rare avant le 4e mois de la grossesse, mais possible. En raison de l'immaturité de son système immunitaire, le fœtus est menacé à partir de la 20e SA. En cas d'infection récente, la mort in utero surviendra dans près de 50 % des cas ; 40 % des enfants présenteront une syphilis congénitale. En cas d'infection ancienne, 70 % des enfants seront sains à la naissance.

Selon l'époque de l'infection, le tableau clinique de l'infection infantile sera très variable :

- hydrops (ou anasarque) fœtal,
- rhinite (ou coryza syhilitique),
- hépatosplénomégalie,
- anomalies cutanées (exanthème papuleux ou pemphigus bulleux),
- anémie et ictère,
- tuméfaction généralisée des ganglions.

En cas de syphilis tardive les symptômes pourront ne faire leur apparition, le cas échéant, que dans la 2e voire la 6e année de vie, comme dans le stade tertiaire.

**Traitement.** La syphilis est traitée par des antibiotiques à fortes doses, en règle générale la pénicilline ou l'érythromycine en cas d'allergie à la pénicilline.

## B. Toxoplasmose

**Infection.** L'homme peut s'infecter en mangeant de la viande de porc crue ou par le contact avec des excréments de chats infectés par *Toxoplasma gondii* (protozoaire).

**Clinique.** L'infection maternelle, le plus souvent asymptomatique, peut parfois prendre l'aspect d'une grippe.

**Infection fœtale.** En cas de primo-infection maternelle, le parasite est transmis au fœtus à travers le placenta, à partir de 16 SA dans près de 50 % des cas. L'infection fœtale sera généralisée et l'on pourra observer :

- une hydrocéphalie,
- une choriorétinite,
- des calcifications intracérébrales (visibles à l'échographie),
- une hépatosplénomégalie,
- des anomalies de croissance avec hypotrophie et prématurité fœtale.

**Traitement.** Le traitement est nécessaire seulement dans le cas d'une primo-infection et dépendra de l'âge de la grossesse :

- avant 16 SA : spiramycine durant 4 semaines,
- après 16 SA : spiramycine et sulfonamide durant 4 semaines[1].

## C. Cytomégalovirus

**Infection.** Le cytomégalovirus, de la famille des herpès virus, est transmis par les sécrétions corporelles.

**Clinique.** Après une incubation de 3 à 5 semaines, l'infection maternelle est le plus souvent asymptomatique.

**Infection fœtale.** L'infection de l'enfant peut se faire à tout moment, par voie transplacentaire, durant l'accouchement ou lors de l'allaitement ; 85-90 % des enfants infectés sont asymptomatiques. Dans les formes sévères du syndrome congénital, on trouve : l'hépatosplénomégalie, la thrombocytopénie, les pétéchies, l'anémie hémolytique et/ou la microcéphalie.

**Traitement.** Il n'y a pas de traitement causal.

---

1. *Note du traducteur* : la réglementation française impose un contrôle mensuel de la sérologie toxoplasmique chez toute gestante séronégative. On lui détaillera les mesures d'hygiène préventives. En cas de séroconversion, des examens fœtaux (échographie, amniocentèse) orienteront la thérapeutique.

## Infections généralisées et grossesse I

### A. Syphilis

**Agent**
Treponema pallidum

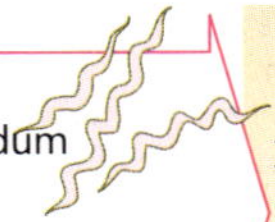

**Transmission**
contact muqueux (génital, anal, buccal)

Mère

| **Incub.** | **Clinique** |
|---|---|
| 3 semaines | Chancre dur, tuméfaction des ganglions |

transplacentaire

Embryon/fœtus

- Début de grossesse : évent. avortement
- < 4e mois : évent. mort in utero
- > 4e mois : évent. syphilis congénitale

**Diagnostic**
Sérologie:
- TPHA
- IgM-FTA-Abs
- SPHA
- VDRL
- fixation complément

Examen direct
- immuno-fluorescence
- microscopie à fond noir

**Traitement**
- pénicilline
- évent. érythromycine

### B. Toxoplasmose

**Agent**
Toxoplasma gondii

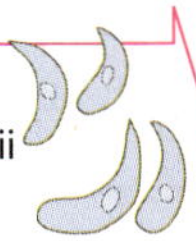

**Contage**
viande crue (porc), contact avec excréments de chat

Mère

| **Incub.** | **Clinique** |
|---|---|
| jours-semaines | Température subfébrile, fatigue, myocardite, encéphalite, rétinite |

transplacentaire

Fœtus

- In utero : par ex. encéphalite, hydrocéphalie, calcifications
- Après des années : par ex. encéphalite, hydrocéphalie, calcifications

**Diagnostic**

Sérologie :
- IgM (infection floride)
- immuno-fluorescence
- fixation complément
- IHA

**Traitement**
- spiramycine
- pyriméthamine + sulfadiazine

### C. Cytomégalovirus

**Agent**
CMV

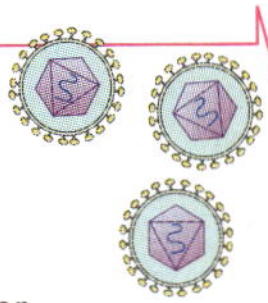

**Contage**
souillure par des sécrétions

Mère

| **Incub.** | **Clinique** |
|---|---|
| env. 3-5 semaines | asymptomatique le plus souvent ; persistance des virus dans ganglions et reins |

transplacentaire

Embryon/fœtus

- In utero: infection placentaire
- Hépatosplénomégalie, ascite, évent. mort in utero
- post-partum : évent. microcéphalie, retard cérébral

**Diagnostic**

Sérologie :
- IgM
- IgG

Agent causal :
- urines
- sang du cordon
- LA

**Traitement**
curatif : rien ; évent. avortement (1er trimestre)

## A. Rubéole

**Infection.** Le virus de la rubéole est transmis par des gouttelettes infectées et aéroportées.
**Clinique.** Après une incubation de 14-16 jours, 70 % des sujets primo-infectés présenteront un exanthème typique (rougeur cutanée).
**Infection embryonnaire/fœtale.** L'infection transplacentaire de l'embryon ou du fœtus est d'autant plus fréquente que l'infection de la gestante survient tôt durant la grossesse. Le taux de transmission se situe aux environs de 45 % jusqu'à 12 SA ; il sera ensuite d'environ 10 % jusqu'à 17 SA, puis d'environ 4 %.

La conséquence sera un taux élevé d'avortements (en particulier en début de grossesse), ou le syndrome de Gregg chez l'enfant :

- cataracte,
- surdité par atteinte de l'oreille interne,
- cardiopathie (le plus souvent persistance du canal artériel),
- microcéphalie et oligophrénie (arriération mentale),
- éventuellement hépatosplénomégalie,
- thrombopénie.

Les « directives concernant la maternité » obligent à vérifier le taux sérique d'anticorps anti-rubéoleux chez toute gestante afin de connaître son statut immunitaire. L'enfant à naître court seulement des risques lorsqu'une gestante non immunisée est infectée par le virus de la rubéole pour la première fois.
**Conduite en cas de contage rubéoleux.** Lorsqu'une gestante séro-négative est en contact avec le virus de la rubéole, des immunoglobulines de la rubéole doivent lui être administrées afin d'éviter l'apparition de la maladie. Ceci n'est toutefois possible que jusqu'au 8e jour après le contage, c'est-à-dire avant l'apparition de l'exanthème. Après cela la virémie ne pourra plus être évitée, on pourra uniquement l'atténuer. Si l'infection de la gestante survient avant 10 SA, il faudra envisager et discuter une interruption de la grossesse.

Les femmes avec un taux insuffisant d'anticorps devraient être vaccinées activement dans le post-partum.

## B. Varicelle

**Infection.** Le virus varicelle-zona (VZV), transmis par des gouttelettes infectées, provoque la varicelle en cas de primo-infection et le zona en cas d'une réactivation secondaire. L'incubation dure 16-21 jours ; déjà 3 ou 4 jours avant l'apparition de l'exanthème typique, les virus sont expulsés par la gorge.
**Infection fœtale.** Lors d'une primo-infection avant 21 SA, le fœtus court le risque d'un grave syndrome congénital de varicelle dans 2 % des cas. Après 21 SA, ce risque n'existe plus. Les signes typiques sont :

- scarifications cutanées avec des ulcérations et des cicatrices,
- hypoplasie des extrémités,
- paralysies et atrophies musculaires,
- cataracte,
- retard psychomoteur, atrophie cérébrale.

**Infection néonatale.** La varicelle maternelle survenant au voisinage du terme pose un problème particulier ; l'enfant peut être affecté de varicelle néonatale immédiatement après l'accouchement, avec une évolution mortelle dans 8-10 % des cas. Le danger existe si l'exanthème maternel apparaît 4 à 5 jours avant l'accouchement ou dans les 2 premiers jours du post-partum.

En cas de contage d'une gestante séronégative avec un individu infecté par la varicelle, des immunoglobulines doivent lui être administrées dans les 72 heures suivant le contage. Chez les nouveau-nés suspects de varicelle néonatale, on conseille d'administrer des hyper-immunoglobulines ainsi que de l'aciclovir.

## C. Oreillons

Les oreillons (parotidite épidémique) étant très répandus dans nos milieux, près de 96 % des femmes en âge de procréer sont immunisées.
**Infection fœtale.** Bien que le virus traverse le placenta, on n'a pas décrit de malformations ou d'augmentation du taux d'avortements. De ce fait, il n'y a pas indication à interrompre une grossesse pour oreillons. Lors d'une primo-infection proche de l'accouchement, le nouveau-né peut tomber gravement malade – de la même façon que pour la varicelle ou la rougeole. On conseille alors l'administration d'hyper-immunoglobulines et l'isolement des enfants.

## Infections généralisées et grossesse II

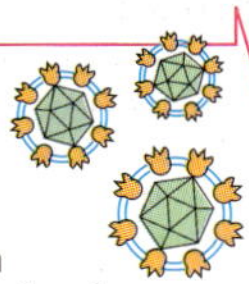

**Agent**
virus de la rubéole

**Transmission**
gouttelettes infectées

Mère

| Incub. | Clinique |
|---|---|
| 2–3 semaines | 50% asymptomatiques ; exanthème discret, arthralgies, adénopathies |

transplacentaire

Embryon

→ Lésion : yeux, cœur, oreille interne, SNC

→ Avortement, mort in utero

**Diagnostic**
Sérologie :
- inhib. hémagglu.
- IgM
- ELISA

Évent. isolement du virus

**Traitement**
- < 14 SA : avortement
- prescription d'immunoglobulines

**A. Rubéole**

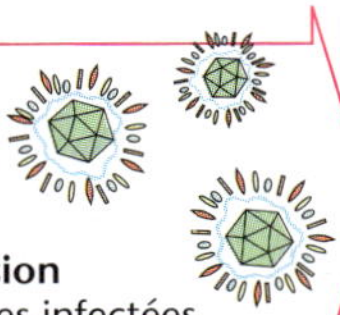

**Agent**
VZV

**Transmission**
gouttelettes infectées

Mère

| Incub. | Clinique |
|---|---|
| 11–15 jours | exanthème typique, prurit, fièvre |

transplacentaire (infection seulement)

Embryon / fœtus / périnatale

→ Syndrome congénital de la varicelle (mort avant l'âge de 3 ans)

→ Varicelle néonatale : lésions poumons, thymus, reins, surrénales (mortalité 30%)

**Diagnostic**
- clinique typique
- évent. IgM (ELISA)

**Traitement**
- évent. prophylaxie par immunoglobuline VZV
- aciclovir

**B. Varicelle**

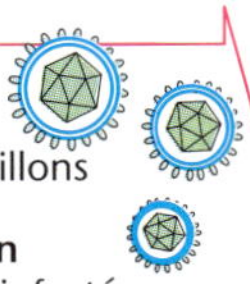

**Agent**
virus des oreillons

**Transmission**
gouttelettes infectées ou par objets (rare)

Mère

| Incub. | Clinique |
|---|---|
| env. 2–5 semaines | parotides tuméfiées, douleurs (tête, oreilles, cou) ; température↑, 35% non apparents |

Transplacentaire

Embryon / fœtus / accouchement

→ Pas de lésion connue

→ Évent. sévère infection néonatale

**Diagnostic**
- clinique typique
- évent. sérologie IgM (ELISA)

**Traitement**
- évent. prophylaxie par immunoglobuline post-partum immédiate

**C. Oreillons**

## A. Hépatites

**Hépatite A.** Parmi les hépatites, l'hépatite A ne joue aucun rôle durant la grossesse. Ni malformations ni augmentation du taux d'avortements n'ont été décrites.

**Hépatite D, hépatite E.** Ces deux formes d'hépatites virales surviennent très rarement dans nos milieux et n'ont pas d'importance en obstétrique jusqu'à présent.

**Hépatite B. Infection.** L'hépatite B est transmise par voie parentérale :

- par voie sanguine,
- par contact sexuel,
- par l'allaitement,
- périnatale de la mère à l'enfant.

Dans le cas d'une infection symptomatique de la gestante au 2e ou au 3e trimestre de la grossesse, le risque de transmission au fœtus est de 80-90 % pour les mères HBs-Ag et HBe-Ag positives. Si par contre la gestante est asymptomatique ou uniquement HBs-Ag positive, le risque de transmission est de 10-20 %.

**Hépatite B. Surveillance de la grossesse.** Le dépistage de l'hépatite B a été introduit en Allemagne dans le cadre de la surveillance de grossesse en 1994. Si la recherche s'avère positive, on pratique une séro-vaccination chez l'enfant immédiatement après la naissance (immunisation active et passive).

**Hépatite C. Infection.** L'hépatite C est essentiellement transmise par voie parentérale, par le sang ; plus rarement par voie sexuelle ou par l'allaitement. La transmission à l'enfant se fait dans environ 10 % des cas.

**Hépatite C. Traitement.** Le traitement de l'enfant n'est possible ni durant la grossesse, ni après la naissance. Les enfants devront être surveillés jusqu'à l'âge de 18 semaines. Selon la charge virale du sang maternel (mesurable par PCR), on programmera éventuellement un accouchement par césarienne afin de diminuer les risques de contamination de l'enfant.

## B. Infection par VIH

**Fréquence.** Les femmes représentent en Allemagne environ 20 % des sujets infectés par VIH. Le taux de gestantes infectées est d'environ 0,04 % dans les villes et de 0,008 % à la campagne.

**Diagnostic de VIH.** La réalisation du test sérologique de VIH est obligatoirement proposée à toutes les gestantes. Par principe il faudra l'accord exprès de la patiente.

**Infection fœtale.** La transmission verticale de la gestante vers le fœtus – de 14 % dans les années 80 – ne survient actuellement que dans 2 % des grossesses suite à l'application des mesures suivantes :

- traitements longs de la gestante avec des antiviraux,
- traitements brefs en supplément à partir de 32 SA,
- pas d'examens invasifs pour le diagnostic prénatal,
- césarienne programmée dans la 36e SA,
- traitements brefs chez le nouveau-né en intra-veineux ou per os,
- interdiction absolue d'allaiter.

Si malgré cela survient une infection verticale, l'embryopathie VIH est rare, avec malformation de la face et de la tête. L'infection manifeste du fœtus ou du nouveau-né par VIH conduit vers le SIDA maladie, comme chez l'adulte.

**Effets de l'infection VIH.** Le taux de malformations infantiles n'est pas augmenté lors d'une infection VIH chez la gestante. La grossesse par elle-même n'a pas d'effet sur l'évolution de la maladie chez la mère.

**Indication d'un avortement.** L'interruption de la grossesse pour raison médicale n'est pas indiquée en cas de sérologie VIH positive. Si la patiente est manifestement déjà au stade du SIDA, c'est-à-dire à un stade évolué de la maladie, il faudra discuter l'interruption de grossesse, la grossesse représentant une charge physique et une source supplémentaire d'affaiblissement pour la femme.

## Infections généralisées et grossesse III

### A. Hépatites

**Agent**
virus de l'hépatite B

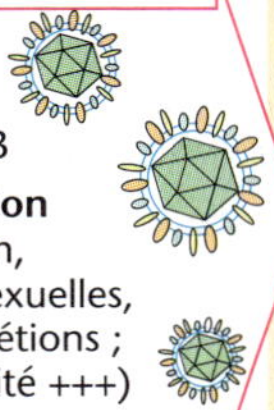

**Transmission**
sang/sérum, relations sexuelles, autres sécrétions ; (contagiosité +++)

**Mère**

| Incub. | Clinique |
|---|---|
| 2–6 mois | – ictère<br>– fièvre, nausées, vomissements<br>– selles décolorées<br>– urines brunes<br>– gros foie<br>– 65% non apparents |

pas de passage transplacentaire normalement

**Embryon / fœtus / accouchement**

- Rare : embryopathie, avortement
- Rare : hépatite
- Porteur HBs-Ag, hépatite : aiguë/chronique (90%)

**Diagnostic**

Sérologie :
- antigènes
- anticorps (IgM)
- surveillance prénatale

**Traitement**

Mère HBsAg positive :
- sérovaccination de l'enfant dès la naissance

### B. Infection VIH

**Agent**
VIH

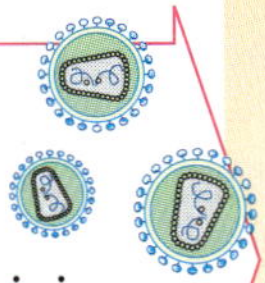

**Transmission**
sang/sérum, contacts sexuels ; allaitement

**Mère**

| Incub. (pour SIDA) | Clinique |
|---|---|
| Mois – 25 ans | Phases de l'infection VIH :<br>– contagion<br>– maladie VIH aiguë<br>– lymphadénopathie et/ou AIDS related complex<br>– SIDA |

« vertical » : transplacentaire à tout moment, le plus souvent durant l'accouchement (sécrétions cervicales)

**Embryon / fœtus / accouchement / allaitement**

- Rarement : embryopathie, avant tout face/tête
- Plutôt rarement : infection VIH → SIDA
- Infection VIH → SIDA

**Diagnostic**

Sérologie :
- isolement du virus (antigène p24)
- anticorps
- ARN/ADN

**Traitement**

Gestantes VIH positives :
- prophylaxie par AZT au 3e trimestre
- césarienne
- renoncement à l'allaitement

Les affections malignes sont globalement très rares durant la grossesse. Voici l'incidence, rapportée à 1000 grossesses, pour :

- la dysplasie cervicale (stade précurseur) 1,30
- le cancer du col 1,00
- le cancer du sein 0,33
- le mélanome malin 0,14
- le cancer colorectal 0,02
- le lymphome 0,01

## A. Questions après l'établissement du diagnostic

**Conseil.** Après l'établissement du diagnostic il faudra prendre en compte les aspects suivants pour la conduite thérapeutique :

- la grossesse a-t-elle une influence sur le pronostic de l'affection maligne ?
- la maladie ou son traitement ont-ils une influence sur le développement ou la santé du fœtus ?
- est-il possible d'attendre la fin de la grossesse ou la viabilité fœtale pour débuter le traitement ?
- faut-il déconseiller une nouvelle grossesse après le traitement du cancer ?

Chaque décision devra être individuellement discutée et soupesée avec la gestante ou, le cas échéant, avec le couple.

## B. Dysplasie et cancer du col

**Dysplasie cervicale.** La dysplasie cervicale est souvent découverte fortuitement à l'occasion d'un frottis cytologique effectué dans le cadre de la surveillance prénatale. Dans le cas d'une dysplasie de bas grade (CIN 1, groupe IIID) on peut laisser évoluer la grossesse sous réserve d'une surveillance étroite (toutes les 4 à 6 semaines). Toutes les modifications de grade plus sévère (CIN II/III, groupes IVa/IVb) demandent une biopsie sous colposcopie. En cas de résultat douteux il faudra réaliser une conisation, éventuellement associée à un cerclage. En cas d'invasion le traitement dépendra du stade du cancer.

**Cancer du col.** Au 1er et au 2e trimestre on pratiquera une hystérectomie radicale avec lymphadénectomie. En fin de 2e trimestre et au 3e trimestre on induira la maturité pulmonaire et l'on fera une césarienne suivie d'une hystérectomie élargie et d'une lymphadénectomie. Le pronostic n'est pas différent de celui d'une femme non enceinte.

## C. Cancer du sein

Contrairement à ce que l'on croyait autrefois, le pronostic n'est pas influencé par la grossesse, ni par des grossesses ultérieures survenant après un traitement couronné de succès. Durant la grossesse cependant, le diagnostic est souvent posé plus tardivement – et de ce fait généralement à un stade plus évolué.

En cas de suspicion de cancer durant la grossesse, il n'y a pas de raison de se priver d'une mammographie.

**Traitement.** Le traitement principal est toujours chirurgical, mastectomie si la tumeur est grande ou conservation du sein si la tumeur est petite. On attendra l'accouchement, le plus souvent à 34 SA, pour commencer la radiothérapie. Une chimiothérapie complémentaire peut être effectuée sans problème lors du 2e et du 3e trimestre. Au 1er trimestre il faudra d'abord discuter avec la mère des atteintes possibles chez le fœtus.

## D. Lymphome de Hodgkin

Le bilan topographique des lésions est déterminant pour la planification du traitement d'un lymphome de Hodgkin.

Si le lymphome s'étend en dessous du diaphragme, une chimiothérapie est nécessaire : au 1er trimestre après avortement, au 2e trimestre après consentement éclairé de la mère ; au 3e trimestre on attendra l'accouchement.

Si l'atteinte est sus-diaphragmatique et localisée, l'abstention est justifiée jusqu'à 34 SA avec des contrôles hebdomadaires. Si la maladie progresse et s'étend, on procédera à l'interruption de la grossesse au 1er trimestre et en début de 2e trimestre, et ensuite à une chimio- et radiothérapie. Si l'enfant est viable on induit la maturité pulmonaire et l'on pratiquera une césarienne avant le début du traitement.

## Cancer et grossesse

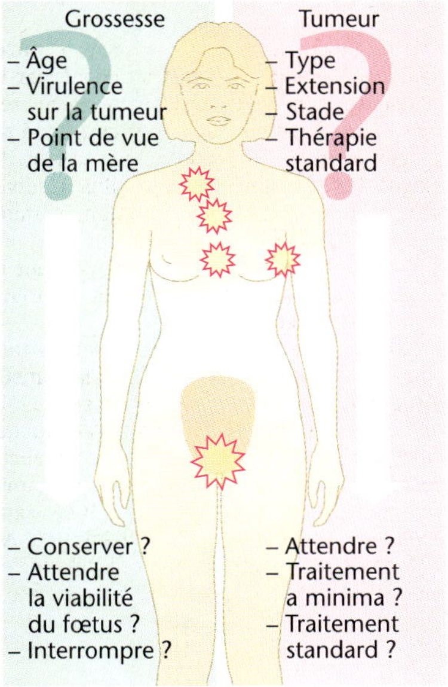


**A. Questions après la pose du diagnostic**

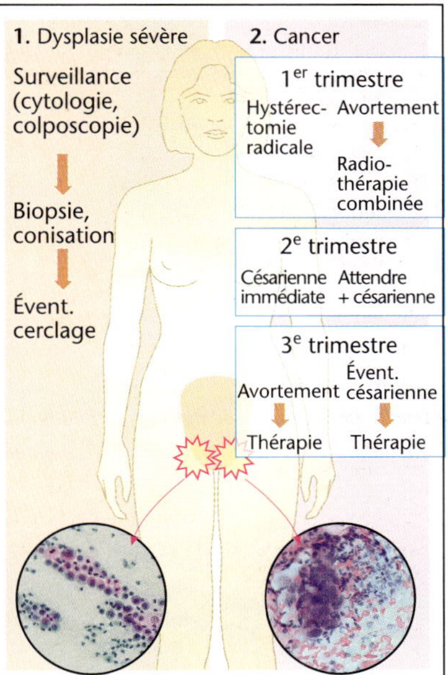


**B. Dysplasie cervicale et cancer du col**

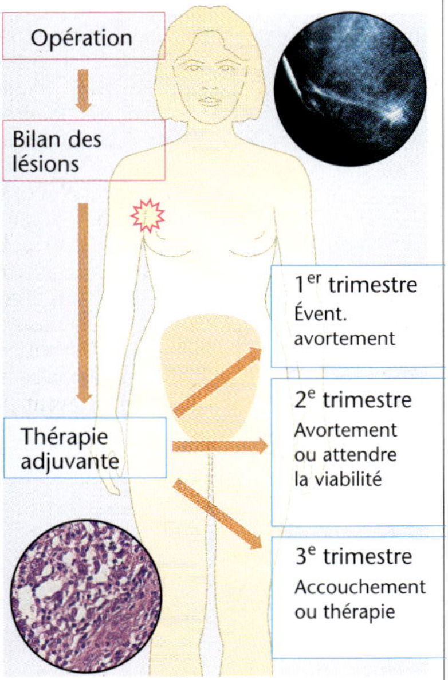


**C. Cancer du sein**

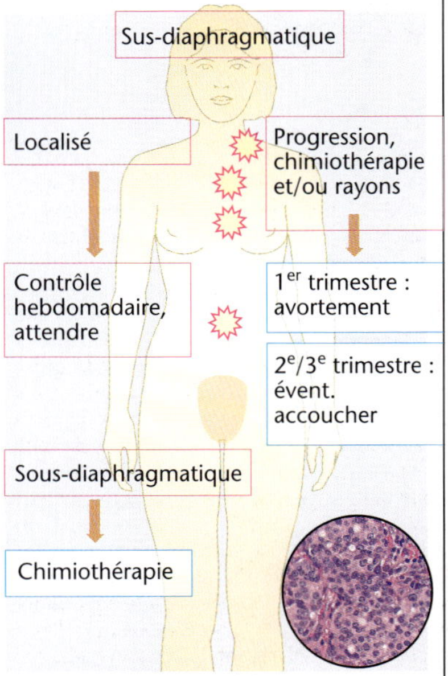


**D. Lymphome de Hodgkin**

# V

## 3$^{e}$ Trimestre

## A. Modifications du 3e trimestre

Les modifications corporelles maternelles du 3e trimestre de la grossesse sont surtout caractérisées par une augmentation progressive des charges physiques et aussi psychologiques. Du fait de la croissance de l'enfant, l'espace disponible est de plus en plus restreint et la compression des viscères voisins de l'utérus est de plus en plus forte. Les problèmes ci-dessous sont fréquents :

**Douleurs du dos.** Elles surviennent en particulier après une station debout prolongée, mais assez souvent également après une position assise ou allongée.

**Hémorroïdes.** Sous l'effet de la pression de l'utérus gravide sur la circulation veineuse de retour, et de l'effet du relâchement des tissus conjonctifs induit par la progestérone (du placenta), on verra souvent des varices dans le territoire génital ainsi que des hémorroïdes.

**Rétention d'eau.** Elle survient – de façon plus ou moins forte – chez presque toutes les gestantes au 3e trimestre ; le plus souvent elle est localisée dans les jambes (œdème malléolaire surtout le soir). Dans les cas extrêmes on observe des mains fortement gonflées avec la peau tendue et douloureuse, des fourmillements, une sensation d'insensibilité ainsi que des œdèmes du visage.

**Contractions.** À chaque moment de la grossesse il est possible de percevoir des contractions de l'utérus. Au cours du dernier trimestre elles peuvent être désagréables et même douloureuses.

**Prise de poids.** La prise de poids physiologique de 400-500 g par semaine est une charge supplémentaire pour la gestante. En plus de la limitation de la mobilité on observe un essoufflement, une diminution des capacités physiques, une insatisfaction envers sa propre image corporelle.

**Pyrosis, sensation de réplétion.** La compression de l'estomac engendre une sensation de réplétion déjà après de petits repas ; beaucoup de femmes souffrent de reflux du contenu gastrique vers l'œsophage avec une sensation de brûlure œsophagienne.

**Somnolence.** Beaucoup de gestantes se plaignent de somnolence, due probablement aux problèmes cités ci-dessus. Elles se plaignent alors d'une fatigue corporelle supplémentaire.

## B. Risques au 3e trimestre

Les risques les plus fréquents pour la mère et l'enfant sont les suivants :

**Insuffisance placentaire** (p. 126). Une nette diminution des apports au fœtus avec retard de croissance suite à une insuffisance placentaire se voit dans environ 3 % des grossesses. Les causes les plus importantes sont l'hypertension artérielle, le tabac et les anomalies génétiques.

**Prématurité.** Si l'enfant naît avant 36 SA révolues, on parle d'accouchement prématuré (p. 168). Cela touche environ 6-7 % de toutes les grossesses.

**Contractions prématurées.** Elles sont le plus souvent dues à une infection génitale ou extragénitale (p. 124). Dans 4 à 5 % des grossesses, elles sont associées à une modification du col.

**Décollement prématuré du placenta.** Près de 0,5 % des grossesses présenteront un décollement prématuré du placenta (p. 162).

**Diabète gestationnel.** Dans sa forme mineure, le diabète gestationnel touche environ 9 % des grossesses, et environ 0,8 % à 1 % des grossesses dans sa forme majeure (p. 156).

**Hypertension de grossesse.** L'hypertension de grossesse est la complication la plus fréquente du 3e trimestre et touche jusqu'à 15 % des gestantes. Des valeurs tensionnelles même légèrement au-dessus de la norme de 140/90 mmHg doivent être strictement surveillées et parfois traitées.

**Infections.** Les infections vaginales sont relativement fréquentes et doivent être traitées localement, afin d'éviter l'infection ascendante vers les membranes ou l'enfant (p. 124).

**Syndrome de la veine cave inférieure.** En position allongée le poids de la matrice peut diminuer le retour sanguin veineux vers le cœur. Un malaise et éventuellement un choc peuvent en résulter.

## Modifications typiques du corps maternel

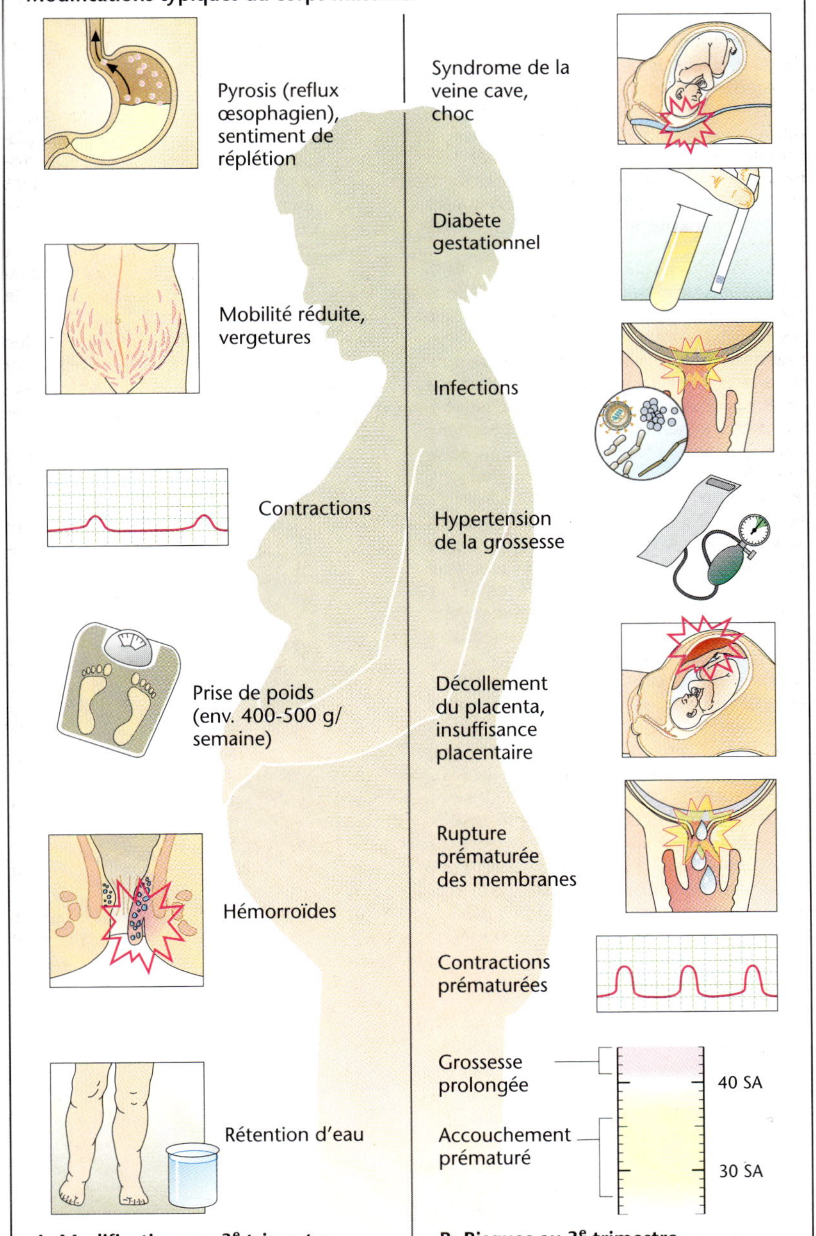


**A. Modifications au 3$^{e}$ trimestre**

**B. Risques au 3$^{e}$ trimestre**

## A. 27 à 30 semaines de grossesse

**Maturité pulmonaire.** À cette époque de la grossesse le fœtus est potentiellement viable à l'extérieur de l'utérus sous réserve de recevoir des soins très performants, comme cela est possible dans les pays occidentaux. Les enfants nés avant 30 SA sont toutefois très immatures. Le plus grand problème néonatal vient de l'immaturité pulmonaire qui peut conduire au syndrome dénommé détresse respiratoire.

Ce n'est qu'à partir de la 35e SA que le poumon de l'enfant est capable de former l'indispensable surfactant qui permettra le déplissement et la stabilisation des alvéoles. En l'absence de respiration artificielle les poumons des enfants très immatures ne sont pas capables d'assurer les échanges gazeux. Pour cette raison on prescrira des corticoïdes traversant le placenta (par exemple bétaméthasone) aux gestantes présentant une menace d'accouchement prématuré avant la 34e SA. L'objectif est d'induire la formation de surfactant chez le fœtus (c'est ce qu'on appelle induire la maturation pulmonaire). D'autres mesures seront prises dans le but de retarder l'accouchement aussi longtemps que possible, et obtenir au moins une maturité des poumons.

**Insuffisance placentaire.** Le deuxième risque important, à côté de la prématurité, est la diminution des apports au fœtus et le retard de croissance qui en résulte – ceci suite à une insuffisance placentaire chronique (p. 126). Pour la reconnaître à temps et prendre des mesures en conséquences, on prévoit en Allemagne une troisième échographie systématique entre 29 et 32 SA (selon les « directives » concernant la maternité). En plus de la biométrie fœtale on déterminera la maturité placentaire selon Grannum (p. 106, 144).

## B. 31 à 35 semaines de grossesse

**Évolution générale.** La période entre la 30e et la 35e SA est surtout marquée par la poursuite de croissance du fœtus qui prendra facilement 1000 g, et par la poursuite de la maturation des systèmes organiques. Les poumons encore immatures commenceront à produire du surfactant (voir plus haut). Le plus souvent, les enfants nés à ce stade ne nécessiteront plus d'assistance respiratoire.

**Problèmes néonatals.** Divers mécanismes complexes de régulation – par exemple le système endocrinien, la thermorégulation, la régulation de la tension artérielle – sont encore tellement immatures à ce stade de la grossesse qu'en général les nouveau-nés devront faire l'objet de soins intensifs dans une clinique pédiatrique. Des problèmes de glycémie (hypoglycémie) et des difficultés pour boire impliqueront assez souvent l'utilisation d'une sonde gastrique pour donner une nourriture adéquate.

À cette période de la grossesse on utilisera encore tous les moyens disponibles pour retarder l'accouchement et éviter la prématurité.

## C. 36 à 40 semaines de grossesse

Lors de cette dernière phase de la grossesse, la croissance fœtale va se poursuivre et les derniers processus de maturation vont se compléter. Après la fin de la 37e semaine, la maturité est acquise et l'on ne parlera plus d'accouchement prématuré.

Si l'enfant ne présente pas de facteurs de risque supplémentaires – par exemple retard de croissance, anomalies génétiques ou hypoxie intra-utérine – il n'y aura pas de problèmes spéciaux lors de la surveillance de l'accouchement ou du post-partum. Chez les enfants de moins de 2500 g il faudra toutefois surveiller étroitement la glycémie, car ils ont encore une tendance à l'hypoglycémie.

## Modifications fœtales

| SA | BIP (mm) | DFO (mm) | PC (mm) | DAT (mm) | DAAP (mm) | CA (mm) | Fe (mm) |
|---|---|---|---|---|---|---|---|
| 27 | 72 | 87 | 259 | 68 | 67 | 212 | 51 |
| 28 | 74 | 90 | 269 | 72 | 70 | 223 | 53 |
| 29 | 77 | 93 | 279 | 75 | 73 | 233 | 56 |
| 30 | 79 | 96 | 288 | 78 | 77 | 243 | 58 |

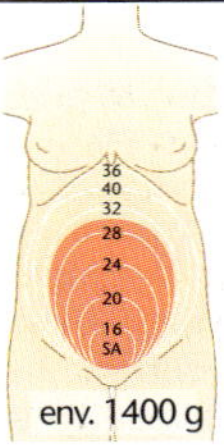


Fœtus très immature, évent. viable

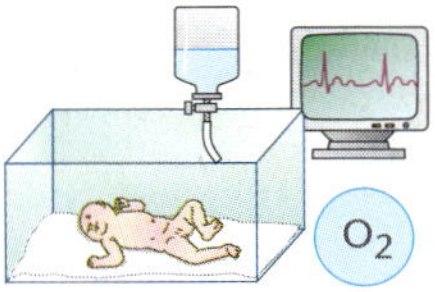


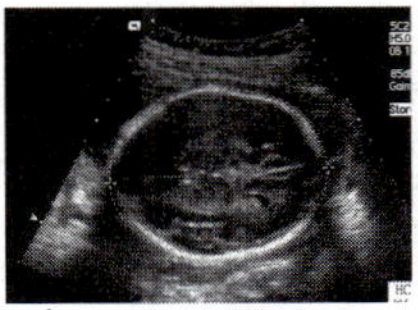

Échographie 28 SA

A. 27e – 30e semaines de grossesse

| SA | BIP (mm) | DFO (mm) | PC (mm) | DAT (mm) | DAAP (mm) | CA (mm) | Fe (mm) |
|---|---|---|---|---|---|---|---|
| 31 | 82 | 99 | 296 | 81 | 80 | 253 | 60 |
| 32 | 84 | 101 | 305 | 85 | 83 | 264 | 63 |
| 33 | 86 | 104 | 313 | 88 | 86 | 274 | 65 |
| 34 | 89 | 106 | 321 | 91 | 90 | 284 | 67 |
| 35 | 91 | 108 | 328 | 94 | 93 | 295 | 69 |

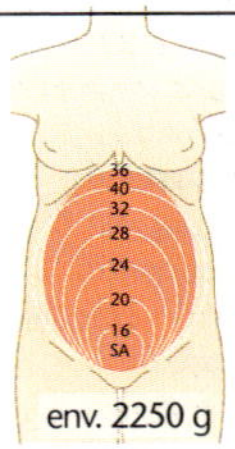


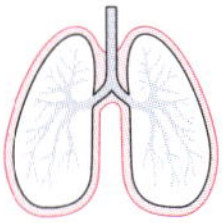

Poumons encore immatures

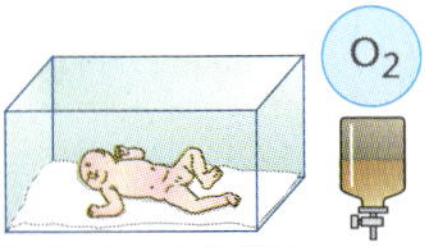


Enfant à viabilité restreinte

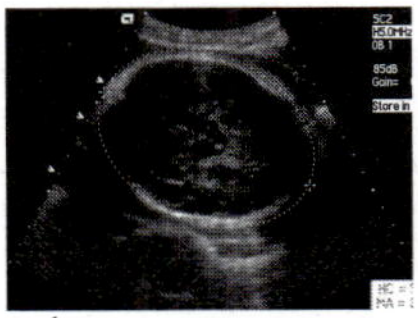

Échographie 33 SA

B. 31e – 35e semaines de grossesse

| SA | BIP (mm) | DFO (mm) | PC (mm) | DAT (mm) | DAAP (mm) | CA (mm) | Fe (mm) |
|---|---|---|---|---|---|---|---|
| 36 | 93 | 110 | 336 | 98 | 96 | 305 | 71 |
| 37 | 94 | 112 | 342 | 101 | 99 | 315 | 73 |
| 38 | 96 | 114 | 349 | 104 | 103 | 325 | 75 |
| 39 | 98 | 116 | 355 | 108 | 106 | 236 | 76 |
| 40 | 99 | 117 | 361 | 111 | 109 | 246 | 78 |

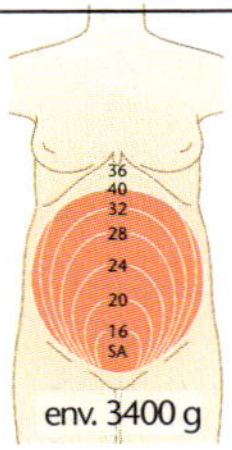


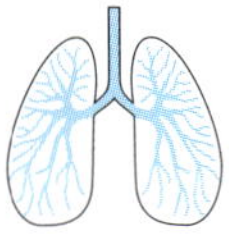

Maturité pulmonaire atteinte

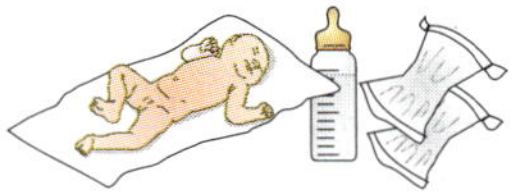

Enfant viable

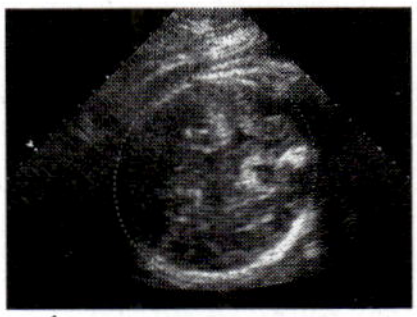

Échographie 39 SA

C. 36e – 40e semaines de grossesse

## A. Les examens

**Périodicité des examens.** L'intervalle entre deux examens devrait être plus court au 3e trimestre, en particulier en cas d'hypertension (p. 150) ou de diabète (p. 156) afin d'y faire face rapidement. On conseille ainsi un examen toutes les 2 semaines.

**Anamnèse.** Dans le 3e trimestre également, il est important de bien interroger la gestante. Il ne faudra pas oublier de demander s'il existe des saignements, des pertes liquidiennes, des pertes vaginales ou des vertiges.

**Poids.** La prise de poids va jusqu'à 400-500 g par semaine ; elle est essentiellement due à une rétention liquidienne. La surveillance du poids est une composante essentielle d'un examen prénatal. Une tendance isolée à l'œdème et normale ; elle posera problème en cas d'association avec une hypertension (contrôles réguliers de la tension artérielle) ou une protéinurie.

**Examens de laboratoire.** Du point de vue sanguin, on conseille généralement la détermination du taux d'hémoglobine et le dépistage de l'hépatite B (HBs-Ag) à partir de la 32e SA.

L'examen des urines (le plus souvent grâce à des bandelettes) recherchera le sucre (diabète gestationnel, p. 156), les protéines (hypertension de la grossesse, p. 150) et les bactéries pour dépister une infection des voies urinaires.

**Cardiotocographies.** Les cardiotocographies peuvent être effectuées à partir de la 32e SA, en particulier pour dépister les contractions prématurées. Les « directives concernant la maternité » recommandent leur pratique à partir de la 36e SA dans le but de vérifier l'activité cardiaque fœtale.

## B. Palpation – Maturité cervicale

**Examen externe.** Les diverses manœuvres de Leopold (**1.** ; p. 16) permettront d'évaluer la hauteur utérine, le type de présentation, son niveau d'engagement, la situation du dos fœtal. On recherchera aussi des varices aux jambes et un éventuel œdème.

**Examen vaginal.** Lors du toucher vaginal on précisera la longueur du col (menace d'accouchement prématuré), sa consistance et sa dilatation. On recherchera un éventuel écoulement de liquide amniotique ou de sang. Un léger saignement peut survenir après l'examen en raison de modifications du col utérin ; avec l'évolution de la grossesse le col devient plus sensible.

**Examen des sécrétions vaginales.** Dans le cadre du dépistage des infections, il est obligatoire d'évaluer le pH vaginal à l'aide de bandelettes indicatrices. Il faudra également effectuer un examen extemporané dans le but d'éliminer une mycose vaginale, à partir de la 36e SA.

## C. Échographie systématique

L'examen systématique du 3e trimestre, prévu entre la 29e et la 32e SA d'après les « directives concernant la maternité », est surtout destiné à vérifier la croissance fœtale ; il servira aussi à dépister l'apparition de nouveaux facteurs de risque.

Chez l'enfant, on vérifie :

- si le développement est normal et harmonieux pour l'âge,
- si d'éventuelles malformations sont visibles,
- si des troubles de la mobilité sont apparus.

Par ailleurs on examinera le liquide amniotique et le placenta ; il est important d'évaluer la quantité de liquide : existe-t-il un oligoamnios ? un hydramnios ? Au niveau du placenta on précisera son siège, sa valeur fonctionnelle (évaluation de sa maturité, voir plus bas), sa taille et éventuellement l'existence de signes de décollement (hématome rétroplacentaire ?).

## D. Maturité placentaire selon Grannum

La maturité placentaire peut être évaluée par échographie et selon 4 stades d'après Grannum (voir p. 106) :

- Grannum 0 : échogénicité homogène sans accentuation de la plaque basale,
- Grannum 1 : quelques condensations échographiques de 4 mm de diamètre au maximum, discrètes ondulations de la plaque choriale,
- Grannum 2 : extension des condensations échographiques à partir du chorion sans atteindre la plaque basale, se voient sur toute l'épaisseur du placenta qui apparaît cloisonné (= placenta mûr),
- Grannum 3 : le placenta traversé par des condensations échographiques apparaît cloisonné.

## Examens typiques du 3e trimestre

Consultations prénatales :
- toutes les 2 semaines à partir de la 32e SA

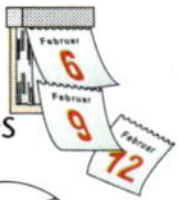

Anamnèse

Prise de poids :
- normale jusqu'à 500 g/semaine

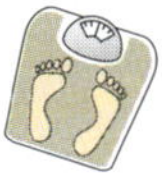

Urines :
- sucre, protéines, infection ?

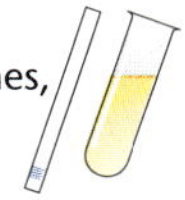

Sang :
- hépatite B (> 32 SA)
- anémie, infection ?

CTG :
- cœur fœtal ?
- contractions ?

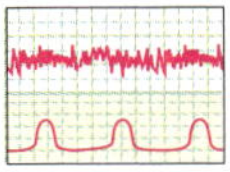

TA :
- hypo, hypertension ?

**A. Les examens**

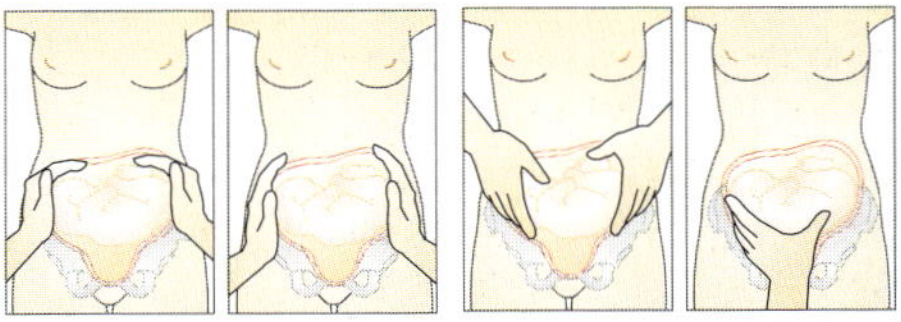

**1.** Manœuvres de Léopold : position, variété de position, présentation

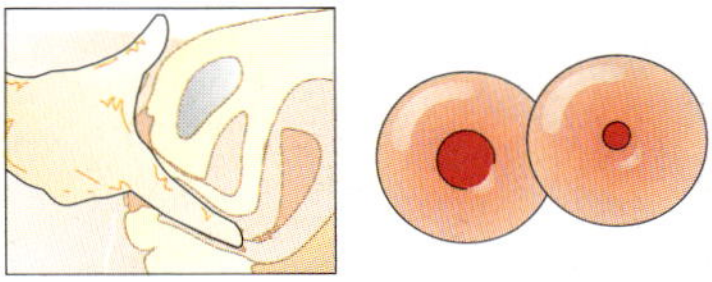

**2.** Examen vaginal : longueur et qualité du col

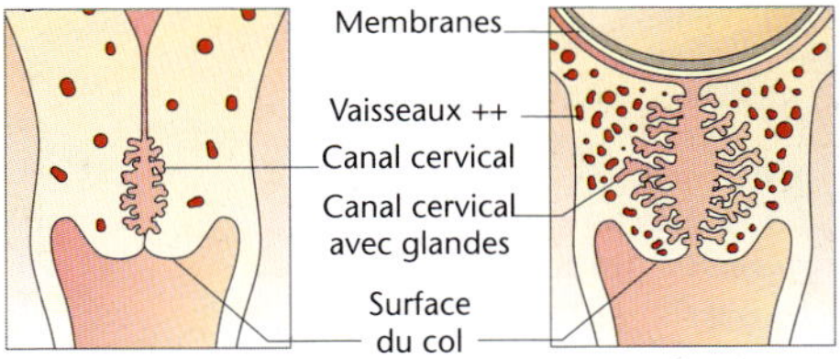


**a)** En dehors de la grossesse **b)** Au 3e trimestre

**3.** Maturité du col et évolution de la grossesse

**B. Palpation - Maturité cervicale**

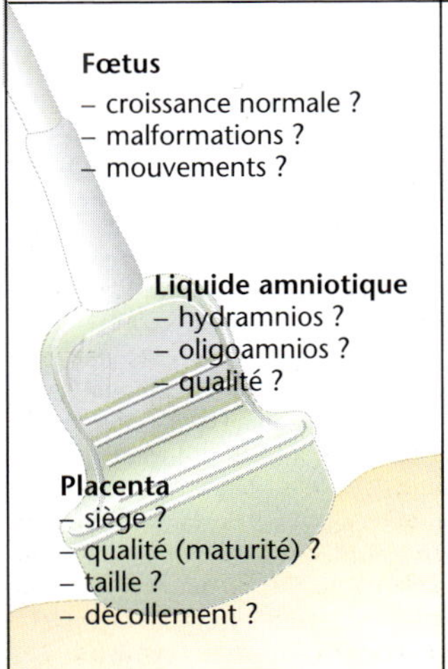

**Fœtus**
- croissance normale ?
- malformations ?
- mouvements ?

**Liquide amniotique**
- hydramnios ?
- oligoamnios ?
- qualité ?

**Placenta**
- siège ?
- qualité (maturité) ?
- taille ?
- décollement ?

**C. Échographie systématique**

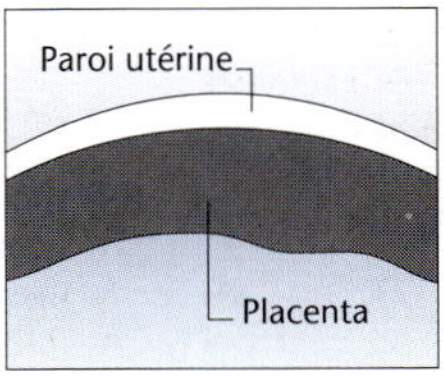


Grade 0 (jusqu'à 14 SA)

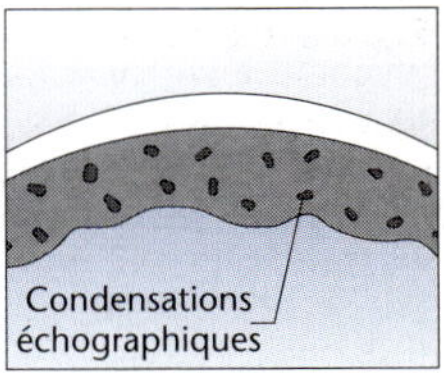


Grade I (15e – 32e SA)

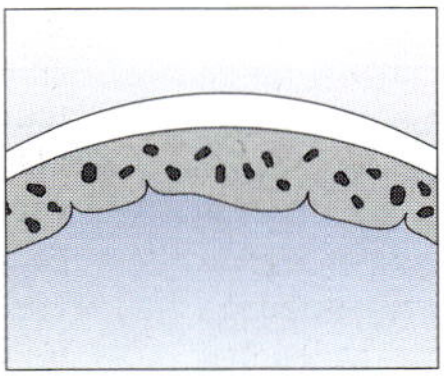

Grade II (13e – 36e SA)

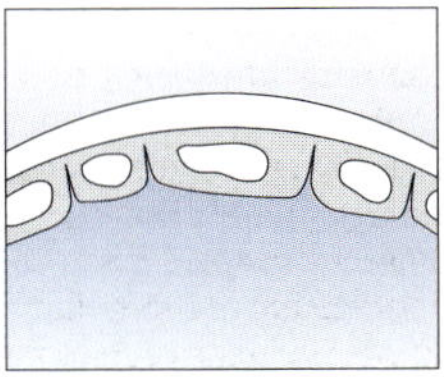

Grade III (à partir de 36 SA)

**D. Maturité placentaire selon Grannum**

## A. Organisation et contenu

**Objectifs généraux.** L'objectif essentiel des cours de préparation à l'accouchement est la transmission d'informations relatives à l'accouchement, aux problèmes qui en découlent éventuellement et à leur traitement. Il faut empêcher l'apparition du cercle vicieux des angoisses de l'accouchement : l'ignorance engendre l'angoisse (devant l'inconnu, devant les douleurs de l'accouchement), l'angoisse engendre la contracture, la contracture engendre la douleur, la douleur conduit à nouveau à des peurs et à de nouvelles contractures.

**Offres de cours.** Divers professionnels ou institutions proposent des cours de préparation à l'accouchement :

- des hôpitaux avec un service d'obstétrique,
- des cabinets de sages-femmes, des sages-femmes en pratique libérale,
- des maisons d'accouchements,
- des organismes religieux (enseignement à la vie familiale),
- des associations de parents.

**Organisation des cours.** Les cours sont donnés soit à des groupes réservés aux seules gestantes, soit à des groupes destinés aux couples – c'est-à-dire que la gestante sera accompagnée de son partenaire ou d'une personne de confiance. Le plus souvent on recommande de débuter les cours vers la 25e-28e SA.

**Autres possibilités.** Beaucoup de cliniques ou d'hôpitaux offrent des soirées d'informations pour gestantes. Le plus souvent il sera possible de visiter la salle d'accouchement et de rencontrer les sages-femmes et les médecins responsables.

**Objectifs spécifiques.** Le cours de préparation à l'accouchement mettra l'accent sur divers objectifs spécifiques :

- supprimer la peur (voir plus haut),
- intégrer activement le partenaire aux processus physiques et psychiques de la grossesse et de l'accouchement,
- favoriser la perception de son propre corps,
- prendre conscience des exercices de relaxation et des techniques respiratoires pouvant être utilisés durant l'accouchement,
- gymnastique pour s'échauffer,
- exercices périnéaux,
- prévention des thromboses.

En règle générale les cours ont lieu dans un environnement agréable et chaleureux, et dans une atmosphère très détendue. Les exercices pratiques se font sur des couvertures ou des matelas et avec des habits confortables.

## B. Information. Explication

La transmission de connaissances théoriques relatives à la grossesse, à l'accouchement, aux suites de couches et au nouveau-né tient une place importante dans les cours de préparation à l'accouchement. On s'aidera de divers supports ou matériels éducatifs, par exemple un mannequin pelvien, des brochures, des livres, des films. Ils aideront à aborder les aspects suivants :

- l'évolution d'une grossesse physiologique, c'est-à-dire normale,
- le déroulement d'un accouchement normal,
- le déroulement des suites de couches normales,
- la salle d'accouchement et son équipement, les appareils (éventuellement avec visite des locaux),
- les diverses positions d'accouchement ; avantages et inconvénients,
- les douleurs possibles et les divers procédés d'analgésie (traitement de la douleur) : médicaments, voies de prescription, procédés alternatifs tels que l'acupuncture, l'aromathérapie ou l'homéopathie,
- les problèmes et complications possibles durant la grossesse, les signes que la patiente devrait connaître ; les traitements et leur mise en œuvre,
- la préparation physique à l'accouchement et à l'allaitement (mamelons : « durcissement » et soins),
- les techniques pour faciliter l'accouchement,
- les techniques respiratoires,
- les techniques de massage, utilisables par le partenaire/la personne de confiance pour alléger les douleurs,
- les problèmes inattendus durant l'accouchement,
- l'accouchement instrumental (forceps, ventouse suédoise),
- la césarienne,
- la prise en charge du nouveau-né,
- l'allaitement et les problèmes possibles,
- les « tuyaux » pour l'alimentation et les problèmes d'alimentation.

## Préparation à l'accouchement I

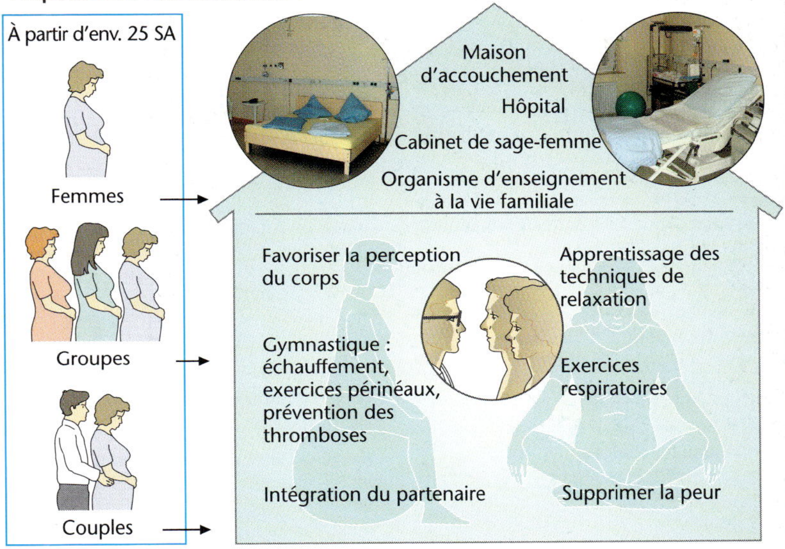


**A. Organisation et contenu**

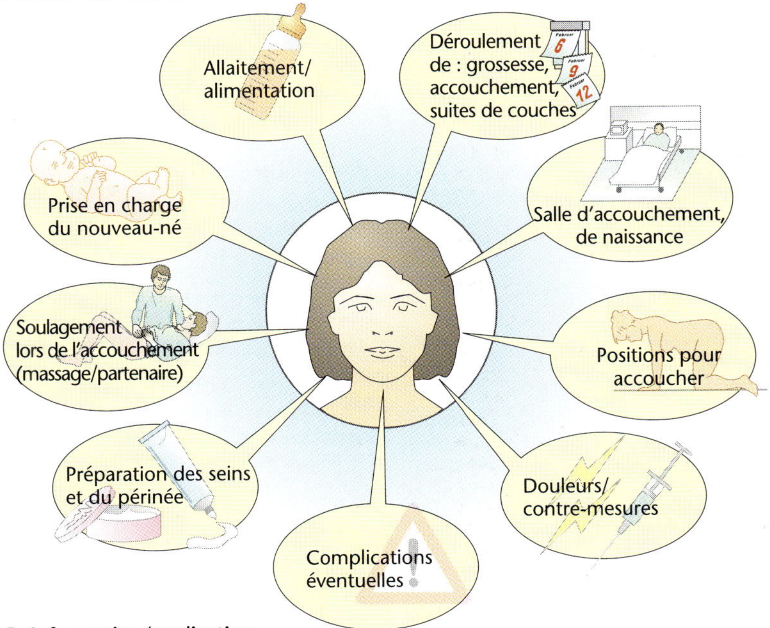


**B. Information/explication**

## A. Préparation mentale à l'accouchement

Pour rompre le cercle vicieux fait de peur-tension–douleur–peur (p. 146), il est important, en plus de la préparation physique, de se préparer mentalement à vivre l'expérience de la « naissance ». Cet objectif est accessible grâce à une atmosphère calme et détendue en salle d'accouchement, une bonne information de la patiente sur sa situation et sur l'événement à venir.

Seront particulièrement utiles à une bonne préparation :

- une explication adéquate sur le déroulement médical de l'accouchement,
- l'apprentissage et la pratique d'exercices de relaxation,
- l'intégration du partenaire ou d'une autre personne de confiance,
- le soutien émotionnel,
- les exercices respiratoires,
- les massages durant l'accouchement,
- éventuellement, le training autogène.

Il est important d'éviter une vision dogmatique du déroulement de l'accouchement, en particulier concernant l'utilisation ou le refus de médicaments contre la douleur (analgésiques), ou encore une fixation sur l'accouchement par voie vaginale. Dans le cas contraire la gestante peut aisément développer des sentiments d'infériorité, voire même de culpabilité si l'on s'écarte de sa vision initiale en utilisant des analgésiques ou en procédant à un accouchement instrumental. Ces sentiments de « mauvaise conscience » sont évitables si les attentes de la patiente ne sont pas fixées de manière rigide.

### Préparation des seins et du périnée

**Durcissement des mamelons.** Pour préparer l'allaitement on peut « durcir » le mamelon durant la grossesse. Les mesures suivantes sont suggérées :

- toilette quotidienne,
- les frotter chaque jour,
- renoncer au soutien-gorge,
- massage avec une brosse douce,
- exposition directe au soleil (avec modération !),
- douches chaudes et froides en alternance.

**Contre-indications.** La stimulation des mamelons peut provoquer la sécrétion d'ocytocine, hormone de l'hypophyse postérieure provoquant les contractions utérines. Pour cette raison les mesures mentionnées plus haut ne sont pas à recommander ni à effectuer en cas de :

- contractions prématurées,
- insuffisance du col,
- placenta praevia,
- saignements vaginaux.

**Préparation du périnée.** On peut masser le périnée chaque jour avec de l'huile neutre, chauffée à la température du corps (par exemple huile d'olive ou huile de germe de blé). Le but est de préparer le périnée à la distension massive lors de l'accouchement, avec l'espoir d'éviter une incision ou une déchirure du périnée.

### Préparation de l'accueil de l'enfant « à la maison »

Beaucoup de choses devront être achetées ou empruntées, en particulier s'il s'agit du premier enfant, par exemple :

- lit d'enfant ou berceau,
- table à langer,
- baignoire pour enfant,
- couches,
- éventuellement siège-auto,
- linge pour bébé,
- bouteilles avec tétines adaptées pour thé ou lait,
- thé pour enfant.

### Préparation des suites de couches

La préparation mentale de la gestante ne portera pas uniquement sur l'accouchement mais aussi sur la période des suites de couches. La naissance d'un enfant modifiera non seulement le rythme quotidien des personnes concernées, mais aussi considérablement les rapports émotionnels entre mère et père.

Le couple devra en particulier tenir compte des « journées de pleurs » ou du « *maternity blues* » qui affecte souvent les femmes lors des premières journées suivant l'accouchement ; la femme « ne se sent pas à la hauteur » et sera même dépressive. Cette phase disparaîtra en général après 2-3 jours (p. 262).

Durant les premières semaines à la maison, la vie sera surtout influencée par le problème du repos nocturne et la fatigue générale de la mère.

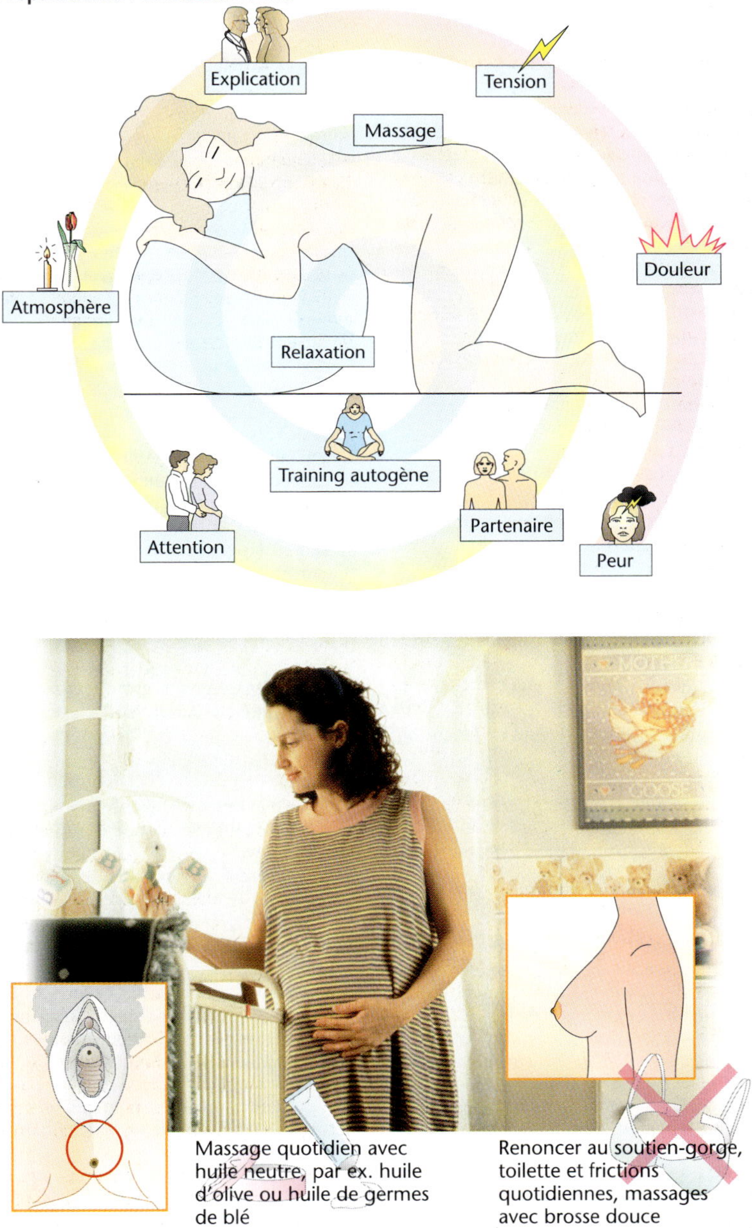


**A. Préparation mentale à l'accouchement**

## Épidémiologie et facteurs de risques

**Épidémiologie.** Chez près de 20 % des gestantes la tension artérielle est élevée de façon plus ou moins marquée. Selon la gravité de la maladie on parle :

- d'hypertension induite par la grossesse,
- de protéinurie isolée,
- de prééclampsie si les 2 signes sont présents.

Si le traitement est insuffisant, la prééclampsie peut évoluer vers une éclampsie (accès d'éclampsies) avec des convulsions tonico-cloniques chez la mère ; ceci constitue une menace considérable pour la mère et pour l'enfant.

**Facteurs de risques.** Voici les facteurs de risques connus de la maladie hypertensive de la grossesse :

- prédisposition génétique,
- facteurs sociaux,
- malnutrition et surtout manque de protéines,
- maladie rénale pré-existante,
- hypertension pré-existante,
- diabète sucré,
- lupus érythémateux disséminé,
- syndrome des ovaires polykystiques,
- âge maternel < 15 ans ou > 35 ans,
- première grossesse,
- multipare de plus de 35 ans,
- gémellité,
- hydramnios (accroissement de la tension de la paroi utérine),
- môle hydatiforme,
- antécédent de transfusion,
- mariage consanguin,
- antécédent de stimulation leucocytaire.

## A. Physiopathologie

L'origine exacte de la maladie hypertensive de la grossesse ou de l'éclampsie n'est pas connue. Voici la théorie actuellement considérée comme la plus vraisemblable :

Suite à des mauvaises adaptations immunologiques ou suite à des causes mécaniques (en particulier lésions endométriales, par ex. après avortement), la nidation sera suivie d'une invasion insuffisante de l'endomètre par le trophoblaste.

La dilatation des artères spiralées sera insuffisante, suite vraisemblablement à un défaut de stimulation par l'endomètre ; ceci amènera d'une part une diminution de la vascularisation pré-placentaire, et d'autre part la constitution d'une athéromatose vasculaire aiguë. Celle-ci va provoquer des infarctus placentaires et secondairement des hématomes placentaires.

L'insuffisance de la perfusion placentaire (insuffisance placentaire, p. 126) va déjà à elle seule mener au retard de croissance fœtale et, dans sa forme majeure, à la mort in utero.

**Hausses ultérieures de tension artérielle.** Sur le versant maternel le corps essaie de compenser les troubles de la perfusion placentaire, d'abord grâce à une hausse de la pression artérielle par vasoconstriction. Ceci entraînera une évolution fâcheuse : l'hypertension elle-même provoquera des lésions endothéliales dans l'organisme maternel qui s'étendront aux vaisseaux des reins. S'ensuivront des lésions menant à une protéinurie et à une activation du système rénine-angiotensine. Sous l'effet de l'angiotensine II, la tension artérielle continuera d'augmenter.

**Troubles de la coagulation.** Des microthromboses pourront de plus se constituer suite à l'activation de la chaîne de la coagulation. Cela pourra éventuellement mener ultérieurement à une coagulation intravasculaire disséminée (CIVD).

Tous ces facteurs feront régresser la circulation placentaire et entretiendront ainsi le mécanisme régulatoire pathologique.

**Suites.** L'association de l'hypertension avec une CIVD va produire :

- chez la mère, le cas échéant une diminution de la perfusion des organes et, dans les cas extrêmes, une défaillance multiorganique,
- chez l'enfant, une accentuation du retard de croissance et le cas échéant la mort in utero.

**Éclampsie, HELLP syndrome.** Dans les crises d'éclampsie avec des convulsions tonico-cloniques, on implique la perfusion insuffisante du cerveau. Dans la survenue du HELLP syndrome (p. 154), on implique une perfusion insuffisante du foie.

## Hypertensions artérielles de la grossesse I

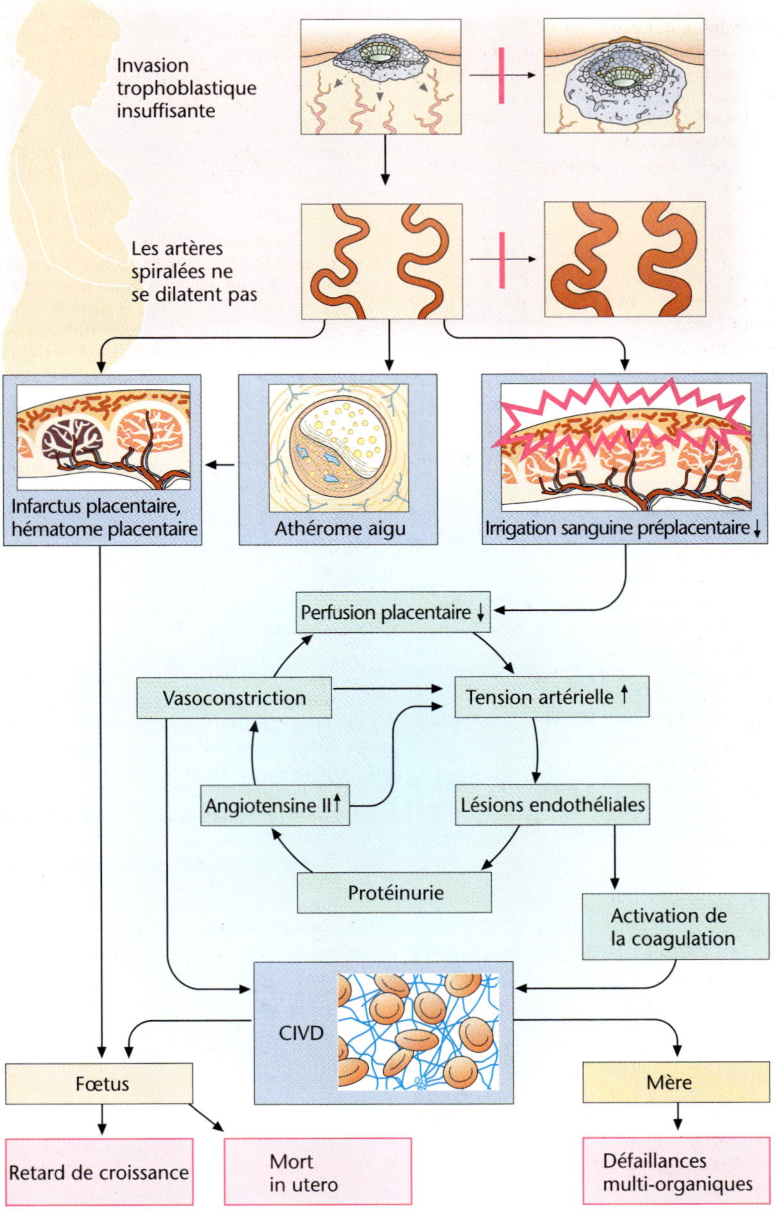


A. Physiopathologie

## A. Clinique

**Prééclampsie.** La prééclampsie **(1.)** se manifeste essentiellement par une importante prise de poids (plus de 500 g/semaine) et par des œdèmes qui lui sont liés. En général la patiente ne remarque pas la hausse de tension artérielle.

Les œdèmes siègent surtout aux membres inférieurs, aux mains (les bagues ne passent plus) et au visage sous forme d'œdèmes des paupières.

Les œdèmes qui ne sont pas associés à une hausse de tension artérielle ne sont pas pathologiques mais demandent une surveillance accrue vu le risque d'éclampsie.

**Menace d'éclampsie.** La menace d'éclampsie **(2.)** est une étape préliminaire qui précède immédiatement la crise d'éclampsie ; des signes caractéristiques se manifestent chez la femme :

- céphalées de plus en plus fortes,
- vertiges,
- « mouches volantes »,
- rétrécissement du champ visuel,
- douleurs abdominales, haut situées et prédominant à droite,
- nausées, vomissements,
- angoisse,
- hyperréflexie.

**Éclampsie.** La crise d'éclampsie **(3.)** se manifeste par des convulsions tonico-cloniques qui peuvent durer 3 à 6 min, suivies d'une phase de perte de connaissance profonde durant 10 à 20 min. Durant ce temps l'enfant est en danger vital imminent.

En l'absence de traitement le risque de récidive est considérable, et après plusieurs crises la mère risque une défaillance avec issue fatale.

## B. Diagnostic

Le diagnostic de l'hypertension gravidique se base sur les constatations suivantes :

- anamnèse (facteurs de risque, p. 150),
- recherche d'une protéinurie anormale par l'examen systématique des urines,
- contrôle de l'hémogramme (hématocrite en particulier),
- mesure de la tension artérielle au repos (chaque valeur au-dessus de 140/90 mmHg doit être considérée comme pathologique),
- examen clinique (œdème, douleurs abdominales hautes),
- échographie (retard de croissance du fœtus ? structure suspecte du placenta ?),
- en cas de particularités : échographie Doppler des divers vaisseaux.

## C. Traitement

Le traitement des maladies hypertensives de la grossesse dépendra du degré de gravité de l'hypertension.

**Prévention.** Les mesures préventives **(1.)** sont les suivantes :

- ménagement physique,
- alimentation équilibrée,
- apport suffisant de calcium,
- magnésium per os.

Les patientes à haut risque devraient en plus recevoir de l'acide acétylsalicylique (AAS) à partir de la 12e SA (50-100 mg/j).

**Prééclampsie.** Une hypertension manifeste (au-dessus de 140/90 mmHg ; **2.**) est traitée le plus souvent avec :

- α-méthyldopa,
- dihadralazine,
- β-bloquants,
- magnésium.

La patiente sera soumise à une surveillance étroite.

**Menace d'éclampsie.** Une patiente avec menace d'éclampsie **(3.)** devra avant tout être soustraite aux stimulations extérieures susceptibles de déclencher une crise d'éclampsie (énervement, bruit, lumière entre autres). Le traitement d'urgence comporte :

- éviter les stimulations acoustiques (ne pas parler à voix haute, pas de sirène lors du transport à la clinique),
- éviter les stimulations visuelles (lumière tamisée, pas de télévision),
- magnésium IV,
- antihypertenseurs IV (par ex. dihydralazine),
- éventuellement des sédatifs (par ex. diazépam).

Après stabilisation de la situation, il faudra éventuellement induire l'accouchement – en fonction de l'âge de la grossesse, de l'état de la mère et du fœtus.

**Éclampsie.** En cas de crise d'éclampsie manifeste **(4.)**, le but du traitement est d'abord d'interrompre la crise. Ensuite le seul traitement causal possible sera l'interruption de la grossesse, sans considération pour l'âge de la grossesse ni pour les chances de survie de l'enfant. Dans tous les cas la mère fera l'objet d'une surveillance médicale intensive.

Parmi les mesures d'urgence possibles :

- diazépam IV,
- magnésium IV,
- antihypertenseurs IV (par ex. dihydralazine).

## Hypertensions artérielles de la grossesse II

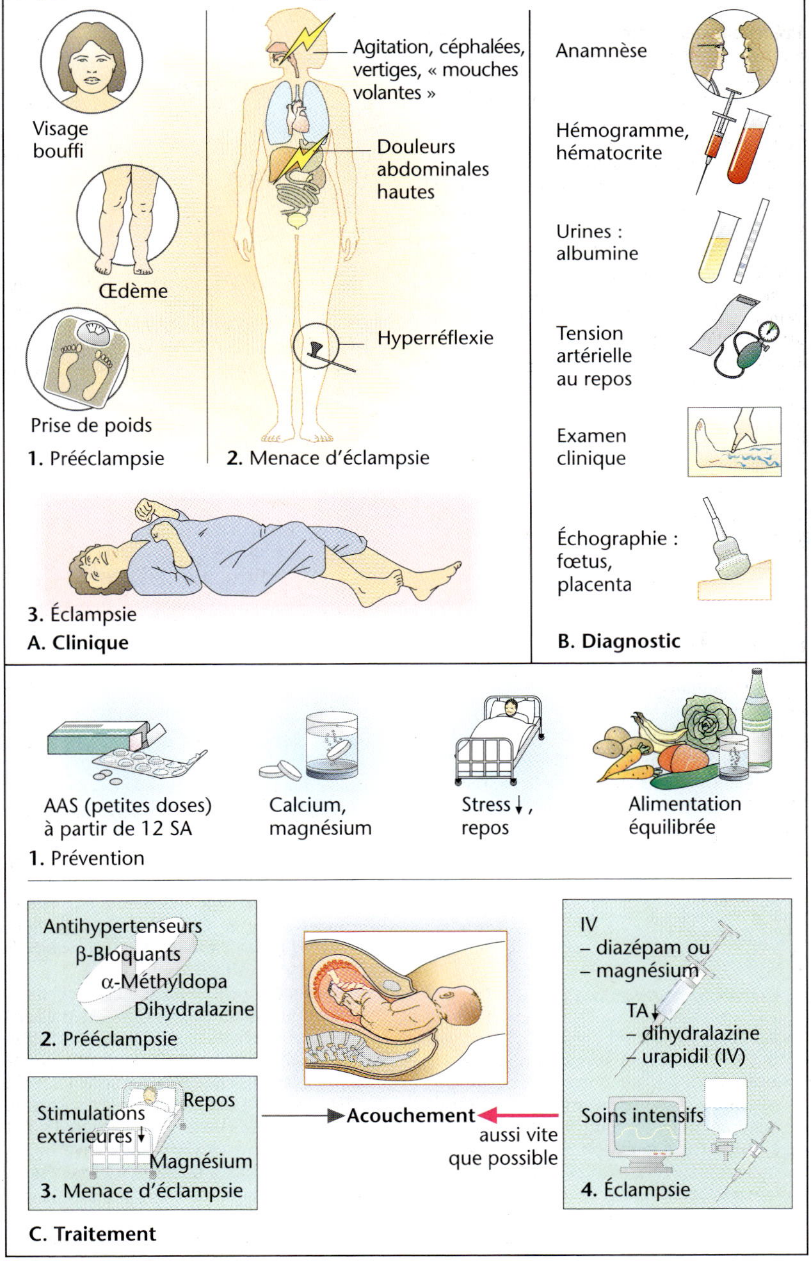

## A. Composante hépatique

Le HELPP syndrome est une forme de prééclampsie (menace d'éclampsie) avec une composante hépatique et vasculaire particulière.

Le sigle HELLP reflète les symptômes de la maladie :

- H : *hemolysis*, hémolyse,
- EL : *elevated lever enzymes*, élévation des enzymes hépatiques,
- LP : *low platelet count*, taux bas de plaquettes (thrombocytopénie).

Les modifications vasculaires de l'hypertension gravidique vont provoquer au niveau du foie :

- une vasoconstriction des capillaires,
- des dépôts intravasculaires de fibrine,
- la formation d'abord de petits thrombus intra-vasculaires.

Ceci va provoquer une consommation des facteurs de coagulation et surtout des thrombocytes, se manifestant par une thrombocytopénie.

L'augmentation de l'obstruction capillaire va d'une part provoquer un œdème hépatique, une tension de la capsule et des douleurs au niveau de l'hypocondre droit (région haute du ventre, à droite). Elle provoquera d'autre part des saignements dans le parenchyme du foie ; des cellules hépatiques seront détruites. La hausse des transaminases sanguines (enzymes hépatiques) s'explique par la libération d'enzymes suite aux destructions cellulaires. La confluence des hématomes peut provoquer l'apparition de gros hématomes sous-capsulaires avec un risque de rupture hépatique. L'hémorragie intra-abdominale qui en résulterait serait, combinée avec la thrombocytopénie, une situation d'extrême urgence car la vie de la mère serait en jeu. Selon les données de la littérature, lors d'un HELLP syndrome manifeste la mortalité maternelle peut atteindre 7 %.

## B. Composante vasculaire

La vasoconstriction et les lésions endothéliales provoquent la formation de microthromboses. Il s'ensuit d'une part une thrombocytopénie, suite à la forte consommation de plaquettes (voir plus haut), et d'autre part une forte diminution des érythrocytes (hémolyse). La libération d'hémoglobine va baisser le taux d'haptoglobine, premier marqueur de l'hémolyse. Sur le frottis sanguin on observera des érythrocytes altérés, sous forme de schizocytes (fragments d'érythrocytes). Plus tard on notera une hausse de la bilirubine, en particulier sous sa forme non conjuguée par suite de la perturbation de sa dégradation hépatique.

## C. Diagnostic

**Clinique.** Les douleurs abdominales hautes sont au premier plan de la symptomatologie clinique. Associées éventuellement à des nausées, elles doivent toujours inciter à préciser le diagnostic.

**Signes d'hémolyse.** L'haptoglobine chute (< 0,5 mg/dl) ; aux frottis sanguins on décèlera des schizocytes, plus tardivement on notera une hausse du taux de la bilirubine.

**Atteinte hépatique.** Hausse de GPT et, dans une moindre mesure, de GOT (en partie > 500 U/l) ; hausse de LDH et de CRP.

**Angiopathie.** Thrombocytopénie, dans les cas extrêmes à des valeurs inférieures à 10 000/µl.

## D. Traitement

La dynamique du HELLP syndrome étant très difficile à évaluer, on utilise le plus souvent le seul traitement causal possible : l'interruption de la grossesse par césarienne. Il existe par exemple des évolutions rapides, où le taux de thrombocytes passe de valeurs normales à moins de 20 000/µl en quelques heures.

Une patiente avec un HELLP syndrome avéré ou suspecté doit recevoir des soins médicaux intensifs dans un centre périnatal. Les médicaments suivants seront utilisés en urgence dans le but de stabiliser la situation :

- antihypertenseurs : dihydralazine, α-méthyldopa,
- sédatifs : diazépam,
- anticonvulsivant : magnésium IV.

Selon l'âge de la grossesse et les conditions cliniques, il faudrait éventuellement essayer d'induire la maturité pulmonaire à l'aide de corticostéroïdes.

**Cas particulier.** On pourra éventuellement essayer un traitement conservateur avec AAS, immunoglobulines ou plasmaphérèse, uniquement dans le cas d'une grossesse très jeune et d'une évolution pathologique très lente.

**Traitement du post-partum.** L'interruption de grossesse est suivie de la libération des thrombocytes inclus dans les microthromboses : il en résulte une thrombocytose réactionnelle avec des valeurs pouvant dépasser 500 000/µl. On conseille une prévention des thromboses par l'administration d'AAS.

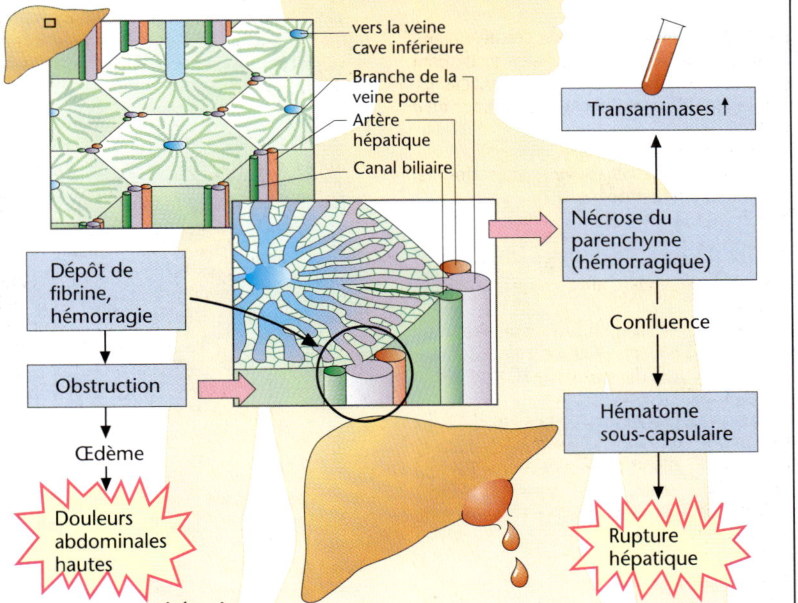


**A. Composante hépatique**

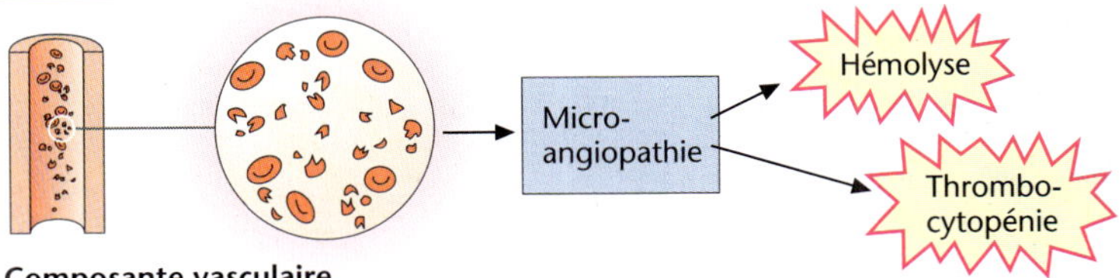


**B. Composante vasculaire**

**Labo**

Hémolyse :
- haptoglobine ↓
- bilirubine ↑
- schizocytes +

Lésions hépatiques :
- GPT > GOT ↑
- LDH, CRP ↑

Angiopathie :
- thrombocytes ↓

**C. Diagnostic**

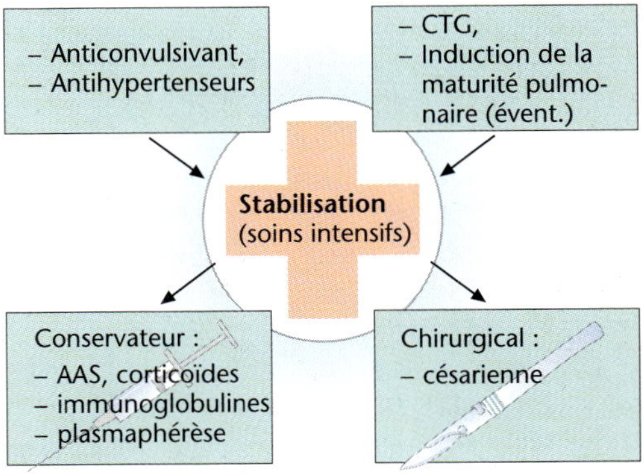


**D. Traitement**

Près de 10 à 15 % des femmes présentent une perturbation plus ou moins prononcée du métabolisme glucidique durant la grossesse. L'élimination de sucre dans les urines est souvent forte (glucosurie), ce qui ne correspond pas automatiquement à une élévation du taux de sucre sanguin (hyperglycémie).

Le test de tolérance au glucose per os, pour le dépistage du diabète gestationnel, ne fait pas partie intégrante des « directives concernant la maternité » en Allemagne (p. 18).

## A. Facteurs de risque

L'interrogatoire permet de distinguer les facteurs de risque préexistants à la grossesse ou indépendants de la grossesse, et ceux qui résultent de la grossesse.

**Facteurs anamnestiques.** L'accouchement d'un enfant de plus de 4000 g est le facteur amnestique orientant le plus souvent vers un risque. Dans ce cas on peut prévoir jusqu'à 30 % de diabètes gestationnels. D'autres indicateurs peuvent orienter vers une tendance au diabète :

- avortements habituels ou mort-nés,
- accouchements prématurés à répétition,
- malformations dans la fratrie,
- diabète gestationnel lors d'une grossesse précédente,
- plusieurs cas de diabète sucré dans la famille.

**Facteurs survenant lors de la grossesse en cours.** Particulièrement significatifs sont les signes ou les facteurs de risque suivants :

Obésité maternelle, âge maternel > 35 ans, hypertension artérielle ou survenue fréquente d'infections urinaires.

Les principaux symptômes orientant vers un diabète gestationnel ne sont toutefois perceptibles qu'avec l'échographie : la macrosomie fœtale et l'hydramnios.

**Physiopathologie.** En raison d'une production d'insuline insuffisante chez la mère, le taux de sucre sanguin augmente (hyperglycémie) ; le transfert se fait vers le fœtus à travers le placenta. Suite à cela le fœtus va produire son insuline propre et va métaboliser le sucre maternel. Les conséquences seront :

- macrosomie fœtale : avec une asymétrie crâne-thorax au bénéfice du thorax, une augmentation du périmètre abdominal et un épaississement du revêtement cutané,
- hydramnios (augmentation du liquide amniotique, p. 158), vu que la glycosurie du fœtus est liée à une augmentation de la sécrétion et de l'élimination de l'urine.

## B. Risques du diabète gestationnel

Le diabète gestationnel comporte divers risques pour la mère et pour son enfant à naître :

**Embryon/fœtus.** Des malformations et des avortements sont possibles en début de grossesse. Si le diabète gestationnel s'installe seulement plus tardivement lors de la grossesse, il en résultera les conséquences citées plus haut **(A.)** mais aussi diverses altérations organiques.

**Placenta.** Il n'est pas exceptionnel que l'altération des vaisseaux placentaires due au diabète provoque un défaut d'irrigation sanguine et ensuite un retard de croissance fœtale.

**Gestante.** Chez la mère le diabète est souvent associé à une hypertension artérielle (p. 150). Les infections urinaires sont fréquentes en raison de la glucosurie et du « bon » apport nutritif qui en résulte pour les bactéries. Dans les cas graves, des dommages rénaux apparaissent.

## C. Traitement

Après avoir posé le diagnostic au moyen d'un cycle glycémique et des examens échographiques adaptés, on tente d'abord d'équilibrer le diabète grâce à la diététique. On répartit la nourriture en 5 à 6 repas avec une ration de 2000 à 2300 calories. En raison de la contre-indication des anti-diabétiques oraux, il est nécessaire d'ajouter de l'insuline en fonction de l'âge de la grossesse et des taux de glycémie. Après la 36e SA on a tendance à provoquer l'accouchement.

**Surveillance.** Il est important que la mère et l'enfant soient soumis à une surveillance stricte. Durant la grossesse il faudra contrôler fréquemment le sucre sanguin (cycles glycémiques) et pratiquer régulièrement des échographies et des cardiotocographies.

L'accouchement doit absolument se dérouler dans un centre périnatal avec un service de pédiatrie, surtout en cas de macrosomie ou de prématurité. La mère sera soignée de façon interdisciplinaire, aussi bien par des gynécologues que par des internistes.

## Diabète gestationnel

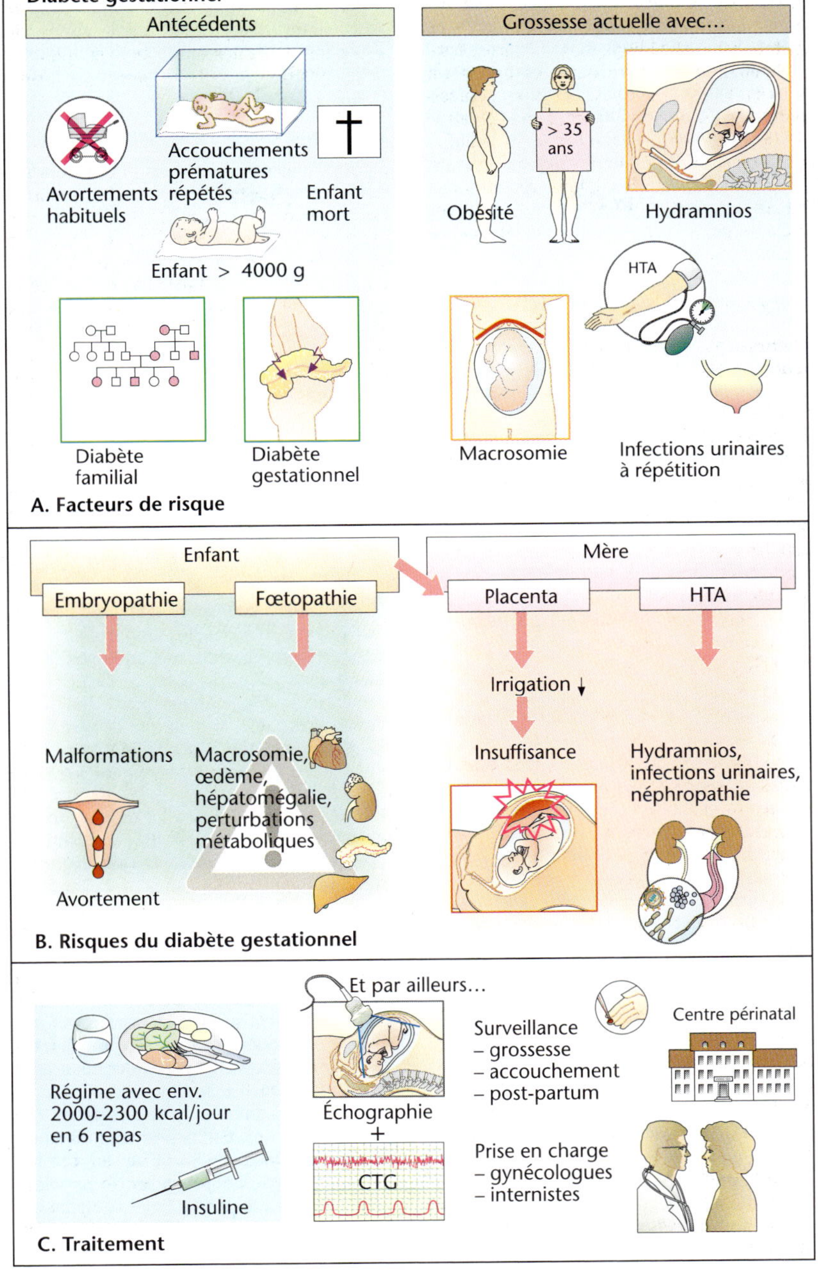

On parle d'hydramnios lorsque la quantité de liquide amniotique dépasse 2 l à terme ou lorsque, durant la grossesse, la quantité est nettement au-dessus de la norme (règle approximative : d'après l'examen échographique, il y aurait encore de la place pour un deuxième fœtus).

## A. Étiologie

L'hydramnios peut d'une part être lié à une augmentation de la production de liquide amniotique par la mère ou le fœtus, mais peut aussi résulter du fait qu'une quantité normale de liquide amniotique est mal récupérée. Ceci est le cas par exemple lors d'une atrésie œsophagienne ou d'une autre malformation du tractus gastro-intestinal.

Dans 10 à 15 % des cas l'origine de l'hydramnios n'est pas éclaircie.

**Production augmentée.** Des quantités excessives de liquide amniotique sont produites lors d'infections généralisées (par ex. toxoplasmose, listériose, cytomégalovirus), du diabète maternel (et aussi du diabète gestationnel, p. 156), du syndrome de transfusion fœto-fœtale, de l'incompatibilité Rhésus et des malformations fœtales (par ex. spina bifida, trisomies, malformations rénales).

## B. Clinique

Le signe principal est la croissance excessive de la matrice. Ceci s'objective par la mesure de la hauteur utérine (par la première manœuvre de Leopold) ou par la mesure de la distance symphyse-fond utérin.

Chez la gestante cela se traduit par une accentuation de certains symptômes liés à la grossesse : dyspnée, constipation ou besoin d'uriner.

En raison de la surdistension de la musculature utérine, il est possible de noter une diminution de l'irrigation sanguine et une malnutrition fœtale. La survenue de contractions prématurées constitue un phénomène encore plus fréquent. Ceci augmente le risque d'accouchement prématuré ou de rupture prématurée des membranes (p. 164).

## C. Diagnostic

L'échographie est l'élément diagnostique prédominant. On tente une estimation de la quantité de liquide amniotique. Les signes en faveur d'un hydramnios sont par exemple un espace liquidien entre le dos fœtal et la paroi utérine supérieur à 2 cm, ou une citerne d'une profondeur supérieure à 8 cm ou d'une largeur supérieure à 2 cm.

**Recherche de la cause.** Une fois l'hydramnios diagnostiqué, il est indispensable d'en chercher la cause. On effectue des examens sérologiques chez la mère à la recherche d'anticorps Rhésus ou d'infections (TORCH, voir aussi p. 130) et éventuellement une amniocentèse ou une ponction du cordon (par ex. pour des examens génétiques). La recherche du diabète sucré ou du diabète gestationnel se base sur des cycles glycémiques ou des tests de tolérance au glucose per os.

Il faut effectuer un examen échographique détaillé à la recherche de malformations fœtales.

## D. Risques. Traitement

Deux aspects comportent des risques pour la mère et/ou pour l'enfant :

- la maladie qui est à l'origine de l'hydramnios,
- l'hydramnios lui-même.

**Contractions.** Une tocolyse sera souvent nécessaire en raison de contractions prématurées.

**Répercussions maternelles.** En cas de symptomatologie maternelle importante, par exemple dyspnée suite une surélévation du diaphragme, il faudra effectuer une ponction évacuatrice. Malheureusement son effet n'est pas durable, si bien que la procédure devra être répétée à intervalles de plus en plus rapprochés. On court toujours le risque d'une infection.

**Rupture des membranes.** La rupture prématurée des membranes est le plus grand risque pour le fœtus (p. 164). Les anomalies de présentation sont fréquentes en raison de la grande mobilité du fœtus. Le cas échéant elles nécessiteront une césarienne, en particulier en cas de prématurité associée. En cas de rupture des membranes avec diminution subite de la pression intra-utérine, on peut avoir une procidence du cordon (p. 166) ou un décollement prématuré du placenta (p. 162), situations d'extrême urgence avec risque vital pour l'enfant.

**Contractions faibles.** La faiblesse des contractions lors du travail est un autre risque de l'hydramnios. Le muscle utérin, trop longtemps distendu, n'arrive plus à se contracter normalement. Pour la même raison, il y a un risque plus grand d'atonie après l'accouchement (p. 226).

## Hydramnios

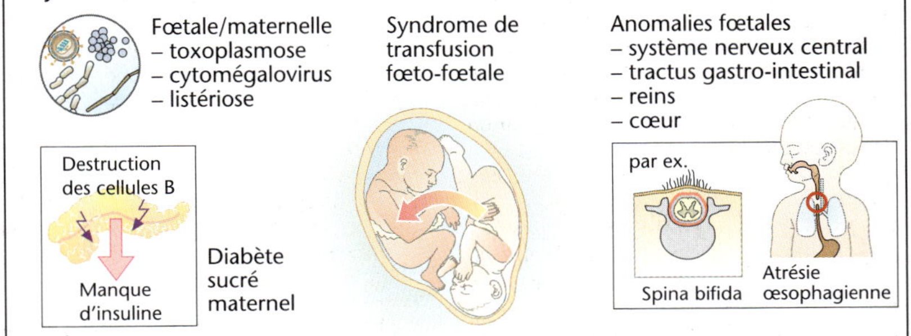


**A. Étiologie**

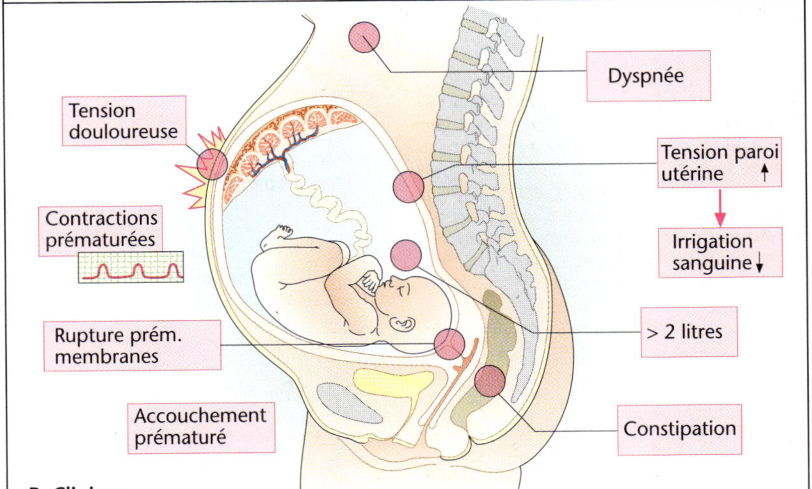


**B. Clinique**

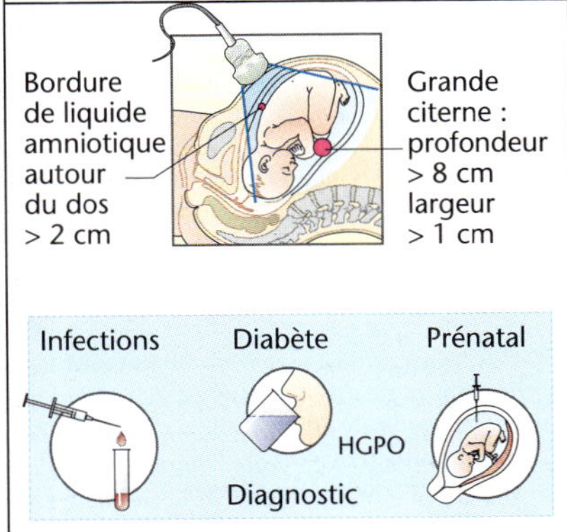


**C. Diagnostic**

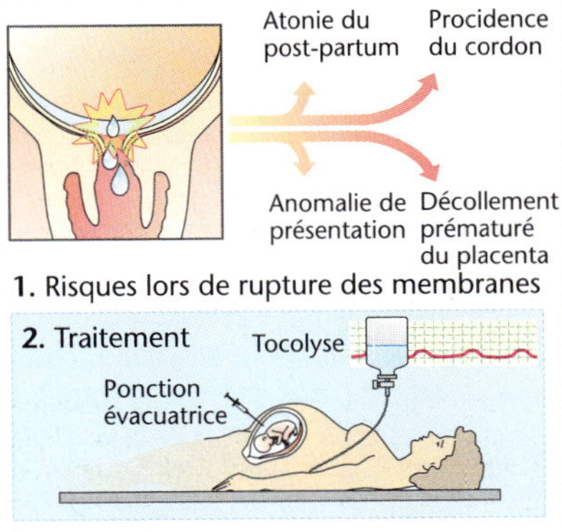


**D. Risques – Traitement**

Par anasarque fœtale (hyrops fetalis) on décrit un état dans lequel le fœtus emmagasine une quantité massive de liquide. Ceci a lieu aussi bien dans les grandes cavités du corps comme l'abdomen (ascite) ou le thorax (épanchement pleural), que dans le tissu interstitiel sous forme d'œdème généralisé. L'anasarque est souvent combinée avec un hydramnios.

## A. Étiologie

La cause de loin la plus fréquente de l'anasarque fœtale est une incompatibilité de groupe sanguin. D'autres causes maternelles ou fœtales sont possibles. Toutes les affections mènent à une anémie (pauvreté du sang), qui entraînera ensuite l'anasarque (voir **B.**).

**Causes maternelles.** Les plus significatives sont le diabète sucré, la thalassémie et les hypertensions de la grossesse.

**Causes fœtales.** Les causes fœtales possibles sont les anomalies chromosomiques (par ex. syndrome de Turner), les anomalies du fœtus vers la mère ou du fœtus vers un fœtus (syndrome de transfusion fœto-fœtale, p. 114), les lésions organiques (par ex. cœur, poumons, reins) et les infections (par ex. érythème infectieux aigu, cytomégalovirus).

**Incompatibilité de groupe**. Dans ce cas les groupes sanguins de la mère et de l'enfant ne se « tolèrent » pas et la mère a développé des anticorps contre les cellules sanguines de l'enfant. La condition préalable à cela est que le système immunitaire maternel ait été déjà en contact avec du sang de l'enfant ou du sang d'un même groupe :

- soit durant cette grossesse (par ex. lors de saignements de type avortement ou lors d'une amniocentèse),
- soit lors d'un événement ancien (par ex. lors d'un accouchement précédent ou lors d'une transfusion de sang).

Les anticorps vont alors traverser le placenta et attaquer les érythrocytes fœtaux.

La constellation la plus fréquente est l'incompatibilité Rhésus. Elle survient si la mère et Rhésus négatif et le bébé Rhésus positif. Si les anticorps maternels contre le facteur Rhésus arrivent dans le sang fœtal, il s'ensuivra une hémolyse massive chez le fœtus. D'autres anticorps (par ex. Kell, Duffy, anti-E) peuvent mener à une anasarque fœtale, plus rarement toutefois.

## B. Pathogénie

**Hypoxie et ses conséquences.** L'anémie (Hb < 8 g/dl ou < 5 mmol/l) provoque une hypoxie tissulaire chez le fœtus. Ceci augmente la perméabilité des membranes cellulaires et provoque la sortie de l'eau vers les interstices. Les capacités de synthèse du foie sont restreintes du fait de l'hypoxie, ce qui se manifestera sous la forme d'une hypoprotéinémie. La pression oncotique dans les vaisseaux va chuter, ce qui déplacera les liquides du système vasculaire vers les tissus. Les conséquences, en particulier l'épanchement péricardique, peuvent affecter le système vasculaire fœtal au point de provoquer la mort intra-utérine du fœtus.

**Hyperbilirubinémie.** Lors d'une anémie hémolytique massive le taux de bilirubine sanguine augmente rapidement. Lorsque le taux sérique dépasse certains seuils maximaux, dépendants de l'âge du nouveau-né, la bilirubine peut se déposer principalement dans les noyaux cérébraux et dans les ganglions du tronc cérébral, mais aussi dans le cortex cérébral et la moelle épinière du nouveau-né. Cet *ictère nucléaire* irréversible provoquera de graves lésions cérébrales ou la mort de l'enfant.

## C. Diagnostic

Le diagnostic est basé sur l'échographie (épaisseur du revêtement cutané, épanchement pleural, ascite) et sur des examens sérologiques (diagnostic des infections, anticorps Rhésus). En cas de présence d'anticorps il convient de déterminer la concentration de bilirubine et le degré de l'anémie fœtale grâce à une amniocentèse ou, mieux, grâce à une cordocentèse.

## D. Traitement en cas d'anémie et/ou d'anasarque

Le traitement dépendra du taux de bilirubine, de l'existence d'une anémie et de l'âge du fœtus ou, le cas échéant, du nouveau-né. On pratiquera d'autant plus facilement une interruption de grossesse avec traitement du nouveau-né par photothérapie ou exsanguinotransfusion (voir p. 240) que la grossesse est avancée. Dans le cas d'une anémie sévère, on pourra déjà réaliser une transfusion intra-utérine.

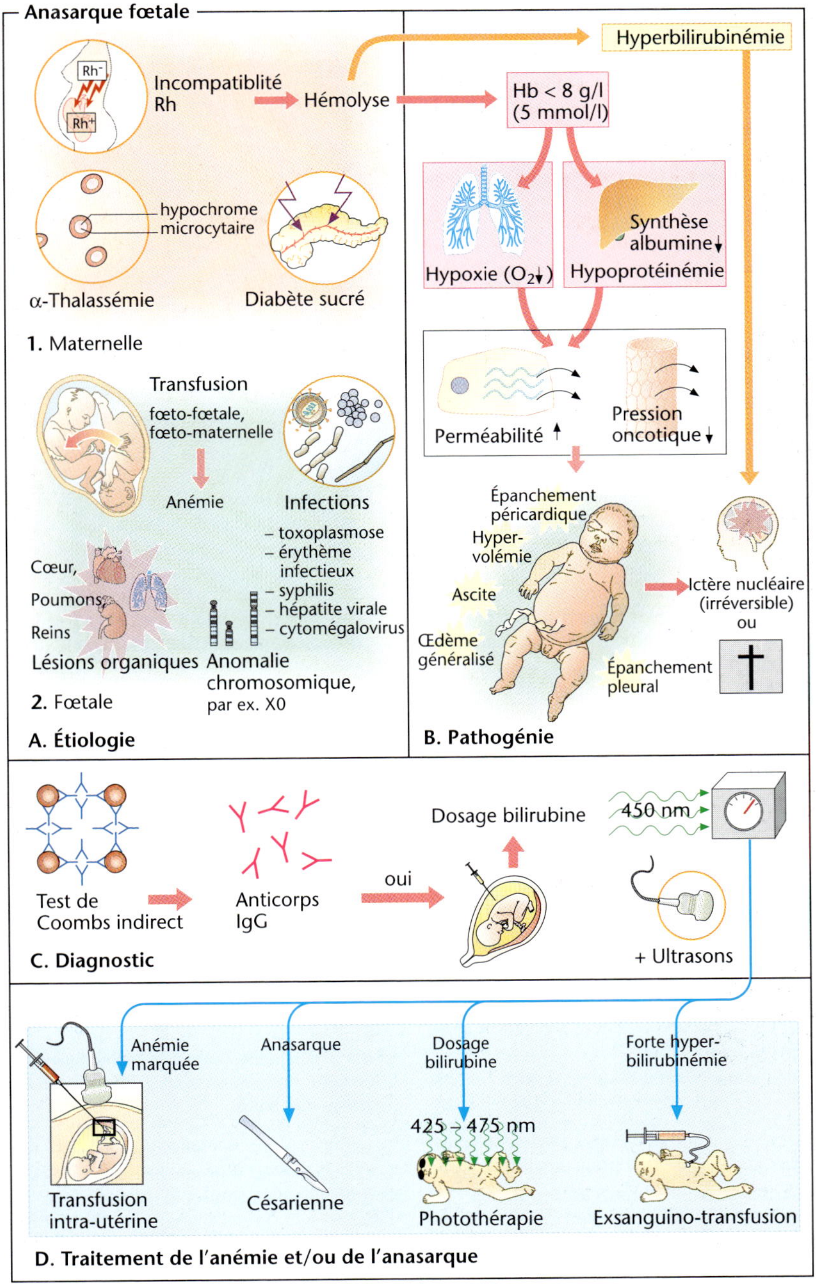
Anasarque fœtale
Rh⁻
Rh⁺
Incompatiblité Rh
Hémolyse
Hyperbilirubinémie
Hb < 8 g/l (5 mmol/l)
hypochrome
microcytaire
α-Thalassémie
Diabète sucré
1. Maternelle
Transfusion
fœto-fœtale,
fœto-maternelle
Anémie
Infections
– toxoplasmose
– érythème infectieux
– syphilis
– hépatite virale
– cytomégalovirus
Cœur,
Poumons,
Reins
Lésions organiques
Anomalie chromosomique, par ex. X0
2. Fœtale
A. Étiologie
Synthèse albumine↓
Hypoxie (O2↓)
Hypoprotéinémie
Perméabilité ↑
Pression oncotique↓
Épanchement péricardique
Hyper-volémie
Ascite
Œdème généralisé
Épanchement pleural
Ictère nucléaire (irréversible)
ou
B. Pathogénie
Test de Coombs indirect
Anticorps IgG
oui
Dosage bilirubine
450 nm
+ Ultrasons
C. Diagnostic
Anémie marquée
Anasarque
Dosage bilirubine
Forte hyper-bilirubinémie
425 – 475 nm
Transfusion intra-utérine
Césarienne
Photothérapie
Exsanguino-transfusion
D. Traitement de l'anémie et/ou de l'anasarque

## A. Décollement prématuré du placenta

Sous le terme de décollement prématuré du placenta on entend le décollement partiel ou complet du placenta de la paroi utérine, avant la naissance de l'enfant. Ceci amène une diminution des apports au fœtus, plus ou moins menaçante selon la taille du décollement mais qui, dans les cas extrêmes, peut mener à la mort in utero.

**Causes.** Les principales causes sont :

- traumatisme externe : par exemple chute sur le ventre, accident de la circulation,
- traumatisme interne : brièveté du cordon ou plusieurs circulaires du cordon avec traction sur le placenta,
- chute brusque de la pression intra-utérine suivie d'une contraction utérine : par exemple lors de la rupture des membranes, avant tout lors de l'hydramnios ou après l'accouchement du premier jumeau,
- contractions utérines permanentes : par exemple lors de présentations anormales, surdosage d'ocytociques,
- lésions vasculaires avec modification de la surface du placenta : par exemple lors de l'hypertension artérielle, chez les fumeuses.

**Clinique, diagnostic.** Les symptômes cliniques dépendent de la taille et de l'emplacement de la zone décollée. Une hémorragie externe ne survient que si le décollement se fait près du bord du placenta ou s'il s'agit d'un décollement complet.

Le processus de décollement est souvent suivi secondairement de contractions utérines localisées qui se manifestent par des douleurs. Le décollement lui-même n'est pas douloureux.

Une grosse perte de sang maternel conduira éventuellement à un choc avec les signes cliniques correspondants : chute de tension artérielle, élévation du pouls, sueurs froides, perte de connaissance, troubles de la coagulation (CIVD).

L'atteinte de l'état fœtal est un signe important. On s'en aperçoit par les modifications de la CTG : dans les petits décollements il existe une tachycardie et une diminution de l'amplitude des oscillations ; dans les gros décollements il existe une bradycardie durable.

**Traitement.** Après transfert d'urgence en milieu hospitalier, le traitement dépendra de l'état du fœtus. Si l'enfant est vivant avec des chances de viabilité ou si l'hémorragie maternelle est massive, on fait aussitôt une césarienne. Si le fœtus est déjà mort et si l'hémorragie est tolérable, on préférera un accouchement par voie vaginale.

## B. Rupture utérine

La musculature utérine est très élastique et très résistante, de sorte que les ruptures de la paroi utérine sont très rares et ne surviennent le plus souvent que sur un utérus lésé antérieurement.

Il faut distinguer ici :

- une rupture cicatricielle : une myomectomie ou une césarienne peuvent laisser une zone potentiellement fragile dans la paroi utérine,
- des maladies de l'utérus : une endométriose sous la forme d'une adénomyose utérine ou de malformations utérines (par ex. utérus bicorne ou utérus arcuatus),
- une rupture par distension : lors d'une activité utérine intense mais frustrante et inefficace, la musculature utérine peut être distendue au point de se rompre – le plus souvent à la limite entre le corps utérin et le segment inférieur, qu'on appelle « anneau de Bandl ». Les causes possibles sont une anomalie de présentation (avant tout l'épaule négligée), une macrosomie fœtale ou un bassin rétréci.

**Clinique, diagnostic.** La rupture se manifeste généralement par une douleur brutale et intense (sensation de déchirure) souvent suivie de la cessation des contractions. Dans les grosses ruptures il est possible de palper le fœtus directement sous la paroi abdominale. L'hémorragie vaginale peut être tout à fait absente, minime ou massive.

L'altération des bruits du cœur fœtal dépendra de la taille de la rupture (tachycardie ou bradycardie massive).

**Traitement.** La menace d'une rupture par distension peut déjà être reconnue à un stade préliminaire (activité utérine massive, « tempête de contractions », ascension de l'anneau de Bandl). La rupture peut alors être évitée par une tocolyse et une césarienne d'urgence. Si l'utérus est déjà rompu, la césarienne est à pratiquer de suite. Selon la taille de la rupture et l'importance de l'hémorragie, on pourra tenter de suturer les petites lésions. Les grosses lésions imposeront l'ablation de l'utérus.

## Décollement prématuré du placenta, rupture utérine

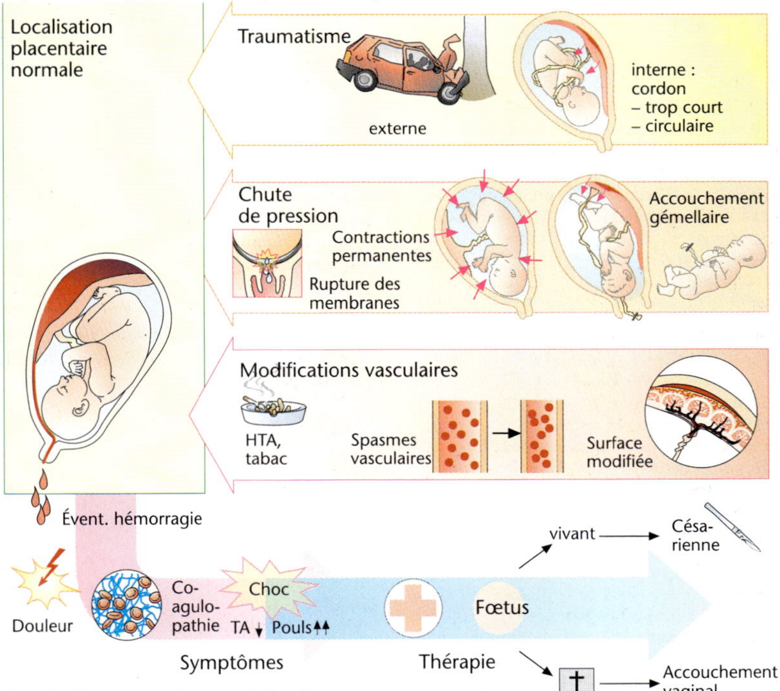


**A. Décollement prématuré du placenta**

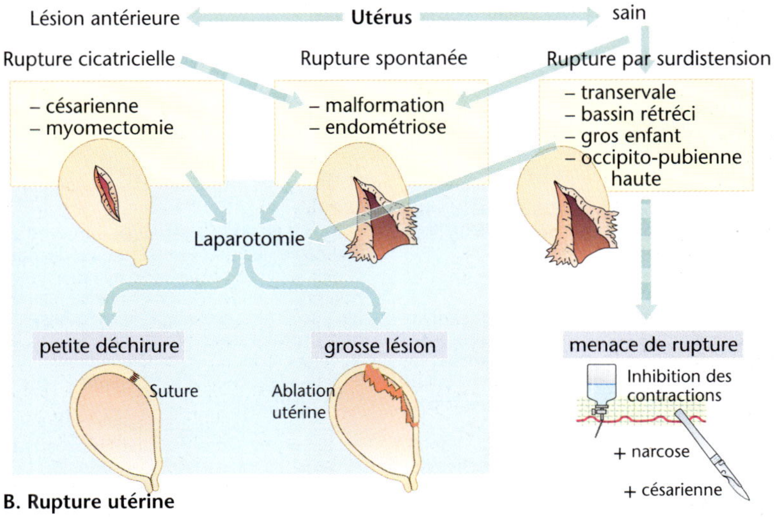


**B. Rupture utérine**

## A. Causes

**Définitions.** On définit le moment de la rupture des membranes par rapport aux phases de l'accouchement :

- rupture prématurée des membranes : avant le début des contractions régulières, c'est-à-dire avant la période de dilatation,
- rupture précoce des membranes (la plus fréquente) : durant la période de dilatation, c'est-à-dire avant la dilatation complète,
- rupture tempestive (rare) : durant la période d'expulsion, c'est-à-dire après dilatation complète et avant la naissance de l'enfant,
- rupture retardée des membranes : après l'expulsion de la tête fœtale ou à la fin de la phase d'expulsion,
- rupture haute des membranes : rupture des membranes dans la cavité utérine, la poche des eaux en avant de la tête fœtale est encore intacte.

**Causes.** Les causes importantes de la rupture prématurée des membranes sont :

- les infections génitales : l'infection vaginale ascendante (le plus souvent bactérienne, par ex. *E. coli*, streptocoques B) fragilise les membranes,
- l'insuffisance du col et les contractions prématurées : lors de la dilatation prématurée du col les membranes sont libres au pôle inférieur de l'œuf et peuvent facilement se rompre,
- l'augmentation de la pression intra-utérine lors d'une grossesse gémellaire, d'un hydramnios ou d'une macrosomie fœtale,
- l'anomalies de position : position transversale en particulier avec la procidence d'un bras, présentation des pieds.

## B. Diagnostic et risques

Il faut penser à la rupture prématurée des membranes lors de chaque écoulement vaginal. Il faudra néanmoins exclure certains diagnostics différentiels :

- émission d'urines (odeur typique, couleur),
- pertes blanches lors d'une cervicite (examen extemporané),
- rejet du bouchon muqueux lors de contractions prématurées.

**Diagnostic.** Les mesures suivantes permettent de confirmer la rupture des membranes :

- examen au spéculum : écoulement de liquide visible ? Prélever des sécrétions au niveau du cul-de-sac vaginal postérieur et faire un frottis microbiologique,
- test au papier tournesol : le liquide amniotique est alcalin ; éventuellement compléter par un examen d'urines pour le diagnostic différentiel,
- test au bleu de Nil : test des flocons de vernix. Peut-on voir des flocons de vernix ?
- amnioscopie : la poche des eaux est-elle visible ?
- échographie : quantité de liquide amniotique ?

**Risques.** Chaque rupture prématurée des membranes est un risque de procidence et avant tout de procidence du cordon (p. 166). Pour cette raison la patiente devrait aussitôt s'allonger, se faire transporter allongée à la clinique et rester allongée jusqu'à ce qu'on soit sûr que la tête fœtale colmate bien le col. En dehors de la procidence du cordon on peut voir la procidence de petites parties (bras, pied).

En raison de la communication directe entre le vagin et l'espace intra-utérin suite à la rupture des membranes, il y a un risque d'ascension des germes vaginaux et de la survenue d'un syndrome d'infection amniotique (SIA, p. 168).

Des contractions vont souvent apparaître quelques heures après la rupture des membranes et vont augmenter le risque d'un accouchement prématuré (selon l'âge de la grossesse).

## C. Conduite

La conduite en cas de rupture prématurée des membranes dépendra d'une part de l'âge de la grossesse et d'autre part de l'existence éventuelle d'un syndrome d'infection amniotique. Pour diagnostiquer ce syndrome à temps il faudrait surveiller la mère étroitement (par ex. toutes les 6 heures) par des prises de sang (leucocytes, CRP) et des prises de températures ; le fœtus sera surveillé par des enregistrements cardiotocographiques.

L'accouchement est souhaitable pour toutes les grossesses de plus de 34 SA :

- en l'absence d'infection, par accouchement spontané,
- en cas d'infection et selon l'avancement de l'accouchement, éventuellement par césarienne.

Avant la 34e SA et avec un syndrome d'infection amniotique, il faudra interrompre la grossesse par césarienne malgré l'immaturité fœtale. En l'absence de signes infectieux on tente de prolonger la grossesse. La patiente sera traitée/surveillée :

- repos strict au lit, bassin surélevé,
- administration d'antibiotiques (par ex. ampicilline),
- tocolyse (magnésium, bêta-mimétiques),
- surveillance des paramètres infectieux,
- surveillance cardiotocographique,
- induction de la maturité pulmonaire fœtale (administration de corticostéroïdes).

## Rupture prématurée des membranes

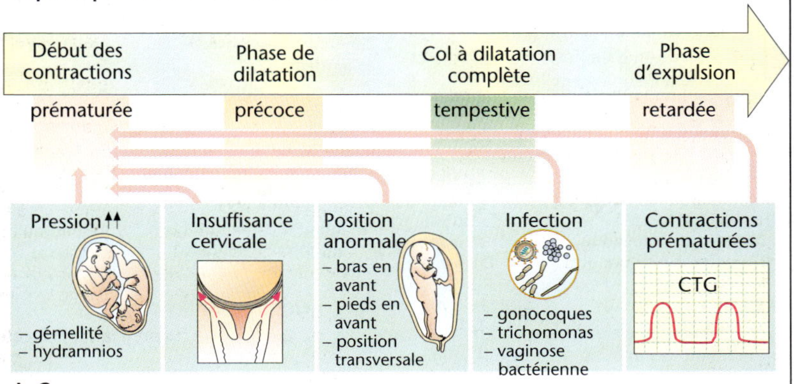


A. Causes

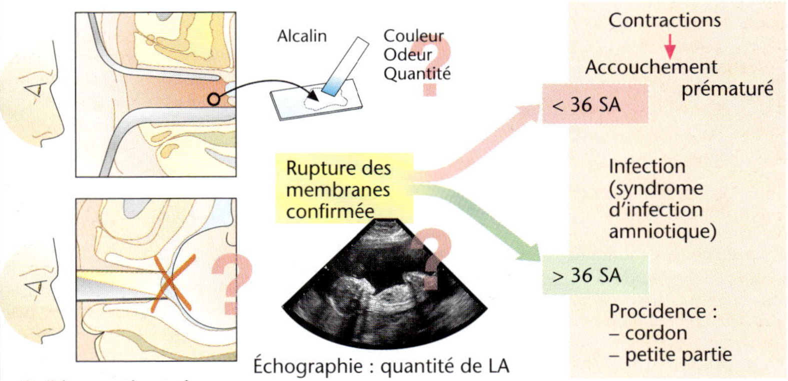


B. Diagnostic et risques

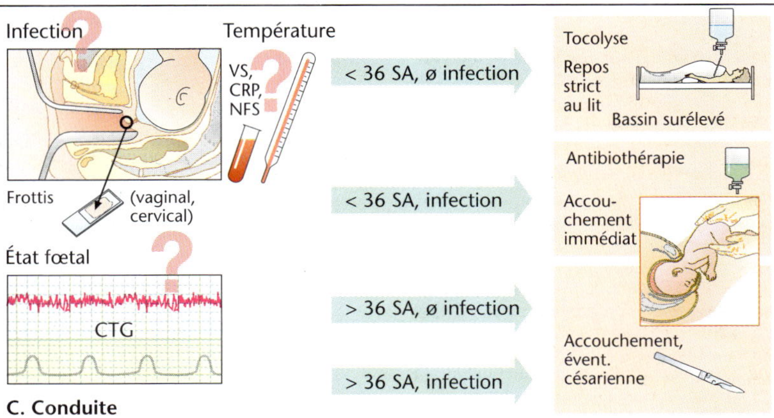


C. Conduite

## A. Anomalies du cordon

Les malformations ou les problèmes de cordon – c'est-à-dire du lien entre le placenta et le fœtus – s'accompagnent le plus souvent d'une diminution des apports au fœtus. La diminution peut être chronique (malnutrition, hypotrophie) ou aiguë.

**Cordon trop long.** Si le cordon mesure plus de 60 cm de long, certains problèmes sont plus fréquents :

- nœud vrai du cordon,
- torsion du cordon,
- enroulement serré du cordon autour du fœtus,
- procidence du cordon.

**Brièveté du cordon.** Si le cordon mesure moins de 25 cm, on dit qu'il est très court. Les complications suivantes peuvent alors survenir :

- décollement prématuré du placenta suite à la traction,
- déchirure du cordon,
- inversion utérine après l'accouchement, avec issue (protrusion) de toute la matrice à l'extérieur (très rare).

**Artère ombilicale unique.** L'artère ombilicale unique est l'anomalie la plus fréquente. Elle peut se voir jusque dans 3 % des grossesses ; elle est le plus souvent sans signification pathologique. En raison de sa survenue un peu plus fréquente dans certaines malformations avec anomalie chromosomique, il est nécessaire d'effectuer un bilan échographique pour clarifier les choses ; il n'est pas nécessaire toutefois de faire un diagnostic invasif.

**Insertion vélamenteuse.** Normalement le cordon s'insère au milieu du placenta. Dans près de 1 % des grossesses, les vaisseaux évoluent d'abord sur les membranes avant de fusionner au niveau du cordon. Ces vaisseaux évoluant « librement » peuvent éventuellement être déchirés lors de la rupture des membranes et occasionner une hémorragie qui mettra le fœtus en danger.

**Faux nœuds du cordon.** À l'occasion, on peut découvrir après la naissance un « faux » nœud du cordon. Il s'agit d'une superposition de vaisseaux avec un épaississement de la gelée de Wharton. Le plus souvent le faux nœud n'a pas de signification pathologique.

**Kystes du cordon.** Ils sont très rares ; ils ne sont pas un signe de malformation.

**Hématome du cordon.** L'hématome du cordon peut résulter d'une rupture incomplète colmatée ou d'une cordocentèse. L'enfant sera plus ou moins en danger, selon l'importance de l'hémorragie.

**Diagnostic (2.).** Le diagnostic d'une anomalie du cordon s'appuie sur :

- l'examen échographique du cordon lui-même,
- l'échographie Doppler pour mettre en évidence les flux artériels des vaisseaux du cordon,
- la surveillance de l'activité cardiaque par cardiotocographie.

## B. Procidence du cordon

La procidence du cordon est une complication grave et redoutable qui ne survient qu'avec des membranes rompues. Le cordon sera comprimé entre le bassin maternel et la tête fœtale. L'apport de sang au fœtus et par conséquent d'oxygène sera complètement interrompu. L'hypoxie est immédiate.

Si les membranes sont encore intactes on parle d'un *procubitus* du cordon. Ce n'est que dans ce cas qu'on peut essayer de repositionner le cordon en poussant la tête vers le haut pour faire de la place.

**Conduite.** La procidence du cordon est une grande urgence obstétricale. Dans l'immédiat il faut repousser la tête vers le haut et surélever le bassin de la gestante. Cette mesure peut être soutenue par l'administration de médicaments tocolytiques (par exemple ritodrine intra-partum) ; dans le même temps on débute une césarienne d'urgence.

Ce n'est qu'avec une dilatation complète du col et une tête bien engagée qu'on procédera à un accouchement par voie vaginale, par forceps ou ventouse. Dans ces conditions la voie vaginale est plus rapide que la césarienne.

**Prévention.** Vu le danger de la procidence du cordon, il faudrait expliquer à toutes les gestantes qu'en cas de rupture des membranes elles devraient s'allonger immédiatement – si possible en surélevant le bassin – et être transportées à l'hôpital en position couchée.

## Pathologie du cordon ombilical

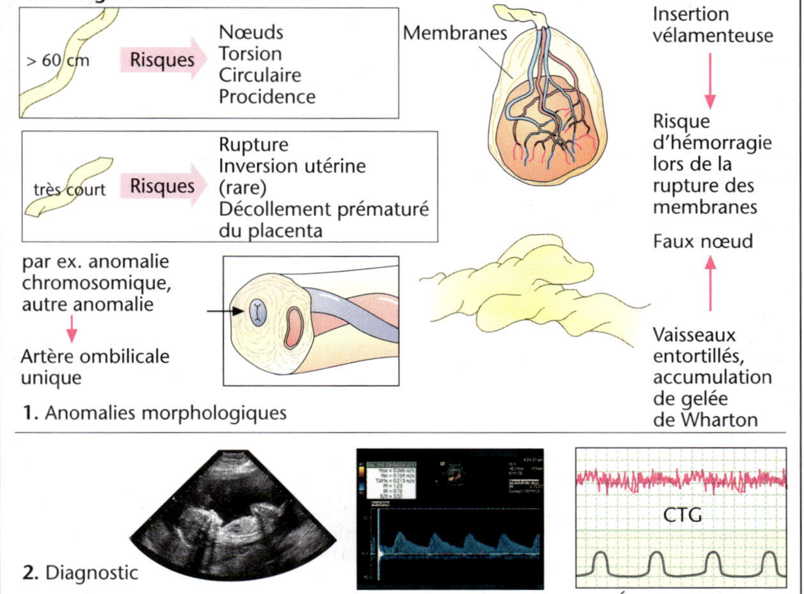


**A. Anomalies du cordon**

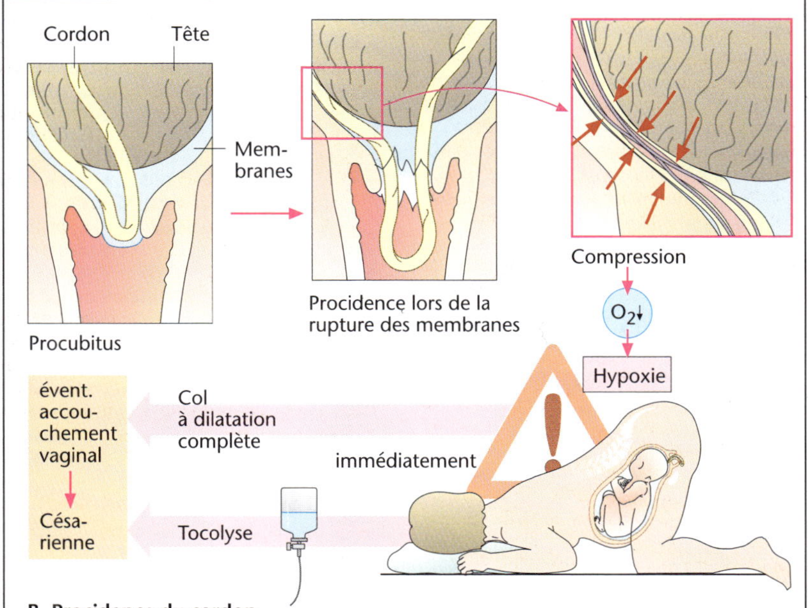


**B. Procidence du cordon**

## A. Définition et facteurs de risque

La prématurité est la principale cause de mortalité et de morbidité périnatales. Ceci justifie toutes les mesures qui empêchent la prématurité.

La limite entre la naissance prématurée et la naissance à terme est très clairement placée à la fin de la 37e SA. La limite entre l'avortement tardif et la naissance prématurée se déplace toujours plus vers l'avant en raison des progrès des traitements intensifs en néonatologie. À ce jour on considère le plus souvent qu'à partir de 24 SA un enfant est viable.

Voici les principales catégories de facteurs de risque de prématurité :

**Risques révélés par l'interrogatoire.**

- Gestante de moins de 18 ans ou plus de 35 ans, en raison d'une fréquence accrue d'insuffisances placentaires.
- Multiparité.
- Problèmes psychiques, stress (menant à une activité contractile prématurée).
- Tabac, alcool, drogues (en particulier l'héroïne).

**Risques lors de grossesses antérieures.**

- Accouchements prématurés, quand la cause persiste.
- Plusieurs avortements ou interruptions de grossesse.
- Mort-nés.

**Troubles organiques.**

- Malformations utérines (par ex. utérus bicorne).
- Fibrome.
- Paroi utérine cicatricielle (après myomectomie ou autre intervention utérine) avec diminution subséquente de la perfusion placentaire.
- Insuffisance cervicale par perte de tissu suite à une conisation.

**Particularités de la grossesse en cours.**

- Grossesse après traitement pour stérilité.
- Insuffisance cervicale.
- Contractions prématurées.
- Insuffisance placentaire.
- Placenta praevia.
- Gémellité.
- Hypertension gravidique.
- Diabète sucré.
- Hydramnios.
- Hémorragies.
- Infections.

**Infections.** La cause de loin la plus fréquente de la prématurité est l'infection ascendante. Pour cette raison, il faudrait vérifier la valeur du pH des sécrétions vaginales lors de toute consultation prénatale. Ceci permet de reconnaître à temps une modification de la flore vaginale aux dépens des lactobacilles et d'instituer un traitement.

## B. Risques pour l'enfant

Selon son âge, l'enfant prématuré va courir des risques plus ou moins importants pour sa santé, en raison de l'immaturité de certains de ses organes.

Le plus grand problème est en général l'immaturité pulmonaire qui s'exprimera par un syndrome de détresse respiratoire ou par des accès d'apnée. Les vaisseaux sanguins de l'enfant sont encore souvent fragiles et cela provoquera souvent des saignements intracrâniens (hémorragies cérébrales). Le nouveau-né boit mal et sa thermorégulation est perturbée suite à l'insuffisance de sa maturité cérébrale. L'ictère néonatal est fréquent (l'enfant devient jaune) suite à l'immaturité hépatique. En plus de cela il existe une tendance aux infections suite à l'immaturité du système immunologique.

D'autres problèmes sont liés au traitement prolongé effectué en service de soins intensifs : par exemple l'opacification du cristallin secondaire à une oxygénothérapie prolongée, ou les infections nosocomiales.

## C. Symptômes éventuels d'une menace d'accouchement prématuré – Surveillance de la grossesse

Les symptômes les plus importants d'une menace d'accouchement prématuré sont :

- une activité utérine prématurée (contractions),
- une dilatation prématurée du col, précédée le plus souvent par un raccourcissement du col,
- une rupture prématurée des membranes.

Les contractions sont physiologiques durant la grossesse si elles n'amènent pas à une dilatation du col. Celle-ci est à craindre si les contractions surviennent plus de 5 ou 6 fois par heure, ou encore si la gestante perçoit plus de 10 contractions douloureuses par jour.

## Accouchement prématuré I

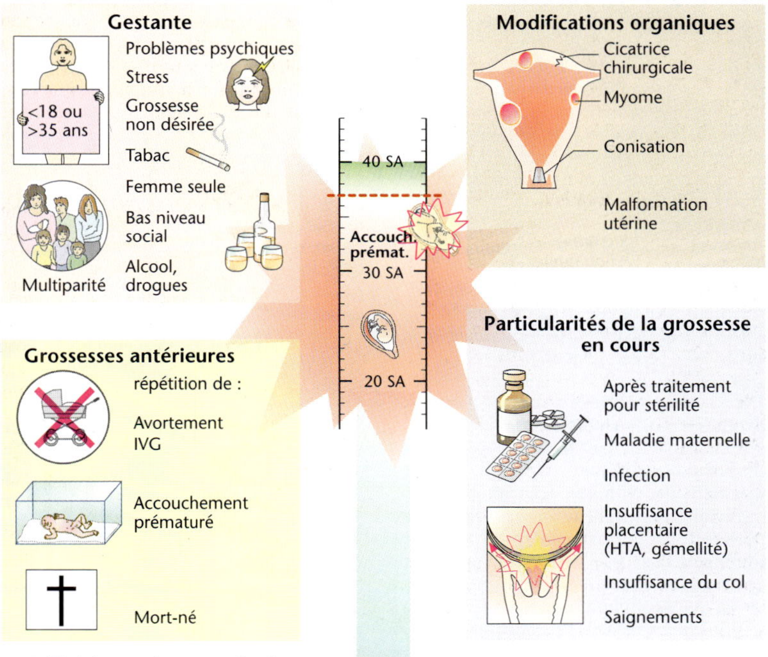


**A. Définition et facteurs de risque**

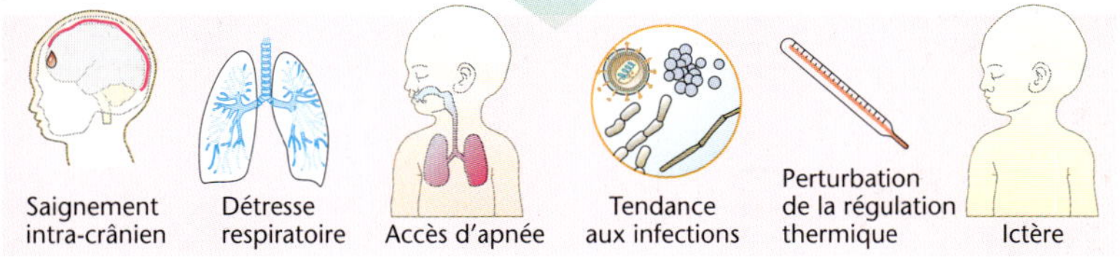


**B. Risques pour l'enfant**

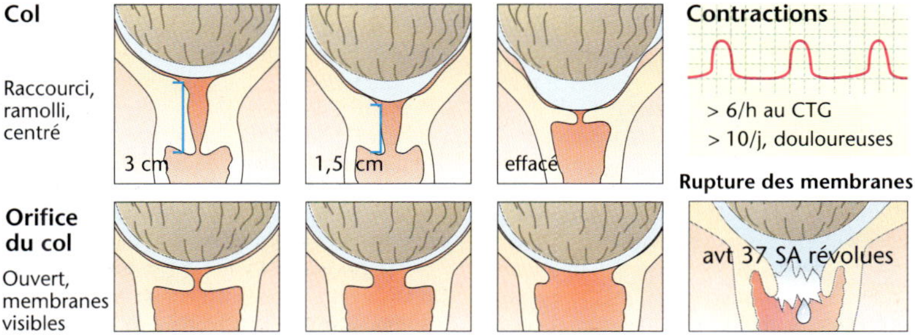


**C. Symptômes éventuels d'une menace d'accouchement prématuré**

## A. Conduite lors d'une menace d'accouchement prématuré

Lors d'une menace d'accouchement prématuré, la mesure la plus importante à côté du traitement médicamenteux est d'éviter toute charge ou contrainte supplémentaire. Le choix entre le transfert en clinique ou le maintien à la maison dépend de divers facteurs :

- raccourcissement du col,
- dilatation du col,
- importance de l'activité utérine,
- environnement domestique,
- existence d'une infection additionnelle.

**Traitement à domicile.** Dans les cas faciles on peut se contenter d'un traitement à la maison, avec repos strict au lit, arrêt du travail et tocolyse per os ; c'est le cas en particulier des menaces liées à des contractions provoquées par le stress et lorsque les causes du stress ne se trouvent pas dans l'entourage domestique.

**Traitement en clinique.** Le traitement en clinique avec repos strict (ne pas oublier la prévention des thromboses !) et tocolyse médicamenteuse par bêta-mimétiques et magnésium constituera souvent une importante charge psychique pour la patiente. D'un côté il y a la menace de l'accouchement prématuré avec ses problèmes pour l'enfant, d'un autre côté l'éventualité d'un séjour souvent de plusieurs semaines à l'hôpital avec un repos au lit très strict ou sévère. Il faut y ajouter les effets secondaires, parfois gênants, des médicaments (p. 122).

**Surveillance.** La surveillance du fœtus comprend les contrôles réguliers par cardiotocographie, échographie (environ tous les 10 jours), échographie Doppler et par la détermination de la longueur du col (par palpation et/ou échographie).

La gestante devrait subir des contrôles réguliers de l'électrocardiogramme et des examens de laboratoire. La constipation est un problème fréquent ; elle est favorisée par le manque de mouvement et par l'atonie engendrée par les médicaments (bêta-mimétiques). Dans la plupart des cas la gestante recevra préventivement des laxatifs (par ex. lactose).

L'objectif des mesures thérapeutiques est de conserver la grossesse au moins jusqu'à 34 SA ; à partir de ce moment on pourra compter sur un minimum de maturité pulmonaire. Dans la plupart des menaces d'accouchement prématuré on prescrira régulièrement (tous les 10 jours) de la bêtaméthasone par voie intra-musculaire pour favoriser la maturation pulmonaire.

**Col dilaté.** Lors de la dilatation prématurée (isolée) du col on peut stopper l'évolution chirurgicalement par un pessaire cerclant, un cerclage ou la fermeture chirurgicale complète du col (voir p. 122). Le plus grand risque est alors le développement d'un syndrome d'infection amniotique (SIA).

**Rupture des membranes.** Le risque de SIA et majeur lorsque les membranes sont déjà rompues. En présence d'un fœtus très immature on tiendra compte de l'âge de la grossesse et on tentera parfois de prolonger la grossesse de quelques jours ou semaines. Ceci sous réserve d'une antibiothérapie et de fréquents contrôles des paramètres infectieux et de la vitalité du fœtus.

**Préparation à l'accouchement.** Avant la 34e SA il faudrait si possible transférer l'enfant encore in utero vers un centre périnatal disposant d'un service de pédiatrie. La naissance doit se préparer :

- en faisant appel à un pédiatre,
- en s'assurant des possibilités de réanimation,
- en préparant un incubateur pour le transport,
- en informant l'unité de néonatologie.

**Mode d'accouchement.** Le type d'accouchement dépendra du poids fœtal, de la position du fœtus et de l'état maternel. Les fœtus dont le poids de naissance est estimé à plus de 2000 g ne profitent pas, en général, d'une césarienne systématique (les présentations du siège exceptées). Voici les mesures utiles pour un accouchement par voie vaginale aussi atraumatique que possible pour le prématuré :

- anesthésie locale suffisante (par ex. anesthésie péridurale continue) pour relâcher la musculature pelvienne,
- large épisiotomie, pour réduire la pression sur la tête fœtale,
- éventuellement élargissement du vagin à l'aide de spatules pour de très petits prématurés.

Dans le cas d'une césarienne, il est parfois moins traumatisant de faire une incision utérine longitudinale qu'une incision transversale ; ceci dépendra de la présentation et de la taille du fœtus. On essaiera aussi de respecter la poche des eaux aussi longtemps que possible, en amenant l'enfant aussi loin que possible lors de la traversée de la paroi abdominale ; on évitera ainsi de soumettre inutilement la tête de l'enfant à une forte pression.

## Accouchement prématuré II

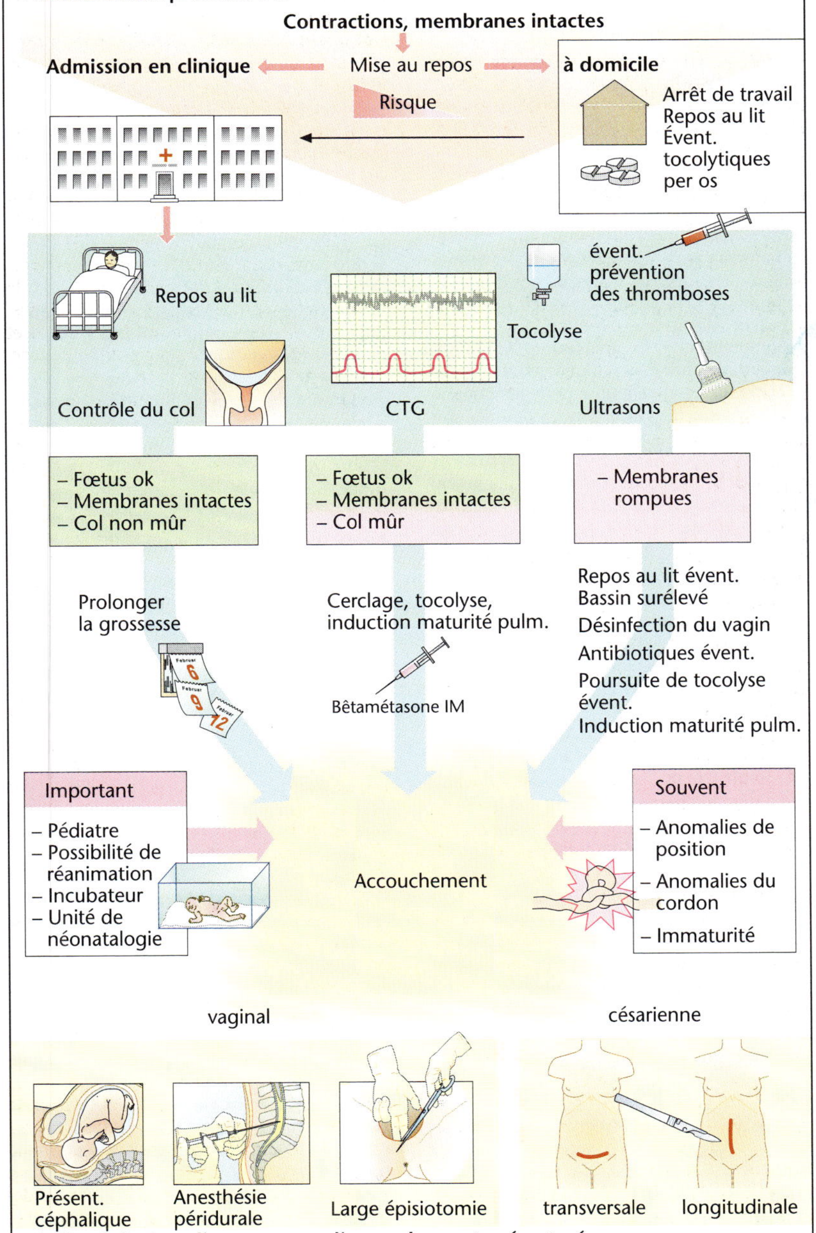


**A. Conduite lors d'une menace d'accouchement prématuré**

## A. Définition et risques

La grossesse « normale » dure :

- 267 jours après la conception (p.c. = post-conception),
- 281 jours ou 40 semaines après les dernières règles (p.m.) et avec un cycle de 28 jours.

Seulement 4 % des enfants naissent au terme calculé. On parle de *dépassement du terme* si l'enfant n'est pas encore né à ce terme. Après un dépassement de terme de 10 jours, on parle d'une *vraie prolongation* de la grossesse car la performance fonctionnelle du placenta diminue à partir de là dans la plupart des grossesses.

**Prolongation de la grossesse.** En plus de l'importante charge psychique que représente la continuation de l'attente pour la femme et souvent pour son partenaire ou pour les proches, certains risques menacent le fœtus.

D'abord il poursuit naturellement sa croissance, ce qui se manifestera lors de l'accouchement par une macrosomie (enfant de plus de 4000 g) et des problèmes mécaniques (par ex. anomalies de position ou de présentation, risque de dystocie des épaules ; p. 210). La quantité de liquide amniotique va ensuite diminuer (visible en échographie) et, suite à l'artériosclérose croissante des vaisseaux placentaires, les apports au fœtus vont se détériorer. Ceci peut se manifester par exemple par l'émission de méconium avec coloration verte du liquide amniotique (amnioscopie). Si le fœtus aspire ce méconium durant l'accouchement, cela peut entraîner de sérieux problèmes de santé.

En raison de lésions pré-existantes avec diminution de l'irrigation placentaire, il est possible lors de l'accouchement de constater une insuffisance placentaire aiguë, sous l'effet de l'activité utérine ; c'est la perte complète de l'activité fonctionnelle du placenta. Elle se manifestera par des altérations de la CTG qui obligeront éventuellement à faire une césarienne en urgence (p. 126).

## B. Surveillance et déclenchement de l'accouchement

En cas de suspicion de dépassement du terme, il est important de recalculer le terme précis à partir des données anamnestiques fournies par la mère (histoire menstruelle, dernière menstruation, éventuellement date de conception, premiers mouvements de l'enfant, apparition de douleurs de descente de la présentation), et des données objectives transcrites dans le carnet de maternité (premier test sérologique de grossesse positif, échographie précoce, hauteur utérine, courbes de croissance échographiques). On ne parlera de dépassement du terme qu'après avoir solidement déterminé le terme théorique de la grossesse.

**Conduite.** La conduite se base essentiellement sur trois méthodes d'examen :

- cardiotocographie,
- échographie,
- amnioscopie.

Les analyses hormonales de la fonction placentaire (œstradiol ou HPL) n'ont pas fait la preuve de leur valeur prédictive.

À partir du terme et en l'absence d'examens anormaux, on réalise deux contrôles par jour ; si le terme est dépassé de 10-12 jours, on hospitalise en vue d'une surveillance étroite.

Si tous les examens restent normaux, on déclenche l'accouchement après un dépassement du terme de 14 jours, dans la plupart des cliniques.

**Stress-test.** En cas d'examen suspect, on peut s'aider d'un « stress-test » ou « test de stimulation à l'ocytocine » pour obtenir des informations supplémentaires sur la fonction placentaire et en particulier sur ses réserves. On provoque l'apparition de contractions par l'administration intraveineuse d'ocytocine et en même temps on surveille le fœtus par cardiotocographie. On peut alors voir si, sous l'effet des contractions, la fonction placentaire reste suffisante pour assurer les apports au fœtus.

Dans certains cas le stress-test va démasquer une fonction placentaire diminuée ne permettant plus l'accouchement par voie vaginale. La patiente devra alors être accouchée par césarienne. La patiente devrait être informée de cette éventualité et être à jeun pour le stress-test.

**Conduite de l'accouchement.** En règle générale l'accouchement est déclenché avec des médicaments ; la méthode tiendra surtout compte de l'état du col. Si le col n'est pas mûr on utilisera plutôt des applications de prostaglandines par voie vaginale (comprimés ou gel) ; si le col est dilaté on utilise plutôt de l'ocytocine ou des prostaglandines par voie intra-veineuse. L'amniotomie (rupture des membranes) est une autre façon de déclencher l'accouchement.

## Dépassement du terme

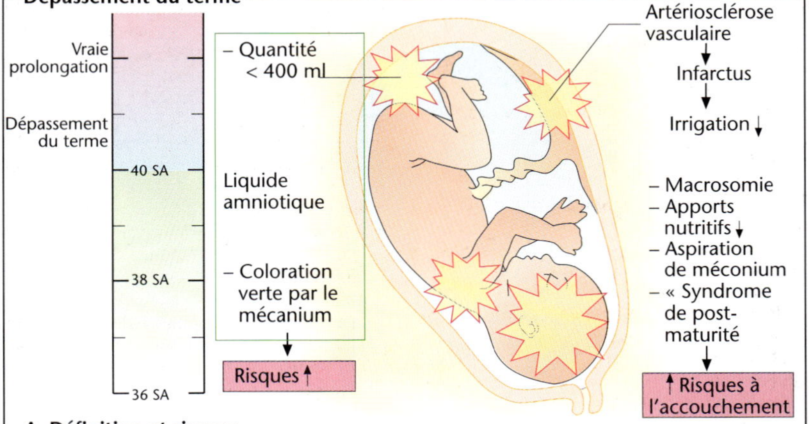


A. Définition et risques

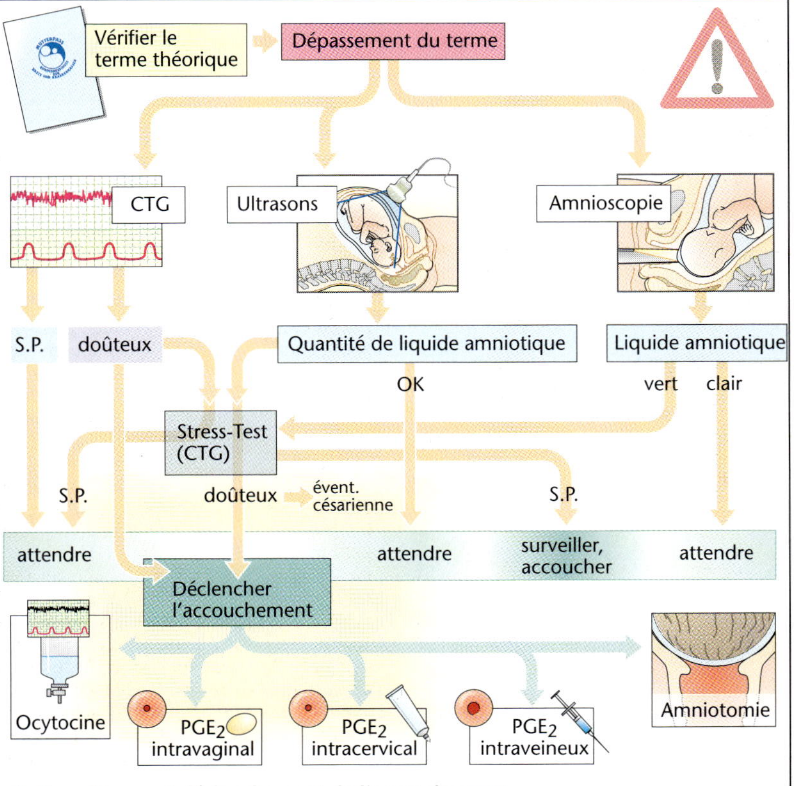


B. Surveillance et déclenchement de l'accouchement

# VI

## Accouchement

## A. Motifs d'admission

Les raisons d'aller en salle d'accouchement sont généralement abordées par le gynécologue déjà durant la grossesse. En cas de doute ou d'incertitude on conseille toujours de prendre contact avec l'équipe de la salle d'accouchement, surtout si le gynécologue ou la sage-femme ne sont pas joignables.

Dans beaucoup de cliniques il est possible de convenir d'un rendez-vous avant terme :

- d'une part pour expédier les « formalités » (par ex. enregistrement de l'identité, prise de l'anamnèse, ouverture d'un dossier en salle d'accouchement, éventuellement ouverture d'un dossier informatisé) et pour exprimer quelques souhaits particuliers (par ex. le type d'analgésie ou la position lors de l'accouchement),
- d'autre part pour faire connaissance précocement avec les locaux et l'équipe soignante.

Les raisons d'aller rapidement en salle d'accouchement sont les suivantes :

- les pertes de sang par le vagin, sous diverses formes y compris les petites pertes sanguinolentes,
- des douleurs soudaines,
- l'écoulement de liquide par le vagin, même en petite quantité (possibilité d'une rupture prématurée des membranes),
- l'élévation de la température ou fièvre,
- l'expulsion du bouchon muqueux (signe de début d'accouchement),
- la procidence du cordon, d'un bras ou d'une jambe,
- des nausées, vertiges,
- des « mouches volantes ».

Par ailleurs *avant* la 36$^e$ SA dans tous les cas de contractions régulières, et *après* la 36$^e$ SA lors de contractions régulières, espacées d'environ 10 minutes.

## B. Anamnèse

Le plus souvent le premier contact se fera avec la sage-femme. Il est en général raisonnable que la gestante ait un interlocuteur fixe au sein de l'équipe de salle d'accouchement ; cela permet le développement d'une relation de confiance.

Lors de l'admission en salle d'accouchement il faut d'abord décider si la situation (en raison d'un danger maternel ou fœtal) exige un traitement d'urgence (par ex. menace d'accouchement prématuré, anomalies au CTG, hémorragie vaginale, éclampsie), ou si l'on a le temps de faire une admission « réglée » avec une anamnèse détaillée.

Selon la disposition des locaux, cette première entrevue aura lieu le plus souvent dans une pièce séparée, ou dans la salle de cardiotocographie ; souvent on enregistre déjà une CTG à cette occasion. Il serait souhaitable que le partenaire puisse être à tout moment à côté de la future maman, si tel est le souhait du couple.

Les informations suivantes sont indispensables à une *information de base* :

- motif de la venue en salle d'accouchement,
- âge de la grossesse (SA),
- nombre de grossesses antérieures (parité),
- gémellité ?
- rupture des membranes ? Si oui, quand ?
- existence d'une hémorragie vaginale ?
- existence d'une maladie sérieuse (par ex. allergie, diabète sucré, hypertension artérielle) ?
- particularités de l'évolution de la grossesse en cours ?
- particularités des accouchements antérieurs ?
- identité.

Si du temps reste disponible, ou devra compléter l'anamnèse par les points suivants :

- lecture attentive du « carnet de maternité »,
- anamnèse familiale,
- anamnèse sociale,
- anamnèse médicamenteuse,
- opérations antérieures,
- maladies antérieures.

## Conduite ultérieure

La conduite ultérieure dépendra d'une éventuelle situation d'urgence, de l'âge de la grossesse en semaines, de la condition de la mère et du fœtus et du motif de l'admission en salle d'accouchement.

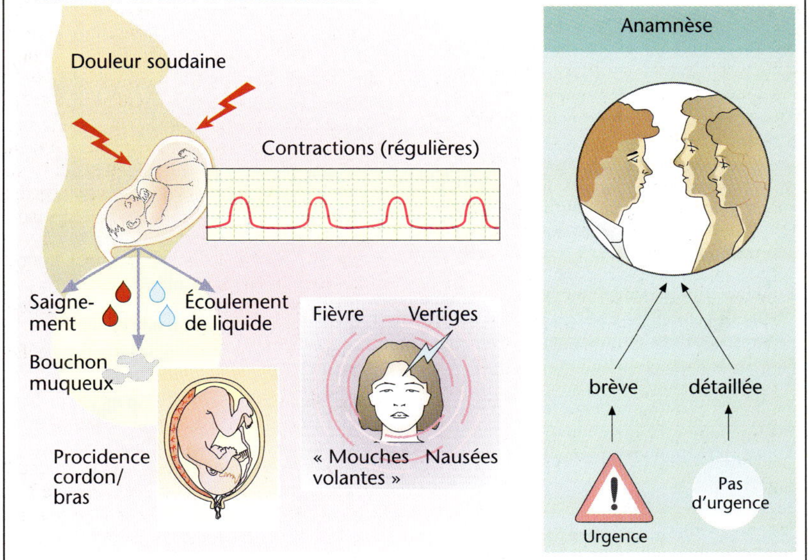


A. Motifs d'admission

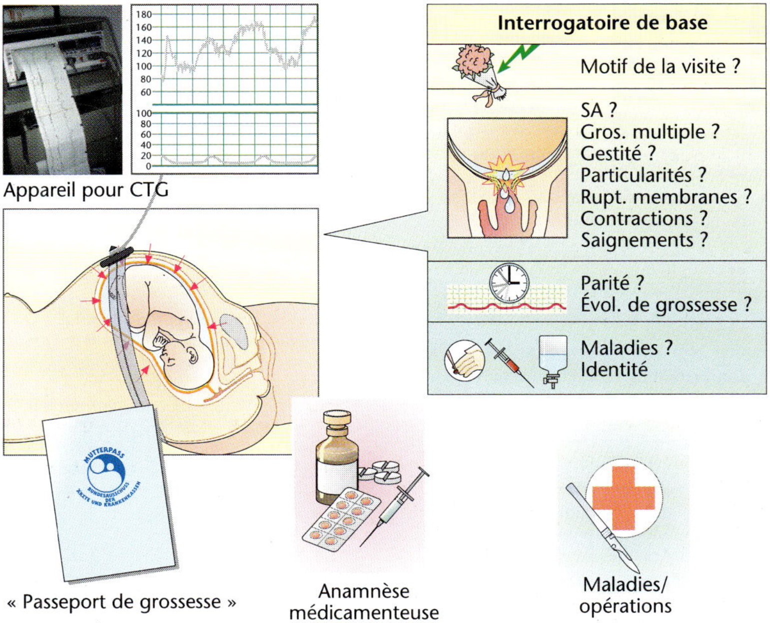


B. Anamnèse

La première question qui se pose est de savoir si on est en face d'une situation demandant un traitement d'urgence. Ensuite, il faudra décider du devenir de la patiente :

- admission au service (par ex. lors de contractions prématurées, placenta praevia),
- maintien en salle d'accouchement (par ex. lors de contractions régulières, membranes rompues),
- conseiller de prendre un peu d'exercice, à l'intérieur de l'établissement ou sur un terrain proche (par ex. lors de contractions encore irrégulières),
- renvoi à la maison (par ex. en cas d'un affaiblissement de l'activité utérine).

Il est important de transmettre en permanence à la mère un sentiment de sécurité et de sollicitude pour elle et pour l'enfant à naître. Il est également important qu'elle, et éventuellement son partenaire, prenne part à toutes les décisions.

## A. Examen physique

L'examen physique comprend :

- auscultation sommaire des bruits du cœur fœtal,
- manœuvres de Leopold,
- éventuellement mensurations externes du bassin,
- auscultation du cœur et des poumons,
- examen vaginal (*attention* : pas d'examen vaginal en cas de saignements avant d'avoir exclu un placenta praevia),
- pelvimétrie interne (exploration clinique du bassin par le toucher vaginal),
- éventuellement examen au spéculum (par ex. lors de saignements et surtout lors d'une rupture prématurée des membranes),
- examen extemporané et détermination du pH des sécrétions vaginales (signes d'infection, exclusion d'une rupture des membranes),
- prise des paramètres vitaux (pouls, tension artérielle, et éventuellement la température en cas de suspicion d'infection).

Si l'on suspecte une rupture prématurée des membranes, il faudra réaliser certaines vérifications (p. 164). Dans ce cas il est important d'effectuer aussi des frottis en vue d'examens bactériologiques.

Après le dépouillement des données de l'anamnèse et de l'examen physique, on décidera s'il est nécessaire de compléter par des examens instrumentaux (par ex. ultrasons, cardiotocographie) ou par des examens de laboratoire.

## B. Examens de laboratoire

L'ampleur des examens de laboratoire nécessaires lors de l'admission en salle d'accouchement dépend de l'âge de la grossesse et de l'anamnèse. S'il s'agit d'une admission au voisinage du terme, avec une bonne documentation de l'évolution de la grossesse dans le « passeport de la mère » et en face d'une grossesse non compliquée, il sera souvent inutile de demander d'autres examens de laboratoire.

Dans de nombreuses cliniques on demande cependant un bilan de routine :

- hémoglobine, hématocrite, leucocytes, thrombocytes (exclusion d'anémie, d'infection ou de HELLP syndrome),
- sodium, potassium (avant une éventuelle anesthésie),
- bandelette urinaire (mi-jet urinaire) pour protéines, nitrites, leucocytes, érythrocytes.

Si une *anesthésie péridurale* est prévue (p. 198), il faudrait en plus demander une crase sanguine : Quick, TP et fibrinogène.

En cas de suspicion de *rupture des membranes* ou d'une *infection clinique*, il faut demander une CRP et éventuellement une formule sanguine.

Lors des *maladies hypertensives*, de la grossesse il faut demander les tests hépatiques et rénaux : GOT, GPT, LDH, acide urique, urée, créatinine.

Selon les résultats obtenus, il peut être nécessaire de demander d'autres examens de laboratoire. Il faudra par exemple trouver la cause d'une anémie, faire le diagnostic sérologique de certaines infections spécifiques ou vérifier la fonction rénale lors de certaines néphropathies.

## C. Examens instrumentaux

À côté des signes vitaux maternels il est primordial de vérifier la vitalité du fœtus. Ainsi on réalisera toujours une *cardiotocographie d'admission*, en plus de l'auscultation des bruits du cœur fœtal ; dans certaines salles d'accouchement on complétera par une *échographie d'admission* à titre d'orientation. Les questions à élucider sont les suivantes :

- nombre d'enfants ?
- position ?
- niveau d'engagement de la présentation ?
- localisation du placenta, éventuellement sa maturité ?
- quantité de liquide amniotique ?
- poids (biométrie fœtale : BIP, diamètre thoracique transverse) ?
- malformations ?

## Admission en salle d'accouchement II

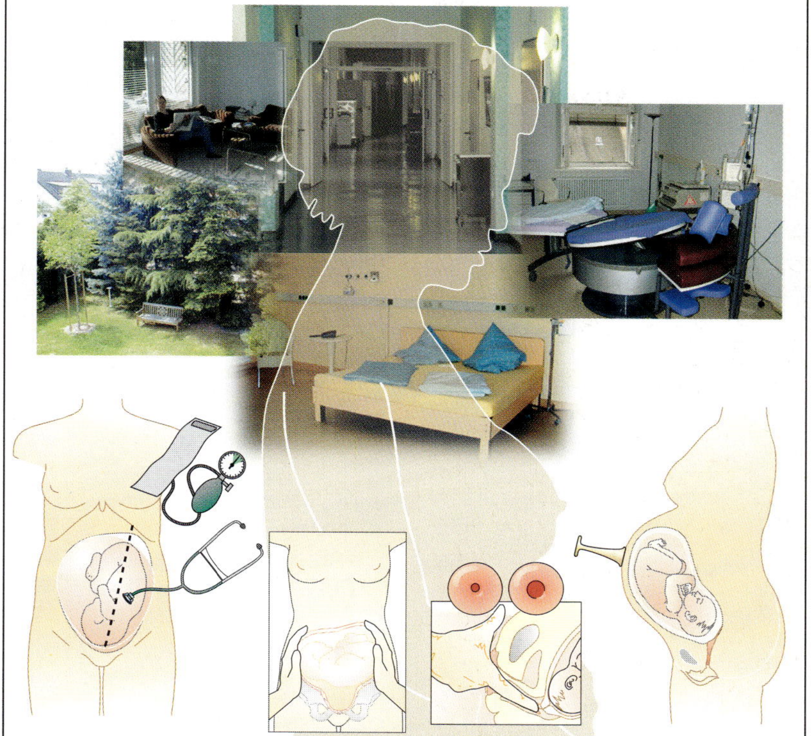

A. Examen physique

B. Examens de laboratoire

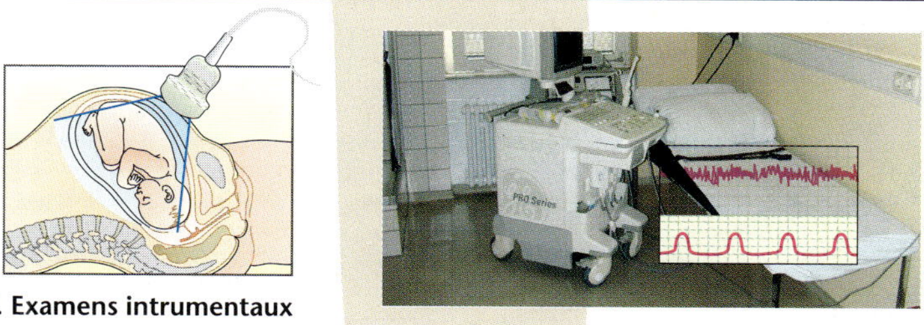

C. Examens intrumentaux

Toute une série d'interactions ont lieu en salle d'accouchement, aussi bien en ce qui concerne les participants qu'au niveau de l'espace. Suivant l'évolution de l'accouchement, le résultat de l'examen d'admission, l'organisation de l'hôpital et aussi la réceptivité de la future mère, une multitude d'impressions se dégageront ; elles auront une signification déterminante pour le vécu de l'accouchement.

## A. Prise en charge et interactions durant l'accouchement

**Partenaire/personne de confiance.** Le partenaire, en tant que personne bénéficiant d'une confiance absolue, est un soutien précieux pour l'accouchement, situation inhabituelle et parfois perçue comme menaçante. Même si leur présence en salle d'accouchement est maintenant considérée comme normale, il y a souvent des hommes qui s'y sentent mal à l'aise. Il serait bon dans ce cas que les futurs parents discutent ouvertement et par avance de l'éventuel accompagnement de la gestante par une autre personne de confiance. Il serait souhaitable que le partenaire prenne part à toutes formes de décisions, explications et constatations faites durant l'accouchement.

**Sage-femme.** Il est très important d'avoir une bonne « collaboration » entre la gestante et la sage-femme soignante durant l'accouchement. Une certaine complicité émotionnelle est souhaitable pour que la gestante se sente entre de bonnes mains et en confiance ; elle doit aussi sentir qu'elle est professionnellement bien conseillée. Selon la durée de l'accouchement, il n'est pas toujours possible d'obtenir une prise en charge permanente par une personne de confiance. L'organisation des soins et les directives légales (par ex. loi du travail) s'y opposent. Idéalement, la gestante fait connaissance avec « sa » sage-femme déjà lors de la prise de contact durant la grossesse.

**Obstétricien.** Le contact avec le médecin-accoucheur varie beaucoup d'une clinique à l'autre ; il dépendra également de l'évolution de l'accouchement. Souvent la prise en charge immédiate de la gestante est uniquement faite par la sage-femme ; celle-ci se concerte étroitement avec le corps médical, ce qui n'est pas forcément constaté par la patiente. Il est cependant important d'informer la patiente et le partenaire à temps lors de chaque décision, par exemple lors de l'administration de médicaments, de la surveillance de l'accouchement et à plus forte raison en cas de déroulement pathologique de l'accouchement. La conduite à suivre est à discuter et à décider en commun.

**Anesthésiste.** Le contact avec le médecin anesthésiste se fera à l'occasion du traitement de la douleur (par ex. anesthésie péridurale, p. 196) ou avant une césarienne. Ici l'information sera essentiellement technique et médicale.

**Pédiatre.** Dans la plupart des salles d'accouchement le pédiatre n'est pas personnellement présent, car en règle générale le nouveau-né sain est pris en charge par la sage-femme et l'obstétricien. En cas de problème prévisible (par ex. prématurité, malformations connues) il faudrait déjà établir un contact avec les médecins de la clinique pédiatrique avant l'accouchement ; cela permet d'informer précocement la mère sur la prise en charge ultérieure de l'enfant.

## B. Organisation des locaux, interactions spatiales

**Salle d'examen.** Elle sera éventuellement la première chambre du secteur des salles d'accouchement que verra la patiente. On y procédera à l'anamnèse et à l'examen d'admission, on y décidera de la conduite ultérieure.

**Chambre de pré-travail/chambre de cardiotocographie.** La patiente y séjournera quelques temps, souvent en compagnie d'autres parturientes, si les contractions ne sont pas encore très fortes.

**Salle d'accouchement.** L'enfant viendra au monde ici. Selon les cliniques on y trouvera une baignoire, une corde (voir p. 186), un tabouret et/ou un grand lit.

**Salle d'opération.** Si une césarienne est nécessaire, on la pratiquera dans une salle d'opération ; idéalement partie intégrante du bloc obstétrical, elle peut aussi être rattachée au bloc opératoire central.

## Interactions du personnel soignant

Légalement une sage-femme est habilitée à prendre en charge un accouchement normal complètement et seule (p. 4). Dans la plupart des cliniques cependant, une étroite coopération avec les obstétriciens est la règle. Selon l'évolution de la grossesse, la coopération se fera avec l'interne, le spécialiste ou le médecin-chef. Les anesthésistes et les pédiatres seront appelés si nécessaire pour l'accouchement.

## Interactions en salle d'accouchement





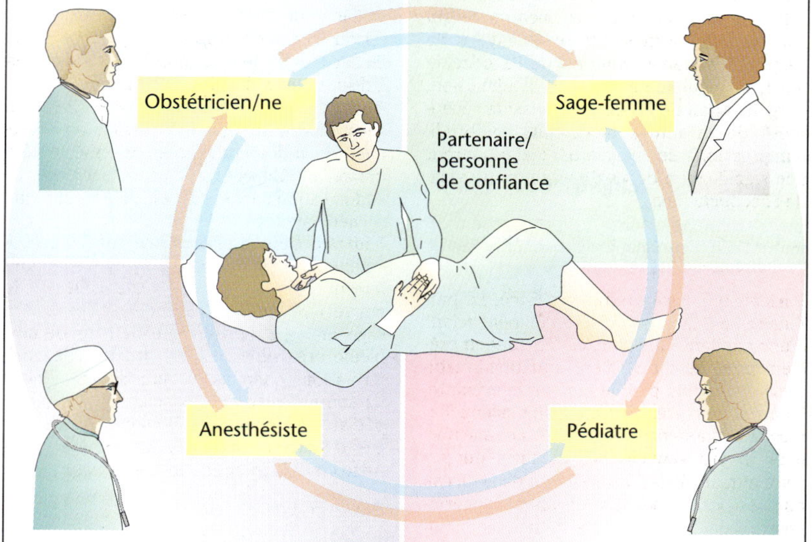


A. Prise en charge et interactions durant l'accouchement

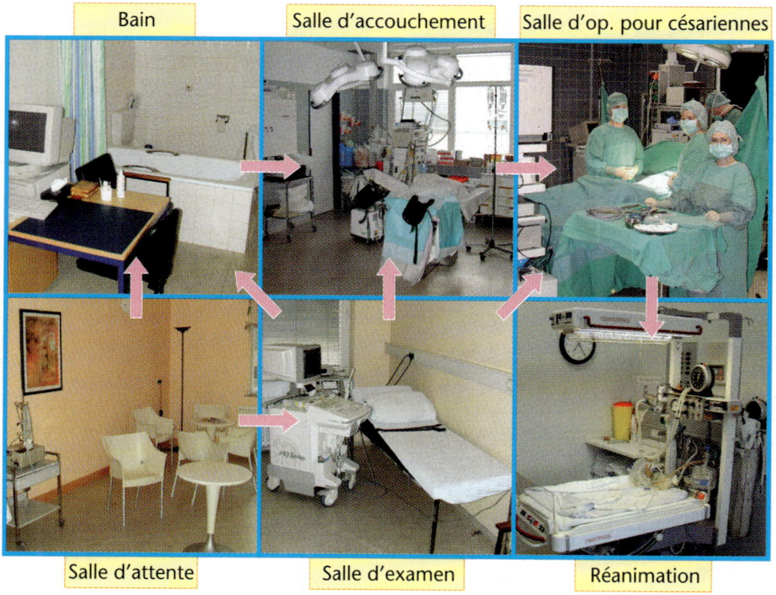


B. Interactions spatiales

Le but de la surveillance fœtale durant l'accouchement est de reconnaître à temps les situations d'urgence ou de danger et d'entreprendre les mesures appropriées. Pour ceci on enregistre les bruits du cœur fœtal ainsi que l'activité utérine et on mesure la saturation en oxygène du sang fœtal.

## A. Cardiotocographie (CTG)

**Enregistrement externe.** Le procédé le plus courant est l'enregistrement externe car il n'est pas invasif et de ce fait peu gênant.

La fréquence cardiaque fœtale est enregistrée grâce à un capteur à ultrasons (transducteur) appliqué sur la paroi abdominale de la mère. Le transducteur émet un signal ultrasonore qui se réfléchit sur les parties du cœur fœtal en mouvement. Le signal reviendra avec une fréquence modifiée : c'est l'effet Doppler. Un montage électronique permet de calculer l'intervalle entre 2 bruits cardiaques et, à partir de là, la fréquence cardiaque du fœtus. Une représentation graphique sera transcrite sur une bande de papier : CTG (voir aussi p. 28).

**Enregistrement interne.** De la même façon que lors de l'ECG (électrocardiogramme) de l'adulte, il est possible d'utiliser les variations de potentiel du cœur fœtal in utero pour déterminer la fréquence cardiaque. Pour ce faire on place – après rupture spontanée on provoquée des membranes – une petite électrode spiralée, l'électrode du scalp (ES), qui est fixée sur le cuir chevelu du fœtus et enregistre la fréquence cardiaque fœtale. S'agissant d'une procédure invasive, cette méthode n 'est utilisée qu'en cas de difficultés d'enregistrement externe, par exemple chez une gestante avec paroi abdominale épaisse ou en cas d'arythmie fœtale.

**Enregistrement des contractions par voie externe (tocographie).** L'activité utérine peut être enregistrée grâce à un capteur de pression placé sur la paroi abdominale de la mère. Le signal enregistré sur la bande du CTG est plus ou moins intense selon :

- la localisation du capteur,
- l'épaisseur de la paroi abdominale,
- la fermeté avec laquelle on a attaché le capteur.

De ce fait on ne peut pas évaluer l'intensité de la contraction à l'aide d'un capteur externe.

**Enregistrement des contractions par voie interne.** La pose d'un cathéter dans la cavité utérine permettra par contre l'enregistrement de la *véritable* pression, exprimant l'intensité réelle de la contraction. Ceci exige toutefois que les membranes soient rompues.

Le cathéter est introduit dans le vagin, puis à travers le col dilaté et enfin au-delà de la tête fœtale ; il sera rempli d'eau. Un capteur de pression enregistre sur le papier du CTG les variations de compression du liquide durant les diverses phases de contraction et de repos.

L'enregistrement interne augmente un peu le risque d'infection. Cette technique de mesure des contractions est réservée, pour cette raison, à certaines situation de risque pour la mère, par exemple en cas d'antécédent de césarienne ou d'autres opérations utérines.

## B. Mesure de la saturation en oxygène du fœtus ($SpO_2$)

À côté de la fréquence cardiaque, on enregistre de plus en plus la saturation partielle d'$O_2$ comme paramètre de surveillance de l'accouchement.

On introduit ici un cathéter souple par le vagin et par le col déjà dilaté et on le pose contre une joue du fœtus. Un émetteur émet une lumière d'une longueur d'onde déterminée et ensuite – selon la saturation en oxygène du sang fœtal – cette lumière sera plus ou moins fortement absorbée et réfléchie. Un récepteur mesure la lumière réfléchie ; cela permettra, à partir de là, de calculer la teneur en oxygène du sang fœtal. Cette méthode relativement récente n'est actuellement utilisée qu'en complément de l'enregistrement classique des bruits du cœur (CTG).

Le but de la méthode est en particulier d'éviter des interventions obstétricales dans le cas où le CTG serait pathologique et où l'oxygénation fœtale serait encore bonne. La méthode n'étant pas encore bien validée, il faudra compléter par une mesure du pH du sang fœtal (MSF) en cas de modifications pathologiques du CTG.

## Surveillance de l'accouchement

### A. Cardiotocographie

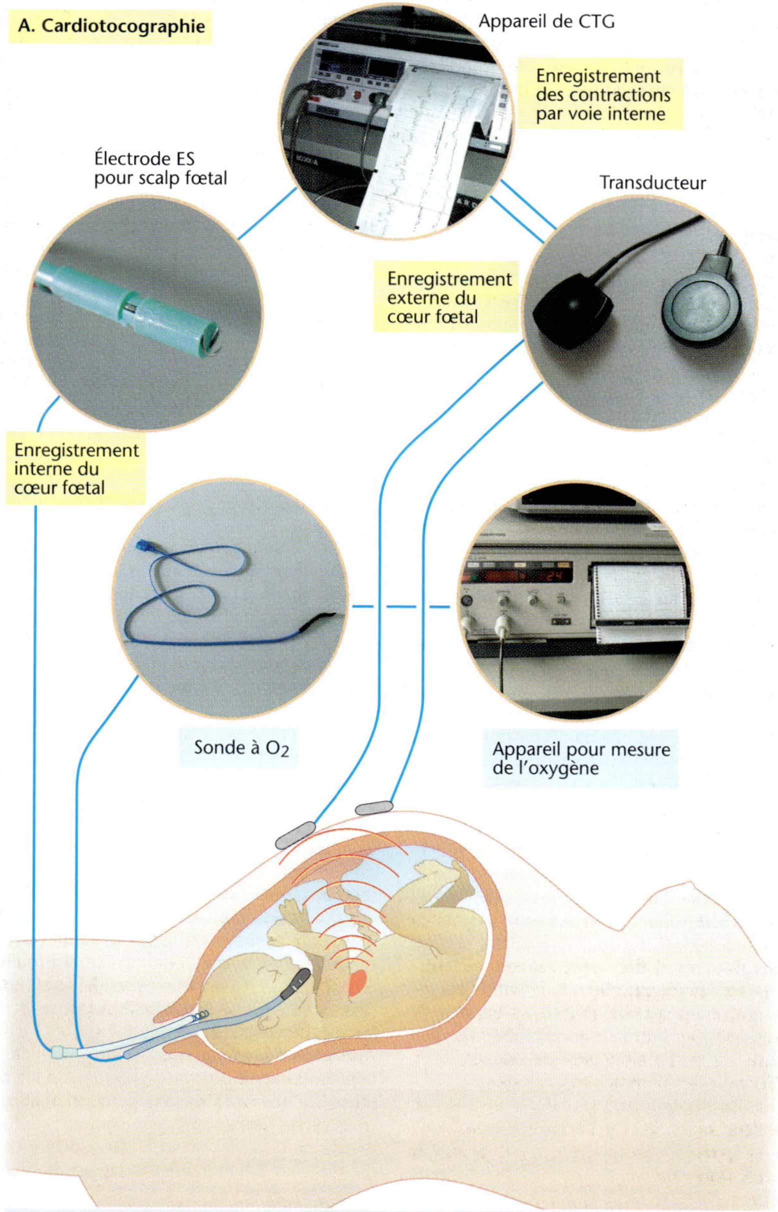


### B. Mesure de la saturation en oxygène du fœtus ($SpO_2$)

En ce qui concerne la meilleure position pour l'accouchement, on trouve les opinions les plus variées. Il est cependant sûr que chaque accouchement se déroule de façon très individuelle et permet une multitude de positions d'accouchement en fonction :

- du souhait de la mère,
- du déroulement de l'accouchement,
- des possibilités de la salle d'accouchement.

En l'absence de contre-indication médicale, on devrait toujours laisser le choix de la position d'accouchement à la parturiente elle-même.

## A. Position horizontale et autres positions non verticales pour l'accouchement

Souvent la position recommandée pour l'accouchement résulte d'une sorte d'habitude : le plus souvent allongée sur le dos ou (plus rarement) couchée sur le côté.

**Caractéristiques des positions couchées (1.), à moitié de côté et sur le côté.** Lors de l'accouchement en position couchée sur le dos, en dernière phase de la période d'expulsion (p. 188), phase d'expulsion proprement dite où la parturiente « pousse », la parturiente saisit le creux de ses genoux avec ses mains et tire ses genoux vers son corps. Le bassin bascule un peu et le passage de la filière obstétricale est un peu plus facile pour l'enfant. En position latérale ou semi-latérale, la mère pourra au minimum relever une jambe.

La mesure la plus importante durant l'accouchement est que la sage-femme donne de bonnes instructions, des indications précises – par exemple quand pousser et quand respirer – à la parturiente. Une bonne coopération entre elles facilitera l'accouchement. La position couchée sur le dos ou sur le côté facilite alors le contact visuel entre la gestante et la sage-femme. La gestante peut être soulagée en posant ses jambes sur le bassin de la sage-femme et du médecin présent – cela lui permettra surtout de bien se relaxer dans l'intervalle des contractions.

En cas de contractions faibles ou s'il y a urgence à abréger la période d'expulsion, l'obstétricien peut aider en pressant sur le siège fœtal au niveau du fond utérin (manœuvre de Kristeller ; p. 194).

Dans l'intervalle entre les contractions, la femme devrait essayer de se relaxer au mieux et rassembler ses forces pour la prochaine poussée.

**Avantages.** Les principaux avantage des positions horizontales pour l'accouchement sont :

- la bonne opportunité de se relâcher entre les contractions,
- la possibilité d'effectuer un accouchement instrumental sans perte de temps pour un changement de position,
- on peut aider à l'accouchement par la manœuvre de Kristeller,
- le périnée est bien visible et accessible, ceci facilite la protection du périnée et éventuellement l'épisiotomie,
- ce sont les seules positions d'accouchement possibles lors d'une anesthésie péridurale ou spinale (p. 196).

**Inconvénients.** Le principal désavantage de la position couchée sur le dos est de ne pas utiliser la pesanteur pour faciliter la progression de l'accouchement (voir les avantages de l'accouchement en position verticale, p. 186).

**Position quadrupède.** La position quadrupède est une autre position d'accouchement non verticale **(2.)** ; elle peut souvent se prendre dans le lit d'accouchement ou sur un tapis. Ici la gestante s'appuie sur ses deux jambes et ses mains qui sont au sol.

**Avantages.** L'expérience prouve qu'en position quadrupède, avec de fortes contractions, et même si le besoin de poussée se manifeste déjà, les respirations sont plus aisées. En plus de cela le détroit inférieur est agrandi de 1,5 cm par rapport à la position couchée sur le dos ; ceci facilite le déroulement de l'accouchement, surtout en cas de présentation défléchie.

**Inconvénients.** La position quadrupède est physiquement plus fatigante pour la mère. Pour cette raison beaucoup de gestantes, surtout dans l'intervalle des contractions, préféreront alterner avec une position « genoux-coudes ». Les cuisses restent en place mais la femme s'appuie sur ses coudes.

**Alternative avantageuse.** Le lit d'accouchement avec surélévation du segment pour la tête offre une variation à la position quadrupède où à la position « genoux-coudes ». On profite de l'élargissement et du relâchement du plancher pelvien, du soutien additionnel de la pesanteur, de la possibilité de s'allonger entre les contractions et d'une meilleure relaxation.

**Positions pour l'accouchement I**

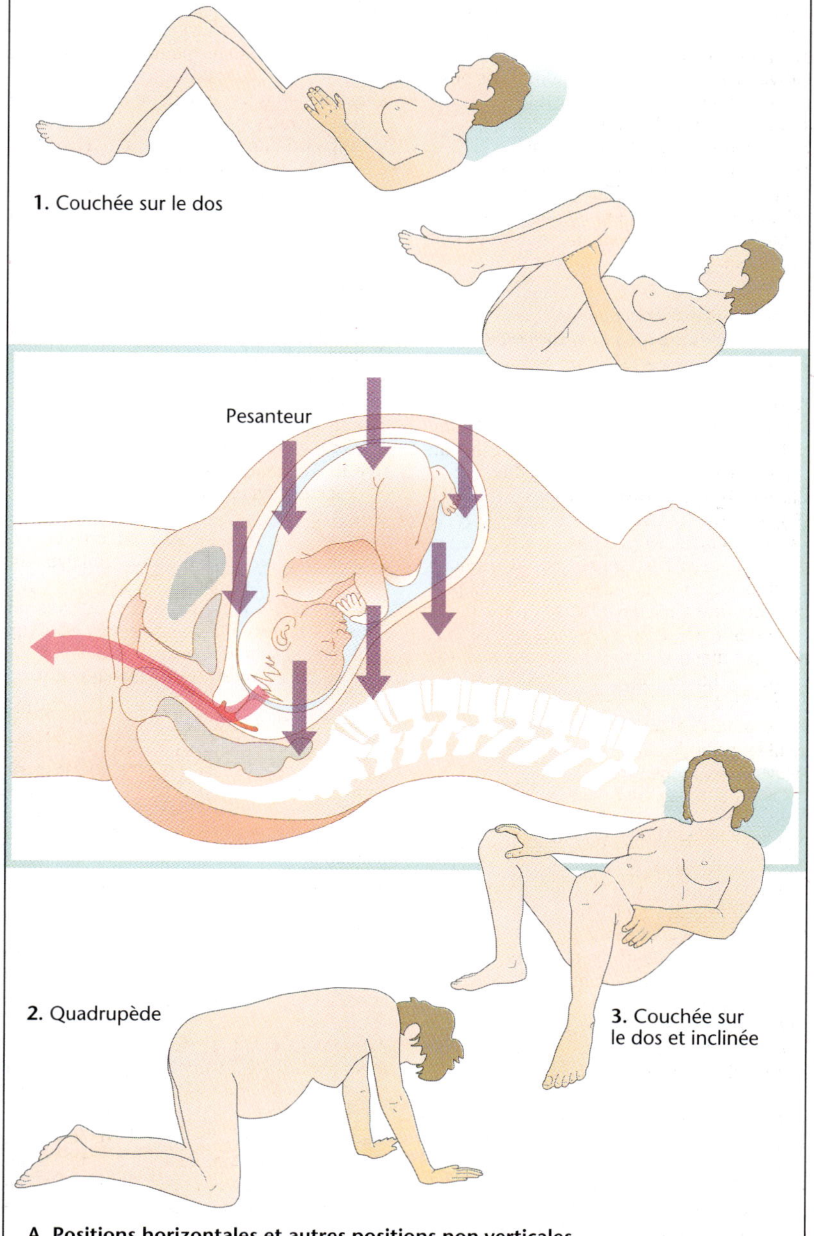


**A. Positions horizontales et autres positions non verticales**

## A. Positions verticales pour l'accouchement

L'avantage essentiel de l'accouchement vertical, comparé à l'accouchement en position horizontale, est de bénéficier de la pesanteur. L'accouchement debout ou accroupi est d'ailleurs la position « normale » pour accoucher dans les populations primitives.

Parmi les positions verticales il faut distinguer l'accouchement :

- debout,
- accroupi,
- à genoux,
- assis (chaise d'accouchement).

Ces positions peuvent alterner rapidement à la demande de la mère.

### Mesures de maintien ou de soutien

Lors de la période de dilatation et tout particulièrement durant la période d'expulsion, beaucoup de femmes accouchant en position verticale ont besoin de s'appuyer ou éventuellement d'être soutenues **(1.)**.

**L'accouchement debout.** En étant debout la femme peut :

- s'appuyer contre un mur ou contre un objet stable (par exemple un escalier ou un meuble),
- se tenir à une corde ou à un lien,
- être soutenue par le partenaire ou par un ou deux aides.

**L'accouchement accroupi.** En position accroupie, la femme se maintiendra à l'aide d'une corde ou d'une barre. Là aussi, le soutien d'un aide est utile ; l'aide sera assis derrière la gestante qui bénéficiera du soutien des cuisses de l'aide. Le maintien et le soutien peuvent aussi venir de deux personnes à genoux ou assises de chaque côté de la parturiente.

**L'accouchement à genoux.** Lors de l'accouchement à genoux, le partenaire ou une aide se met à genoux derrière la parturiente.

**L'accouchement sur une chaise d'accouchement.** Avec la chaise d'accouchement la mère a besoin d'un appui en arrière ; le partenaire ou l'aide s'assoit utilement derrière elle. De cette façon la parturiente pourra s'adosser et par ailleurs le partenaire supportera une partie du poids de la parturiente en passant ses bras sous les épaules de la femme et ensuite vers l'avant ; cela permet à la femme de « laisser tomber » ses bras.

### Avantages

Comparée à la position horizontale, voici les principaux avantages de la position verticale pour l'accouchement (p. 184) :

- la pesanteur est mise à profit et cette aide n'est pas secondaire,
- la femme peut participer plus activement au déroulement de l'accouchement,
- le bassin est plus mobile, ceci favorise entre autre la rotation de la tête fœtale (p. 188),
- le détroit inférieur est plus spacieux, l'expulsion est plus simple et plus rapide,
- la vascularisation utérine est meilleure, car ses vaisseaux sanguins (artères utérines) ne sont pas autant courbés,
- l'oxygénation du fœtus est meilleure que lors de la position horizontale ; les altérations pathologiques du CTG sont moins fréquentes,
- la période de dilatation comme la période d'expulsion sont nettement raccourcies,
- les analgésiques sont plus rarement nécessaires,
- les médicaments pour renforcer les contractions (ocytociques) sont eux aussi plus rarement nécessaires.

### Autres possibilités d'accouchement

Dans beaucoup de salles d'accouchement on propose de plus en plus souvent l'accouchement dans la baignoire, c'est-à-dire un « accouchement sous l'eau ».

**Avantages.** Le grand avantage de cette possibilité est la relaxation de la mère dans l'eau chaude. En comparaison avec « l'accouchement sur terre », les périodes de dilatation et d'expulsion sont raccourcies, les lésions obstétricales sont moins fréquentes et le besoin d'analgésique est nettement plus faible.

**Inconvénients.** Le plus grand problème est l'insuffisance des possibilités de réaction en cas d'hypoxie fœtale aiguë. S'il faut par exemple effectuer un accouchement instrumental par le vagin, il faut d'abord transférer la patiente sur un lit d'accouchement, ce qui fait perdre un temps précieux.

Après la naissance l'enfant a naturellement un « réflexe de plongeur », de sorte qu'il ne court pas de risque d'aspirer l'eau du bain. Certains obstétriciens et sages-femmes rejettent l'accouchement sous l'eau qu'ils considèrent comme anti-hygiénique.

Positions pour l'accouchement II

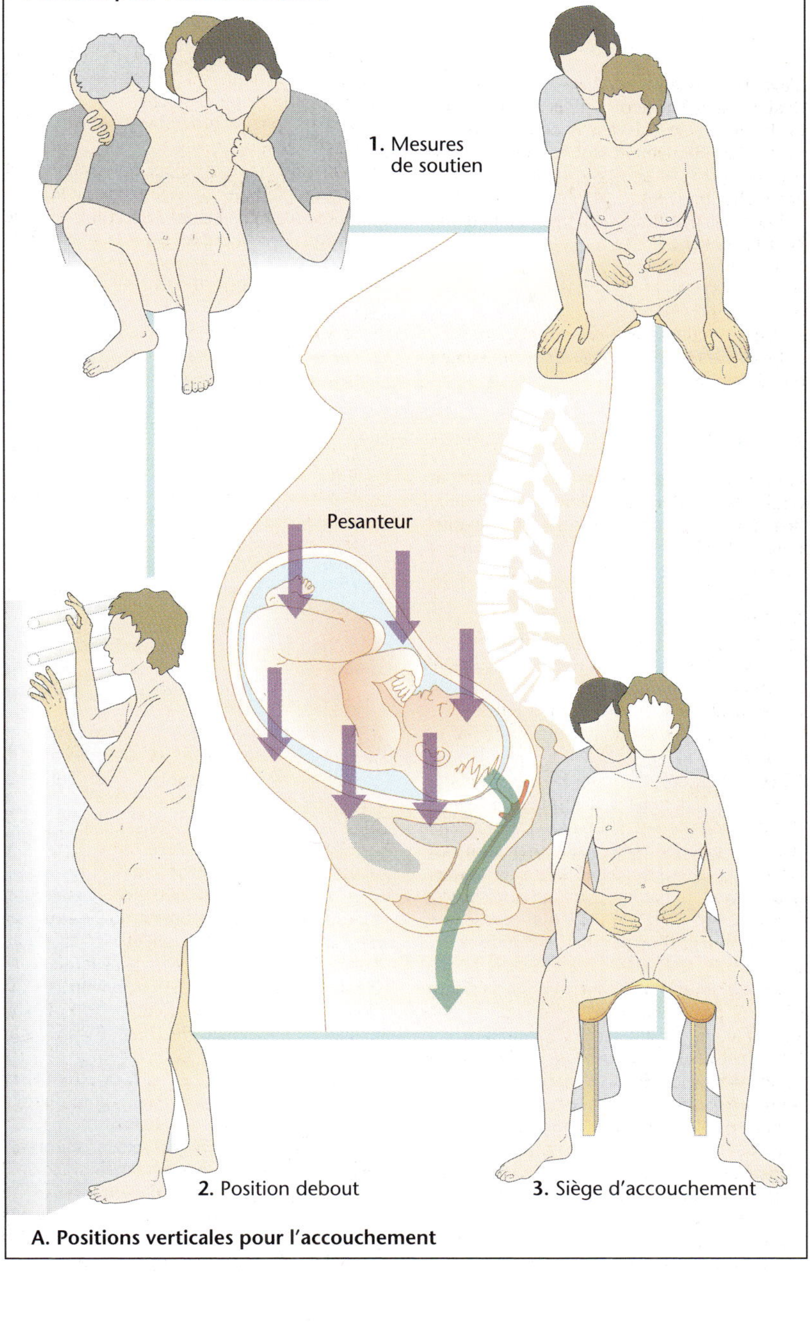


A. Positions verticales pour l'accouchement

## A. Contractions et force des contractions

Divers types de contractions se voient au cours de la grossesse. D'abord les contractions physiologiques de la grossesse : chaque gestante perçoit de temps en temps un « durcissement » de son ventre. Tant que ces contractions ne modifient pas le col, elles peuvent survenir jusqu'à 4 fois par heure. Les véritables contractions de l'accouchement sont caractérisées par leur origine au niveau du fond utérin et leur extension ensuite à tout l'utérus ; on parle d'une dominance du fond utérin lors des contractions. Elles deviennent de plus en plus fréquentes (5-20/h en période de dilatation) et de plus en plus fortes.
**Intensité des contractions.** Les contractions atteignent une intensité d'environ 60 mmHg en phase de dilatation, jusqu'à un maximum de 200 mmHg en phase d'expulsion. Selon l'épaisseur de la paroi abdominale, les contractions sont enregistrables par tocographie externe à partir d'une intensité de 10 mmHg et palpables à partir de 20 mmHg.
**Types de contractions.** Il existe trois types de contractions caractérisés par les signes suivants :

- type I : montée lente de la pression et chute rapide après le sommet de la douleur ; environ trois quarts de toutes les contractions au début de la phase de dilatation,
- type II : montée et chute régulières ; environ un tiers des contractions en phase de dilatation ou d'expulsion,
- type III : montée rapide et chute lente ; environ 90 % des contractions d'expulsion.

**Induction des contractions.** Les contractions sont soumises à une régulation hormonale : l'hypophyse, sous influence de l'hypothalamus, va libérer l'ocytocine qui provoquera des contractions. Dans la musculature utérine on trouve des récepteurs à l'ocytocine ; leur nombre augmente considérablement pour l'accouchement.
**Évolution des contractions.** D'une contraction à l'autre, le myomètre de la partie supérieure de la matrice va progressivement se resserrer car, lors de la pause entre les contractions, les cellules musculaires ne retrouvent plus leur longueur initiale (contraction). Ceci provoquera un constant retrait des cellules des parties basses de l'utérus (rétraction) et aboutira à l'ouverture du col utérin. La limite entre les deux portions utérines est appelée « sillon de Bandl » ou anneau de rétraction.

## B. Phase de dilatation

La phase de dilatation débute par l'apparition de contractions régulières modifiant le col **(A.)** et s'achève lorsque le col est complètement dilaté. Elle dure environ 8 à 12 h chez une primipare et 4 à 8 h chez une multipare. Chez la primipare le col se raccourcit avant de se dilater, chez la multipare les deux processus sont souvent confondus.

## C. Phase d'expulsion/phase de poussée

La phase d'expulsion débute à la dilatation complète du col et se termine avec la naissance de l'enfant. Elle dure environ 1 h chez la primipare et peut être nettement plus courte chez la multipare – où elle dure environ 20 minutes. Les dernières contractions sont appelées contractions de poussée en raison des poussées abdominales volontaires de la gestante qui vont renforcer les contractions utérines.

## D. Accouchement en présentation occipitale antérieure

La présentation obstétricale la plus fréquente du fœtus est la présentation occipitale antérieure. Voici les caractéristiques obstétricales typiques pour décrire la position de l'enfant au sein de sa mère :

- position : rapport du grand axe de l'enfant au grand axe de la mère ; on décrit ainsi des positions longitudinales, obliques ou transversales,
- présentation (ou emplacement du pôle) : dans les présentations longitudinales on décrit la partie fœtale qui vient en premier, ainsi par exemple présentation céphalique ou présentation du siège,
- variété de position : rapport du dos fœtal avec la mère. Dos à droite, dos à gauche,
- attitude : rapport entre la tête fœtale et sa colonne vertébrale. Normalement la tête est fléchie et l'occiput vient en premier.

Lors de l'accouchement en présentation occipitale antérieure, la tête va se mettre dans le diamètre transversal de l'entrée du bassin (lui-même de forme ovalaire avec grand axe transversal) ; ainsi le dos du fœtus est orienté vers un des côtés de la mère. Lors de la descente, la flexion de la tête va s'accentuer (l'occiput ou la petite fontanelle se présente en premier) ; la tête va faire une rotation de 90° de sorte que le dos du fœtus sera dirigé vers le ventre de la mère. La tête ovale va traverser la sortie du bassin (elle-même ovale à grand axe antéro-postérieur) et naître en tournant autour de la symphyse par un mécanisme de déflexion ; à ce moment les épaules vont être tout naturellement dans le diamètre transversal de l'entrée du basin et vont descendre. L'enfant effectuera une nouvelle rotation pour l'accouchement des épaules (rotation externe de la tête) qui se mettront dans le grand axe de la sortie ovalaire du bassin. L'épaule antérieure sous la symphyse sort en premier, l'épaule postérieure suivra.

## Accouchement physiologique I

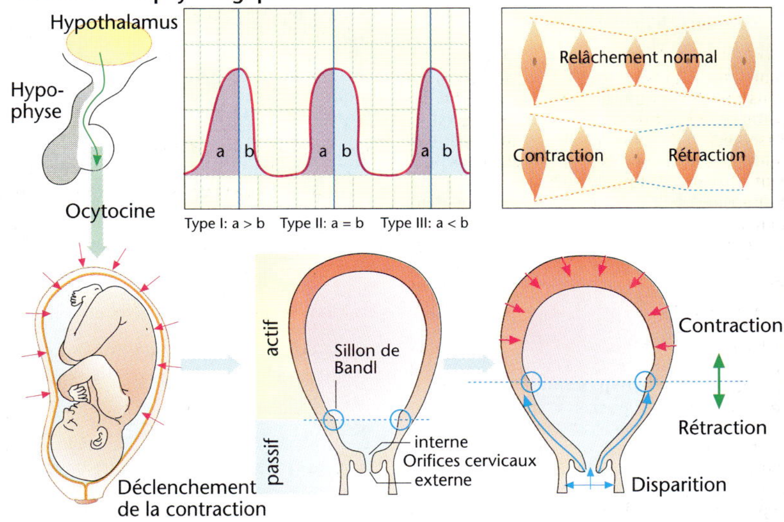


**A. Contractions et force des contractions**

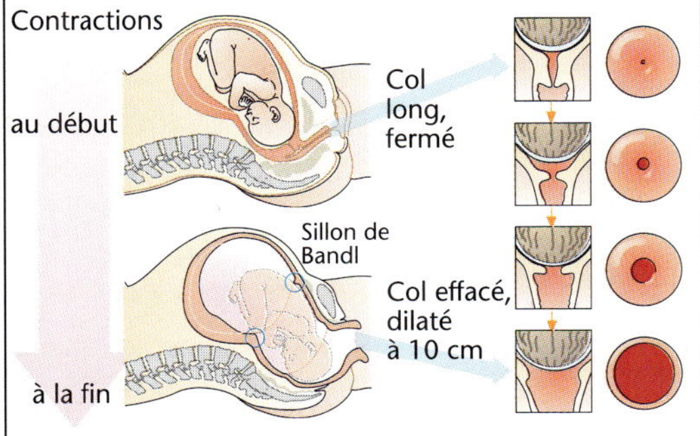


**B. Phase de dilatation**

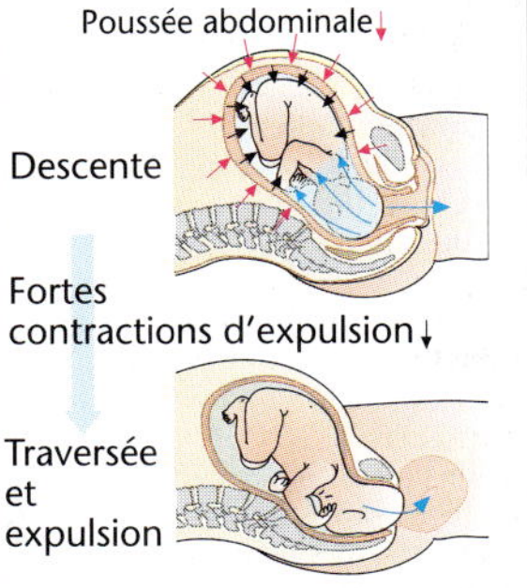


**C. Phase d'expulsion/de poussée**

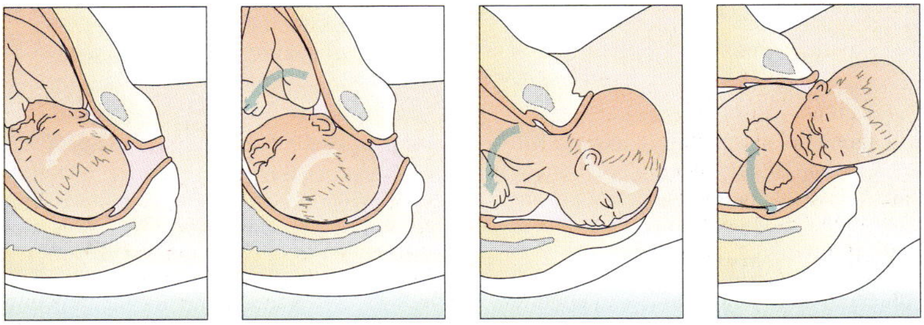

**D. Accouchement en présentation occipitale antérieure**

Lors de l'accouchement « normal » (occiput vers l'avant), l'enfant subit tout un enchaînement de mouvements en raison des rapports anatomiques entre le bassin maternel et la forme de sa tête ou de sa ceinture scapulaire (les épaules).

Vu d'en haut le bassin maternel est un ovale à grand axe transversal, à mi-hauteur il est plus ou moins arrondi, la sortie du bassin est un ovale à grand axe antéro-postérieur. La tête fœtale est pratiquement ovale elle aussi ; il en est de même pour les épaules avec un décalage de 90° par rapport à la tête. Suite à la flexion de la tête (l'enfant met son menton sur sa poitrine) c'est le plus petit diamètre céphalique qui traversera le bassin. Ceux qui ont déjà mis un pullover étroit à un petit enfant savent que le plus simple est de commencer par l'occiput, l'enfant ayant sa tête en légère flexion.

## A. Modifications de position de l'enfant

À l'entrée du bassin la tête fœtale n'est pas fléchie, elle regarde vers un côté de la mère (position « *transverse haute* »). Lors du TV on palpe la suture sagittale en situation transversale.

En descendant, le fœtus va progressivement tourner (*rotation*) pour se mettre dans le grand axe de la sortie du bassin (« *antéro-postérieure basse* »). Dans 95 % des accouchements le fœtus tourne son dos vers le ventre maternel (*dorso-antérieur*). Par ailleurs il fléchit sa tête (*flexion*). La suture sagittale sera palpée dans une situation oblique, et la petite fontanelle (au niveau de l'occiput) va migrer par suite de la flexion et se centraliser.

Arrivée au plancher pelvien la suture sagittale sera située en antéro-postérieur, elle a « terminé sa rotation » ; la tête est fléchie au maximum, la petite fontanelle est située au milieu de la présentation et vient en premier.

*L'accouchement de la tête* se fait ensuite par *déflexion* autour de la symphyse (pubis) maternelle. À la sortie du bassin, l'enfant va « lever la tête » (après avoir été « modeste » et gardé une tête baissée durant toute la traversée du bassin, il est « fier » d'avoir réussi et relève la tête de contentement à la sortie !).

À ce même moment les épaules passent de façon optimale dans le diamètre transversal de l'entrée du bassin. Tout en poursuivant sa descente, le fœtus va de nouveau se tourner d'environ 90° vers l'arrière, ce qui se manifeste par la *rotation externe de la tête*. Viendront ensuite l'accouchement de l'épaule antérieure sous la symphyse, puis l'accouchement de l'épaule postérieure par dessus le périnée. Le tronc et les jambes suivront sans problème, leur diamètre étant nettement plus petit que celui de la tête.

## B. Conduite de l'accouchement

**1. Phase de dilatation.** La conduite de l'accouchement durant la phase de dilatation comporte d'une part la surveillance du bien-être fœtal (p. 182) et d'autre part l'évaluation de la progression régulière de l'accouchement à l'aide d'examens internes (TV). Le plus important cependant est de soutenir psychiquement la gestante. Lors d'un accouchement qui traîne ou en cas d'épuisement, une attitude fondamentalement positive et une atmosphère calme auront une influence déterminante sur la motivation de la femme.

**2. Phase d'expulsion.** À la phase d'expulsion il est très important, pour le bon déroulement de l'accouchement, de donner les instructions adéquates pour pousser et respirer. Les mesures de soutien les plus importantes sont ensuite :

- la surveillance de l'enfant par CTG,
- la protection du périnée (p. 194),
- le dégagement de l'enfant.

On peut alors prendre la tête fœtale entre deux mains et aider la rotation externe. Après la rotation, la tête est bien dirigée vers l'arrière pour faciliter la sortie de l'épaule antérieure. Ensuite on amène le tronc fœtal autour de la symphyse vers la paroi abdominale maternelle (p. 194).

**3. Premiers soins à l'enfant** (p. 232). Les premiers soins consistent à sécher le bébé, à le tenir au chaud et à couper le cordon. L'aspiration de l'enfant n'est pas nécessaire de routine.

## Médication

Les médicaments les plus importants durant l'accouchement sont : des tocolytiques pour *inhiber les contractions* [bêta-mimétiques pour bloquer les récepteurs utérins, par ex. fénotérol (Partusisten) ou ritodrine (Pré-par)] et des ocytociques pour *favoriser les contractions* [ocytocine, par ex. Syntocinon, et éventuellement après la naissance méthylergométrine, par ex. Méthergin, ou une combinaison des deux substances, par ex. Syntométrine].

Tous ces médicaments peuvent être administrés directement en intra-veineux ou à l'aide d'une perfusion.

## Accouchement physiologique II

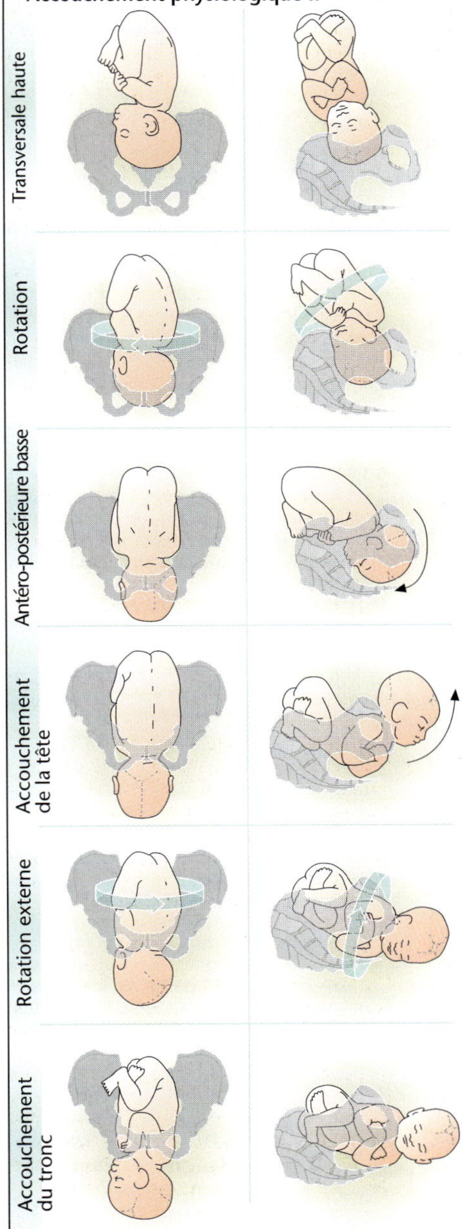


**A.** **Modifications de position de l'enfant**

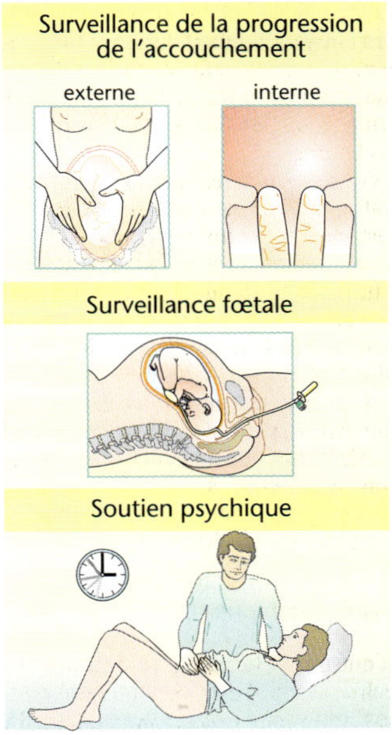


**1.** Phase de dilatation

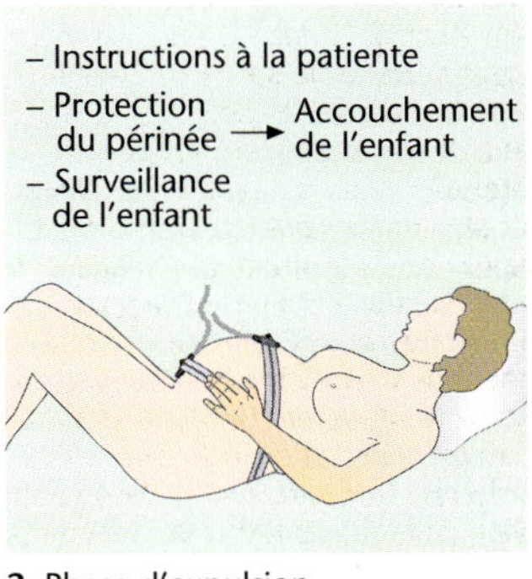


**2.** Phase d'expulsion

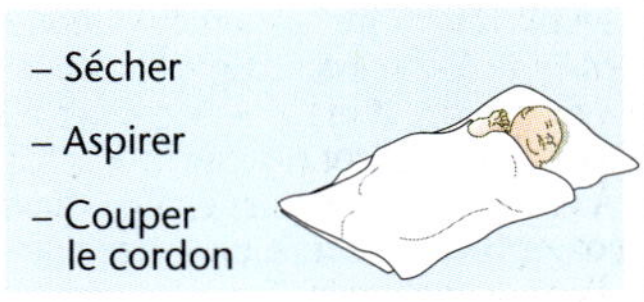


**3.** Premiers soins au bébé

**B.** **Conduite de l'accouchement**

## A. Résultats de l'examen et risques comparés avec la grossesse unique

Comparée à la grossesse unique, la grossesse gémellaire et, à plus forte raison, les grossesses multiples présentent certaines particularités et certains risques (voir p. 112).

**Examen.** Les particularités des résultats de l'examen durant la grossesse sont les suivantes :

- fond utérin : dès la 18e-SA on palpe le fond utérin nettement plus haut que dans le cas d'une grossesse unique ; avant l'ère des ultrasons c'était souvent la première indication en faveur d'une grossesse gémellaire,
- circonférence abdominale : elle est nettement plus grande ; les différences avec une grossesse unique sont mesurables à partir de la 20e SA,
- palpation : on peut palper plusieurs petites parties (bras, jambes) mais aussi 2 têtes (ou plus) ou éventuellement 2 sièges à travers la paroi abdominale,
- activité utérine : par suite de la surcharge de la musculature utérine (tension pariétale augmentée) en cas de grossesse multiple on a presque toujours des contractions prématurées et par conséquent des accouchements prématurés.

**Maux de la grossesse.** Une grossesse multiple constitue toujours une charge supplémentaire pour la femme. Tous les maux de grossesse sont accentués en raison de l'augmentation de la compression des organes, par exemple pyrosis (sensation de brûlure œsophagienne), problèmes respiratoires, pression sur la vessie, etc.

**Maladies.** La fréquence des anémies, des maladies hypertensives et également du diabète gestationnel est plus élevée. On sera assez souvent obligé d'hospitaliser en raison d'une activité utérine prématurée avec menace d'accouchement prématuré.

**Risques pour les enfants.** Le plus grand risque pour les enfants est sûrement l'accouchement prématuré et les problèmes qui en découlent :

- insuffisance respiratoire en raison de l'immaturité des organes,
- hospitalisation prolongée,
- augmentation du risque infectieux.

Les anomalies de position et de présentation sont plus fréquentes **(B.)**, raison pour laquelle près de 60 % des gestantes sont accouchées de leurs jumeaux par césarienne.

## B. Position des fœtus et mode d'accouchement

La distribution des positions fœtales et les rapports des fœtus entre eux peuvent se voir sur le tableau (p. 193). Dans près de 83 % des grossesses les deux enfants sont en position longitudinale, si bien que pour des enfants à terme on peut envisager un accouchement spontané. Toutefois lorsque le premier fœtus est en présentation du siège et le deuxième en présentation céphalique, il y a un risque d'accrochage des têtes fœtales lors de la descente du premier fœtus. Dans ce cas on conseille une césarienne à froid.

## C. Particularités de l'accouchement des grossesses multiples

**Organisation.** L'augmentation du risque aussi bien pour la mère que pour les enfants implique une série de mesures sur le plan de l'organisation :

- surveillance des enfants avec deux appareils de CTG (avec les éventuels problèmes d'interférence) ou, mieux, avec un appareil spécial pour jumeaux,
- accessibilité rapide de l'anesthésiste et de l'équipe opératoire en cas de césarienne d'urgence,
- en cas de prématurité : accouchement dans un centre périnatal proche d'un service de pédiatrie.

**Dangers durant l'accouchement.** Durant l'accouchement, le deuxième jumeau est particulièrement menacé par :

- une hémorragie à travers le cordon du premier jumeau après son accouchement, s'il existe des anastomoses intraplacentaires et si le cordon n'est pas correctement clampé,
- un danger d'asphyxie, car après la naissance du premier enfant l'utérus poursuivra ses contractions et cela risque de décoller prématurément le deuxième placenta,
- une fréquente anomalie de position (transversale, oblique), car l'espace disponible dans l'utérus après l'accouchement du premier enfant sera bien plus large ; on pourra éventuellement y remédier en changeant la mère de position, ou en effectuant une manœuvre externe ou même une manœuvre interne en cas d'urgence.

**Risques du post-partum.** Les risques typiques sont :

- lésions plus fréquentes de la filière d'accouchement (déchirures du col, déchirures du vagin) lors des positions anormales,
- risque d'atonie utérine après l'accouchement, en raison de la surdistension préalable de l'utérus (p. 226).

## Accouchement des grossesses multiples

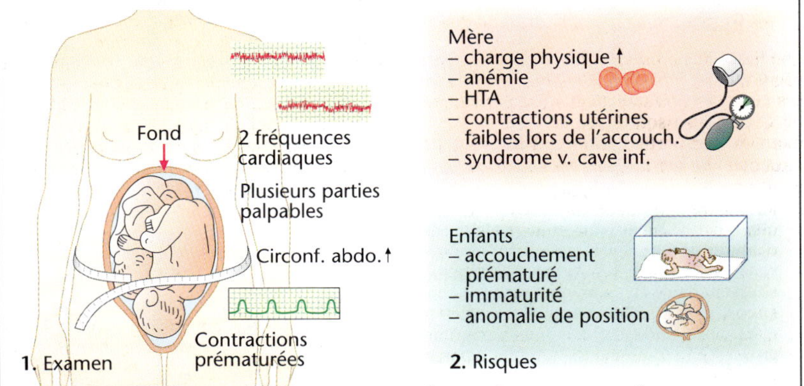


**A. Résultats de l'examen et risques comparés avec la grossesse unique**

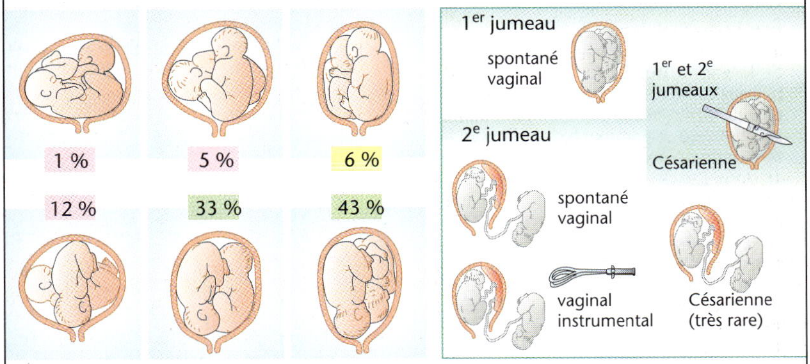


**B. Positions des fœtus et mode d'accouchement**

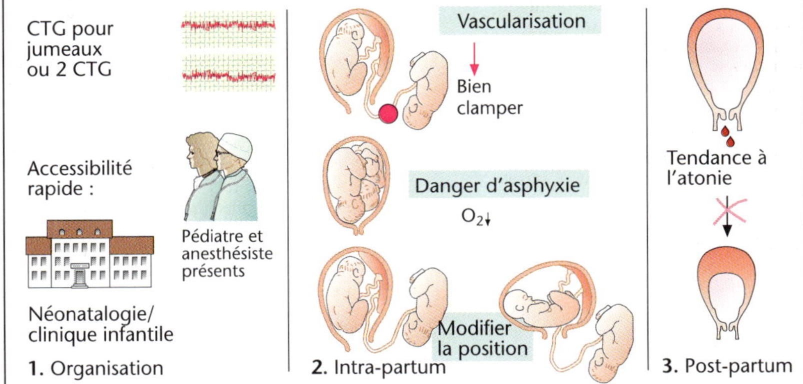


**C. Particularités de l'accouchement des grossesses multiples**

## A. Protection du périnée et dégagement de l'enfant

La sage-femme et/ou l'obstétricien disposent de toute une série de possibilités pour favoriser l'accouchement et le dégagement de l'enfant. La protection du périnée est sûrement la mesure la plus importante à ce moment. Elle permet d'éviter d'une part une déchirure périnéale, et d'autre part un ralentissement de l'expulsion de la tête, ce qui la soumettrait à de brusques variations de pression intracrânienne.

La protection du périnée comprend deux mesures. Pour une sage-femme ou un obstétricien situé à droite de la patiente :

- la main gauche posée sur la tête fœtale exerce une contre-pression dans le but de freiner la déflexion. À ce moment la mère ne doit plus pousser ou pousser très légèrement en maîtrisant son effort ; beaucoup de sages-femmes demandent à la femme de haleter pour éviter de céder au besoin de pousser,
- la main droite va d'une part essayer de resserrer le périnée, et d'autre part exercer une pression sur la tête fœtale dans le but de la relever. Il est toujours bon de laisser visible 1 cm de peau immédiatement à la sortie du vagin. En cas de menace de rupture le périnée blanchit et on peut encore si nécessaire pratiquer une épisiotomie (déchirures du périnée ; p. 214).

Après son expulsion, la tête va effectuer une rotation externe. Dans cette phase on attend d'abord de voir le sens de la rotation spontanée de la tête. On peut soutenir légèrement le mouvement avec les mains posées bien à plat de part et d'autre de la tête du bébé.

Pour dégager les épaules on tire d'abord la tête de l'enfant loin vers l'arrière, c'est-à-dire vers le périnée, pour que l'épaule antérieure glisse sous la symphyse et puisse être dégagée. Ensuite on fait glisser le tronc sous la symphyse en le tirant vers l'avant ; l'épaule postérieure apparaît et l'on mettra le bébé sur le ventre de sa mère.

## B. Matériel nécessaire

Le matériel nécessaire pour un accouchement doit être prêt ou accessible :

- solution désinfectante pour la désinfection des organes génitaux externes : il y a toujours des germes, en particulier dans les poils pubiens, pouvant être la cause d'une mauvaise cicatrisation des lésions obstétricales,
- plateau pour clampage du cordon : au moins 2, encore mieux 3 clamps pour cordon et une paire de ciseaux pour couper le cordon ; on pose souvent 3 clamps, cela permet de prélever du sang entre 2 clamps posés du côté placentaire. On déterminera le pH sanguin et le groupe sanguin de l'enfant.
- tubes capillaires pour prélèvement du sang du cordon (mesure du pH),
- tubes pour prélèvement de sang du cordon pour la détermination du groupe sanguin de l'enfant,
- ciseaux pour épisiotomie,
- champs pour la protection du périnée,
- champs préalablement chauffés pour le nouveau-né,
- sondes d'aspiration avec réceptacle pour les sécrétions ; dans beaucoup d'hôpitaux on renonce actuellement à l'aspiration systématique chez les nouveau-nés sains et à terme,
- stéthoscope pour enfant à fin de pouvoir vérifier immédiatement la fréquence cardiaque et la respiration.

## C. Manœuvre de Ritgen

Si l'accouchement traîne en longueur ou si des anomalies pathologiques apparaissent au CTG, on essaiera d'accélérer l'expulsion de la tête de l'enfant à l'aide de la manœuvre de Ritgen. Lorsque l'occiput est visible à la vulve, on va rechercher le menton du bébé en palpant la zone en arrière de l'anus et avec les doigts en crochet on va tirer sur le menton pour favoriser la déflexion de la tête.

## D. Manœuvre de Kristeller

Dans le cas d'une phase de dilatation qui traîne en longueur, on peut accélérer l'accouchement en pressant sur le fond utérin. Effectuée avec deux mains ou avec l'avant-bras, la manœuvre de Kristeller n'est toutefois pas une manœuvre sans danger. Des fractures de côtes et même des ruptures du foie ont été décrites dans des cas extrêmes.

## Gestes obstétricaux et matériel

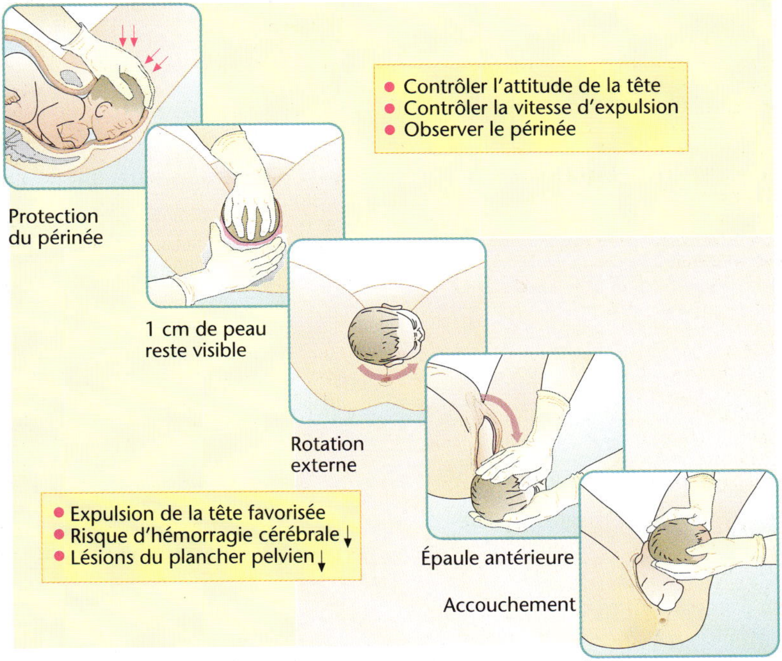


**A. Protection du périnée et dégagement de l'enfant**

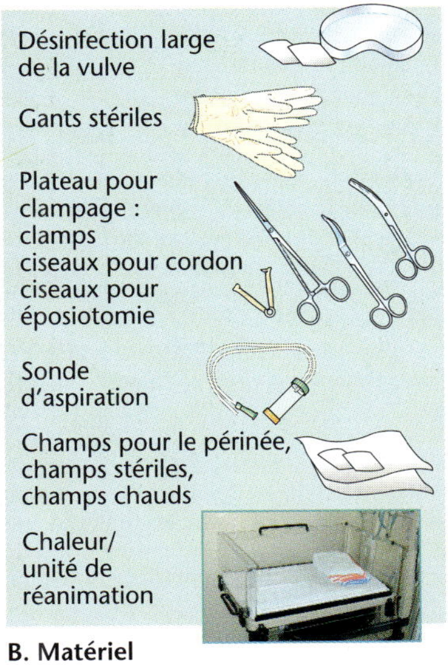


**B. Matériel**

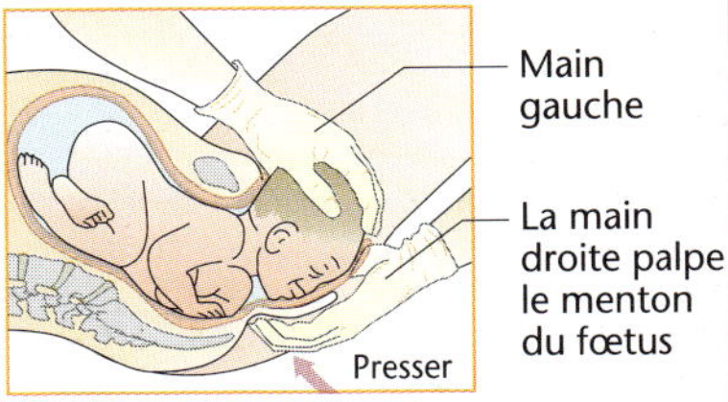


**C. Manœuvre de Ritgen**

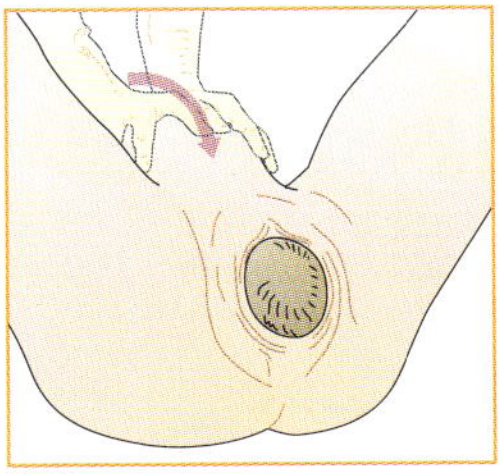

**D. Manœuvre de Kristeller**

## A. Douleurs lors de l'accouchement

La perception de la douleur lors de l'accouchement varie d'une femme à l'autre. À côté de la douleur objectivable proprement dite, d'autres aspects vont jouer un rôle déterminant :

- le ressenti individuel de la douleur,
- la tension provoquée par cette situation exceptionnelle qu'est l'accouchement,
- la peur de l'inconnu,
- l'épuisement, par exemple devant la prolongation de l'accouchement.

L'intensité des douleurs variera en outre avec les phases de l'accouchement.

**Début de la phase de dilatation.** Les douleurs sont au premier plan au début de la phase de dilatation. Elles sont d'intensité moyenne, parcourent tout l'utérus de façon synchrone mais autorisent une bonne relaxation dans leur intervalle. Avec la progression de la dilatation du col s'ajoutera une douleur de dilatation : douleur plutôt faible, irradiant en ceinture dans le bas-ventre.

**Fin de la phase de dilatation, début de la phase d'expulsion.** La fin de la phase de dilatation comme le début de la phase d'expulsion sont marqués par des douleurs fortes lors des contractions, qui se propagent dans tout le bas-ventre et même en partie au-dessus du nombril. Lors du relâchement utérin la contraction ne disparaît souvent pas complètement. Lors de la phase d'expulsion apparaît en plus une douleur liée à la dilatation du vagin.

**Fin de la phase d'expulsion.** En fin de phase d'expulsion, en particulier lors de la période de poussée, la douleur principale siège au niveau du périnée et du tiers inférieur du vagin ; elle est causée par la distension maximale des tissus par la tête fœtale. Ces douleurs irradient souvent jusque vers le haut des cuisses. L'intensité de ces douleurs est marquée ; on pourra le remarquer par exemple en pratiquant une épisiotomie à l'arrivée d'une contraction et constater que la femme ne s'en aperçoit même pas.

**Transmission de la douleur.** Les douleurs de l'accouchement sont transmises au système nerveux central, d'une part grâce à des fibres nerveuses sensibles en dessous de L2/L3, et d'autre part grâce au nerf honteux.

## B. Préparation psychosomatique

La prise en charge de la future mère est très importante durant l'accouchement pour rompre le cercle vicieux : peur, tension, douleur et accouchement qui traîne en longueur. Pour réussir ceci, plusieurs facteurs sont bénéfiques :

- une bonne préparation de la gestante à l'accouchement (p. 146),
- la proximité physique et émotionnelle d'une personne de confiance,
- la réponse aux désirs et aux besoins de la parturiente,
- une bonne information sur le déroulement de l'accouchement.

On pourra ainsi diminuer la peur et la tension, l'accouchement se déroulera plus vite et sera moins douloureux et moins pesant.

## C. Analgésie systémique/sédation

À côté des mesures psychologiques influençant la perception de la douleur, on utilisera éventuellement des analgésiques d'action systémique ou des sédatifs.

Ils doivent diminuer les douleurs des contractions, détendre la femme, agir sur le plancher pelvien et accélérer l'évolution de l'accouchement.

On utilise des spasmolytiques, des sédatifs et des analgésiques opioïdes. Traversant le placenta et allant vers l'enfant, ces médicaments peuvent provoquer des dépressions respiratoires chez le nouveau-né (analgésique opioïdes), un ictère du nouveau-né (sédatifs) ou des troubles de l'adaptation néonatale.

## D. Anesthésie locale

L'anesthésie régionale par infiltration des nerfs honteux internes, vers la fin de la période d'expulsion, réalise une bonne anesthésie de la zone du plancher pelvien. La gestante poussera mieux et sans douleurs, elle contrôlera mieux ses poussées.

L'anesthésie du nerf honteux interne (ou bloc honteux) est effectuée à partir du vagin, des deux côtés, avec une aiguille spéciale ; on infiltre chaque fois 10 ml d'anesthésique local, à 1 cm au-dessus et à 1 cm à l'extérieur de l'épine sciatique que l'on repère au doigt. Le bloc honteux est souvent pratiqué en fin de phase d'expulsion pour atténuer les douleurs dues à la distension de la région périnéale. Pour l'épisiotomie, on peut éventuellement effectuer une infiltration locale en plus du bloc honteux.

## Analgésie I

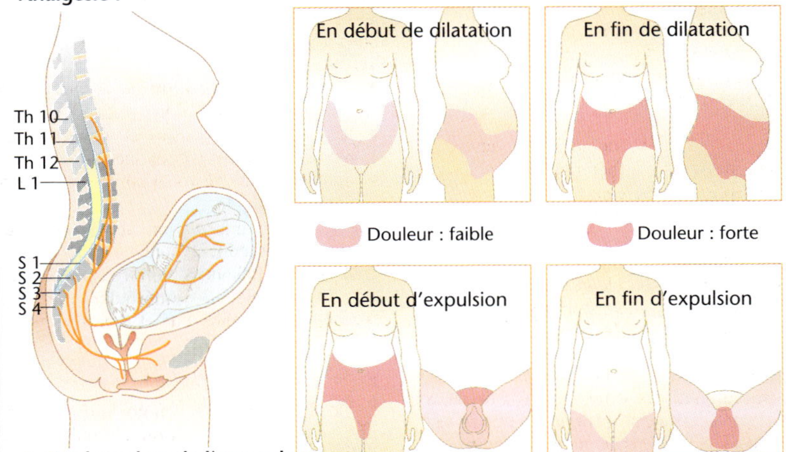


**A. Douleurs lors de l'accouchement**

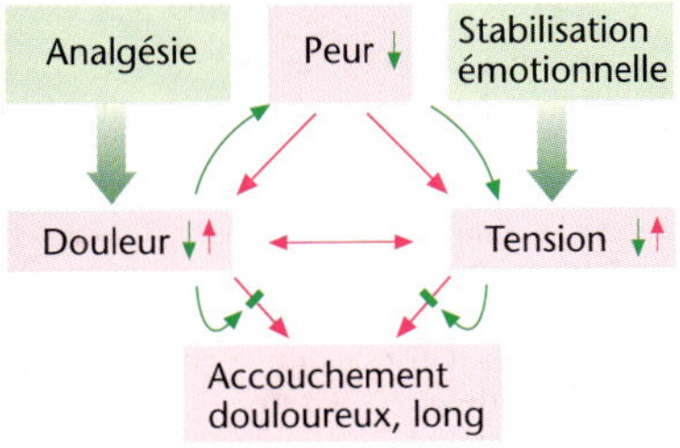


**B. Préparation psychosomatique**

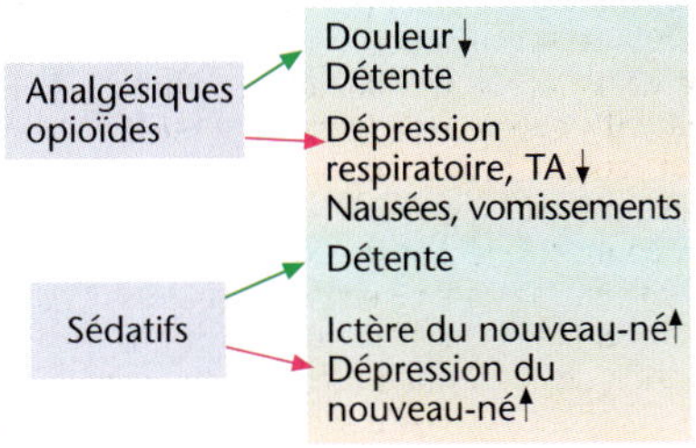


**C. Analgésie systémique/Sédation**

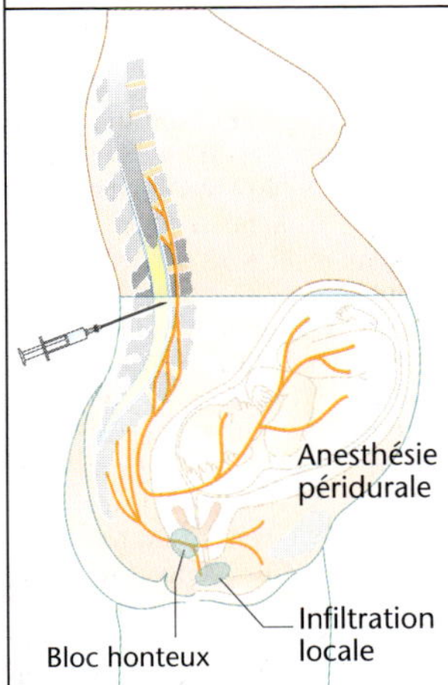


**D. Anesthésie locale**

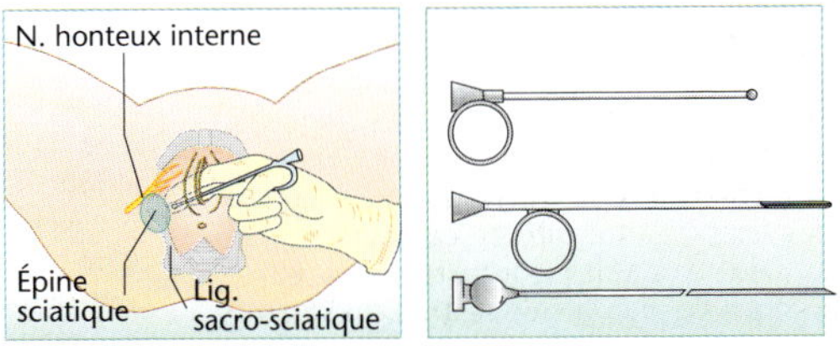


**1.** Bloc honteux - phase d'expulsion

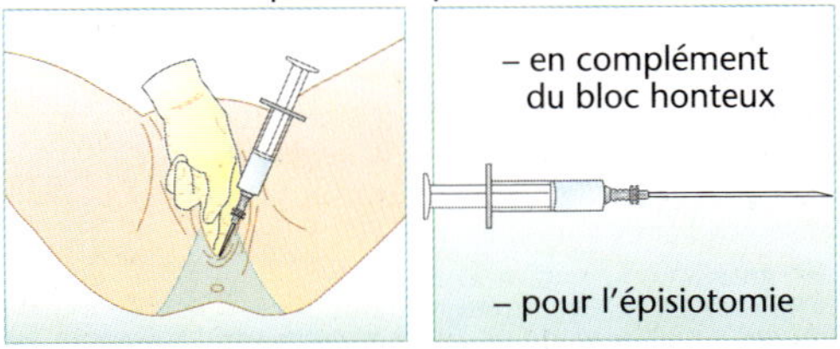


**2.** Infiltration du périnée

## A. Anesthésie spinale et anesthésie péridurale

Pour combattre la douleur, la plupart des hôpitaux proposent aux futures mères une anesthésie de la région autour de la moelle épinière sous forme d'anesthésie spinale ou péridurale.

L'anesthésie spinale est une anesthésie plutôt adaptée à la césarienne. L'anesthésie péridurale est un bon procédé pour supprimer complètement la douleur, en particulier durant la phase de dilatation.

**Anesthésie spinale.** Pour obtenir une anesthésie spinale on ponctionne l'espace spinal et on y injecte un anesthésique local ; la patiente est en position assise ou couchée sur le côté. Le niveau d'action dépendra de la position car l'anesthésique ne diffuse pas dans tout l'espace spinal mais s'écoule vers le bas sous l'influence de la pesanteur. Si le médicament allait trop haut (au niveau de la colonne cervicale C3/C4) cela pourrait entraîner une complication redoutable : la paralysie respiratoire, due à l'atteinte du nerf phrénique, innervant le diaphragme. On serait alors obligé de ventiler la patiente sous anesthésie générale.

**Anesthésie péridurale.** L'anesthésie péri- ou épidurale est cependant plus répandue. L'anesthésiste introduit un petit cathéter dans l'espace épidural, à travers une aiguille creuse **(2.)**. Après application d'une dose-test, un infuseur spécial perfusera du produit anesthésique en continu. Lorsque le cathéter est bien posé la patiente n'a plus du tout de douleurs.

**Avantages.** L'avantage de l'anesthésie péridurale sur l'anesthésie spinale est sa durée d'action plus grande ; grâce au cathéter on pourra à tout moment redonner de l'anesthésique.

**Effets indésirables.** Les deux méthodes peuvent provoquer une chute de tension chez la mère, entraînant éventuellement une diminution de la perfusion placentaire et des altérations du CTG. Pour éviter cela, on donnera généralement des liquides de remplissage plasmatique (par ex. 500 ml en perfusion) avant la mise en place de l'anesthésie.

Par ailleurs l'anesthésie restreint sensiblement la possibilité de marche et la liberté de mouvements de la femme, en raison de la faiblesse des jambes ; ceci et perçu comme un désavantage.

Contrairement à l'opinion courante, le taux d'interventions vaginales ou la durée de l'accouchement ne sont pas modifiés par cette forme d'anesthésie. De temps en temps la parturiente a des difficultés à pousser « dans la bonne direction », car elle n'a plus le « repère » des habituelles douleurs du bas-ventre. Pour éviter cela on essaie de diminuer un peu l'intensité de l'analgésie en modifiant le dosage d'anesthésique en période d'expulsion.

## B. Anesthésie générale

Quoique l'anesthésie régionale soit préférable pour une césarienne à l'anesthésie générale en raison de la moindre fréquence de complications lourdes (par ex. danger d'inhalation, possibilité d'erreur d'intubation), certaines situations nécessitent une anesthésie générale.

**Indications.** L'efficacité d'une anesthésie régionale se fait sentir au plus tôt 10 à 15 min après son instauration ; en cas d'urgence on ne pourra pas attendre si longtemps et on sera obligé de pratiquer une anesthésie générale. L'anesthésie régionale est souvent impossible en cas de maladies de la colonne vertébrale, de problèmes de disques intervertébraux on d'allergie connue aux anesthésiques locaux. Par ailleurs toutes les patientes ne souhaitent pas être conscientes lors de la césarienne.

**Procédure.** En cas de césarienne sous anesthésie générale (p. 222), certains gestes sont effectués avant l'induction de l'anesthésie proprement dite :

- mise en place sur la table d'opération,
- désinfection cutanée,
- pose de champs stériles.

Ce n'est qu'après cela que débutera l'anesthésie, de façon à ce que l'enfant reçoive le moins d'anesthésique possible par le cordon jusqu'à sa naissance et pour éviter des complications en post-partum.

## C. Acupuncture

L'acupuncture a également une place bien établie pour la prise en charge de l'accouchement dans la plupart des cliniques. Le spectre d'action et les indications possibles débordent largement du seul domaine de l'analgésie :

- relaxation durant l'accouchement,
- induction des contractions,
- traitement des nausées,
- dilatation plus rapide du col,
- inhibition des contractions trop fréquentes,
- facilitation du décollement du placenta,
- facilitation de l'allaitement.

## Analgésie II

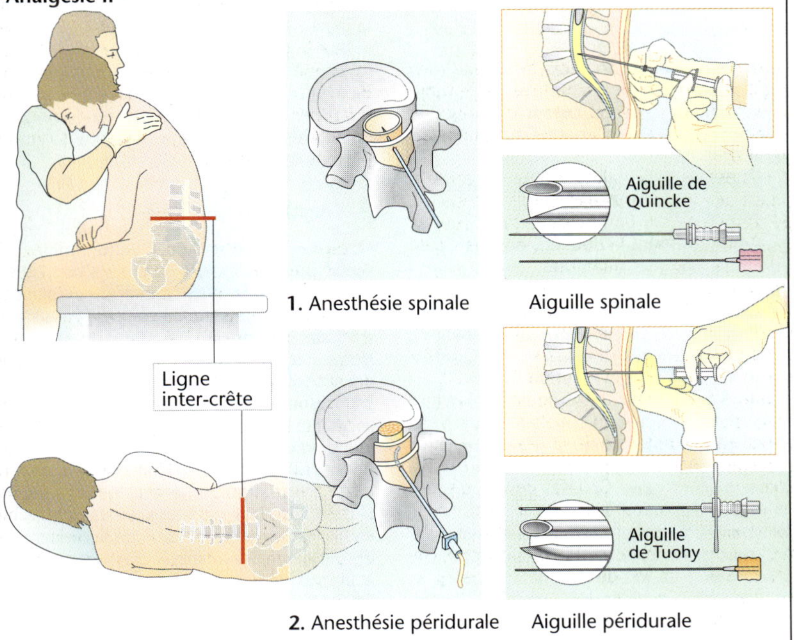


**A. Anesthésie spinale et péridurale**

Urgence

Refus/ contre-indication à l'anesthésie régionale → Césarienne

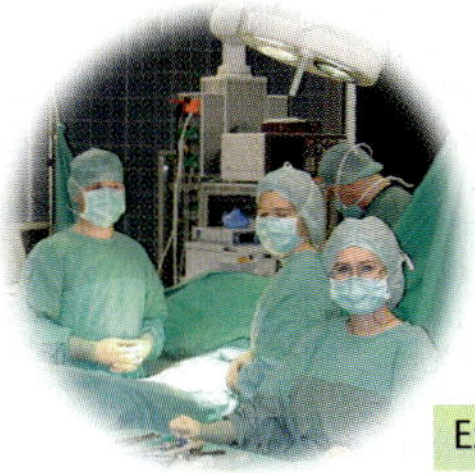

Décision opération

10 – 20 minutes

Extraction de l'enfant

**B. Anesthésie générale**

**Buts**

Préparation à l'accouchement
- relaxation

Induction de l'accouchement
- contractions ↑
- nausées ↓

Soulagement de la douleur
- analgésie
- détente
- apaisement de l'enfant

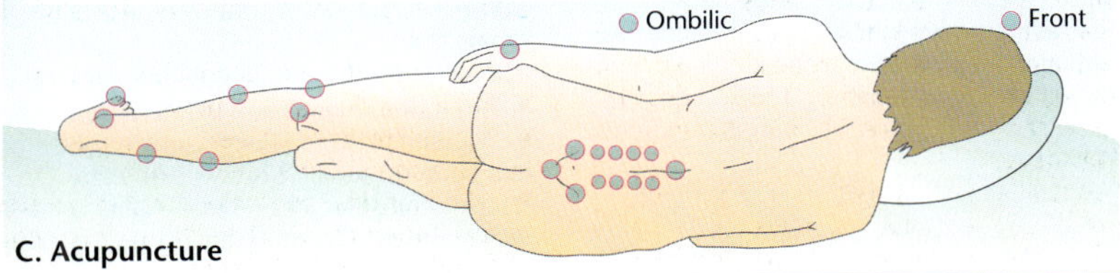


**C. Acupuncture**

Vu sous l'angle de la mécanique obstétricale, il n'y a qu'une façon optimale d'accoucher (p. 190). Si l'on s'en écarte, cela signifie au moins un ralentissement de la progression de l'accouchement ; cela peut éventuellement signifier une situation de véritable danger pour l'enfant.

## A. Présentation antéro-postérieure haute

La présentation antéro-postérieure haute signifie que la tête fœtale effectue une rotation et reste bloquée dans le diamètre sagittal (antéro-postérieur) de l'entrée du bassin (encore appelé détroit supérieur). Pour une tête et un bassin de dimensions normales, cette position rend l'accouchement impossible.

**Étiologie.** Les causes peuvent aussi bien être maternelles que fœtales :

- placenta praevia : l'entrée du bassin est obstruée par le placenta, la tête ne pourra se placer correctement par rapport au bassin osseux,
- fibrome : les fibromes du segment inférieur de l'utérus constituent un obstacle à l'entrée de la tête dans le bassin,
- dystocie cervicale : une dilatation insuffisante des parties basses de l'utérus empêche l'accommodation correcte de la tête lors de sa descente,
- anomalies du bassin : des anomalies congénitales ou acquises du bassin (par ex. des fractures) peuvent éventuellement empêcher la descente de la tête dans l'entrée du bassin,
- hydrocéphalie : une tête trop grosse par rapport au bassin se met souvent en position antéro-postérieure haute,
- prématurité : si la tête est très petite, il n'est pas indispensable qu'elle se mette en position optimale par rapport au bassin car la place est largement suffisante,
- procidence d'une petite partie : si une main ou un bras se placent en avant de la tête, ils peuvent empêcher la descente de la tête dans l'entrée du bassin.

**Formes.** On distingue la présentation antéro-postérieure haute dorso-antérieure (dos dirigé vers l'avant) et la présentation haute dorso-postérieure (dos dirigé vers l'arrière)[1].

**Diagnostic.** Le diagnostic repose sur l'examen externe (manœuvres de Leopold), sur les bruits du cœur fœtal dont la perception est optimale sur la ligne médiane du ventre maternel, et avant tout sur l'examen vaginal. Au toucher vaginal on perçoit la suture sagittale céphalique dans l'axe sagittal du bassin. L'identification de la petite fontanelle permet de préciser la variété de position : occipito-pubienne (ou dorso-antérieure), occipito-sacrée (ou dorso-postérieure). En cas de doute on peut s'aider de l'échographie.

**Conduite.** Sous réserve d'exclure un obstacle permanent à l'accouchement (par ex. placenta praevia, anomalie du bassin) et après la prise en compte du degré de dilatation du col, on pourra attendre sous contrôle CTG une normalisation de la position céphalique. On modifiera éventuellement la position de la mère (en la plaçant alternativement sur le côté droit durant 3 contractions, puis sur le côté gauche durant 3 contractions). La position quadrupède peut également aider à « balancer » la tête fœtale dans le bassin. Un autre procédé thérapeutique est celui de la prise de la « boule du jeu de quilles ». Sous tocolyse la main vaginale repousse le fœtus vers le haut et tente ensuite de faire tourner la petite tête.

En cas de persistance de la présentation antéro-postérieure haute avec un col complètement dilaté, la césarienne reste la seule possibilité d'accouchement.

## B. Asynclitisme

Lors d'un asynclitisme, la tête fœtale située dans le diamètre transversal de l'entrée du bassin s'incline soit vers l'avant, soit vers l'arrière (par un mouvement en battant de cloche). La suture sagittale se trouvera déjetée soit vers l'avant, soit vers l'arrière.

**Étiologie.** Les causes fréquentes sont les malformations utérines, fibromes, anomalies du bassin, ou la grosse tête allongée de l'enfant.

**Diagnostic.** Le diagnostic est posé lors de l'examen vaginal ; il faut y penser en cas d'allongement important de la phase de dilatation.

**Conduite.** En cas d'asynclitisme antérieur (présentation du pariétal antérieur ; **B2.**) il est justifié d'attendre sous contrôle CTG ; l'anomalie se corrige souvent spontanément avec l'évolution de l'accouchement. L'asynclitisme postérieur (présentation du pariétal postérieur ; **B2.**) est le plus souvent lié à une anomalie du bassin qui empêchera la tête de trouver suffisamment de place dans la concavité sacrée. Le plus souvent on sera obligé de terminer l'accouchement par césarienne.

---

1. *Note du traducteur :* En France on parle plutôt de présentation haute en position occipito-pubienne et occipito-sacrée (au lieu de dorso-antérieure et dorso-postérieure).

## Présentations anormales I

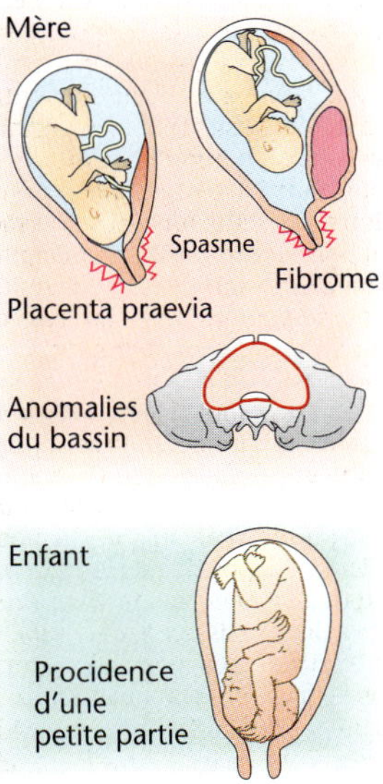


**1.** Causes

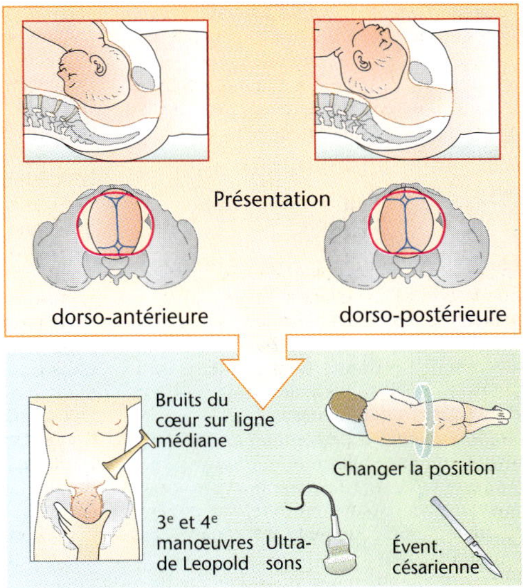


**2.** Examen et conduite

**A. Présentation antéro-postérieure haute**

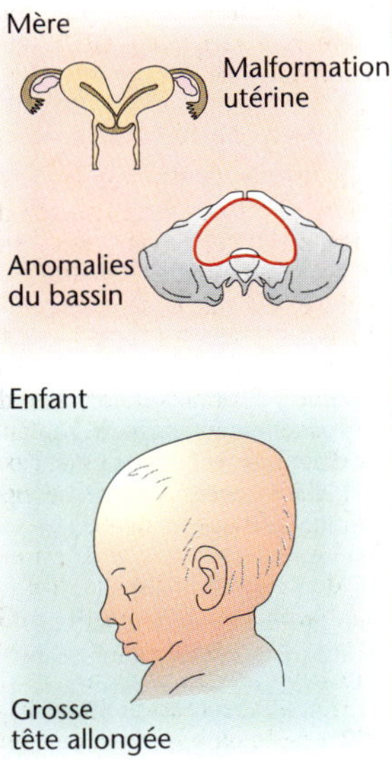


**1.** Causes

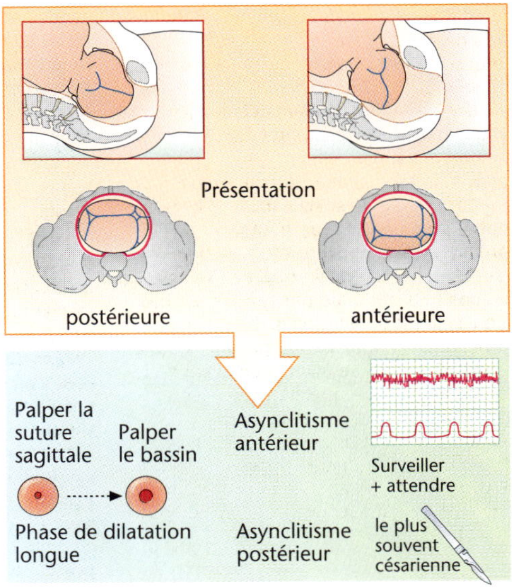


**2.** Examen et conduite

**B. Asynclitisme**

## A. Présentation transverse basse

En cas de présentation transverse basse, la rotation physiologique de la tête ne s'est pas faite durant sa descente dans le bassin ; un défaut de flexion de la tête y est souvent associé. La tête non fléchie se présente ainsi dans le diamètre transverse de la sortie du bassin (détroit inférieur).

**Étiologie.** Les causes possibles sont :

- la multiparité : en raison d'un grand espace (distension par les accouchements précédents) il n'est pas nécessaire que la tête effetue une rotation,
- des contractions de faible intensité : lorsque les contractions sont faibles la tête fœtale n'est pas contrainte à une rotation, les forces étant insuffisantes,
- des anomalies du bassin : en cas de modification du bassin osseux, l'indispensable guidage de la rotation par la « glissière » osseuse fera défaut,
- un accouchement rapide : lorsque la phase d'expulsion est très rapide – c'est souvent le cas avec de très fortes contractions – la tête n'a pas le temps d'effectuer la rotation,
- un accouchement prématuré : les prématurés ont une petite tête plutôt arrondie. L'accommodation à l'ovale de la sortie du bassin ne sera pas forcément indispensable,
- une tête allongée : la grande tête allongée manque de place pour effectuer une rotation au milieu du bassin.

**Formes.** On distingue une forme avec dos à droite (occipito-iliaque droite) et une autre avec dos à gauche (occipito-iliaque gauche). Vue sous l'angle de la mécanique obstétricale, cette distinction ne présente pas d'intérêt.

**Diagnostic.** Le diagnostic de la présentation transverse basse est fait par l'examen vaginal : la tête est au plancher pelvien, sa suture sagittale n'est pas dans le diamètre antéro-postérieur, elle est dans le diamètre transverse (elle n'a pas fait sa rotation).

**Conduite.** La conduite dépendra des dimensions à la sortie du bassin. Si le bassin est relativement large et/ou la tête petite, on peut soutenir l'activité utérine par une perfusion d'ocytociques et attendre un accouchement spontané sous contrôle CTG. On effectuera éventuellement une épisiotomie précoce (p. 214) pour ménager de la place à la petite tête.

Si l'accouchement est bloqué au plancher pelvien et si le CTG est pathologique, il faut accoucher instrumentalement. On utilise soit un forceps en achevant la rotation de la tête, soit une ventouse obstétricale. Dans ce dernier cas on place la ventouse sur l'occiput et on provoque d'abord la flexion de la tête. Souvent la rotation suit spontanément et l'accouchement se termine en présentation occipitale.

## B. Présentation occipito-postérieure

Normalement après avoir pénétré dans le diamètre transverse du détroit supérieur (entrée du bassin), la tête effectue une rotation de 90° de sorte que le dos du bébé est dirigé vers la paroi abdominale maternelle (p. 190). Dans quelques cas le bébé se tourne de l'autre côté, en rotation amenant son dos vers l'arrière (position dorso-postérieure).

**Étiologie.** Les principales causes de « mauvaise rotation » sont :

- les fibromes du segment inférieur de l'utérus,
- les anomalies du bassin (en particulier le bassin androïde),
- les variantes de forme de la tête (tête petite, ronde, par ex. chez les prématurés, ou tête très longue) ou l'hydrocéphalie.

**Diagnostic.** Le diagnostic repose sur :

- les manœuvres de Leopold (le dos est à peine palpable ou pas du tout palpable),
- les bruits du cœur dont la perception est optimale très loin de côté,
- surtout l'examen vaginal : la petite fontanelle n'est pas située en avant, mais en arrière.

**Conduite.** La phase d'expulsion est souvent un peu plus longue. En cas de manque de place au plancher pelvien, une épisiotomie devra être faite à temps.

L'expulsion de la tête se fait également par déflexion ; lors d'un accouchement en présentation occipito-postérieure, le visage passera sous la symphyse.

Les présentations défléchies (flexion insuffisante de la tête au milieu du bassin) se mettant pratiquement toujours en position dorso-postérieure, il est important de bien préciser le type exact de présentation (bregma, front, face) lors de l'examen vaginal. Il ne faut pas méconnaître une présentation incompatible avec un accouchement vaginal.

## Présentations anormales II

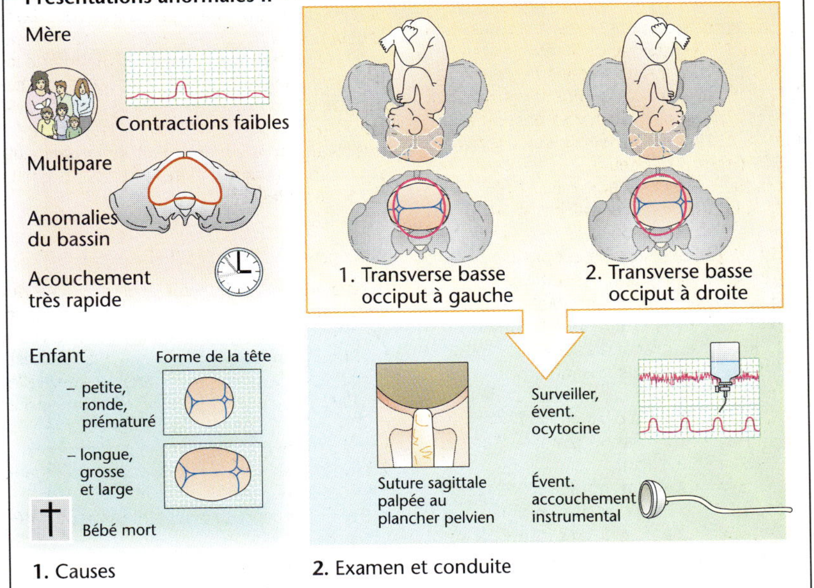


**A. Présentation transverse basse**

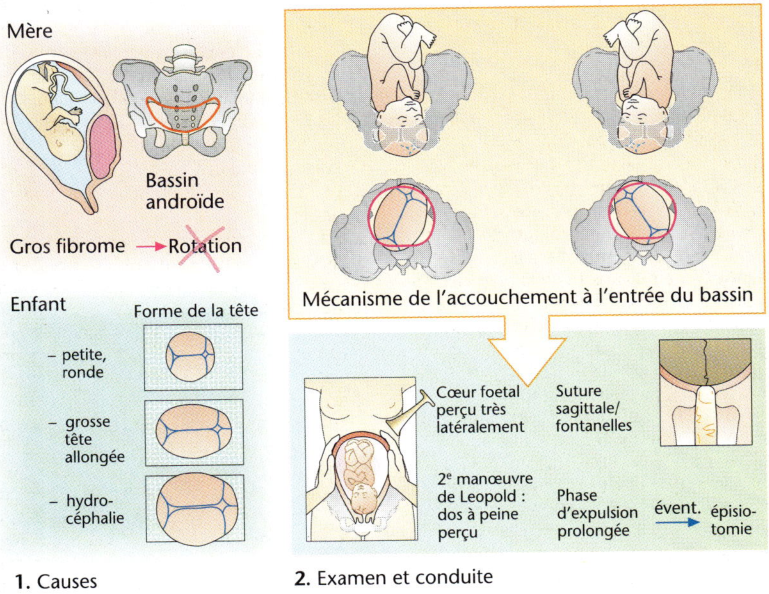


**B. Présentation occipito-postérieure**

## A. Modalités de la présentation du siège

La présentation du siège est une présentation longitudinale dans laquelle le pôle inférieur est le siège. Elle se voit dans environ 5 % des grossesses. Ce n'est pas une présentation anormale au sens strict du mot puisque l'enfant est en position longitudinale, comme dans le cas de la présentation céphalique.

On distingue plusieurs modalités selon la position des jambes :

- siège décomplété mode des fesses : les deux jambes sont relevées et étendues devant le tronc (forme la plus fréquente, environ 60 %) ; le périmètre de la présentation mesure environ 28 cm,
- siège complet : le fœtus est dans son attitude typique, hanche et genoux fléchis (environ 15 %) ; le périmètre de la présentation mesure environ 33 cm,
- siège décomplété mode des pieds : hanches et genoux sont en extension (environ 10 %) ; le périmètre de la présentation mesure environ 25 cm,
- siège décomplété mode d'un pied : une jambe est relevée, l'autre est étendue (environ 8 %) ; le périmètre de la présentation mesure environ 27 cm.

Contrairement à la présentation céphalique, en cas de siège l'accouchement est d'autant plus aisé que le périmètre de la partie du corps qui vient en premier (siège) est plus grand. Dans ce cas la filière pelvienne est bien distendue, ce qui facilite le passage de la tête, portion la plus volumineuse de l'enfant (périmètre d'environ 35-36 cm).

## B. Causes

Voici les plus importantes causes de la présentation du siège :

- grande mobilité intra-utérine de l'enfant en cas d'hydramnios, multiparité avec un relâchement de la musculature utérine, petit enfant (prématurité),
- non-retournement de l'enfant prématuré, mort in utero, oligoamnios (par ex. par insuffisance placentaire ou malformation fœtale), hypertonicité utérine (primipare), fibromes mal placés, malformations utérines, macrosomie,
- perturbation du mécanisme de captation de la tête en cas d'hydrocéphalie, d'anencéphalie, de placenta praevia, de fibromes bas situés, d'anomalies du bassin (bassin étroit).

En fin de compte dans la majorité des cas (80 %) on ne trouve pas de cause à la présentation du siège.

### Version par manœuvres externes

En raison du risque nettement plus élevé qu'en cas de présentation céphalique (p. 206), on peut tenter de transformer la présentation du siège en une présentation céphalique par manœuvres externes. Deux conditions doivent être remplies au préalable :

- quantité suffisante de liquide amniotique (pas de rupture prématurée des membranes),
- bonne mobilité du fœtus (le siège n'est pas encore entré dans le bassin).

**Procédure.** Les bruits du cœur fœtal sont surveillés par CTG, l'utérus est relâché par des tocolytiques. À travers la paroi abdominale la main de l'opérateur tente de repousser le front fœtal, de faire culbuter le fœtus en arrière et de le mettre en présentation céphalique.

Lorsque l'on tente une version, il faut toujours être prêt à pratiquer une césarienne vu le risque de décollement prématuré du placenta pouvant éventuellement imposer une césarienne d'urgence.

### Choix du mode d'accouchement

En principe l'accouchement d'une présentation du siège est possible par voie vaginale, même chez une primigeste. La patiente doit être informée des risques. Chez une multipare on conseillera un accouchement par voie vaginale si les accouchements précédents se sont déroulés sans complications, et si le poids présumé du fœtus actuel ne dépasse pas sensiblement le poids de naissance de ses frères et sœurs.

La césarienne est indiquée dans les cas suivants :

- la mère le souhaite,
- macrosomie : le poids estimé de l'enfant est supérieur à 4000 g (ou à 3500 g pour certaines cliniques),
- diamètre bipariétal > 10 cm aux ultrasons,
- prématurité avant la 35e SA,
- poids de l'enfant < 2000 g
- accouchement prolongé,
- hyperextension de la tête avec hyperextension de la colonne cervicale.

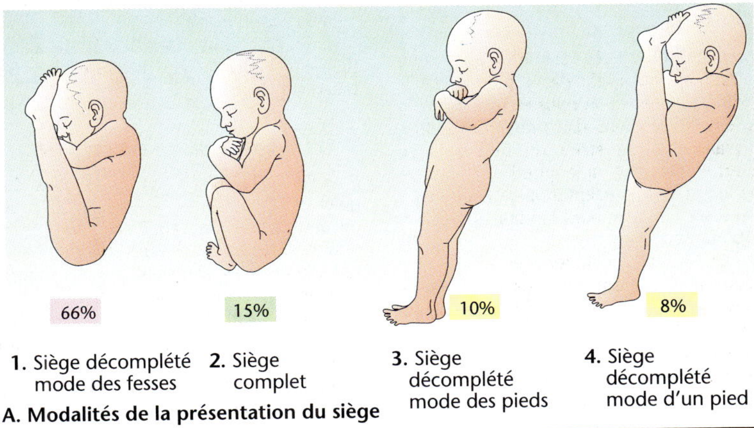


A. Modalités de la présentation du siège

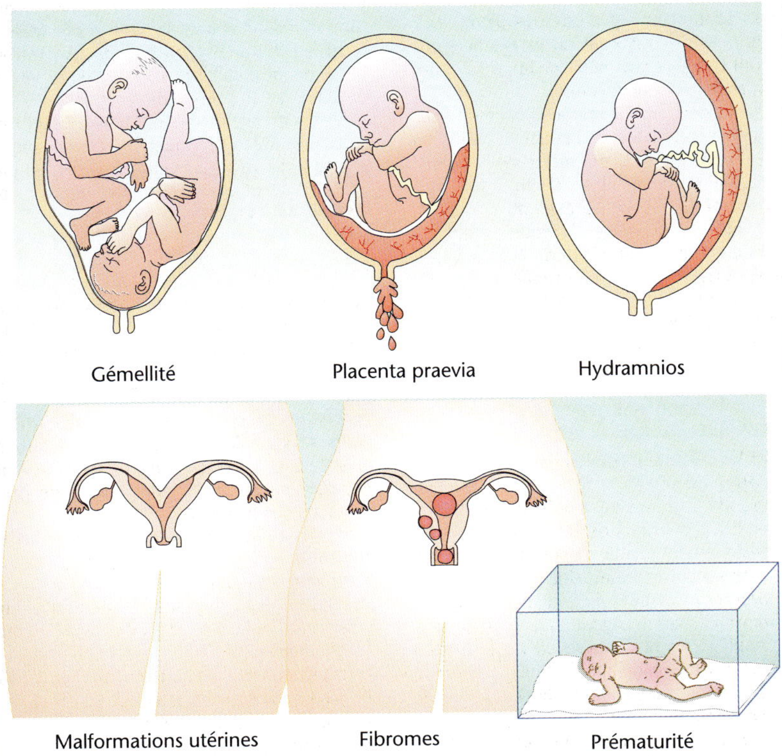


B. Causes

La présentation du siège est décelée par la troisième manœuvre de Leopold (p. 16 et 17) et le plus souvent confirmée par échographie. Le fond utérin est en général plus haut que pour une présentation céphalique car l'engagement du siège dans l'entrée du bassin se fait souvent plus tardivement que pour la tête.

### A. Mécanisme de l'accouchement en présentation du siège décomplété mode des fesses

Le mécanisme de l'accouchement du siège décomplété mode des fesses est décrit ci-après. L'accouchement se déroule en trois phases typiques :

**1. Accouchement du siège.** Le siège s'engage transversalement dans l'entrée du bassin, descend en effectuant une rotation et s'engage dans l'axe sagittal du détroit inférieur. La hanche antérieure passe sous la symphyse et la colonne est incurvée latéralement lors de l'expulsion.

**2. Accouchement des épaules.** Au moment de l'expulsion du siège les épaules se trouvent dans le diamètre transversal de l'entrée du bassin. Elles ne peuvent en effet s'engager dans le bassin qu'après une nouvelle rotation de l'enfant autour de son axe longitudinal ; après son expulsion, le siège va tourner de façon à amener le dos vers l'avant. Après avoir traversé le détroit supérieur, les épaules vont effectuer une rotation qui les amène dans l'axe sagittal du détroit inférieur. L'épaule antérieure passe sous la symphyse et sera expulsée en premier, l'épaule postérieure franchira ensuite le périnée. Les bras de l'enfant sont repliés sur la poitrine.

**3. Accouchement de la tête.** Au moment de l'expulsion des épaules, la tête s'engage dans le détroit supérieur avec sa suture sagittale en position transversale, c'est-à-dire en bonne position. Tout en descendant l'enfant va effectuer une rotation, son dos se tourne vers le ventre maternel et la tête se place dans le diamètre sagittal du détroit inférieur. Pour terminer le cou va s'appuyer contre la symphyse et ensuite le menton, la face et le crâne se dégagent successivement du périnée.

### B. Risques

Le mécanisme particulier de l'accouchement du siège entraîne une série de risques. La morbidité et la mortalité de l'enfant sont nettement augmentées en comparaison avec la présentation du sommet. Les risques sont en particulier :

- un accouchement long, car le siège ne distend pas le canal pelvien aussi bien que la tête,
- la procidence du cordon, car le siège ne colmate pas aussi bien l'entrée du bassin,
- le décollement prématuré du placenta, car après l'expulsion de la tête la matrice se rétrécit notablement et de ce fait le placenta est souvent décollé,
- la compression du cordon à partir du moment où le nombril de l'enfant a franchi le détroit inférieur ; à partir de ce moment l'enfant est soumis à une hypoxie,
- des pressions et des efforts de traction sur la tête, la colonne vertébrale et le cou car le canal pelvien doit être franchi malgré une forte résistance,
- la faiblesse des contractions, car lors de l'accouchement de la tête – portion fœtale la plus volumineuse – l'utérus est déjà vide à 70 % et ne peut plus fournir des contractions de force optimale.

### Aide manuelle selon Bracht

**Indication.** Une aide manuelle de la part de l'obstétricien est souhaitable pour l'accouchement en présentation du siège ; il faut raccourcir le plus possible la phase d'hypoxie fœtale due à la compression du cordon. D'un autre côté, il ne faut pas tirer trop tôt sur le tronc de l'enfant car on court le risque d'un relèvement des bras à côté de la tête ; ceci augmenterait encore le volume.

**Procédure.** L'obstétricien ne saisit le tronc fœtal qu'après l'apparition de la pointe de l'omoplate antérieure, en mettant ses pouces sur les cuisses et les autres doigts sur le dos. L'enfant est amené sur le ventre de la mère en tournant autour de la symphyse de façon synchrone avec les contractions.

**Mesures de soutien.** L'administration d'ocytociques pour stimuler les contractions et le soutien d'une manœuvre de Kristeller (p. 194) aident au dégagement de la tête.

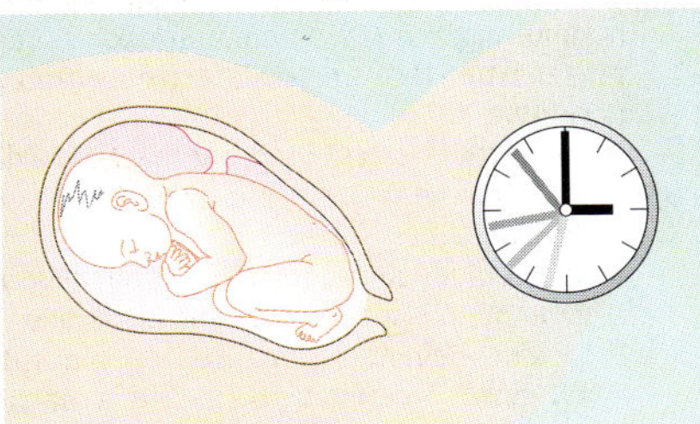

1. Accouchement prolongé

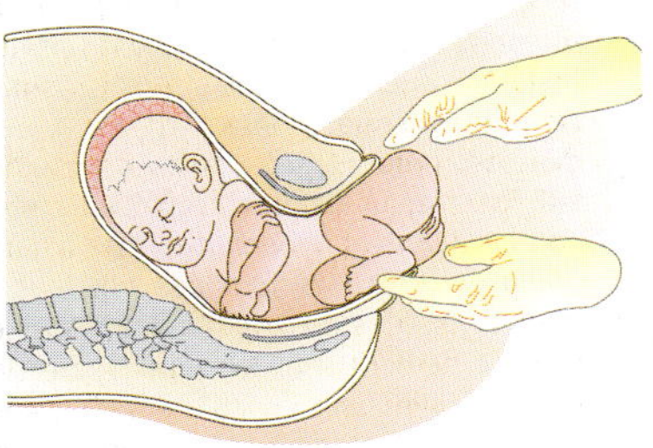

1. Accouchement du siège

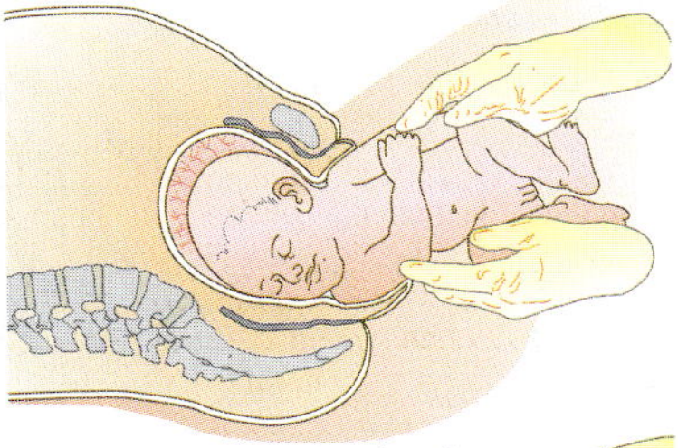

2. Accouchement des épaules

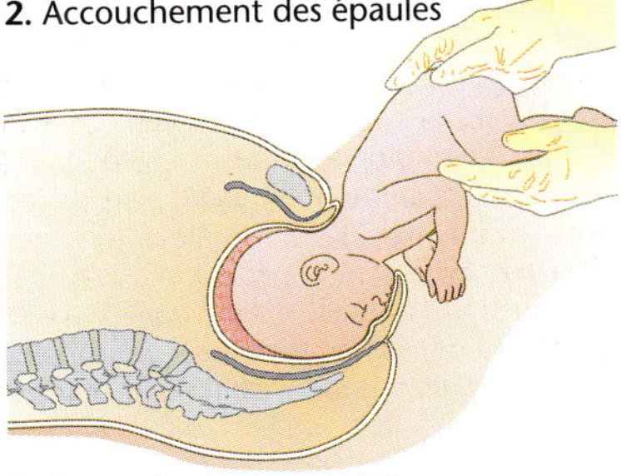

3. Accouchement de la tête

**A. Mécanisme de l'accouchement en présentation du siège décomplété mode des fesses**

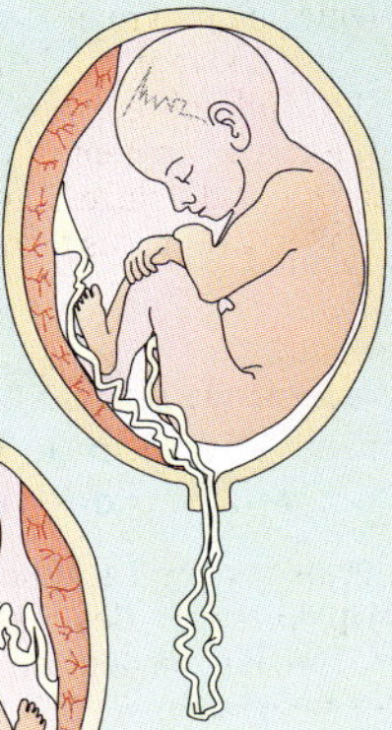

2. Procidence du cordon

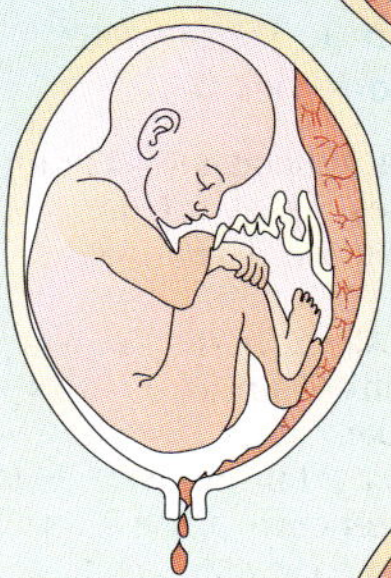

3. Décollement prématuré du placenta

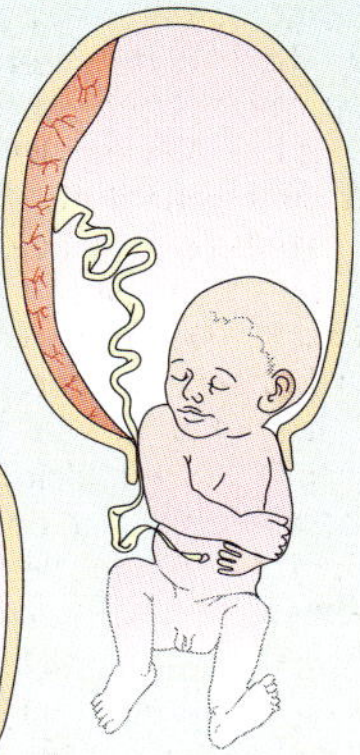

4. Compression du cordon

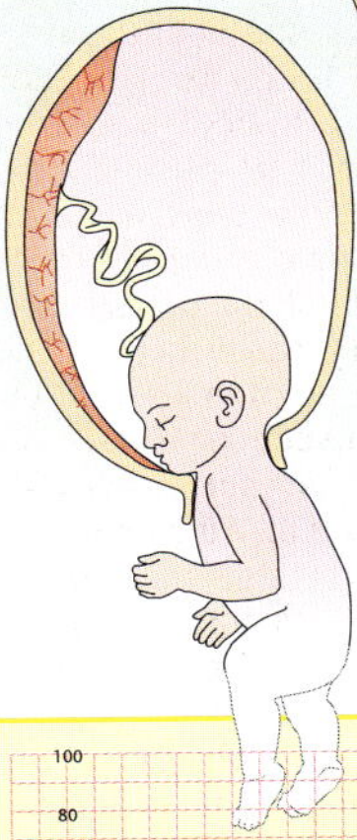

5. Pressions et efforts de traction

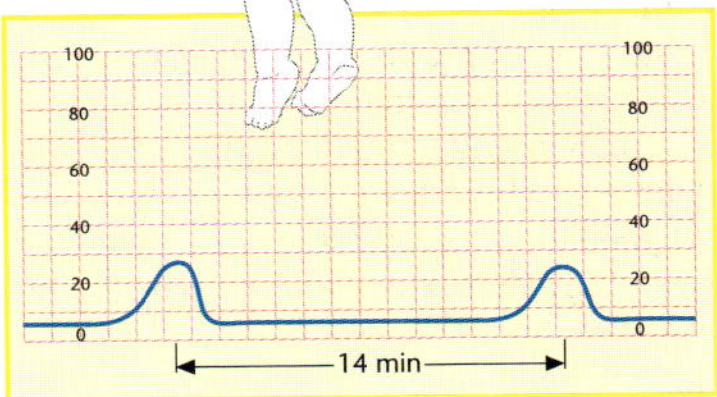


6. Inertie utérine

**B. Risques**

## A. Étiologie

Dans la présentation transversale (fréquence d'environ 0,7 % des naissances), le grand axe de l'enfant fait un angle de 90° avec le grand axe de la mère ou de l'utérus. Un accouchement vaginal n'est pas possible (« position incompatible avec un accouchement »). Les principales causes de la présentation transversale sont :

- Grossesse multiple : le 2e jumeau est souvent en position transversale à côté ou au-dessus du 1er jumeau. Dans ce cas seulement l'accouchement par voie vaginale est possible après version interne (voir plus bas).
- Localisation du placenta : un placenta praevia ou un placenta fondique très volumineux peuvent empêcher la bonne accommodation du fœtus et favoriser une position transversale.
- Excès de place : si le fœtus est petit (par ex. hypotrophie ou prématurité), en cas d'hydramnios ou de multiparité, il bénéficie d'une large place et se mettra indifféremment en présentation céphalique, du siège ou transversale.
- Obstacles mécaniques : malformations utérines (par ex. utérus subseptus ou arcuatus, p. 11), anomalies du bassin (en particulier un rétrécissement du détroit supérieur, par ex. dans le bassin androïde) ou des fibromes utérins.

## B. Diagnostic

Certains signes extérieurs orientent déjà vers une position transversale. Cette suspicion devra être confirmée à l'aide d'examens complémentaires.

**Inspection, auscultation.** Le ventre est élargi transversalement et les bruits du cœur sont bien audibles au niveau de la ligne médiane ou tout près.

**Palpation.** Les mouvements du fœtus ne sont pas vraiment latéralisés. Le fond utérin est anormalement bas (1re manœuvre de Leopold, p. 17), on palpe un pôle fœtal à droite **et** un pôle fœtal à gauche (tête et siège, Leopold 2e), il n'y a pas de pôle fœtal en regard du détroit supérieur (Leopold 3e et 4e).

**Confirmation du diagnostic.** Le diagnostic est confirmé par l'échographie qui précisera tout de suite la position du dos du fœtus. On distingue les variétés de position suivantes :

- épaule droite en dorso-antérieure,
- épaule gauche en dorso-antérieure,
- épaule droite en dorso-postérieure,
- épaule gauche en dorso-postérieure.

Le dos du fœtus est tantôt en avant vers le ventre de la mère tantôt en arrière. L'épaule qui se trouve au détroit supérieur est tantôt à droite, tantôt à gauche.

**Examen vaginal.** Au toucher vaginal le bassin est vide ; on atteindra éventuellement le dos ou une petite partie.

## C. Risques et conduite

En cas de présentation transversale, l'accouchement vaginal est par principe impossible ; il faudra pratiquer une césarienne. Dans le cas particulier d'une poche des eaux intacte, d'un espace suffisant et de bruits du cœur fœtal sans anomalies, on peut tenter une version par manœuvres externes (p. 204) en étant prêt à pratiquer une césarienne si nécessaire. Dans tous les autres cas on conseille de planifier à temps une admission en clinique en vue d'une césarienne à froid, par exemple 2 ou 3 semaines avant le terme théorique de la grossesse.

**Épaule négligée (ou méconnue).** Si les membranes se rompent et si les contractions se déclenchent, on court le risque que cordon, bras et épaule soient coincés dans le bassin. On parle alors d'une présentation de l'épaule négligée ; le danger est la rupture utérine avec forte mortalité et morbidité pour le fœtus comme pour la mère. Dans certains manuels d'enseignement on décrit cette complication sous l'expression « phase des catastrophes ».

C'est pour cette raison qu'en cas de rupture des membranes avec présentation transversale, on effectuera aussitôt une tocolyse à forte dose qui sera immédiatement suivie d'une césarienne pour éviter la rupture utérine. Un essai de version est absolument contre-indiqué.

**Jumeau en position transversale.** Lors d'un accouchement gémellaire, le 2e jumeau pourra facilement se mettre en position transversale après l'expulsion du 1er jumeau ; l'espace restant est alors très large. Le col étant complètement dilaté, on pratique une version par manœuvres internes ou une version combinée. Le fœtus est le plus souvent saisi par un pied et extrait par la jambe (c'est la « version par un pied avec grande extraction »). En cas de fortes différences de taille (2e jumeau nettement plus gros que le 1er) ou en cas de complications lors de l'accouchement du 1er jumeau, il faudrait toutefois privilégier une césarienne.

## Présentation transversale (ou présentation de l'épaule)

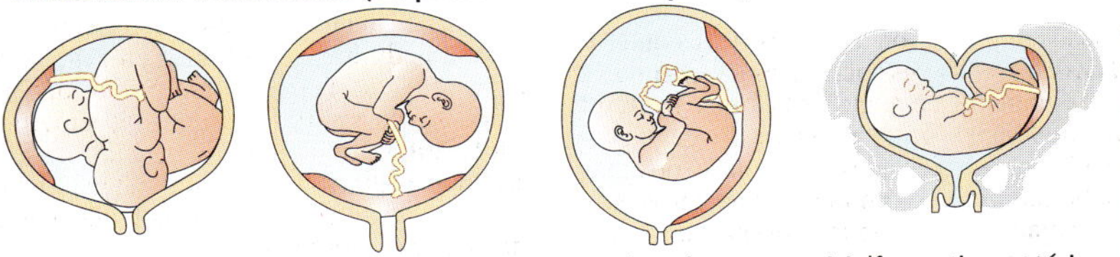

– Grossesse multiple

– Placenta fondique
– Placenta praevia

– Petit enfant
– Prématurité
– Hydramnios

– Malformations utérines
– Gros fibromes
– Anomalie du bassin

**A. Étiologie**

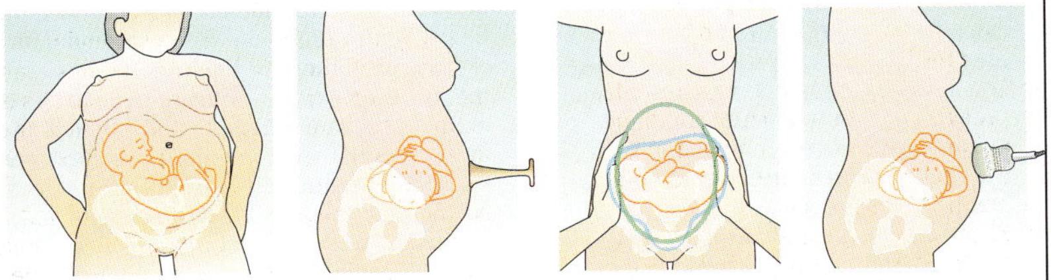

Inspection : ventre élargi transversalement

Auscultation : bruits du cœur près du nombril

Manœuvre de Leopold : Fond utérin : normal transversal

Ultrasons : tête ? siège ?

**B. Diagnostic**

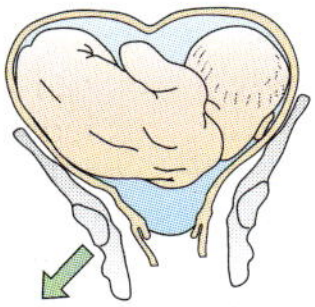

Membranes intactes

Admettre à temps

Surélever le bassin

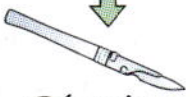

Césarienne à froid

Membranes rompues

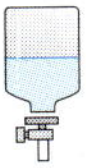

Tocolyse à forte dose

Césarienne d'urgence

**Risques** en cas de membranes rompues

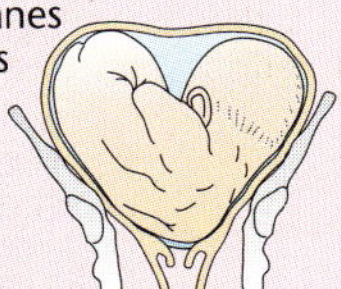

Épaule concée dans le bassin

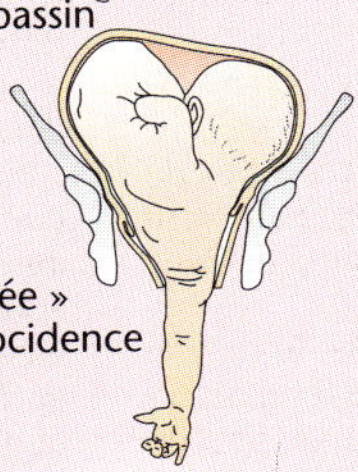

Épaule « négligée » avec procidence du bras

Rupture utérine

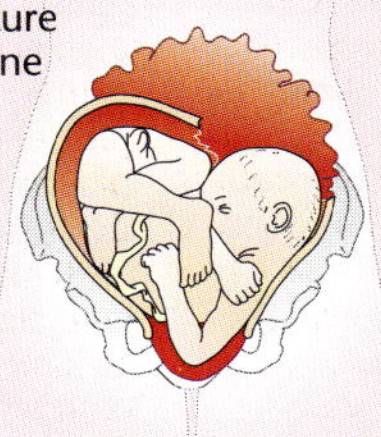

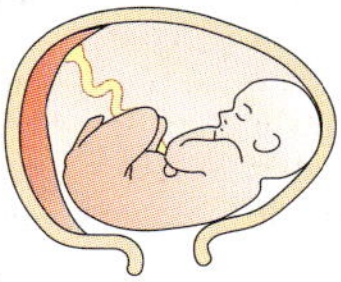

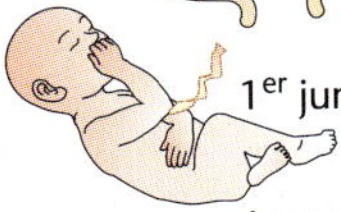

1^er jumeau : Accouchement céphalique spontané

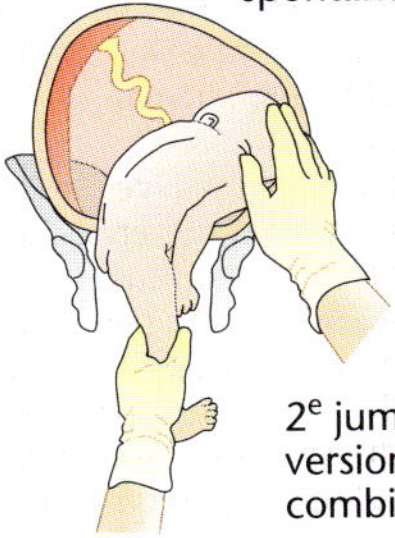

2^e jumeau : version combinée

Accouchement vaginal

**C. Risques et conduite**

La dystocie des épaules (fréquence d'environ 0,3 % de toutes les naissances) est une urgence obstétricale où l'enfant court un danger considérable, en premier lieu à cause du manque d'oxygène suite à la compression du cordon.

## A. Formes et risques

On distingue essentiellement deux formes :

- dystocie haute avec les épaules en position sagittale,
- dystocie basse avec les épaules en position transverse.

**Dystocie haute avec les épaules en position sagittale.** Les épaules sont situées au-dessus du détroit supérieur (entrée du vagin), elles n'ont pas effectué leur rotation et sont restées dans un plan sagittal. La tête a été expulsée, mais le cou n'est pas visible et la rotation de la tête (signant la rotation du tronc fœtal) n'est pas complète. La suture sagittale de la tête est souvent orientée en biais et non en antéro-postérieur.

**Dystocie basse avec les épaules en position transverse.** Après l'expulsion de la tête, la rotation du fœtus vers l'arrière ne se fait pas et les épaules restent fixées dans le diamètre transversal du détroit inférieur (sortie du bassin). La rotation externe de la tête ne s'effectue pas du tout ; la déflexion de la tête fœtale autour de la symphyse a bien eu lieu, le cou est visible mais les épaules ne sortent pas.

**Facteurs de risque.** Certains facteurs favorisent la dystocie des épaules :

- poids de l'enfant supérieur à 4000 g (macrosomie ; le risque est d'autant plus grand que le poids est élevé),
- obésité maternelle,
- anomalies du bassin, en particulier bassin plat rachitique,
- détroit inférieur rétréci,
- petite tête fœtale.

**Risques.** L'hypoxie est le risque principal pour l'enfant. C'est pourquoi il faudra procéder avec célérité mais néanmoins avec ménagement. Les conditions mécaniques de la dystocie des épaules sont à l'origine de lésions du plexus brachial et de fractures, en particulier de la clavicule ou de l'humérus.

## B. Conduite

Important : garder son sang-froid. Il ne faudra **en aucun cas** tirer sur la tête ou faire une manœuvre de Kirsteller devant la constatation d'une dystocie des épaules. Ces mesures ne feraient que coincer d'avantage les épaules contre le bassin maternel et aggraveraient la situation. Toutes les manœuvres en cas de dystocie des épaules visent à trouver d'avantage de place et à libérer les épaules.

**Dystocie haute avec les épaules en position sagittale** (« vraie dystocie des épaules » des auteurs français). Il est raisonnable de prendre dans l'ordre les mesures ci-dessous :

- administration de tocolytiques en bolus pour interrompre éventuellement une contraction utérine et faire de la place à l'épaule,
- effectuer une épisiotomie ou éventuellement agrandir celle qui a déjà été faite pour ménager de la place au niveau du périnée également,
- placer les cuisses de la mère en hyperextension au niveau des hanches ; il faudra souvent abaisser la portion haute (sous la tête) du lit d'accouchement,
- on enchaîne en plaçant les cuisses en hyperflexion au niveau des hanches,
- accentuation de la rotation externe de la tête fœtale, en la prenant avec les mains bien à plat, jusqu'à ce que l'épaule glisse sous la symphyse,
- un aide exercera des pressions rythmées au-dessus de la symphyse, pour libérer l'épaule,
- en dernier ressort on libère manuellement l'épaule située sous la symphyse ; l'obstétricien entre sa main et, à partir du dos fœtal, il favorise la rotation (« rotation interne »).

Si ces mesures n'avaient pas de succès, ou pourrait éventuellement réaliser une anesthésie pour obtenir un relâchement maximal de la mère.

**Dystocie basse des épaules et position transverse.** Lors de la dystocie basse des épaules en position transverse, situation moins fréquente, la tête n'effectue pas sa rotation externe ; la rotation manuelle de la tête suffit en général et permet l'expulsion des épaules en biais à travers le détroit inférieur. Dans des cas exceptionnels, l'obstétricien devra effectuer une rotation manuelle interne.

## Dystocie des épaules

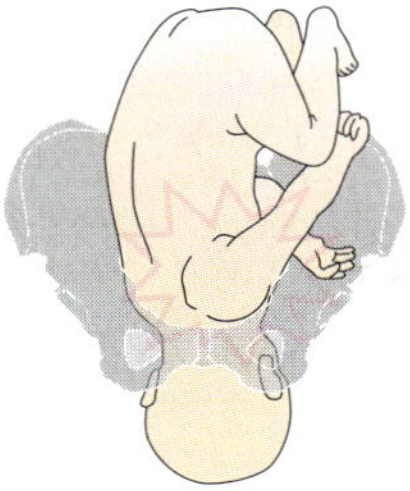

**Risques**
- hypoxie
- parésies plexus brachial
- fractures clavicule, humérus

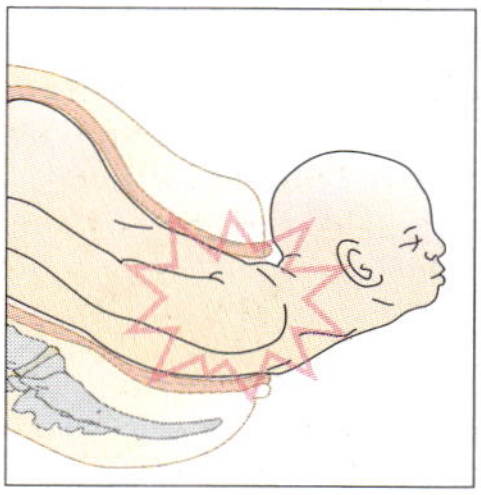

**1.** Dystocie haute de l'épaule en sagittal

**2.** Dystocie basse des épaules en transversal

**A. Modalités et risques**

Tocolyse en bolus

Large épisiotomie

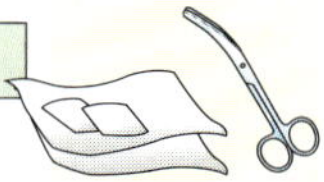

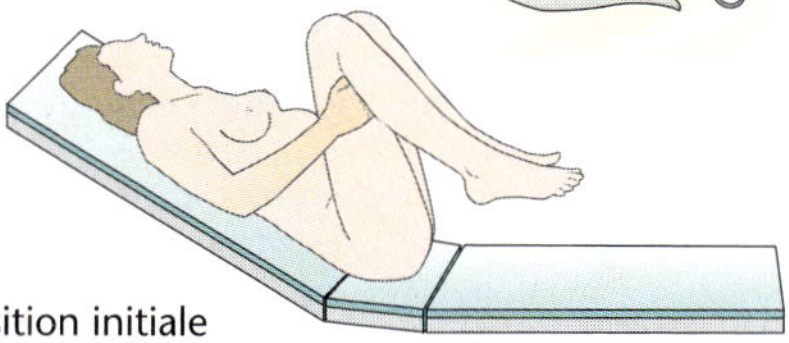

Position initiale

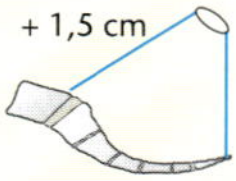


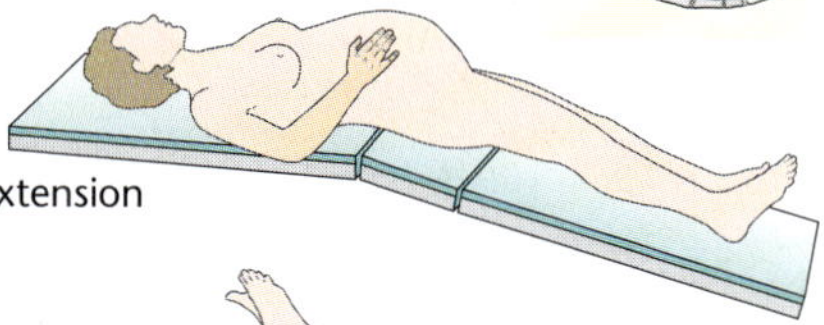

Extension

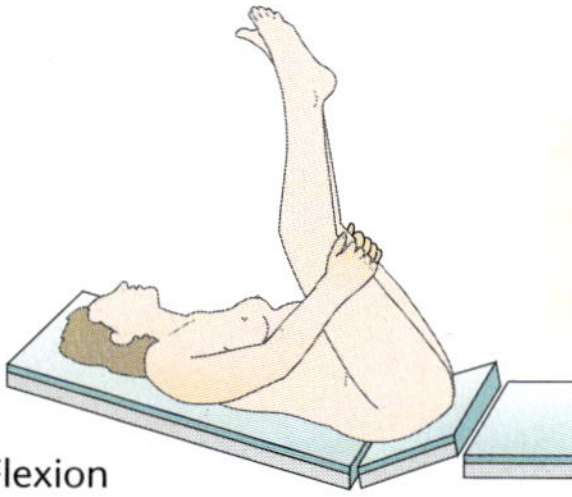

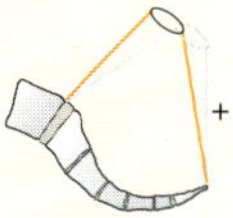


Flexion

Élargir l'épisiotomie

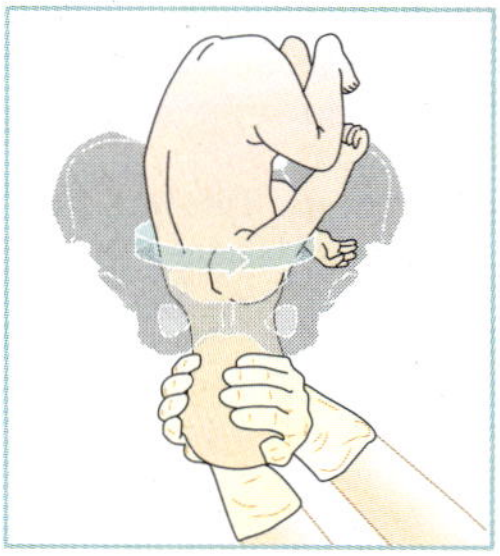

Rotation externe

Manœuvre de Kristeller

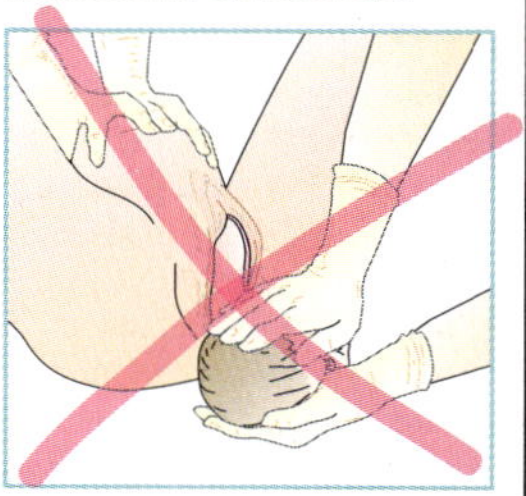

**B. Conduite**

On parle d'hypoxie fœtale si l'apport en oxygène est insuffisant. On distingue les formes chroniques – développées le plus souvent sur un fond de pathologie maternelle avec un retard de croissance fœtale – et les *formes aiguës* dans lesquelles le fœtus est en danger imminent.

## A. Causes

Trois mécanismes différents peuvent être en cause :

- insuffisance de l'offre en $O_2$ de la part de la mère,
- problème de transfert d'$O_2$ à l'enfant,
- problème d'utilisation ou de transport de l'$O_2$ chez l'enfant.

**Causes maternelles.** L'offre d'$O_2$ de la mère ne suffit pas aux besoins de l'enfant. Ceci survient fréquemment en cas de pneumopathies chroniques de la mère (asthme bronchique), de cardiopathies (malformations, insuffisance), d'anémie ou de modifications vasculaires chez la mère (par ex. hypertension, diabète sucré ou éclampsie). Le syndrome de compression de la veine cave inférieure provoque également une hypoxie fœtale aiguë.

**Problèmes de transfert d'$O_2$.** Interviennent ici les altérations chroniques de la perfusion placentaire (par ex. lors d'infections, d'hypertension), des problèmes placentaires aigus (décollement prématuré du placenta) et des problèmes de cordon ombilical (entre autres compression, par ex. dans la présentation du siège, insertion vélamenteuse).

**Causes fœtales.** Les causes possibles d'hypoxie sont l'anémie fœtale ou l'hémolyse, les malformations cardiaques ou les anomalies congénitales du métabolisme (par ex. diabète sucré).

## B. Diagnostic

**Hypoxie intra-utérine chronique.** Divers facteurs peuvent orienter vers le diagnostic d'hypoxie fœtale chronique ; certains permettent d'apprécier le succès thérapeutique et serviront de repères évolutifs :

- l'anamnèse (hypertension ? cardiopathie connue ? maladie métabolique maternelle ?),
- une bonne surveillance échographique de la grossesse (p. 20 ; retard de croissance fœtale ? stature harmonieuse ?),
- l'examen Doppler maternel, vaisseaux placentaires et/ou fœtaux (p. 22).

On ne peut guère compter sur des réserves fœtales lors d'un accouchement quand l'hypoxie fœtale existe déjà durant la grossesse. La surveillance de l'accouchement devra être très étroite et les indications de césarienne très larges.

**Hypoxie fœtale aiguë.** En général l'hypoxie aiguë est reconnue par des modifications caractéristiques du CTG (bradycardie, décélérations). Un épisode d'hypoxie antérieure peut se signaler par la coloration verdâtre du liquide amniotique (p. 33 **B.**). Il est utile d'objectiver l'importance de l'hypoxie à l'aide d'une micro-analyse sanguine (p. 30 **B.**) et d'en tirer les conséquences thérapeutiques **(C.)**.

L'oxymétrie de pouls offre la possibilité de vérifier l'oxygénation du fœtus, en particulier en cas de CTG pathologique.

## C. Conduite en cas d'hypoxie aiguë

En cas de diminution des apports d'$O_2$ durant l'accouchement, il faut essayer d'améliorer la perfusion placentaire par les mesures suivantes :

- changement de position de la mère, en particulier quand elle est couchée sur le dos et que l'on suspecte un syndrome de compression de la veine cave inférieure,
- administration d'oxygène au masque,
- administration de tocolytiques pour empêcher les contractions utérines et améliorer la perfusion utérine et placentaire,
- éventuellement surélévation du bassin si le cordon est comprimé.

Si la souffrance fœtale persiste, la seule solution valable sera la terminaison rapide de l'accouchement. Le mode d'accouchement dépendra non seulement du degré d'hypoxie mais aussi de la parité, de l'avancement de l'accouchement et de l'âge de la grossesse. En phase de dilatation, la césarienne sera le plus souvent la seule solution ; en phase d'expulsion et selon le degré d'engagement de la tête, l'accouchement instrumental par voie vaginale sera parfois l'alternative.

## Hypoxie périnatale

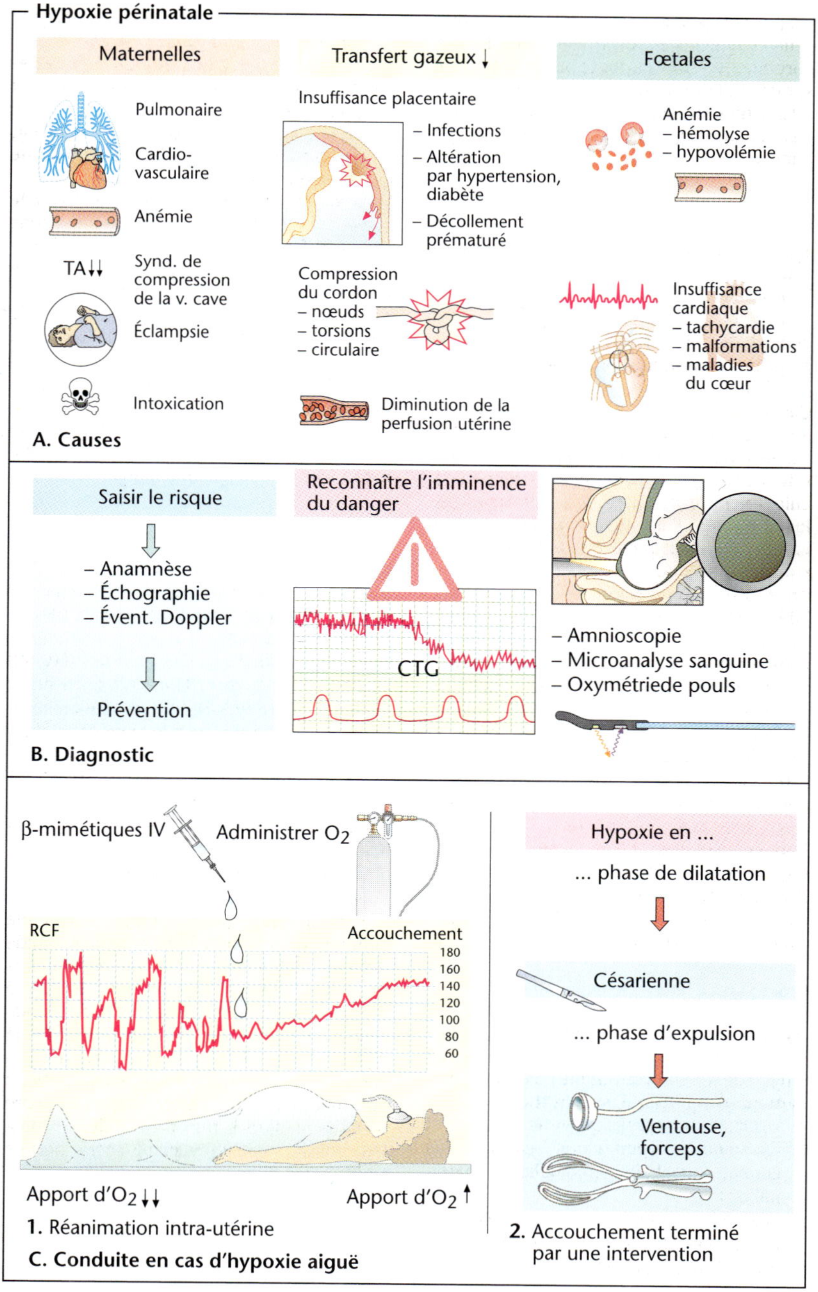


**A. Causes**

**B. Diagnostic**

**1.** Réanimation intra-utérine

**2.** Accouchement terminé par une intervention

**C. Conduite en cas d'hypoxie aiguë**

L'épisiotomie (incision du périnée) est sûrement l'un des thèmes obstétricaux les plus controversés de ces dernières années. Il n'est pas formellement établi que la pratique systématique de l'épisiotomie évite l'apparition ultérieure d'un prolapsus (descente) ou d'une incontinence.

## A. Indications et procédure

**Indications.** L'épisiotomie permet sans aucun doute d'élargir la sortie du pelvis ; en cas d'hypoxie fœtale cela abrège la phase d'expulsion (menace d'asphyxie, *indication fœtale* de l'épisiotomie). L'épisiotomie constitue même une condition nécessaire pour l'accouchement instrumental, pour l'accouchement d'un prématuré ou en cas d'anomalies de présentation (siège, présentations défléchies).

L'épisiotomie est pratiquée pour *indication maternelle* dans le but d'éviter une déchirure du périnée. Il y a menace de déchirure périnéale à l'expulsion lorsque la peau périnéale est tellement distendue que subitement elle blanchit.

**Épisiotomie précoce.** On distingue deux formes d'épisiotomie selon le moment où on les pratique. La section précoce du périnée est effectuée avant le passage de la tête (la tête est visible lors des contractions, mais se retire lors des pauses), c'est-à-dire avant que le périnée soit tendu au maximum. Une anesthésie est toujours nécessaire, soit par infiltration locale, soit par bloc honteux, dans le cas où une anesthésie péridurale ou spinale ne serait pas déjà en place.

**Épisiotomie opportune, à la demande.** L'épisiotomie à la demande se fait lors du passage de la tête, lors de la distension maximale du périnée. Si l'incision est effectuée à l'arrivée de la contraction, l'anesthésie n'est pas nécessaire.

**Procédure.** Il en existe trois différentes :

- épisiotomie médiane : l'incision part du vagin et va en direction de l'anus,
- épisiotomie médio-latérale : l'incision part de la fourchette vulvaire et va de côté,
- épisiotomie latérale ; débute au tiers inférieur de la vulve et va de côté.

**Suture.** L'épisiotomie est le plus souvent suturée en trois plan au moins, après la délivrance du placenta :

- plan vaginal,
- plan profond,
- plan cutané périnéal.

On ajoutera éventuellement une suture superficielle du périnée. On peut effectuer des surjets ou des points séparés ; les surjets intradermiques conviennent bien à la suture de la peau.

**Contrôles.** En raison de la proximité du rectum, il ne faut pas oublier en fin d'intervention de faire un toucher rectal pour déceler un éventuel point transfixiant la muqueuse rectale. Si c'était le cas il faudrait enlever le point et reprendre la suture.

## B. Avantages et inconvénients

Toutes les incisions d'épisiotomie ont leurs avantages et leurs inconvénients.

**Épisiotomie latérale.** Elle est généralement abandonnée actuellement, en raison des problèmes de suture (bords de la plaie très asymétriques) ; la cicatrisation pose problème avec des troubles gênants (par ex. douleur en position assise, douleurs aux rapports) qui ne sont pas compensés par le gain d'espace.

**Épisiotomie médiane.** L'incision médiane lèse le moins les structures périnéales (ni muscle, ni nerfs, peu de vaisseaux). Le saignement est moindre et la suture techniquement plus aisée. Les femmes ont le plus souvent très peu de problèmes dans le post-partum avec ce type de suture, par exemple en ce qui concerne les douleurs et la cicatrisation.

L'inconvénient majeur est la prolongation de la déchirure vers le sphincter de l'anus (déchirure périnéale du 3<sup>e</sup> degré ; p. 220) ; malgré une suture correcte une incontinence anale surviendra dans 8 % des cas.

**Épisiotomie médio-latérale.** En cas de nécessité elle est plus facilement élargie qu'une épisiotomie médiane. Les pertes sanguines sont toutefois plus importantes, la guérison de la plaie peut être douloureuse (position assise durant les premiers jours, cicatrisation). La technique de la suture asymétrique est plus compliquée.

En-dehors des conditions anatomiques (hauteur du périnée, présence de varices), le choix de l'incision dépendra avant tout des préférences de chaque obstétricien.

## Épisiotomie

### Incision du périnée

**Précoce**

Avant le passage de la tête

Bloc honteux
Infiltration locale

**À la demande**

Lors du passage de la tête

Anesthésie pas nécessaire

### Indications

**Menace de déchirure du périnée**

- gros enfant, périnée haut
- forceps
- ventouse

**Protection de l'enfant**

- accouchement prématuré
- gemellité
- présentation du siège

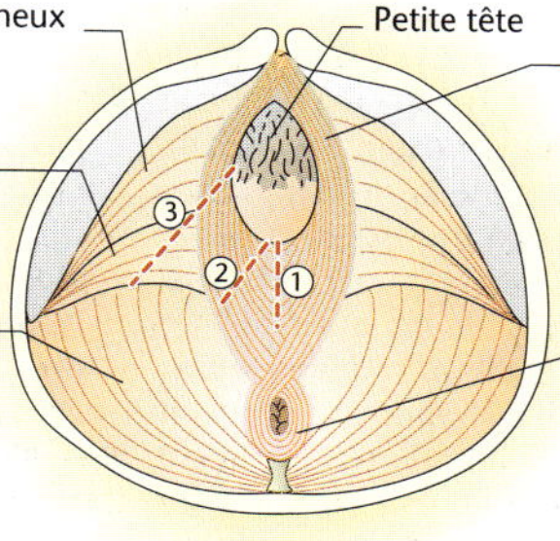


1. Procédure

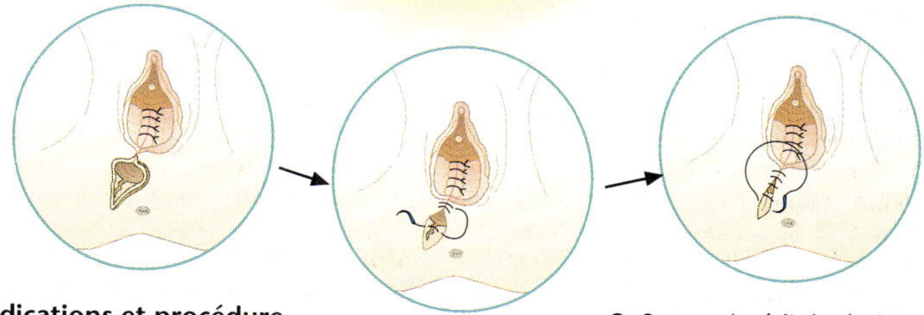

2. Suture (médiolatérale)

**A. Indications et procédure**

| | Muscles coupés | Avantages | Inconvénients |
|---|---|---|---|
| Médiane | – Aucun | – Réparation aisée<br>– Bonne guérison | – Peut donner une déchirure du 3e degré |
| Médio-latérale | – M. bulbospongieux<br>– M. transverse superficiel du périnée | – Gain d'espace plus grand que médiane<br>– Risques de déchirures supplémentaires ↓ | – Saignement plus fort<br>– Réparation plus difficile<br>– Cicatrisation moins bonne |
| Latérale | – Comme médio-latérale et m. élévateur de l'anus | – Gain de place max. | – Hémorragie max.<br>– Difficulté de réparation max.<br>– Troubles max. |

**B. Avantages et inconvénients**

L'accouchement par forceps est une mesure permettant une terminaison rapide de l'accouchement en période d'expulsion. Un pince métallique est posée sur la tête du fœtus ; elle est moins destinée à « empoigner » ou à accrocher la tête fœtale qu'à la protéger à la manière d'une cage métallique pour lui éviter les pressions de la musculature maternelle et ainsi accélérer l'accouchement.

**Blessures.** Chez la mère la complication la plus fréquente est la blessure du vagin ou du col, suite à l'élargissement du mobile. Les lésions de l'enfant sont rares si la pose du forceps est correcte ; on peut voir des lésions de la face ou des lésions du plexus brachial en cas de tractions forcées.

## A. Prérequis

Voici les prérequis nécessaires à la pratique d'un forceps (ou d'une ventouse obstétricale, p. 218) :

- présentation céphalique ; il n'est pas possible de poser un forceps sur un siège, la prise ne trouvant pas suffisamment d'appui,
- la tête fœtale doit avoir franchi la portion la plus étroite du bassin (milieu du bassin ou détroit moyen),
- le col doit être complètement dilaté ; dans le cas contraire les risques de blessures sont considérables pour la mère,
- la poche des eaux doit être rompue,
- une bonne anesthésie permet d'avoir un bon relâchement du plancher pelvien,
- l'épisiotomie permet d'avoir suffisamment de place,
- l'indication du forceps doit être irréfutable.

**Indications.** L'hypoxie fœtale constitue l'indication la plus importante de l'accouchement instrumental par voie vaginale (p. 212). L'accouchement peut être terminé rapidement par forceps et l'enfant sera ensuite soigné de façon adéquate à l'extérieur de l'utérus. L'indication d'un accouchement instrumental peut résulter d'un épuisement de la mère, de la faiblesse des contractions utérines ou – plus rarement – de maladies maternelles empêchant les poussées volontaires (par ex. anomalie cardiaque, ou maladies de l'œil avec risque de décollement de la rétine).

En cas d'hépatite ou d'infection VIH connue chez la mère, il faut privilégier la ventouse obstétricale pour éviter l'écoulement de sang infecté à partir des blessures maternelles (p. 218) et à condition que la situation obstétricale le permette.

## B. Forceps de Naegele

Le forceps de Naegele est le type de forceps le plus courant. Il est constitué de deux branches que l'on posera l'une après l'autre sur la tête de l'enfant et que l'on articulera (rassemblera) entre elles. On pose toujours la branche gauche (avec un verrou) en premier, ensuite seulement la branche droite **(C.)**. Les deux cuillères présentent deux courbures : une courbure céphalique et une courbure pelvienne. Ceci facilite nettement leur pose, le forceps s'adapte aussi bien à la rondeur de la tête qu'à la courbure concave vers le haut du canal pelvien.

## C. Procédure

L'accouchement au forceps survient presque toujours lors d'une situation d'urgence pour le fœtus. Il est important que l'obstétricien ait un comportement calme et raisonnable. Voici le déroulement typique :
→ Anesthésie suffisante. l'examen vaginal évaluera le niveau d'engagement, la situation de la présentation et de la suture sagittale et permettra de s'assurer de la dilatation complète du col utérin. → L'obstétricien se représentera mentalement la position précise que devrait prendre le forceps sur la tête fœtale ; pour cela il tiendra le forceps fermé devant la vulve dans la position qu'il devra prendre ultérieurement. → La branche gauche est prise dans la main gauche et posée contre la paroi vaginale gauche de la mère (moyen mnémotechnique : gauche–gauche–gauche) ; la main droite protège les organes génitaux. → Ensuite la main droite prend la branche droite et la pose contre la paroi vaginale droite (moyen mnémotechnique : droite–droite–droite) ; la main gauche protège les organes génitaux. → Les deux branches sont articulées entre elles ; une position légèrement asymétrique des deux branches pourra encore être corrigée (par un geste comme pour rompre du pain). → Par palpation on vérifie qu'il n'y a pas interposition de tissus mous maternels et que le forceps est correctement posé sur la tête fœtale. → Traction d'essai (la tête suit-elle bien la traction du forceps ?) ; ensuite tractions synchrones aux contractions et dirigées vers le bas, selon l'axe du canal pelvien. → Éventuellement réalisation d'une épisiotomie et protection du périnée soit par la sage-femme, soit avec la main gauche pendant que la droite maintient la traction. → Après dégagement de l'occiput la traction est faite vers l'avant, après dégagement de la tête on enlève le forceps et on dégage l'enfant comme lors d'un accouchement spontané.

Après l'accouchement il faudra systématiquement réaliser un examen sous valves pour ne pas laisser passer une déchirure du vagin ou du col.

## Accouchement au forceps

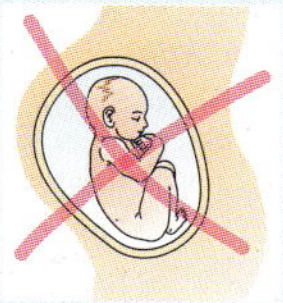

Présentation céphalique

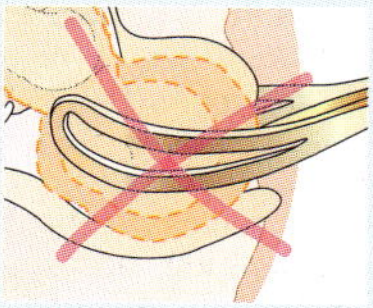

Tête :
- trop grosse
- trop petite
- « adaptée au forceps »

Anesthésie adéquate

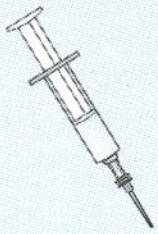

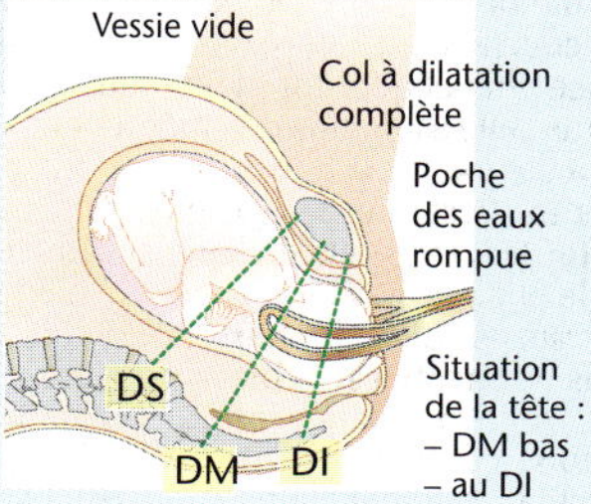


**A. Prérequis**

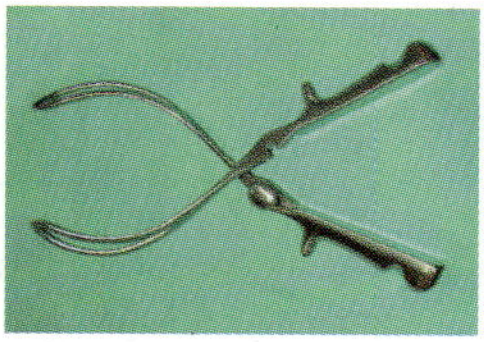

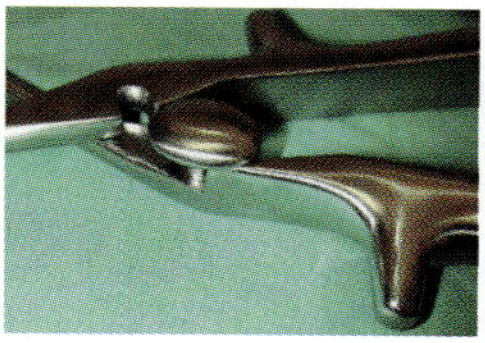

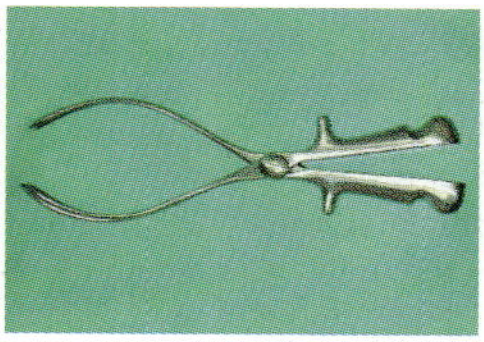

**B. Forceps de Naegele**

Comment placer le forceps sur la petite tête ?

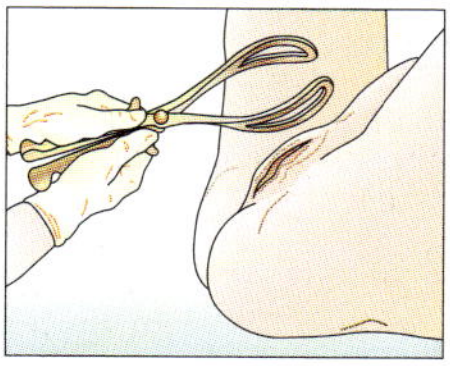

Branche gauche (introduite sous palper)

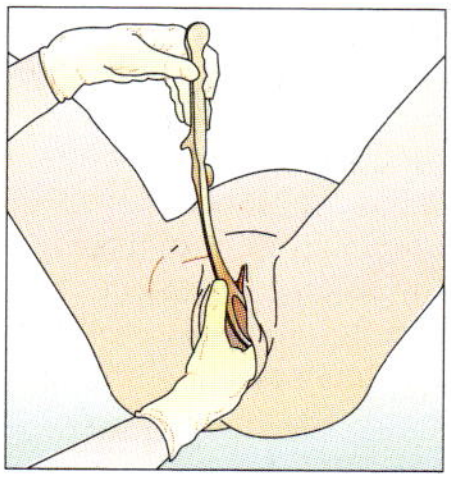

Branche droite de façon analogue

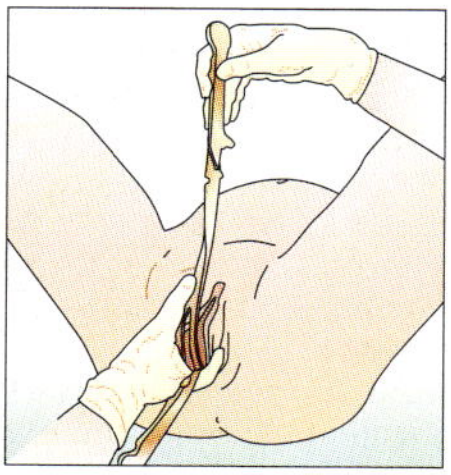

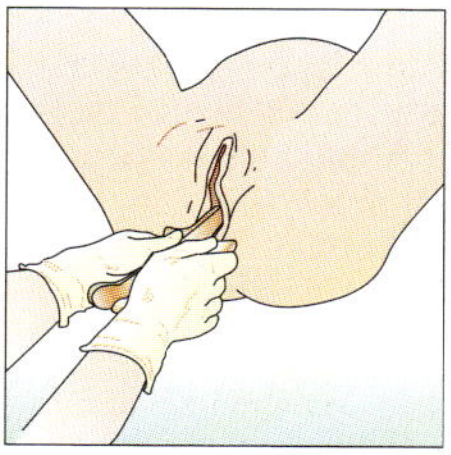

Articuler les 2 branches, palper :
- interposition de tissus mous ?
- pose correcte ?

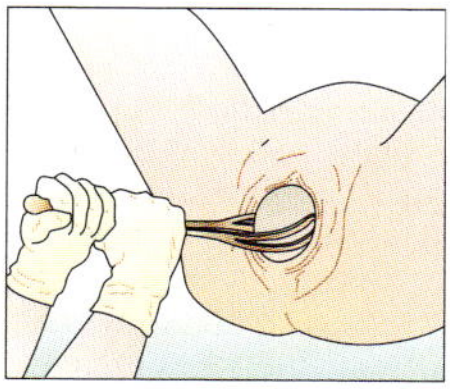

Tractions synchrones avec les contractions

L'occiput est dégagé

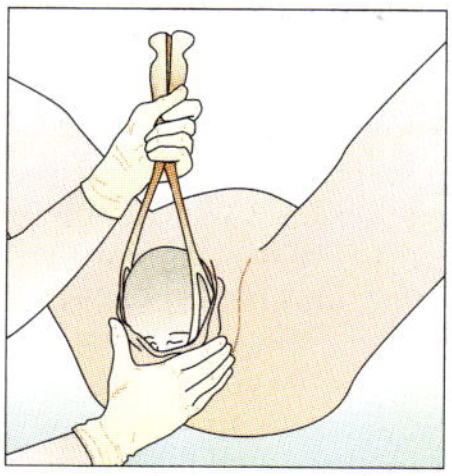

Tractions synchrones aux contractions, vers l'avant

La tête est dégagée

Fin de l'expulsion

Enlever le forceps

**C. Procédure**

La ventouse obstétricale est utilisée comme le forceps (p. 216) lorsque la phase d'expulsion de l'accouchement doit être aidée et raccourcie. Les indications de ces deux formes d'extractions instrumentales se superposent. Les prérequis énumérés en p. 216 sont également valables pour la ventouse. La principale différence entre les deux procédés vient du fait que la ventouse est placée en avant de la présentation et non sur les côtés de la tête où elle augmente le volume du mobile. L'application d'une ventouse et l'obtention d'une dépression suffisante demande néanmoins plus de temps que l'application d'un forceps. Le forceps permet par ailleurs de corriger une insuffisance de rotation de la tête, ce que ne permet pas la ventouse.

La prématurité est une contre-indication importante ; il faut privilégier ici le forceps.

## A. Ventouse

La ventouse est composée d'une cupule en métal ou en plastique que l'on applique sur la tête fœtale ; elle est reliée à une pompe aspirante qui permet d'instaurer une dépression. Ceci provoque sur la tête une bosse séro-sanguine qui assure l'adhérence de la ventouse à la tête. La traction sur une chaînette, fixée à la ventouse soit séparément soit intégrée à un tuyau, va aider l'expulsion. On provoque une dépression de 0,8 kg/cm$^2$ ou 8 m d'eau ou 80 kPa. On dispose de ventouses de 40, 50 et 60 mm de diamètre ; on parle couramment d'une 40, d'une 50 ou d'une 60.

## B. Procédure

**Préparation.** D'abord poser l'indication et éventuellement la vérifier. Ensuite évaluer le niveau d'engagement, la situation de la présentation et de la suture sagittale et s'assurer de la dilatation complète du col utérin. L'anesthésie doit être suffisante. On utilise la ventouse la plus large possible et on la posera en situation occipitale (en règle générale dans l'axe du bassin). Si la tête n'est pas bien fléchie, on peut poser la ventouse au-delà de l'axe du bassin pour favoriser la flexion lors de la traction.

**Ajustement correct de la ventouse.** On crée d'abord une faible dépression (environ 0,1-0,2 kg/cm$^2$) et on vérifie ensuite l'absence d'interposition de tissus mous maternels. Dans le cas contraire il faudrait reposer la ventouse afin d'éviter des blessures maternelles. La dépression est ensuite progressivement (en 1-2 min) amenée à 0,8 kg/cm$^2$. Un essai de traction vérifiera si la tête suit bien et si la ventouse adhère fermement à la petite tête.

**Expulsion de la tête.** L'obstétricien tire durant les contractions dans l'axe du pelvis, d'abord vers le bas ; durant les pauses il maintient la tête avec la ventouse. On pratiquera éventuellement une épisiotomie. Avec la progression de la tête, la direction de la traction va changer. Après le dégagement de l'occiput, la traction sera dirigée vers le haut. Après dégagement complet de la tête, on diminuera progressivement la dépression (en environ 1 min afin d'éviter les grosses fluctuations de pression) et on retire la ventouse. On termine de dégager l'enfant comme lors d'un accouchement spontané (p. 190).

L'accouchement peut éventuellement être soutenu par une manœuvre de Kristeller (p. 194). Il faut absolument éviter un lâchage de la ventouse suite à une traction trop forte ; cela créerait de fortes variations de pression avec le risque d'hématome sous-dural.

## C. Mesures de soutien

L'accouchement instrumental est le plus souvent effectué en raison d'une situation d'urgence chez le fœtus. La rapidité est nécessaire mais la précipitation est contreproductive. Il sera très utile de donner des instructions claires et concrètes au personnel, d'informer calmement et objectivement la mère (ou éventuellement le couple) et enfin de dégager une impression de calme et de maîtrise de soi. Il faut convenir durant l'accouchement quelle personne assurera la protection du périnée (obstétricien/sage-femme) ; il ne faut pas oublier une anesthésie adéquate et éventuellement une épisiotomie. Durant l'accouchement l'obstétricien pensera à la nécessité d'une éventuelle réanimation du nouveau-né ; il devra également prévoir un examen pédiatrique avec échographie cérébrale, dans les 24 heures, afin d'éliminer une hémorragie intracrânienne.

## Accouchement par ventouse obstétricale

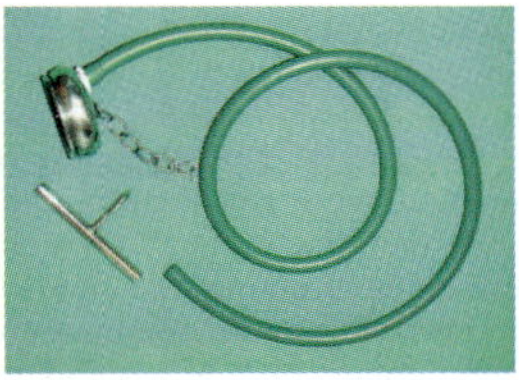
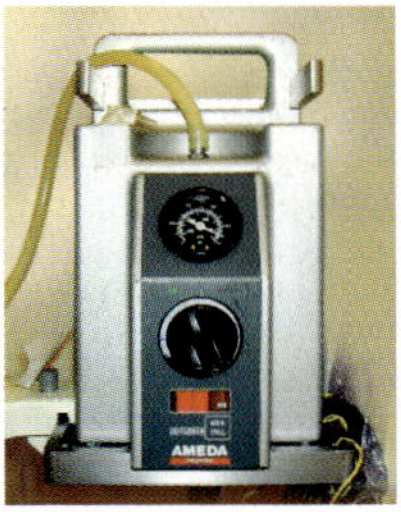

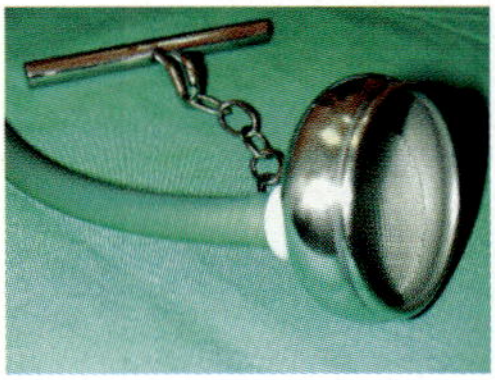

**A. Ventouse**

Cupule la plus large possible

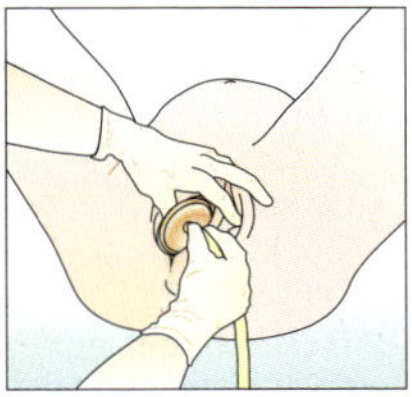
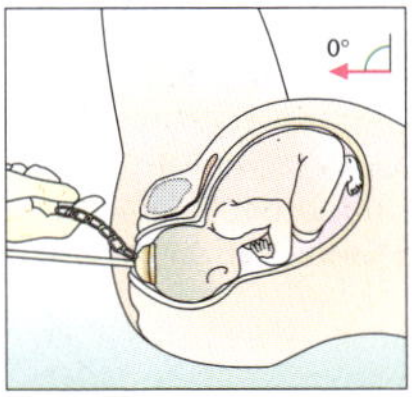


Pose au niveau de l'occiput (axe du pelvis)

Tractions synchrones avec les contractions

Dépression faible ($0{,}2\ kg/cm^2$)

… vers le bas

Vérifier : tissus mous coincés ?

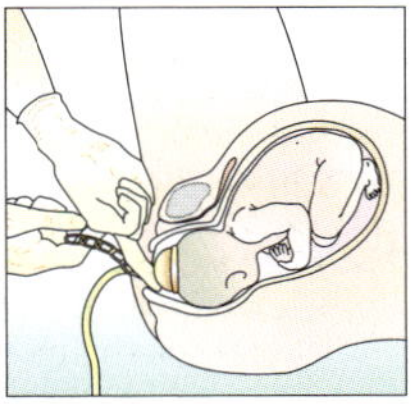
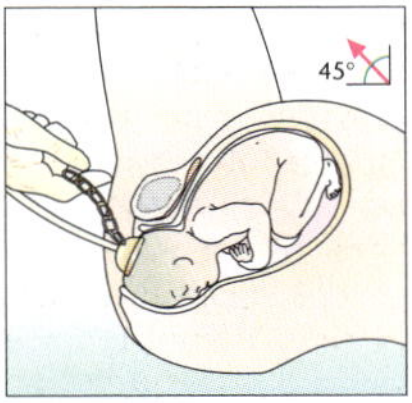


Dépression à $0{,}8\ kg/cm^2$ (en 1 min) attendre, traction d'essai positive

… vers le bas et l'avant

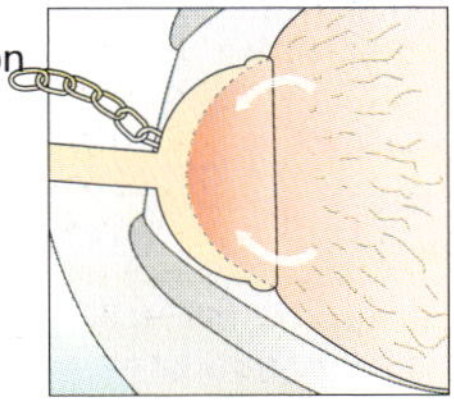
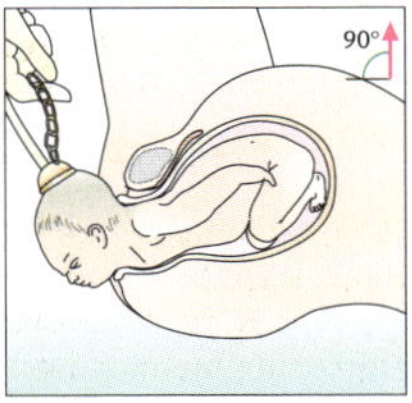


Adaptation correcte de la bosse séro-sanguine

… vers l'avant

Après dégagement de la tête, diminuer lentement la dépression, enlever la ventouse

**B. Procédure**

Intervention

**1.** Avant

- Calme
- Rayonner de calme
- Informer les parents calmement et objectivement

**2.** Pendant

- Épisiotomie
- Protection du périnée

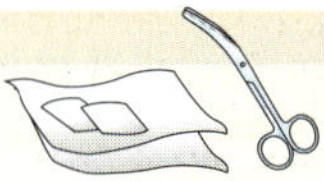

**3.** Après

- Évent. réanimation
- Pédiatre dans les 24 h

**C. Mesures de soutien**

## A. Risques, facteurs pathogéniques

Les complications traumatiques de l'accouchement touchent en général le périnée ou la filière pelvienne. Elles résultent de traumatismes mécaniques dus à une disproportion relative entre le volume du fœtus et la largeur du canal génital. Le facteur temps joue un rôle. Les éléments suivants peuvent favoriser un traumatisme obstétrical :

**Diamètre de la tête fœtale.** Il est plus grand en particulier dans les présentations défléchies. Dans le cas de la présentation occipitale, il est réduit de façon optimale.

**Gros enfant.** Les risques de traumatisme maternel augmentent considérablement à partir d'un poids de naissance supérieur à 4000 g. Les déchirures du périnée et les relâchements symphysaires sont plus fréquents.

**Accouchement rapide.** L'accouchement est parfois accéléré en raison d'une hypoxie fœtale par exemple par l'administration d'ocytociques ou par une extraction instrumentale. Les tissus maternels n'arrivent pas à se distendre assez vite et se déchirent plus facilement.

**Efforts expulsifs trop précoces.** Lorsque la parturiente cède au besoin de pousser avant dilatation complète du col, il peut se produire des déchirures du col ou du vagin.

**Protection du périnée.** Pour éviter des déchirures du périnée la mesure la plus importante est la protection du périnée. En cas d'exécution insuffisante – surtout si le dégagement de la tête n'est pas suffisamment contrôlé manuellement – la déchirure périnéale est pratiquement inévitable.

**Épisiotomie.** L'absence d'épisiotomie ou une épisiotomie insuffisante favorisent la déchirure périnéale, la déchirure vaginale ou l'éraillure de la vulve.

## B. Lésions obstétricales

**Déchirures du périnée.** Selon leur extension, on distingue quatre degrés de déchirures périnéales :

- 1^er^ degré : déchirure superficielle de la peau du périnée,
- 2^e^ degré : déchirure de la muqueuse vaginale et de la peau dans la zone périnéale ; une correction chirurgicale s'impose toujours,
- 3^e^ degré : s'y ajoute une déchirure du sphincter externe de l'anus ; pour empêcher une future incontinence anale, il est très important de réparer le muscle à l'aide d'une technique minutieuse,
- 4^e^ degré : s'y ajoute la déchirure de la muqueuse rectale antérieure ; le traitement correct nécessitera souvent une narcose.

**Déchirure du col et du vagin.** La déchirure du col ou de l'orifice cervical résulte de poussées prématurées et doit être suturée. La déchirure du vagin peut être la conséquence d'une déchirure périnéale ou être isolée. Dans certains cas exceptionnels, la déchirure d'un cul-de-sac vaginal latéral peut s'étendre aux vaisseaux pelviens et s'accompagner d'importantes hémorragies.

**Déchirures du clitoris et des lèvres.** Les déchirures du clitoris sont souvent très hémorragiques, et nécessiteront presque toujours une suture. Les déchirures des lèvres se présentent souvent sous forme d'écorchures superficielles. La suture ne sera nécessaire qu'en cas de déchirure profonde ou d'hémorragie.

**Inversion utérine.** Ce n'est pas à proprement parler une lésion traumatique obstétricale, c'est l'invagination du fond utérin en doigt de gant dans le vagin. Cette complication est très rare. Le traitement consiste en une réduction manuelle.

**Relâchement et rupture de la symphyse.** En cas de macrosomie fœtale extrême ou d'anomalie pré-existante du bassin, les deux branches de l'os pubien peuvent se désolidariser et provoquer une déstabilisation du bassin.

## C. Clinique et conduite

**Déchirures.** Les lésions obstétricales se manifestent souvent par des douleurs et/ou des saignements. Ces deux symptômes peuvent toutefois faire complètement défaut, par exemple lors d'une déchirure du col. Le diagnostic est fait grâce à une inspection minutieuse, sous valves si besoin ; un tel examen est nécessaire après toute expulsion instrumentale ou en cas d'hémorragie de la délivrance importante. Les déchirures sont minutieusement suturées. Selon leur localisation, cela peut être plus ou moins compliqué et long. Les déchirures cicatrisent en général sans problème en l'espace de quelques semaines ; la déchirure du col peut éventuellement cicatriser (déchirure d'Emmet) de manière à provoquer des sécrétions permanentes et nécessiter une réintervention chirurgicale.

**Lésions de la symphyse.** Elles se manifestent par des douleurs et surtout par une instabilité à la marche (marche en « canard », la station debout sur un pied est souvent impossible). Le diagnostic repose sur l'examen clinique, échographique et radiologique. En cas de distension symphysaire on prescrira un repos strict au lit, en cas de dislocation symphysaire le repos au lit est absolu et complété par la pose d'un corset de soutien, prescrit avec la coopération des orthopédistes.

## Lésions traumatiques de l'accouchement

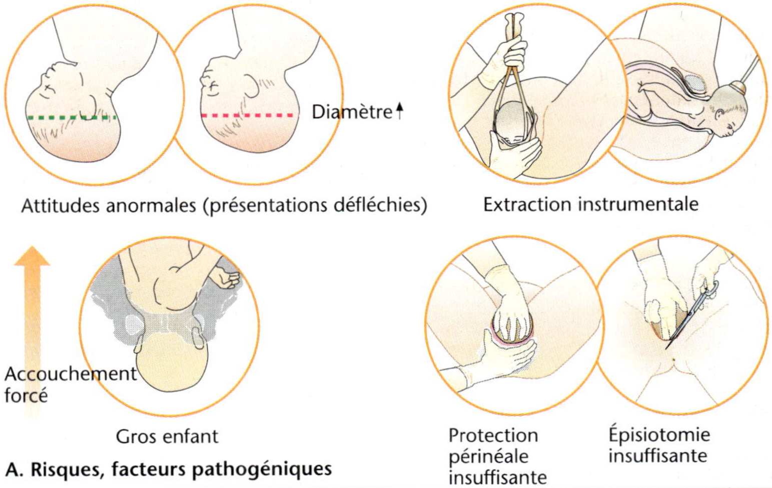


**A. Risques, facteurs pathogéniques**

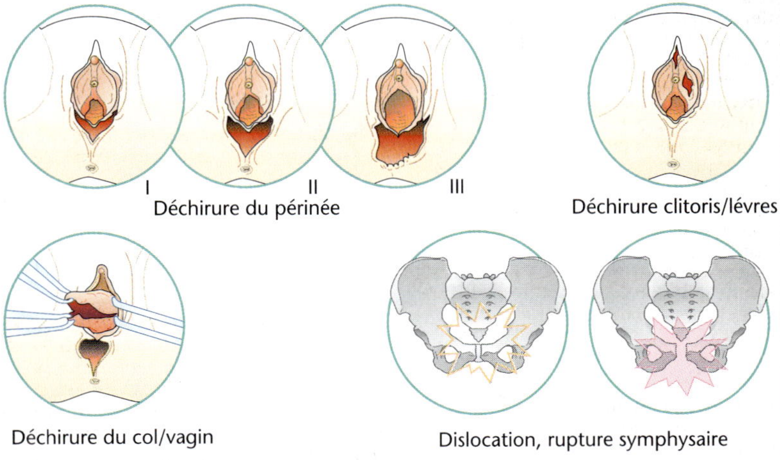


**B. Lésions obstréticales**

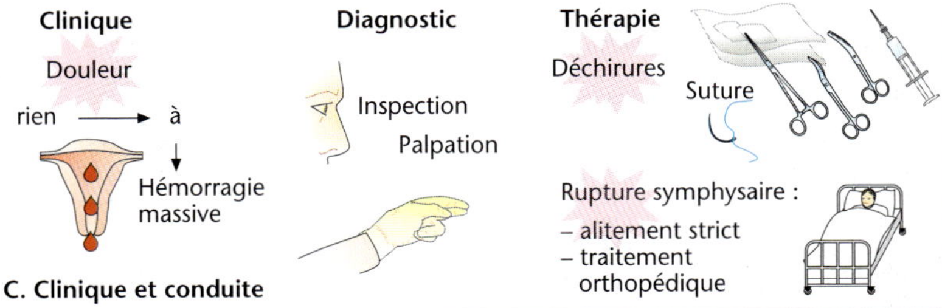


**C. Clinique et conduite**

## A. Définition et indications

On peut distinguer la césarienne primaire, planifiée à froid, et la césarienne secondaire (effectuée à la demande en cours de travail).

**Indications de la césarienne primaire.** Le *placenta praevia central* est une indication absolue ; le plus souvent vers la 34e-36e SA pour ne pas mettre la mère et l'enfant en danger. Les *grossesses multiples* (à partir des grossesses triples) doivent toujours être accouchées par césarienne en raison du risque important de collision entre les enfants et de décollement du placenta après l'accouchement du premier enfant. Ceci est valable également pour des *jumeaux* lorsque le premier enfant est en présentation du siège et le deuxième en céphalique. Certaines *anomalies de présentation* sont des indications typiques de césarienne : présentation transversale, présentation du siège avec gros enfant. En cas d'antécédent de *chirurgie utérine* avec grosse cicatrice (par ex. plastie pour malformation, énucléation d'un gros fibrome), une césarienne préventive est recommandée. Dans le cas de *malformations fœtales* diagnostiquées durant la grossesse, il convient de faire une césarienne à froid dans les cas où l'accouchement vaginal risquerait de compliquer la situation ou dans le cas où il n'est anatomiquement pas réalisable (par ex. omphalocèle, méningocèle, hydrocéphalie, tératome pelvien).

On discute de plus en plus la césarienne à la demande de la mère. Ce souhait résulte le plus souvent de la crainte d'un accouchement long et douloureux, de lésions du plancher pelvien ou de la survenue d'une hypoxie fœtale durant l'accouchement. On décidera au cas par cas s'il faut satisfaire cette demande.

**Indications de la césarienne secondaire.** L'hypoxie fœtale est l'indication la plus fréquente ; elle se manifeste par des altérations du CTG et les résultats de la micro-analyse sanguine (p. 212). Une non-progression du travail (par ex. en cas de disproportion fœto-pelvienne), une présentation anormale (céphalique haute en position sagittale, face) ou des complications maternelles (par ex. prééclampsie sévère, HELLP syndrome) sont d'autres indications pour la césarienne secondaire.

## B. Conduite

Une fois l'indication posée, il faudra discuter du type d'anesthésie (anesthésie régionale ou générale) et éventuellement aviser le pédiatre en cas de suspicion de souffrance fœtale. Les bruits du cœur fœtal sont enregistrés par CTG jusqu'à la désinfection et à la pose des champs abdominaux.

**Préparatifs.** Le cas échéant mise en place d'une anesthésie régionale, administration de tocolytiques (par ex. lors d'une souffrance fœtale), rasage et sondage vésical. La patiente est mise sur une table d'opération légèrement inclinée vers la gauche, afin d'éviter un syndrome de compression de la veine cave inférieure. Toilette stérile de la paroi abdominale, pose de champs stériles. L'induction de l'anesthésie générale ne commencera qu'à ce moment seulement ; en cas d'anesthésie régionale, il faudra parfois attendre que son effet soit maximal.

**Voie d'abord.** La peau est incisée transversalement au-dessus du pubis (incision dite de Pfannenstiel), ouverture de la paroi abdominale (pannicule adipeux, fascia musculaire, péritoine) et de l'utérus (utérotomie au scalpel et élargissement latéral doux aux doigts).

**Dégagement de l'enfant.** L'opérateur saisit l'enfant en dessous de la tête, le soulève hors de l'utérus (pendant ce temps l'assistant aidera au dégagement par une poussée sur le fond de l'utérus) et le donnera à la sage-femme ou éventuellement à la mère (en cas d'anesthésie régionale et si l'enfant va bien) ou au pédiatre. Le père peut rester en salle d'opération près de la tête de sa partenaire en cas d'anesthésie régionale ; il pourra ainsi participer à l'accueil de l'enfant.

**Suite de la procédure.** Administration d'ocytociques en bolus, décollement manuel du placenta, pose d'une perfusion d'ocytociques, suture de l'utérotomie, inspection des annexes et des organes abdominaux visibles (par ex. appendice, pour exclure des maladies), suture du péritoine, suture plan par plan de la paroi abdominale, suture de la peau.

**Soins post-opératoires.** Après la fin de l'opération on peut enlever la sonde à demeure. La mère est le plus souvent surveillée 8 à 12 heures en salle d'accouchement, afin de dépister des problèmes circulatoires ou des anomalies de saignement (atonie). Dans le cas de suites simples, la mère et l'enfant pourront quitter l'hôpital le 5e jour.

## Césarienne

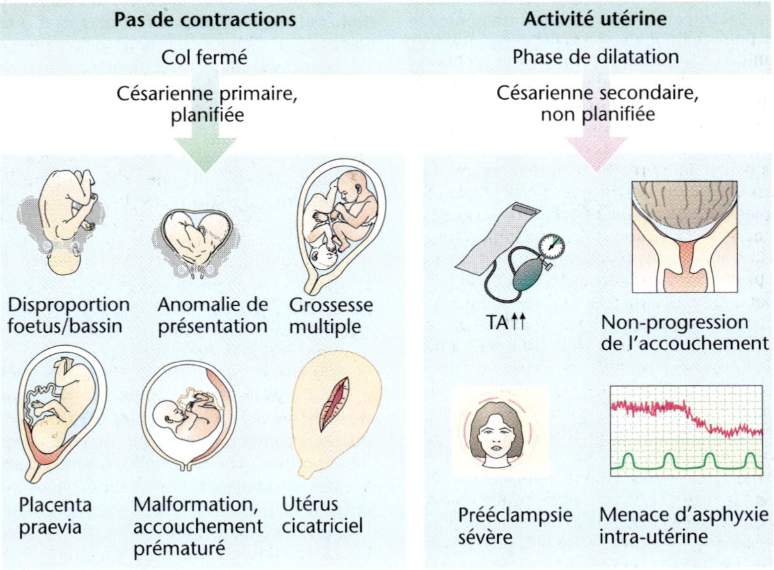


**A. Définition et indications**

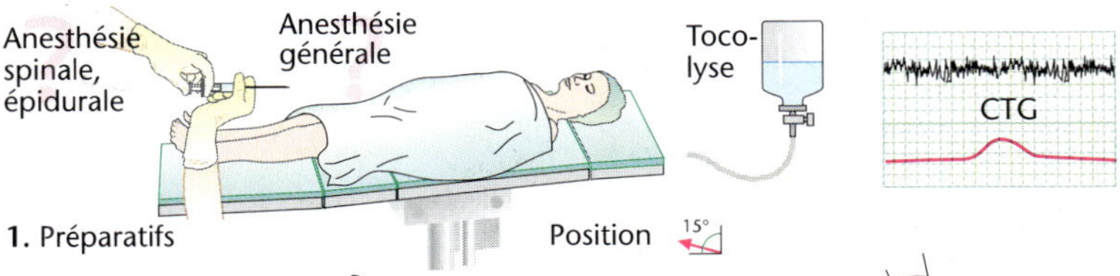


**1.** Préparatifs

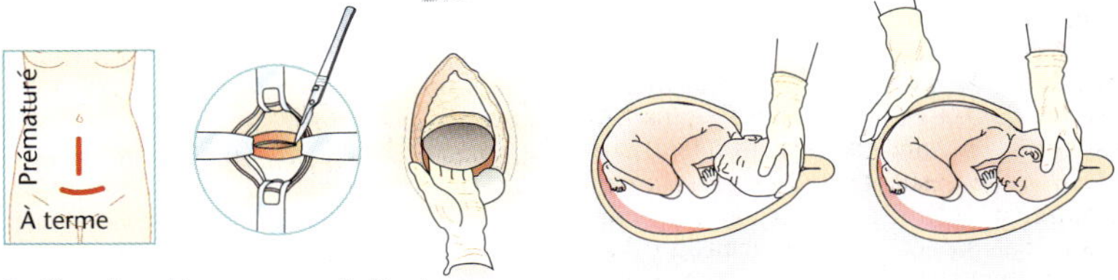


**2.** Abord et dégagement de l'enfant

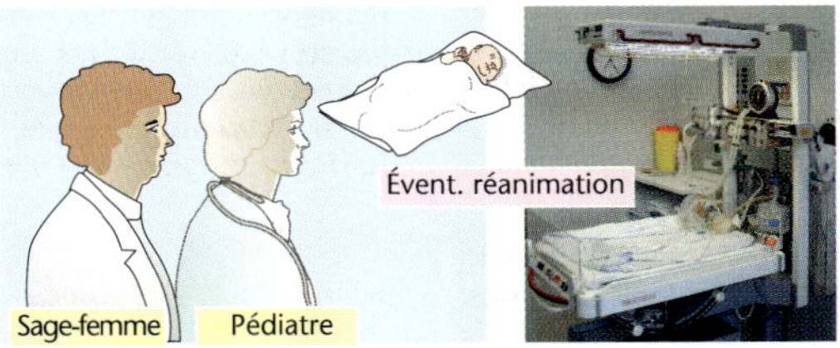


**B. Conduite**

L'accouchement est terminé seulement lorsque la délivrance du placenta est complètement achevée. Après l'accouchement il ne faut pas négliger la surveillance de la phase placentaire, source d'éventuelles complications. La durée de la phase placentaire est d'environ 20 min ; elle ne devrait pas dépasser 30 min.

## A. Physiologie de la délivrance

En règle générale, l'expulsion de l'enfant est suivie d'une rémission des contractions durant 5 à 10 min. L'utérus va ensuite se contracter à nouveau (contractions postnatales). Des cisaillements se feront entre la surface placentaire et la surface utérine qui, elle, tend à se rétrécir ; cela aboutira au décollement du placenta. On distingue deux mécanismes de décollement :

**Décollement latéral selon Duncan** (environ 20 %). Un bord placentaire (le plus souvent le bord caudal) se décolle en premier. Cela se manifeste généralement par un saignement vaginal. Le décollement se complète en direction crâniale sous l'effet des contractions et la face maternelle (= « sanglante ») (p. 227 **A**) du placenta est expulsée en premier.

**Décollement central selon Schultze** (Baudeloque pour les auteurs de langue française !) (environ 80 %). Alors que le pourtour du placenta est encore fixé à la paroi utérine, il va se décoller en son milieu sous l'effet des contractions. Un hématome rétroplacentaire se forme au milieu du placenta ; l'hémorragie de décollement est soit absente, soit très faible. Le placenta est expulsé avec sa face fœtale (p. 227 **A**) en avant.

**Expertise du placenta.** Après la délivrance, la sage-femme vérifie soigneusement l'intégrité du placenta. La rétention intra-utérine d'un fragment placentaire de la taille d'un haricot peut causer une atonie utérine elle-même à l'origine d'une hémorragie (p. 226). Le bord du placenta est examiné avec soin ; on cherche en particulier la présence de vaisseaux pour ne pas passer à côté d'un cotylédon aberrant (éventuellement détaché).

L'examen histologique (en coupes fines) du placenta n'est pas systématique mais demandé en cas de problème particulier (par ex. infection, hypotrophie fœtale).

## B. Mécanisme de l'hémostase

Il est indispensable d'obtenir rapidement une bonne hémostase car, après la délivrance placentaire, la plaie du fond utérin est très large. Plusieurs facteurs vont intervenir :

- les contractions vont notablement rapetisser l'utérus et donc la largeur de la plaie placentaire,
- les contractions vont comprimer les vaisseaux et réduire les saignements,
- l'activation du système hémostatique va rapidement obturer les vaisseaux par thrombose,
- le clampage du cordon va diminuer les pertes de sang ; la pression augmente dans les vaisseaux du cordon (« reflux ») et conduit également à une diminution du flux sanguin (stase),
- lorsque l'enfant tète, l'hypophyse postérieure de la mère va libérer de l'ocytocine qui renforcera les contractions utérines. Pour cette raison la première mise au sein du nouveau-né doit déjà se faire en salle d'accouchement,
- administration d'ocytociques (ocytocine, méthylergométrine).

## C. Signes du décollement du placenta

Ce n'est qu'après complet décollement du placenta qu'on aidera l'expulsion du placenta par une compression manuelle de l'utérus (manœuvre de Bear ; le fond utérin est poussé vers le bas à travers la paroi abdominale).

Il existe une série de signes cliniques permettant de reconnaître le décollement du placenta de l'extérieur. Les plus importants sont :

**Le signe de Schröder.** Après le décollement du placenta, le fond utérin remonte vers le haut. Le bord est ferme et souvent palpable un peu de côté, à droite ou à gauche.

**Le signe d'Ahlfeld.** Immédiatement après la naissance, on met un clamp ou un lac sur le cordon, à hauteur de la vulve. Après décollement du placenta le repère migre vers le bas.

**Le signe de Küstner.** Si le placenta est décollé, le cordon ne remonte pas dans le vagin lorsque le corps utérin est refoulé vers le haut par une pression du bord de la main, juste au-dessus de la symphyse.

## Phase de délivrance I

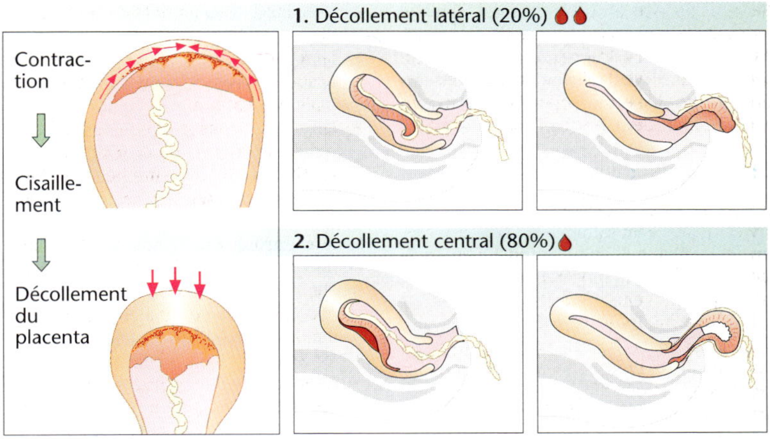


A. Physiologie du décollement placentaire

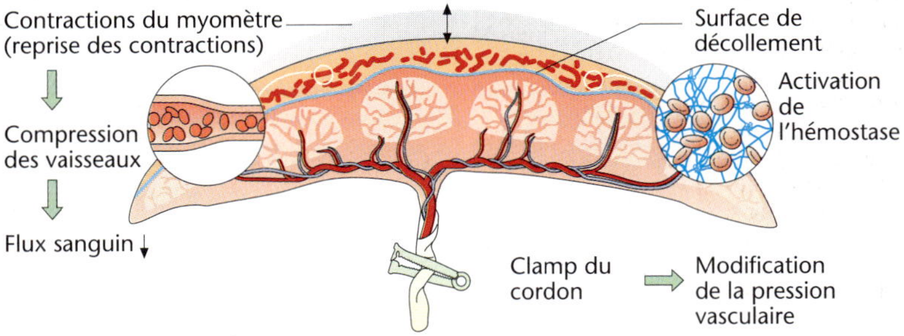


B. Mécanisme de l'hémostase

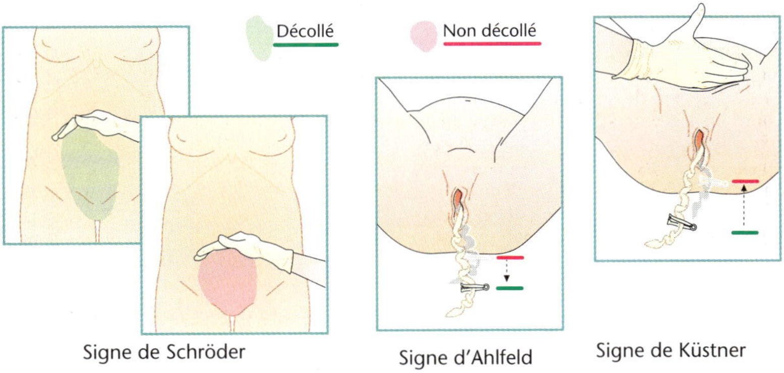


C. Signes de décollement du placenta

## A. Anomalies du décollement placentaire

Les perturbations du décollement placentaire s'accompagnent souvent d'une importante perte sanguine et constituent ainsi une situation d'urgence lors de l'accouchement.

**Clinique.** Les signes d'un décollement placentaire anormal sont :

- l'hémorragie vaginale abondante,
- l'absence de signes de décollement (p. 224),
- l'utérus gros et ramolli,
- l'absence de délivrance du placenta.

Diverses anomalies sont possibles :

**Rétention placentaire.** Le placenta décollé ne franchit pas le col utérin, partiellement refermé entre temps. C'est la forme d'anomalie la plus simple et qui ne pose pas de gros problème, l'hémorragie étant à peine plus forte.

**Placenta adhérent.** Le décollement placentaire ne s'est pas produit ou est seulement partiel. L'insuffisance des contractions est le plus souvent en cause. L'hémorragie est souvent plus abondante.

**Placenta accreta.** Le placenta a fusionné de façon interne avec les couches superficielles du myomètre. Ceci est la conséquence d'un trouble de la nidation, lui-même secondaire à d'anciennes interventions utérines ou à de graves infections ayant laissé des cicatrices sur la paroi utérine (par ex. avortement septique).

**Placenta increta.** Le placenta pénètre plus profondément dans le myomètre. La distinction avec le placenta accreta nécessite un examen histologique ; les causes sont les mêmes.

**Conduite.** La conduite suit un plan par étapes : si une mesure est inefficace ou insuffisante on passera à l'étape suivante. Le délai entre deux étapes dépendra de l'importance de l'hémorragie. Voici le détail des mesures :

Contractions par vessie de glace, massage de l'utérus ou suggérer la mise au sein du bébé (sécrétion d'ocytocine) → administration d'ocytociques (ocytocine seulement ; la méthylergométrine favorise la fermeture du col !) → vider la vessie (éventuellement par sondage si la femme n'arrive pas à uriner spontanément, car une vessie pleine peut inhiber les contractions utérines par mécanisme réflexe) → manœuvre de Crédé pour comprimer et vider l'utérus (une légère traction sur le cordon est faisable) → induire une anesthésie (lors d'une rétention du placenta la dilatation du col sera éventuellement suffisante pour permettre l'expulsion du placenta) → décollement manuel du placenta : sous narcose on décolle le placenta avec la main et on l'extrait. Pour ce faire, la main pénètre dans l'utérus en montant le long du cordon ; on décolle progressivement le placenta de l'utérus avec le bord de la main ou avec les doigts. Après complet décollement du placenta, on le saisit et on l'extrait → curage utérin pour enlever d'éventuels restes placentaires (systématique !) → nouvelle administration d'ocytociques (sous forme de perfusion IV) → hystérectomie si le décollement manuel n'est pas faisable ; il s'agit d'un placenta accreta on increta et la matrice doit être enlevée.

## B. Atonie utérine

**Définition.** La matrice ne se contracte pas suffisamment après la délivrance du placenta ; c'est une urgence vitale pour la mère en raison des très grandes pertes de sang par la zone d'insertion placentaire (jusqu'à 500 ml en 10 min).

**Facteurs prédisposants.** Les facteurs de risque d'atonie sont tous les facteurs associés à une surdistension de la paroi utérine ou au relâchement de la musculature utérine, par exemple accouchement prolongé (épuisement du myomètre), restes de placenta dans l'utérus (un morceau de la taille d'un haricot suffit presque), surdistension de la paroi utérine (par ex. grossesse multiple, hydramnios, macrosomie fœtale, multiparité), fibromes (ils peuvent empêcher une contraction suffisante), surdosage d'ocytociques durant l'accouchement (l'ocytocine reste sans effet en raison de la saturation des récepteurs).

**Clinique et conduite.** Les signes cliniques de l'atonie et la conduite à tenir sont sensiblement les mêmes que pour les anomalies du décollement placentaire **(A.)** :

Administration de produits contractant l'utérus (ocytocine *et* méthergine, car le placenta est déjà expulsé) → vider la vessie → provoquer des contractions, masser ou empoigner l'utérus (voir tableau) → application de prostaglandines (sulprostone, $PGF_2$ alpha) → remplissage circulatoire → transfusion de sang (lors d'hémorragies massives ou d'hémorragies avec répercussion vasculaire) → en cas de persistance de l'atonie, le recours ultime sera l'hystérectomie.

## Phase de délivrance II

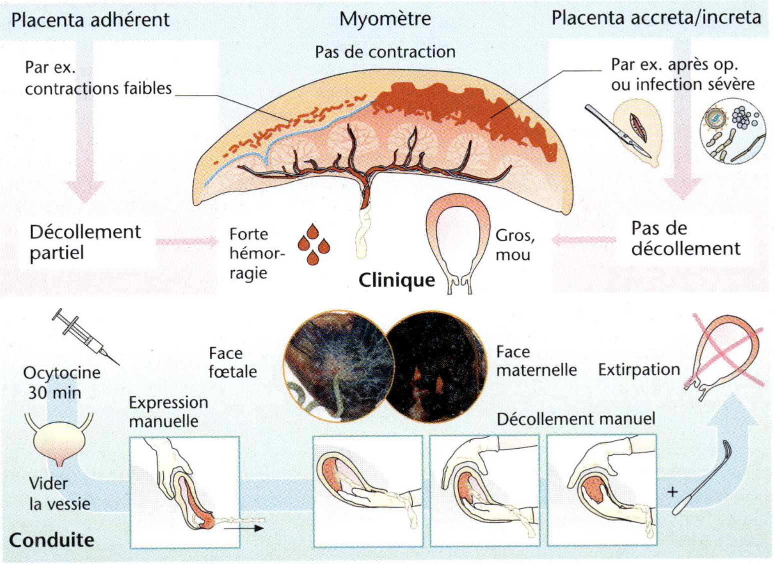


A. Anomalies du décollement placentaire

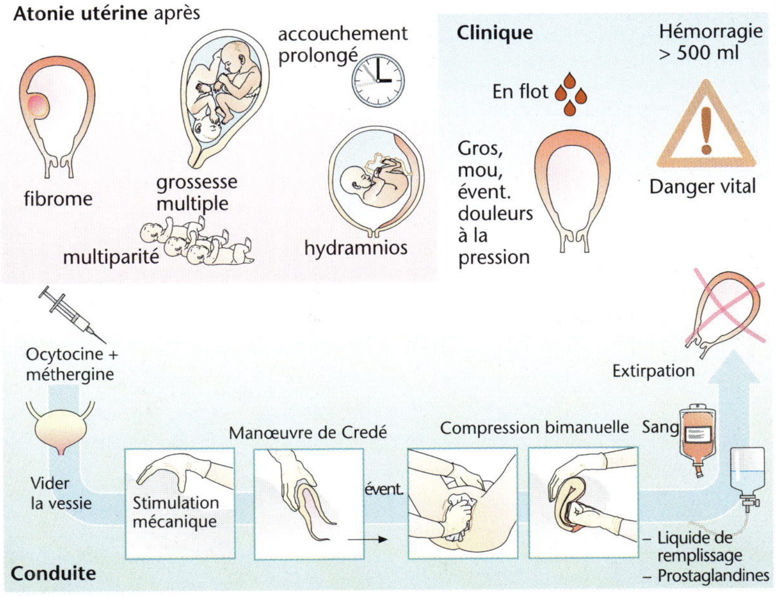


B. Atonie utérine

Après l'expulsion complète du placenta, débute la période des suites de couches encore appelée post-partum ou période puerpérale.

L'accouchée sera étroitement surveillée durant les deux premières heures de la période post-placentaire, après l'accouchement ; le but est de dépister les éventuelles complications à temps et de les traiter, par exemple une atonie utérine (p. 226) ou des problèmes circulatoires. Dans la plupart des cliniques la mère restera encore deux heures en salle d'accouchement avec son enfant, sous la surveillance d'une sage-femme. Ensuite elle sera transférée au service des accouchées.

## A. Prise en charge en salle d'accouchement

Dépendantes de l'organisation de la clinique, il existe tout une série d'habitudes différentes. Le plus souvent la mère est épuisée et souhaite d'abord se reposer. L'enfant devrait si possible rester auprès d'elle ; il peut alors être lavé, pesé et mesuré avec son concours. Il est judicieux de le mettre au sein précocement, déjà en salle d'accouchement.

**Position de l'accouchée.** On adopte d'abord la position selon Fritsch : la femme est couchée sur le dos, les jambes croisées, une serviette épaisse placée sur la vulve et le siège glissé vers le bas. Dans cette position on se rend toute de suite compte d'un saignement trop fort, car le sang s'accumule dans l'espace triangulaire délimité par les deux cuisses et le pubis.

**Vérification du fond utérin.** Le fond utérin doit être vérifié toutes les 15 min environ afin de dépister une atonie à temps. Il suffit d'évaluer la hauteur du fond utérin et sa consistance à travers la paroi abdominale : le fond doit se situer au niveau de l'ombilic ou légèrement en dessous, l'utérus étant contracté et de consistance ferme.

**Mictions.** Il faut bien surveiller les mictions après l'accouchement ; certaines femmes ont des problèmes pour émettre spontanément leurs urines après l'accouchement. La rétention d'urine est fréquente après l'accouchement en raison d'un œdème vulvaire, de manipulations à l'entrée du vagin lors de l'accouchement ou de la suture d'une épisiotomie. Il faudra éventuellement vider la vessie par un sondage isolé car une vessie pleine peut être à l'origine d'une atonie réflexe.

**Prévention des thromboses, réaction vasculaire.** Après une certaine phase de repos (par exemple 2 à 3 h) il est bon de motiver la femme à se lever afin de prévenir les thromboses. Cela se fait souvent en même temps que la douche ou la toilette. Il est assez fréquent d'observer des réactions vasculaires suite à la fatigue de l'accouchement ou suite aux éventuelles pertes de sang. Le premier lever de la mère ne devrait se faire qu'en présence de la sage-femme ou d'un membre du personnel soignant. Le contrôle des paramètres vitaux (pouls, tension artérielle, teint du visage, éventuellement température) servira également à la surveillance vasculaire.

**Attentions destinées à la mère.** À côté de la prise en charge purement physique, il est très important également, dès l'accouchement terminé, de se pencher sur les particularités psychologiques. Beaucoup de femmes ont tout une série de questions sur les soins au nouveau-né, sur les soins à venir en salle d'accouchement ou en clinique, sur les modifications de leur propre corps.

## B. Renforcement des liens affectifs familiaux

Après les indispensables mesures médicales (par ex. suture du périnée) et les premiers soins au nouveau-né (p. 232), la mère et le père devraient avoir le temps et la possibilité de voir calmement leur enfant, de le prendre dans les bras, de le toucher et de le mettre au sein. Cette phase de « naissance de la famille » est très importante, c'est là que sont posées les bases de la future vie familiale et des relations des parents avec leur enfant. Une prise de contact chaleureuse nécessite plusieurs conditions :

- une pièce pour que personne d'autre ne vienne troubler ce moment,
- du calme et avant tout l'absence d'intrusion du personnel soignant ; ce n'est pas toujours simple et il faudra trouver un compromis entre les impératifs de surveillance et le besoin de calme ; on décidera au cas par cas,
- une lumière tamisée et, le cas échéant, une musique douce peuvent créer une atmosphère agréable et calme.

Les primipares craignent souvent d'être maladroites. L'expérience et l'intuition de la sage-femme seront très utiles pour surmonter la peur de ce qui est nouveau.

## Période post-placentaire

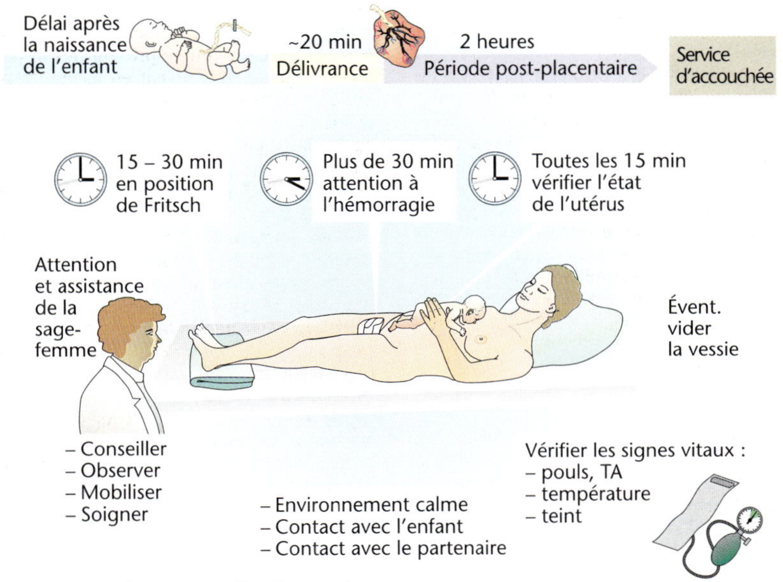


**A. Prise en charge en salle d'accouchement**

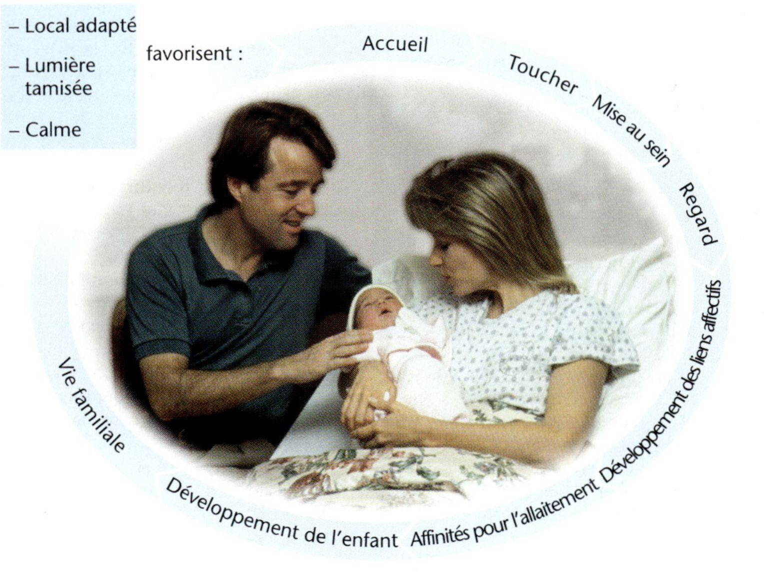


**B. Renforcement des liens affectifs familiaux**

# VII

## Le nouveau-né

## A. Premiers soins

Les premiers soins au nouveau-né sont tout à fait dépendants de l'état de l'enfant. Quelques règles sont en général valables :

**Libérer les voies respiratoires.** Les voies respiratoires doivent être bien libres pour que la première inspiration puisse déplisser correctement les alvéoles pulmonaires et pour que la circulation néonatale puisse bien se greffer sur la circulation fœtale (p. 236). Dans la plupart des cliniques on avait autrefois l'habitude d'aspirer systématiquement le nouveau-né par la bouche ; on se basait sur la nécessité d'enlever les glaires et le liquide amniotique accumulés dans la gorge durant l'accouchement du fait de la compression thoracique. Il n'y a pas de preuve scientifique de l'efficacité de cette méthode. La plupart des cliniques renoncent maintenant à l'aspiration systématique chez le nouveau-né sain ; l'aspiration orale et éventuellement trachéale sont réservées au cas où l'auscultation de l'enfant révèle des râles pulmonaires. Les enfants nés par césarienne sont en général déjà aspirés sur la table d'opération car leur thorax n'a pas subi de compression.

**Maintien au chaud.** Le nouveau-né court un très grand risque de refroidissement en raison de son faible poids et de sa grande surface corporelle, de la forte chute de température de presque 20 °C et du fait qu'il vient au monde mouillé. On veillera à le sécher aussi rapidement que possible et l'envelopper dans un drap chaud. Si la mère ne peut elle-même tenir l'enfant, on le mettra dans un petit lit chaud ou on le confiera au père.

**Ligature du cordon.** Si l'enfant va bien on peut attendre la fin des battements des vaisseaux du cordon (après 1-1,5 min) avant d'effectuer la ligature. Cela permet à l'enfant de récupérer du sang placentaire grâce à la contraction de l'utérus ; c'est l'équivalent du volume de sang allant aux poumons lors du déplissement des alvéoles. La ligature provisoire du cordon est effectuée avec deux pinces ; la première est posée à environ 10 cm de l'ombilic de l'enfant. Le cordon est alors coupé entre les deux pinces, par le père éventuellement s'il est présent. Le reste de cordon relativement long permet la pose éventuelle d'un cathéter dans la veine du cordon ; c'est une façon simple d'avoir une voie centrale en cas d'urgence néonatale.

**Prise de sang.** On prélève du sang sur la portion placentaire du cordon (artère) afin de déterminer le pH, l'excès de base, le groupe et le facteur Rhésus de l'enfant. Si l'on suspecte une infection intra-utérine, on peut également déterminer les leucocytes, CRP ou divers anticorps si nécessaire (par ex. toxoplasmose, rubéole).

**Méthode de Credé.** Depuis 1995 la prévention légale selon Credé avec du nitrate d'argent (pour éviter les conjonctivites dues aux gonocoques transmis lors du passage pelvien) n'est plus obligatoire. Dans les rares cas d'infections maternelles connues par gonocoques ou par *Chlamydiae*, on utilise aujourd'hui des collyres, par exemple à la tétracycline.

**Autres mesures.** À côté de l'évaluation du nouveau-né par le score d'Apgar et par le premier examen, il faut, chez les enfants déprimés, entreprendre aussitôt des mesures de réanimation (p. 244) et si nécessaire aviser le pédiatre.

Chez l'enfant sain la relation mère-enfant doit être favorisée en priorité : après un bref examen on le couvre chaudement, on le pose sur le ventre de sa mère et aussi vite que possible on le met au sein (voir p. 228 ; liens affectifs familiaux).

**Ligature définitive du cordon.** On pose un clamp en plastique sur le cordon à environ deux travers de doigt de la peau. La section du cordon est faite à environ 1 cm du clamp (pour éviter le dérapage du moignon de cordon lors de son dessèchement). Après le bain, le moignon sera enveloppé par exemple dans une compresse stérile et fixé à l'aide d'une bande ou d'un filet-bande (ne pas positionner le clamp sur le bord du foie).

**Bain.** Si possible en présence de la mère et/ou du père. On n'enlèvera pas le vernix s'il y en a.

**Balance, toise.** On pèse l'enfant, on mesure sa taille et son tour de tête, on prend sa température et son pouls.

Suivront ensuite l'appréciation de la maturité et le premier examen (1er examen ; p. 234).

## Premiers soins au nouveau-né

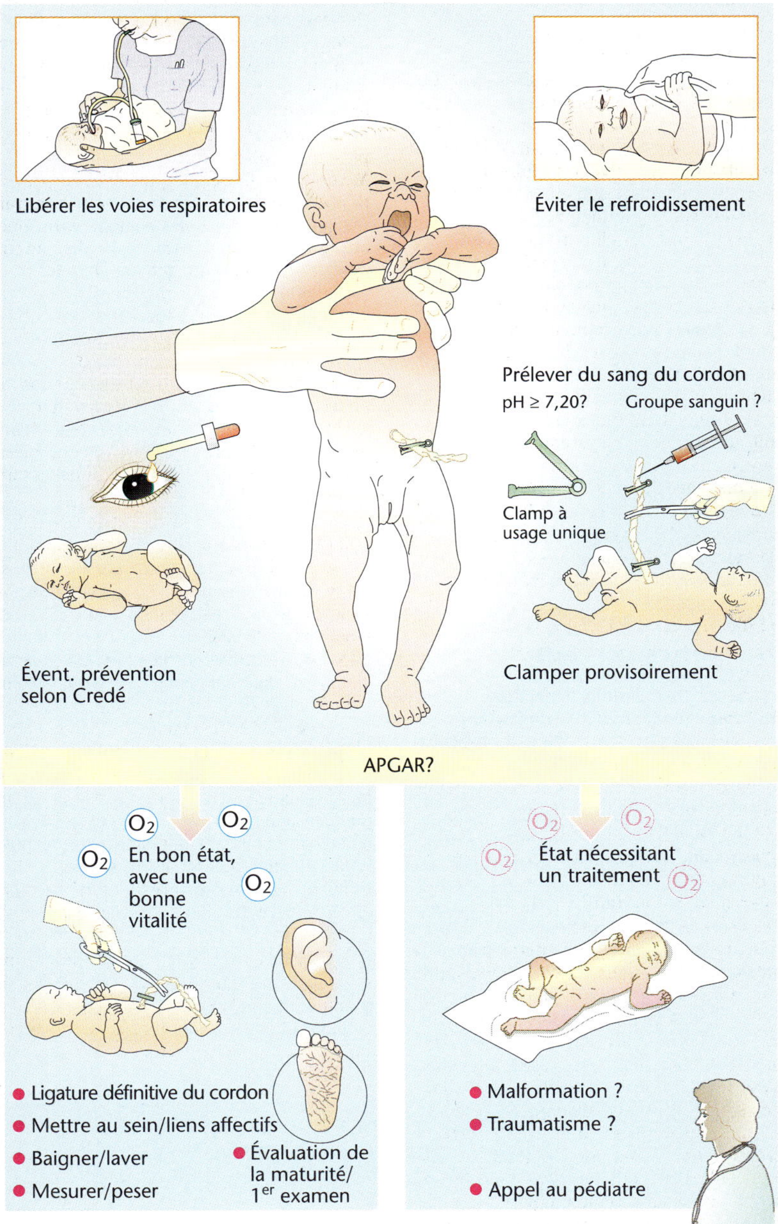


A. Premiers soins

## A. Appréciation de la vitalité du nouveau-né

**Score d'Apgar.** La méthode proposée par Virginia Apgar, anesthésiste de Boston, s'est imposée à travers le monde entier. Cinq critères sont évalués à 1, 5 et 10 min après la naissance, cotés 0, 1 ou 2, puis additionnés. Si des mesures de réanimations devenaient nécessaires il serait important de bien les documenter (p. 240).

On parle couramment d'un Apgar 8 ou Apgar 9 pour un score selon Apgar à 8 ou à 9 (voir tableau ci-dessous). Les enfants ayant un score > 7 ont une *bonne vitalité*, à 4-7 ils sont *déprimés*, et < 4 ils sont *sévèrement déprimés*.

**pH de l'artère du cordon.** C'est un élément complémentaire pour l'appréciation de la condition de l'enfant. Voici des critères selon Saling :

| pH | Interprétation |
|---|---|
| > 7,30 | optimal |
| 7,20 à 7,29 | encore normal |
| 7,10 à 7,19 | acidose légère |
| 7,00 à 7,09 | acidose moyenne |
| < 7,00 | acidose sévère |

## B. Appréciation de la maturité

Pour évaluer la maturité de l'enfant de façon plus précise en cas d'incertitudes sur le terme, on peut par exemple utiliser le schéma de *Farr/Nicolopulos*. Neuf critères différents sont cotés de 0 à 2-4 selon le critère. Un tableau permet de connaître l'âge présumé en fonction du score final. Les critères sont :

*Teint et transparence de la peau :* il ne faut pas se fier au cri. Peut-on voir des veines ou des veinules à travers la peau ? La peau est d'autant plus transparente que l'enfant est immature. *Qualité de la peau :* on fait un pli avec la peau du ventre ; la peau est d'autant plus fine que l'enfant est immature. *Pilosité avec du lanugo :* le lanugo est d'autant plus abondant que l'enfant est immature. L'appréciation se fait en éclairant bien la peau avec une lumière oblique. *Forme et fermeté de l'oreille :* inspection et palpation du pavillon de l'oreille ; chez les prématurés le pavillon est très mou et pliable. *Mamelon :* présence d'une aréole et degré de saillie ; l'aréole est d'autant plus bombée que l'enfant est plus mature. *Tissu mammaire :* palpation entre pouce et index ; il y a d'autant plus de tissu que l'enfant est mature. *Sillons sur la plante des pieds :* étirement de la peau plantaire, quels sont les sillons qui persisteront ? Chez les enfants immatures il n'y a pratiquement pas de sillon.

D'autres systèmes prennent encore en compte l'appareil génital (testicules descendus ? introït recouvert par les lèvres ?) ou la chevelure.

## C. Premier examen

En règle générale le premier examen du nouveau-né est effectué par l'accoucheur dans la première heure suivant la naissance. Il recherchera des malformations ou des lésions traumatiques obstétricales. Les points suivants sont recherchés et enregistrés systématiquement :

Aspect général, teint, altérations cutanées (par ex. naevus, hémangiome) ou turgescence de la *peau*. *Crâne :* palpation des fontanelles (tendues ? déprimées ?), lésions obstétricales ? *Visage :* asymétrie (paralysie faciale ?). *Yeux :* conjonctivite ? iris de configuration normale ? *Bouche :* peut-on palper une fente palatine ? *Cou :* torticolis ? goitre ? *Thorax :* auscultation du cœur et des poumons ; respiration régulière ? fracture de clavicule ? *Abdomen :* inspection du nombril (omphalocèle ?), nombre de vaisseaux ombilicaux, palpation du foie et de la rate, résistances dans le ventre ? anus perméable ? température anale ?

On examine encore les *extrémités* avec soin et on vérifie les doigts et les orteils en détail, on contrôle la mobilité des *hanches* : asymétrie du pli ? et surtout dysplasie des hanches (manœuvre d'Ortolani) ? On terminera le premier examen par l'examen de la *colonne vertébrale* (inspection, palpation, spina bifida ?), l'examen de l'*appareil génital* (atrésie vaginale ? descente des testicules ? hypospadias ou épispadias ?), ainsi que par un *examen neurologique* sommaire (petit bilan des réflexes) : réaction pupillaire à la lumière, réflexe de succion, réflexe de Moro, réflexe d'agrippement de la main ou du pied.

| Critère | 0 point | 1 point | 2 points |
|---|---|---|---|
| Aspect | bleu pâle | tronc rose, extrémités bleues | rose |
| Pouls | absent | < 100/min | > 100/min |
| Réaction faciale | absente | réduite | tousse, éternue, crie |
| Activité | atonie | réduite | mouvements actifs |
| Respiration | absente | irrégulière | régulière |

## Score d'Agpar, signes de maturité, 1$^{er}$ examen

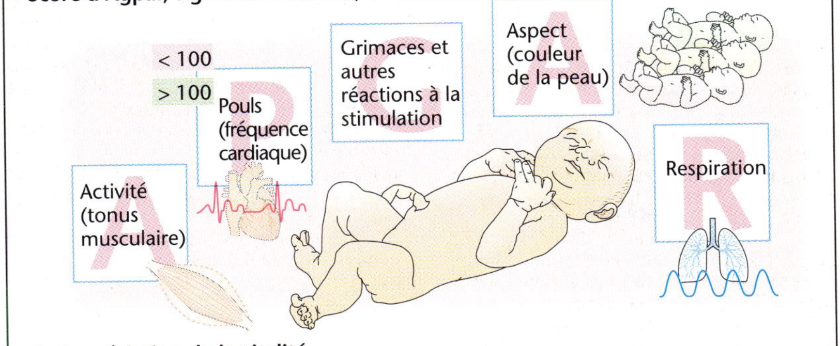


**A. Appréciation de la vitalité**

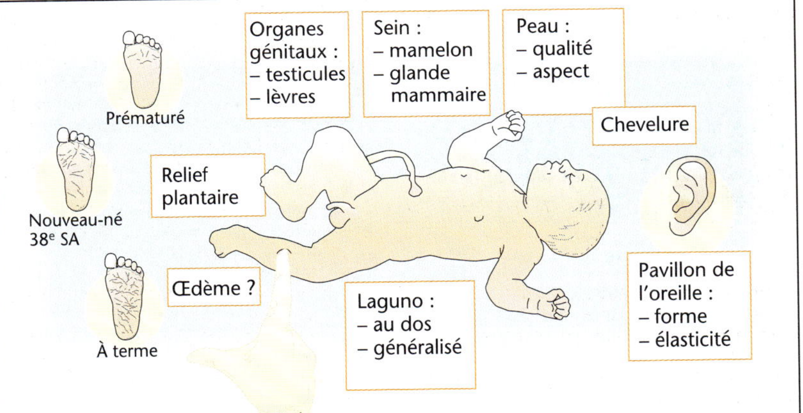


**B. Appréciation de la maturité**

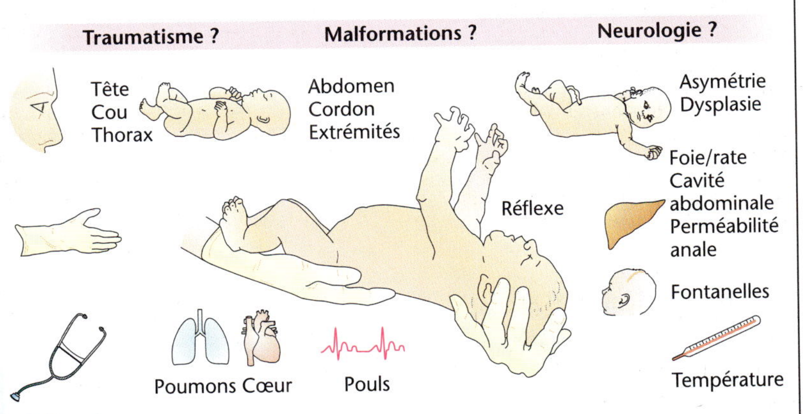


**C. Premier examen**

## Appareil circulatoire, poumons

Immédiatement après la naissance, les adaptations les plus importantes et les plus nécessaires concernent l'appareil circulatoire et les poumons (voir p. 100). In utero les poumons ne sont ni ventilés ni déplissés ; de ce fait les vaisseaux sont comprimés et opposent une forte résistance vasculaire. Une grosse partie du sang ne traversera pas les poumons mais passera par des shunts : le trou de Botal et le canal artériel (p. 100).

Dans les 20 secondes suivant l'accouchement, lors de la première respiration de l'enfant, les poumons vont se déplisser. L'arrivée de l'air dilate à la fois les alvéoles, le réseau capillaire et les autres vaisseaux pulmonaires. La résistance vasculaire chute subitement, le sang du cœur droit s'écoule en totalité et directement vers les poumons. Les niveaux de pression entre les deux oreillettes s'inversent : dans l'oreillette droite la pression est plus faible que dans l'oreillette gauche. La valvule membraneuse va obturer le trou de Botal et il n'y aura plus de relation directe entre les deux oreillettes. Dans la plupart des cas (70 %), le trou de Botal sera complètement colmaté.

La circulation sanguine sera interrompue de la même façon au niveau du canal artériel car le sang pourra se diriger vers les poumons. L'oblitération se fera en l'espace de quelques jours et le canal sera transformé en un cordon fibreux (ligament artériel).

## Foie

Avant la naissance, le foie fœtal sert surtout à la dégradation du glucose et à la synthèse des protéines. Cela fournit l'énergie et les « matériaux » nécessaires au développement du corps fœtal. Les fonctions de néoglucogenèse et de détoxication, au premier plan après la naissance, ne jouent qu'un très faible rôle car elles sont assurées par le foie maternel ou le placenta. En ce sens le foie fœtal est immature à la naissance et devra donc acquérir sa maturité après la naissance. Par la production d'indispensables enzymes, le foie se met lui-même en état de développer les nouvelles filières métaboliques pour les fonctions de détoxication et de stockage des glucides. Le processus prendra plusieurs semaines.

Immédiatement après la naissance, la mission d'extrême urgence du foie est l'élimination de l'hémoglobine fœtale ; celle-ci sera progressivement remplacée dans les érythrocytes par de l'hémoglobine adulte. Souvent la capacité de conjugaison de la bilirubine, produite en très grosses quantités, est insuffisante. C'est la raison de l'ictère du nouveau-né (p. 240).

## Tractus gastro-intestinal

Avant la naissance l'estomac contient surtout du liquide amniotique ; le reste de l'appareil digestif contient en plus du lanugo, des cellules épithéliales et des pigments biliaires qui forment le méconium. Il n'y a ni colonisation bactérienne ni présence d'air dans le tractus gastro-intestinal.

L'abaissement de la pression partielle d'oxygène durant l'accouchement et peu de temps après va stimuler le péristaltisme intestinal ; il y aura émission de méconium. Ceci peut déjà se produire in utero lors d'un manque d'oxygène (hypoxie) ; le liquide amniotique est alors teinté en vert (p. 32, 212). Quelques heures après la naissance, une colonisation bactérienne et un remplissage progressif de l'intestin avec de l'air s'effectuent. Le reste du méconium est éliminé et la digestion normale se met en place. En raison de sa forte viscosité, le méconium est souvent appelé « poix de l'enfant » en langage populaire.

## Appareil urinaire

Avant la naissance, les reins produisent de l'urine mais sont incapables de la concentrer et d'avoir un rôle de détoxication. Ces fonctions sont assurées par l'organisme maternel et par le placenta. Ce n'est qu'après la naissance que le rein filtrera correctement les composants urinaires et concentrera progressivement les urines. Des œdèmes généralisés sont parfois un signe d'immaturité, en particulier chez le prématuré.

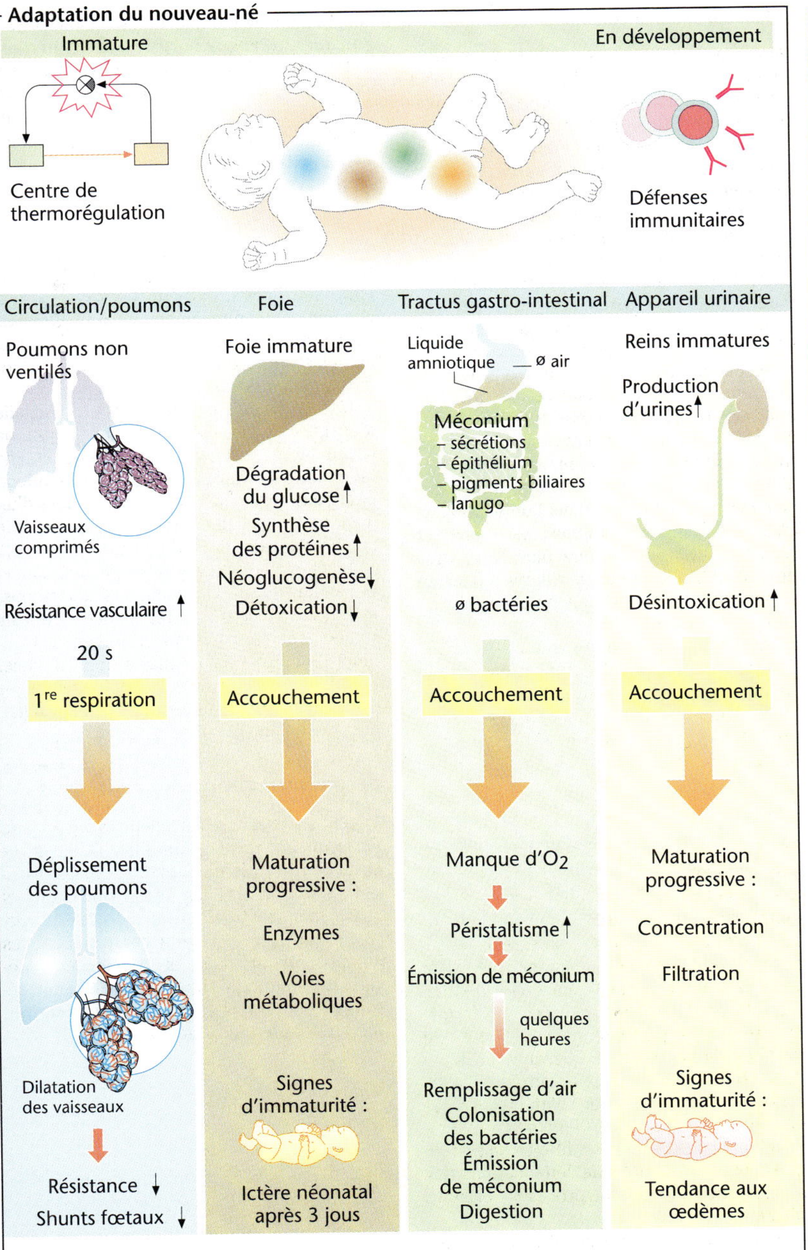


**A. Étapes de l'adaptation post-natale**

## A. Chambre d'enfant, *rooming in*

***Rooming in.*** On propose le *rooming in* dans la plupart des hôpitaux, sous réserve que la mère ne souhaite pas accoucher en ambulatoire. Dans cette forme de soin pédiatrique l'enfant reste en permanence dans la chambre de la mère ; c'est elle qui prend complètement l'enfant en charge avec le soutien de la sage-femme, de la puéricultrice et du personnel soignant. Les chambres sont arrangées en conséquence et disposent de berceaux, de tables à langer et éventuellement de baignoires pour les enfants. Ce type de prise en charge doit être favorisé car il facilite la relation mère-enfant.

**Chambre d'enfant.** La chambre d'enfant est une autre solution : l'enfant est sous la surveillance de puéricultrices et sera uniquement amené à la mère pour les tétées.

**Autres solutions.** La combinaison des deux méthodes est possible : la mère pourra par exemple confier son enfant à la garde de la chambre d'enfant pour la première nuit (et si besoin pour la ou les nuits suivantes) ; cela lui permettra de se reposer et de passer au *rooming in* à partir du deuxième jour.

## B. Vêtements, position

**Vêtements.** Lors du choix des vêtements, il faut être vigilant à :

- choisir des fibres naturelles ; elles sont en général moins allergisantes, laissent mieux passer l'air et sont plus confortables,
- éviter les additifs chimiques ; c'est parfois difficile à vérifier pour un profane car les indications sur les étiquettes sont souvent insuffisantes (le mieux et de consulter les résultats des tests effectués par des laboratoires indépendants, par ex. fondation Warentest, Öko-Test),
- choisir du matériel et des coupes d'entretien facile car le linge doit être changé et lavé fréquemment.

**Berceau.** De même le lit doit remplir certains critères :

- stabilité : il est important que le lit ne bascule pas lors des mouvements de l'enfant ou lors d'un heurt involontaire,
- coins et rebords : il ne doit pas y avoir de coins ni de rebords saillants afin d'éviter les risques de blessure,
- matelas : un matelas trop mou ainsi qu'un oreiller sont préjudiciables à la colonne vertébrale,
- position : on conseille actuellement de coucher l'enfant sur le côté, en alternant régulièrement les côtés. Pour dormir on peut également le mettre sur le dos. La position couchée sur le ventre est déconseillée ; on a rapporté davantage de cas de mort subite du nourrisson. La relation causale n'est cependant pas définitivement prouvée à ce jour.

### Nutrition

Le lait maternel est l'aliment idéal de l'enfant jusqu'à l'âge de 6 mois. Sa composition se modifie au cours de la période d'allaitement de sorte que les besoins de l'enfant sont constamment et pleinement satisfaits (p. 250). Autrefois on préconisait des horaires stricts pour l'allaitement. Actuellement on préfère l'allaitement à la demande, de réalisation aisée avec le *rooming in.* C'est l'enfant qui détermine l'horaire et la quantité de ses repas. Il est inutile de peser avant et après chaque tétée comme on le faisait jadis. Il est suffisant de peser l'enfant 2 fois par semaine afin de reconnaître une chute de poids trop forte.

## C. Soins

Beaucoup de mères sont déconcertées lorsqu'il s'agit de s'occuper du moignon de cordon. Il faut éviter l'humidité et aussi les compressions nocives par le clamp de cordon. Le plus simple est d'employer des compresses qui passeront d'abord sous le clamp et qui le recouvriront ensuite d'une façon lâche. Au 4e-6e jour après la naissance, le moignon de cordon est le plus souvent desséché et tombe spontanément. Il est important également de respecter les règles d'hygiène élémentaire – par exemple se laver les mains, éviter le contact avec les selles de l'enfant – pour éviter la contamination bactérienne et l'inflammation du nombril.

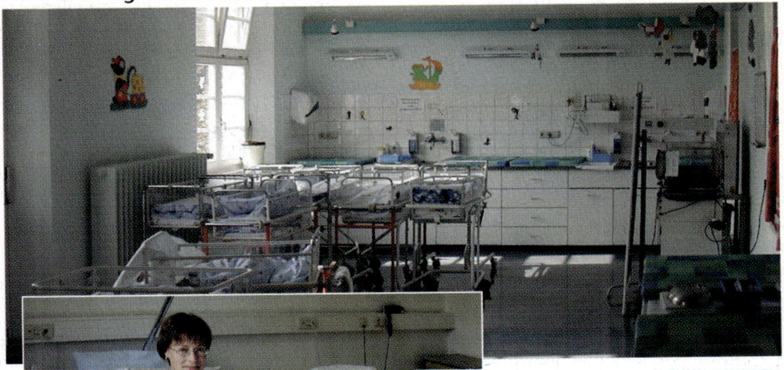

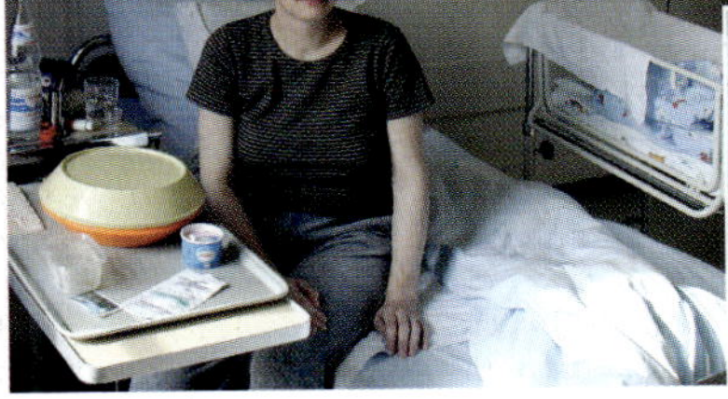

A. Chambre d'enfant/rooming in

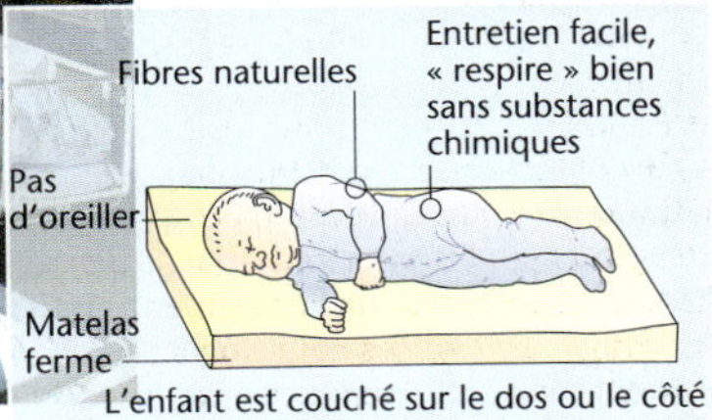


B. Vêtements, position

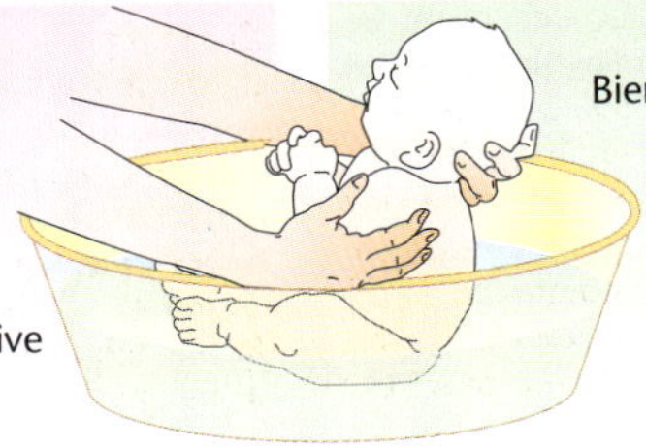


1. Baigner/laver

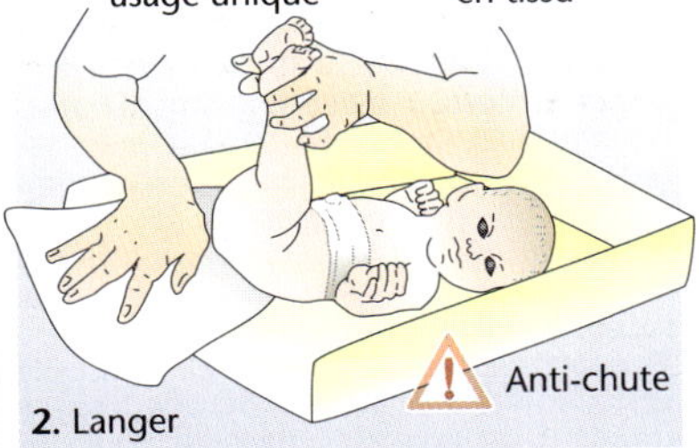


2. Langer

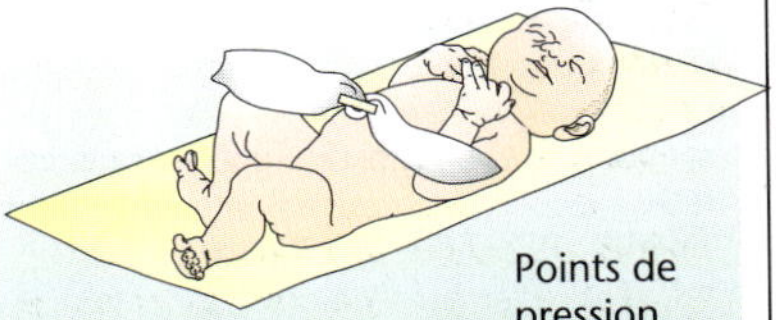


3. Soins du nombril

C. Soins

Après la naissance il est important de dépister à temps les troubles de l'adaptation du nouveau-né à la vie extra-utérine, et éventuellement de les traiter. On se basera sur l'histoire de la grossesse, le déroulement de l'accouchement, l'évaluation des signes de maturité (p. 234), ainsi que sur le score d'Apgar et l'examen minutieux du nouveau-né **(B.)**.

## A. Anamnèse, risques

Certains risques sont déjà révélés par les antécédents pathologiques de la mère, par l'évolution de la grossesse et de l'accouchement ; dans certains cas ils auront conduit au transfert de la gestante dans un centre périnatologique raccordé à une clinique pédiatrique ou à une clinique de chirurgie pédiatrique. Dans d'autres cas il sera sage de s'assurer de la présence d'un pédiatre dès l'accouchement.

**Facteurs maternels.** Diabète sucré, hypertension, fièvre durant l'accouchement.

**Facteurs infantiles.** Malformations connues, aberrations chromosomiques, incompatibilité Rh, suspicion d'hypotrophie, CTG ou MSF pathologiques durant l'accouchement, liquide amniotique verdâtre, prématurité ou grossesse multiple.

**Autres facteurs.** Hydramnios, oligoamnios, anomalies de position ou de présentation, extractions instrumentales par le vagin, accouchement long.

Certaines situations d'urgence ne se manifestent qu'au cours de l'accouchement. Le pédiatre doit en être avisé, même s'il n'y a qu'une suspicion de danger pour l'enfant.

## B. Résultats de l'examen

L'enfant est soigneusement examiné après la naissance et l'on décidera d'éventuelles mesures complémentaires. La respiration et la fréquence cardiaque sont examinées en priorité : en l'absence de troubles respiratoires ou d'insuffisance circulatoire on peut se permettre d'attendre sous réserve d'une étroite surveillance. Lors de l'examen on fera attention aux points suivants :

**Signes de troubles respiratoires.** Respiration irrégulière, tirage abdominal important lors de l'inspiration, battements des ailes du nez, gémissements, ventilation inégale (auscultation).

**Problèmes cardiaques.** Fréquence cardiaque > 140 ou < 100/min, souffle cardiaque, cyanose généralisée ou localisée (extrémités ou moitié inférieure du corps).

**Signes de prématurité.** Score de prématurité (p. 234), poids, taille.

**Dystrophie.** Poids de l'enfant < 10$^{e}$ percentile, disproportion entre le volume du tronc et de la tête, hypotrophie, convulsions du nouveau-né.

**Bosse séro-sanguine.** Se voit aussi après un accouchement par ventouse sans difficultés ; distinction parfois difficile au début avec un hématome (secondaire parfois à un traumatisme obstétrical).

**Lésions traumatiques.** Extérieurement visibles (surtout après accouchement vaginal) par exemple les fractures (clavicule, humérus) ou les lésions neurologiques (par ex. paralysies du plexus brachial de Duchenne-Erb ou de Dejerine-Klumpke).

**Malformations.** Malformations extérieures et visibles (par ex. omphalocèle, dysmorphies faciales). Elles peuvent être combinées à des malformations internes (par ex. cardiopathies).

## C. Conduite thérapeutique

Voici les possibilités selon la gravité des problèmes néonatals :

**Expectative et observation.** Par exemple lors de problèmes légers en cas de grossesse multiple, prématurité entre 34 et 36 SA. Il est bon d'y associer la mère et éventuellement le partenaire.

**Surveillance très étroite.** Par exemple en cas de diabète sucré de la mère avec de fréquents contrôles de la glycémie ou en cas d'hypotrophie sans problème associé ; on surveillera avant tout la respiration et la fonction cardiaque. L'accoucheur et la sage-femme devront surveiller étroitement l'enfant (par ex. toutes les 10 min).

**Aspiration et apport d'$O_2$.** Lors de légers troubles d'adaptation avec récupération rapide par l'enfant. Se fait soit en salle d'accouchement même, soit dans un local de réanimation (p. 244).

**Appel au pédiatre.** Par exemple lors de troubles d'adaptation sérieux, prématurité < 34 SA, malformations connues avant la naissance ; ceci est à faire de préférence avant l'accouchement, avec des informations détaillées.

**Réanimation.** Lors d'importants troubles respiratoires ou circulatoires (p. 244).

**Appel à d'autres médecins.** Par exemple à l'orthopédiste en cas de malposition du pied (si possible dans les 24 heures), ou au chirurgien infantile (par ex. omphalocèle), voire au neurochirurgien (par ex. hydrocéphalie) ; ce dernier est à informer si possible avant l'accouchement.

**Transfert.** Après stabilisation de la situation en salle d'accouchement, on effectuera un transfert en clinique infantile avec un incubateur transportable, en vue de la poursuite du traitement ou pour observation.

## Troubles de l'adaptation

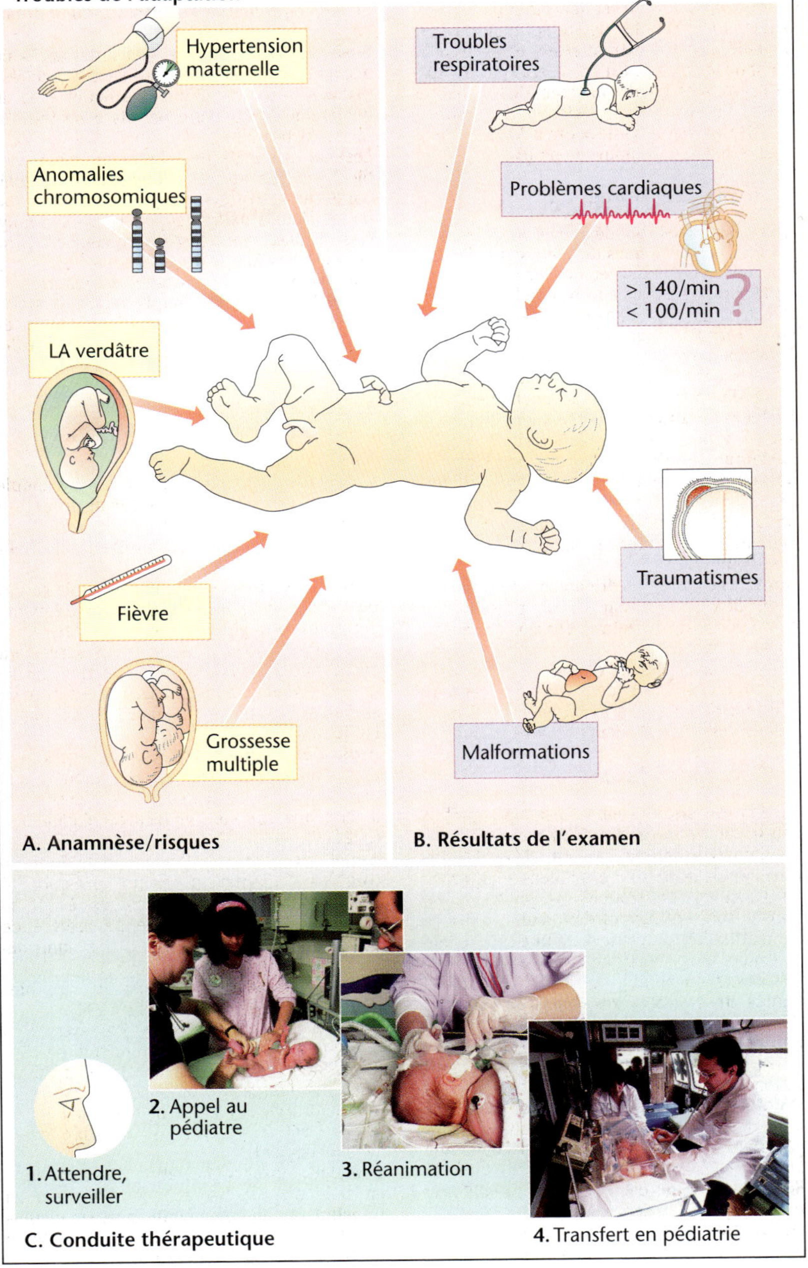

## A. Hyperbilirubinémie

La destruction des érythrocytes va libérer des quantités de plus en plus grande d'hémoglobine fœtale (HbF) **(1.)**. En raison de son immaturité, le foie du nouveau-né n'est pas apte à conjuguer toutes la bilirubine produite en vue de son élimination. Pour cette raison tous les nouveau-nés présentent une jaunisse (ictère du nouveau-né) plus ou moins marquée mais qui n'a rien à voir avec une jaunisse infectieuse (hépatite). L'ictère sera plus intense lors de certaines conjonctures de groupes sanguins (mère Rh négatif, enfant Rh positif ; mère du groupe O), d'infections néonatales, de forte production de bilirubine (polycythémie, hématomes) ou lors de l'allaitement maternel.

**Risques.** À partir d'un certain seuil la bilirubine arrive à franchir la barrière hémo-cérébrale et va se déposer dans des structures cérébrales ou dans la moelle épinière (ictère nucléaire, voir p. 160). Il est donc primordial de baisser le taux de bilirubine dans le sang avant qu'il ne soit trop élevé. La concentration critique dépend à la fois de l'âge du nouveau-né (la barrière hémo-cérébrale se développe très rapidement durant les premiers jours de vie), de l'âge de la grossesse en SA à la naissance et du poids de l'enfant ; chez les prématurés, ce développement se fait plus lentement.

**Photothérapie.** Sous l'influence de la lumière ultraviolette, la bilirubine de la peau se transforme en mono- et dipyrroles solubles dans l'eau et non toxiques. La photothérapie **(2.)** s'est développée suite à l'observation des « bébés jaunes » bénéficiant d'une large exposition au soleil ; ils récupèrent plus rapidement un teint normal. On soigne ainsi les nouveau-nés – avec un bandeau opaque à la lumière sur les yeux – grâce à la lumière UV à 425-475 nm de longueur d'onde. L'enfant est nu afin que la surface cutanée exposée soit la plus grande possible.

**Exsanguino-transfusion.** À partir d'un certain niveau de bilirubine dans le sang, la photothérapie n'arrive plus à empêcher l'ictère nucléaire. Dans ce cas une exsanguino-transfusion est nécessaire **(3.)**. On prélève de petites quantités de sang au nouveau-né par cathétérisme de la veine du cordon et on le remplace par du sang Rh négatif sans anticorps.

La photothérapie peut se faire le plus souvent en clinique obstétricale. L'exsanguino-transfusion est pratiquée uniquement en clinique pédiatrique.

**Autres mesures.** Les enfants en hyperbilirubinémie ont besoin de beaucoup de liquides car ils sont plutôt atones et manquent d'énergie pour boire ; par ailleurs les liquides sont indispensables à l'élimination de la bilirubine.

**Examens de laboratoire.** Sous photothérapie, les taux de bilirubine devraient être vérifiés toutes les 6 à 8 heures, et même toutes les 2 à 4 heures si on est proche du seuil d'exsanguino-transfusion. Avant l'instauration de la photothérapie il est nécessaire de faire quelques examens sanguins supplémentaires :

- bilirubine totale et conjuguée,
- hémogramme, CRP, VS (micro-sédimentation),
- hématocrite, thrombocytes, réticulocytes,
- test de Coombs direct (p. 19),
- groupe sanguin et facteurs Rhésus.

## B. Examens de dépistage chez le nouveau-né

**Maladies métaboliques.** Tous les nouveau-nés subissent des tests de dépistage de maladies métaboliques (le test de Guthrie) au 5e jour (ou éventuellement plus tôt). Le nouveau-né doit avoir reçu au moins 2 jours de nourriture avec protéines (lait). Environ 1 à 2 h après un repas on prélève un peu de sang du talon sur une carte-test que l'on confie au laboratoire. Si le dépistage s'avère positif, la suspicion diagnostique doit être confirmée par des analyses complémentaires. Le test permet le dépistage des maladies suivantes :

- hypothyréose : fréquence 1 : 3000 ; grâce à un traitement précoce par thyroxine, l'enfant se développe normalement. Dans le cas contraire, il est menacé de goitre, de déficience intellectuelle, de petite taille (crétinisme),
- phénylcétonurie : fréquence 1:10 000 ; grâce à un régime strict pauvre en phénylalanine (durant plus de 10 ans) le développement est normal. Dans le cas contraire il faut craindre un grand retard mental,
- galactosémie : fréquence 1:40 000 ; immédiatement régime sans galactose (durant toute la vie), faute de quoi apparaissent retard de développement, cécité héréditaire, cirrhose et issue fatale,
- déficit en biotinidase : fréquence 1:60 000 ; sous traitement par biotine un développement mental normal est possible.

**Dysplasie de la hanche.** En plus du dépistage des maladies métaboliques, on procède aussi à l'examen échographique systématique des hanches en vue de dépister la dysplasie infantile des hanches. L'examen est possible à partir du 1er jour et doit être renouvelé à la 12e semaine de vie.

**Autres tests de dépistage.** Les dépistages des troubles de l'audition et des troubles rénaux sont théoriquement valables ; ils sont effectués pour le moment dans le cadre de recherches.

## Hyperbilirubinémie, examens de dépistage

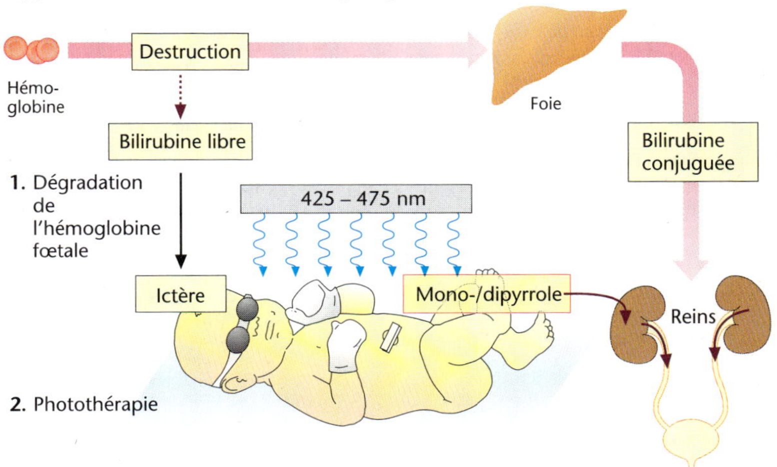


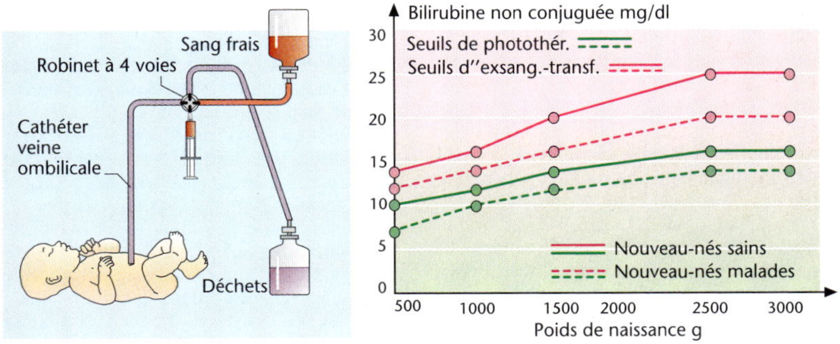


**3.** Exsanguino-transfusion (schéma et diagramme des valeurs seuils)

**A. Hyperbilirubinémie**

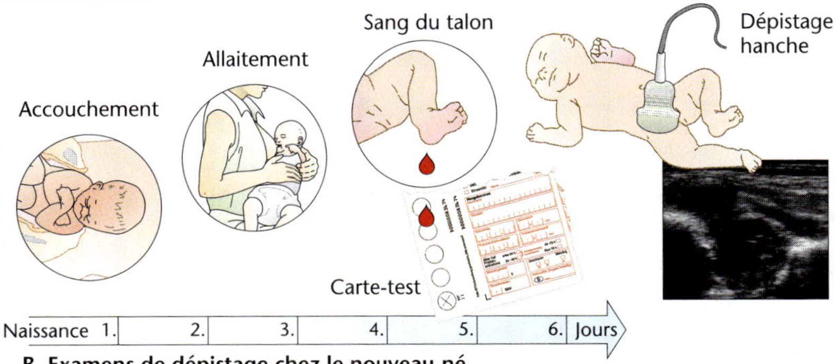


**B. Examens de dépistage chez le nouveau-né**

## A. Poste de réanimation

Des situations d'urgence peuvent survenir de façon imprévisible, même dans les centres périnatals. Ceci oblige à préparer des emplacements pour la réanimation des nouveau-nés et à les contrôler périodiquement. L'appareillage doit être inspecté et opérationnel, le matériel consommable doit être au complet.

**Équipement.** Voici l'équipement nécessaire à un site de réanimation :

- une pièce, maintenue en permanence à 25 °C,
- un bon éclairage,
- un radiateur, si possible un matelas chauffant branché en permanence,
- un oxymètre de pouls pour la surveillance,
- un laryngoscope avec une pile et une ampoule de rechange,
- des sondes pour intubation orale ou nasale (6,5 à 12 cm de long), de diverses tailles pour les divers poids de naissance (2,0 à 3,5 mm de diamètre),
- un ballon de ventilation, des masques de tailles variées,
- un branchement d'oxygène,
- un système d'aspiration, des canules de divers diamètres,
- un cathéter pour la veine du cordon et des sondes IV de divers calibres,
- des médicaments : adrénaline, naloxone (en cas de suspicion de dépression respiratoire par opiacés), atropine, albumine humaine à 5 % pour l'expansion plasmatique en cas d'hypovolémie, bicarbonate de sodium contre l'acidose.

## B. Causes de l'asphyxie

Les nouveau-nés déprimés demandent de la part de l'obstétricien/du pédiatre (néonatologiste) des soins rapides et ciblés. On doit s'attendre à une asphyxie du nouveau-né en face de certaines situations à risque :

- prématurité, surtout lorsqu'un traitement de maturation pulmonaire n'a pas été possible (p. 168),
- dépassement du terme (p. 172),
- dystrophie, hypotrophie fœtale,
- diabète sucré chez la mère,
- grossesse multiple (le 2e jumeau est particulièrement menacé d'asphyxie),
- administration d'opiacés à la mère durant l'accouchement,
- hémorragies durant l'accouchement, surtout en cas de décollement prématuré du placenta, d'insertion vélamenteuse,
- aspiration méconiale,
- infection intra-utérine, syndrome d'infection amniotique (SIA),
- hémorragies intracrâniennes, par exemple lors d'extractions instrumentales laborieuses par le vagin.

## C. Conduite

Outre le score d'Apgar, les décisions de réanimation se baseront surtout sur certains symptômes majeurs : la *cyanose* (inspection de la peau), la *fréquence respiratoire* (inspection et auscultation) et la *fréquence cardiaque* (palpation ou auscultation).

**Conduite en cas de cyanose.**

- Sécher le nouveau-né pour éviter la déperdition de chaleur et pour stimuler le centre respiratoire.
- Stimuler la respiration en frottant la plante des pieds et éventuellement stimuler par le froid (asperger avec de l'eau froide).
- Aspirer les sécrétions pharyngées (attention : à faire sous laryngoscope en cas de liquide amniotique vert et si possible avant la première inspiration, afin d'éviter l'aspiration méconiale).
- Donner de l'oxygène au masque (maintenir simplement le masque pour enrichir l'air inspiré en oxygène).

**Conduite en cas d'insuffisance respiratoire.**

- Trois insufflations brèves au masque, afin d'obtenir un déplissement des alvéoles.
- Continuer la ventilation au masque.
- Éventuellement intubation (surtout nasale).
- Éventuellement administrer la naloxone si l'on craint une dépression respiratoire par les opiacés donnés à la mère **(B.)**.

**Conduite en cas d'insuffisance circulatoire.**

- Pose d'une voie veineuse.
- Donner des substances de remplissage, par exemple albumine humaine à 5 %.
- Massage cardiaque : compression de la moitié inférieure du sternum à l'aide du médius et de l'index, sur une profondeur de 1-2 cm environ, 2 fois/s (= fréquence de 120/min).
- Environ toutes les 5 à 6 s, ventiler 2 fois au masque avec de l'oxygène pur et ensuite poursuivre le massage cardiaque.
- Administrer de l'adrénaline (0,1-0,2 ml/kg IV ou par le tube trachéal).
- Bicarbonate selon l'analyse des gaz du sang (règle appproximative : BE négatif × Kg KG × 0,35 = ml bicarbonate de sodium 8,4 %).

Après chaque traitement d'insuffisance respiratoire et à plus forte raison après chaque réanimation, l'enfant sera transféré pour observation dans une unité de soins intensifs en néonatologie.

## Asphyxie, réanimation

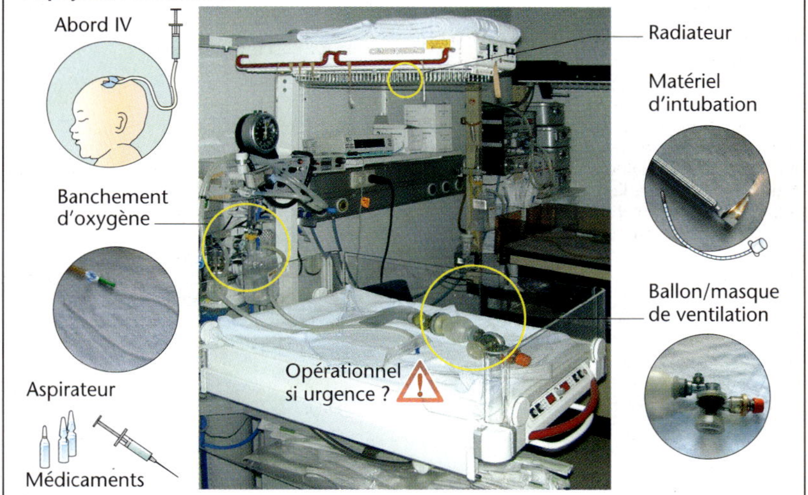


A. Poste de réanimation

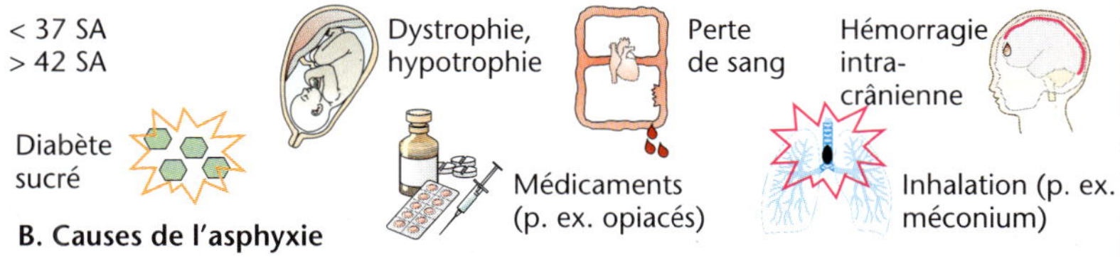


B. Causes de l'asphyxie

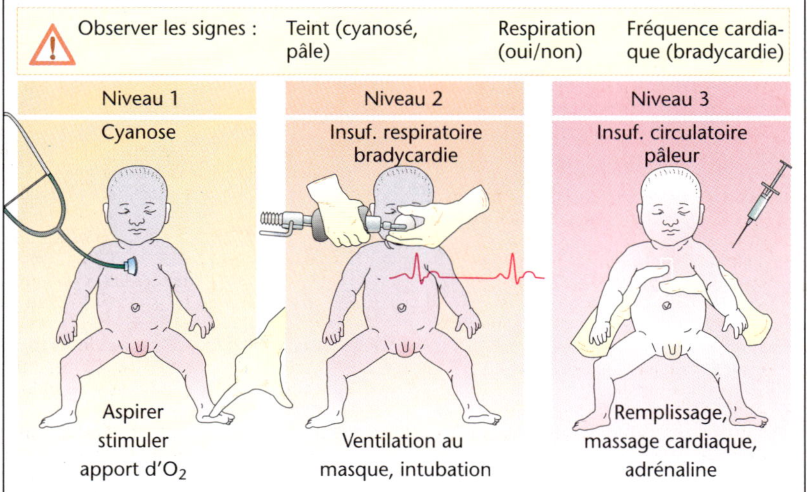


C. Conduite

# VIII

## Suites de couches

## Involution utérine, lochies

**Involution utérine.** Immédiatement après l'accouchement, il y a une forte chute des taux d'œstrogènes et de progestérone sécrétés jusque là par le placenta. La stimulation hormonale de la musculature utérine ne se fait plus et l'utérus va rapidement se rapetisser. On appelle ce processus l'involution. Les contractions utérines (tranchées des suites de couches), causées par la libération de l'ocytocine par le lobe postérieur de l'hypophyse, participent au processus de l'involution. La succion du sein maternel par l'enfant stimule la sécrétion d'ocytocine par l'hypophyse. Les tranchées sont souvent très douloureuses chez les multipares.

**Lochies.** Après l'accouchement il reste des fragments déciduaux au niveau de l'aire d'insertion placentaire ; ils sont progressivement éliminés de l'utérus avec les sécrétions des suites de couches (lochies). Le tissu nécrosé constitue un bon bouillon de culture pour les bactéries. C'est uniquement la barrière leucocytaire qui empêchera l'intrusion de germes dans la paroi utérine et dans l'organisme maternel. Il faudra considérer les lochies comme infectées, et ceci au plus tard 24 h après l'accouchement. Elles se modifieront au cours des suites de couches (voir tableau ci-dessous).

**Contrôles.** On contrôle la régression de l'utérus par la palpation de son fond : après l'accouchement le fond utérin est à environ 1 à 2 travers de doigt sous le nombril, 1 travers de doigt au-dessus au 1^er^ jour, entre ombilic et pubis au 5^e^ jour, et juste au-dessus du pubis au 10^e^ jour post-partum.

## Lactation

**Galactogenèse.** La prolactine est produite en fortes quantités par l'hypophyse durant la grossesse. Elle ne développera cependant qu'une faible action au niveau des glandes mammaires car elle est inhibée par les taux élevés d'œstrogènes et de progestérone. Avec la délivrance et la disparition de l'action inhibitrice, la prolactine va stimuler la galactogenèse, c'est-à-dire la production de lait dans la glande mammaire. Le plus souvent la montée laiteuse se fait lors du 3^e^ ou 4^e^ jour après l'accouchement ; cela se manifeste par un net accroissement de volume des seins, une tension douloureuse et éventuellement une légère fièvre (p. 256).

**Galactopoïèse.** La galactopoïèse correspond au maintien de la production de lait. La vidange des alvéoles lors de la mise au sein va diminuer la compression des capillaires, augmenter le débit sanguin et stimuler la production de lait. En dehors de cela la stimulation de la succion conduit à la production de grandes quantités de prolactine favorisant la formation de lait.

**Galactocinèse.** Suite à la stimulation de la succion, l'hypophyse libère de l'ocytocine en plus de la prolactine. En dehors de son action sur l'utérus (voir plus haut), l'ocytocine provoque la contraction des cellules myoépithéliales du sein. Ceci facilite le transport du lait des alvéoles et des petits canaux galactophores vers les mamelons. Ce processus est dénommé galactocinèse. La quantité de lait produite est essentiellement régulée par le processus de l'allaitement lui-même et par la quantité de lait qui a été bue. En quelques jours on obtiendra un bon équilibre entre la sécrétion de lait maternel et les besoins de l'enfant. À titre indicatif on peut retenir les quantités suivantes :

- au 1^er^ jour environ 80 g de lait,
- au 2^e^ jour environ 120 g de lait,
- au 3^e^ jour environ 180 g de lait,
- au 4^e^ jour environ 300 g de lait,
- à partir du 7^e^ jour environ 500 g de lait.

Beaucoup d'autres facteurs peuvent influencer la production de lait maternel :

**Quantité de lait.** Le stress de la mère et l'insuffisance d'apports liquidiens diminuent la quantité : il faut au moins 2 l de boisson par jour pour une production suffisante de lait.

**Composition du lait.** La mère doit éviter les aliments provoquant de ballonnements (par ex. les légumes secs) car ils peuvent également provoquer des ballonnements à l'enfant ; les infusions de fruit ou les jus de fruits doivent être bus avec modération car ils peuvent amener des malaises chez l'enfant. Beaucoup de *médicaments* passent dans le lait maternel ; d'une façon générale il ne faudra prendre des médicaments qu'avec l'avis du médecin.

| Jours post-partum | Couleur des lochies | Dénomination | Composition |
|---|---|---|---|
| 4-5^e^ jour | sanglantes | lochies rouges | sang, membranes, déciduale, bactéries |
| À partir du 7^e^ jour | brunâtres, séreuses | lochies brunes | sang, lymphe, déciduale, leucocytes |
| À partir du 14^e^ jour | jaune sale | lochies jaunes | déciduale nécrosée, mucus |
| À partir du 21^e^ jour | gris blanc | lochies blanches | mucus, leucocytes |

Involution utérine, lactation

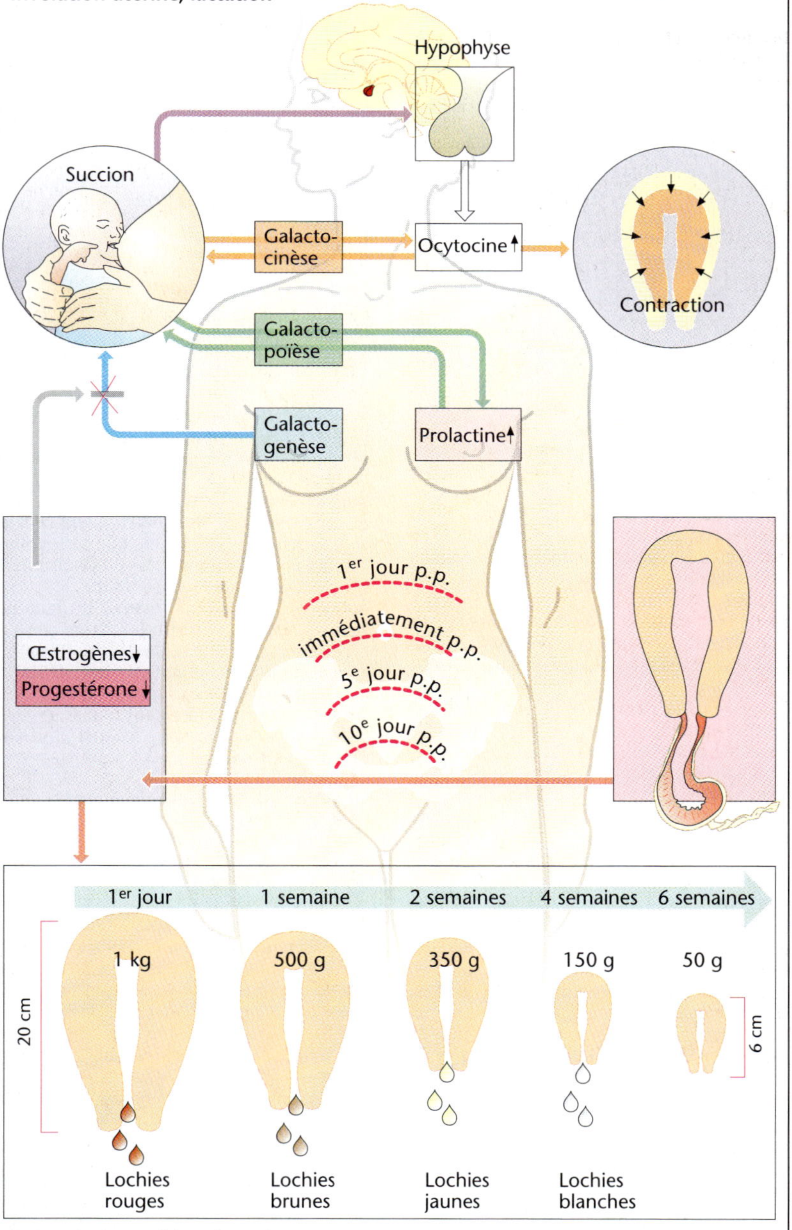


A. Involution utérine, lactation

## A. Allaitement

Le lait maternel est le meilleur aliment de l'enfant. Voici les facteurs qui plaident en sa faveur :

**Composition.** La composition du lait maternel varie avec l'âge de l'enfant et lui offre en permanence la meilleure combinaison en hydrates de carbone (lactose), graisse, albumine et minéraux. Dans les premiers jours, le colostrum par exemple contient beaucoup d'albumine et de minéraux ; il est par contre pauvre en graisse qui ne pourrait être utilisée par le tractus digestif du nouveau-né en raison d'un manque d'enzymes. Par la suite la teneur en graisse augmente pour assurer un apport calorique suffisant.

**Contact mère-enfant.** L'expression « allaiter » implique déjà l'apaisement de l'enfant par la chaleur et la présence sécurisante de la mère. Ceci permettra la naissance de cette confiance fondamentale dans la sollicitude maternelle, si importante pour le développement futur de l'enfant.

**Hygiène optimale.** L'allaitement au sein ne pose aucun problème sous réserve d'observer quelques règles élémentaires concernant la contamination bactérienne (voir ci-dessous). Le lait est « enveloppé » stérilement, toujours disponible et à bonne température. Avec l'allaitement maternel on évite le problème de la cuisson des biberons/tétines, la nécessité d'une grande propreté dans la préparation de la nourriture ou les problèmes de conservation.

**Quantité absorbée.** Lors de l'allaitement à la demande, on verra en l'espace de quelques jours un équilibre entre « la demande et l'offre » de lait maternel. L'enfant recevra toujours la bonne « dose », une suralimentation comme une sous-alimentation sont pratiquement exclues.

**Protection immunitaire.** Avantage essentiel enfin, grâce au lait maternel l'enfant profite d'un prêt qui le protégera des maladies infectieuses : le colostrum ainsi que le lait maternel des premières semaines sont particulièrement riches en anticorps (immunoglobulines) ; le colostrum contient en outre beaucoup de leucocytes et avant tout des macrophages.

## B. Consultation d'allaitement

Des consultations d'allaitement ont lieu dans de nombreuses cliniques. Elles sont animées par des sages-femmes, des puéricultrices ou d'autres collaborateurs. L'objectif est de permettre autant que possible un allaitement sans problème. Il faudrait inciter la mère à allaiter mais non la soumettre à une pression.

**Hygiène.** La mère devra veiller au bon lavage de ses mains après un contact avec ses bandes ou après ses passages à la toilette – car les lochies sont bactériologiquement contaminées. Habituellement l'usage d'eau et de savon est suffisant. Les désinfectants pour les mains sont inutiles, ils sont néanmoins usuels (germes hospitaliers).

**Position d'allaitement.** La position de l'enfant devrait être changée fréquemment pour soulager les mamelons.

**Fin de la tétée.** À la fin d'un repas il est bon de se débarrasser d'abord de la pression négative créée par la forte succion ou « succion festive », avant d'enlever l'enfant. Pour cela on introduit doucement un doigt de côté et dans la bouche de l'enfant.

**Choix du côté.** Il faut régulièrement changer de côté pour favoriser la bonne vidange du sein : laisser vider un sein et présenter l'autre pour répondre aux besoins restants de l'enfant. Commencer par ce côté-ci lors de la prochaine tétée.

**Engorgement.** Il est judicieux, en fin de tétée, de masser les quatre quadrants du sein en direction du mamelon : ceci permet la vidange des canaux galactophores périphériques et évite la stase de lait.

**Soins.** À la fin de la tétée il ne faut pas essuyer les dernières gouttes de lait ; on s'en sert pour enduire le mamelon que l'on laissera ensuite sécher à l'air. Les plaies du mamelon seront alors plus rares.

**Soutien-gorge d'allaitement.** Pour simplifier l'allaitement on conseille le port d'un soutien-gorge d'allaitement.

## C. Nourriture de remplacement

Si la quantité de lait ne suffit pas ou si la mère ne peut on ne veut pas allaiter (par ex. prise de médicaments, antécédents de chirurgie des seins, infection VIH), on a recours aux produits du commerce, par exemple à une nourriture hypo-allergisante en cas de tendance familiale aux allergies. Les produits actuels répondent généralement très bien à des exigences particulières. La préparation exige une propreté scrupuleuse ; à chaque fois il ne faut préparer que la quantité nécessaire pour un repas. À partir du 4e mois, et selon les besoins de l'enfant, ou ajoutera de la bouillie. À partir du 6e mois au plus tard on adoptera une nourriture produite à la maison et/ou de la nourriture en petits pots. À partir de ce moment, le lait maternel renferme de plus en plus de produits nocifs ; en effet les produits nocifs stockés dans les tissus graisseux maternels vont être mobilisés et vont passer dans le lait maternel.

## Allaitement, consultation d'allaitement, nourriture de remplacement

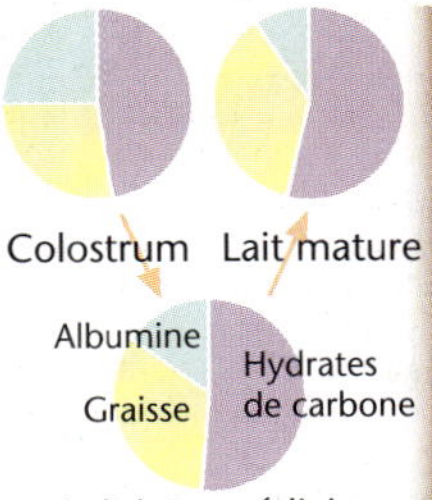


Composition du lait maternel

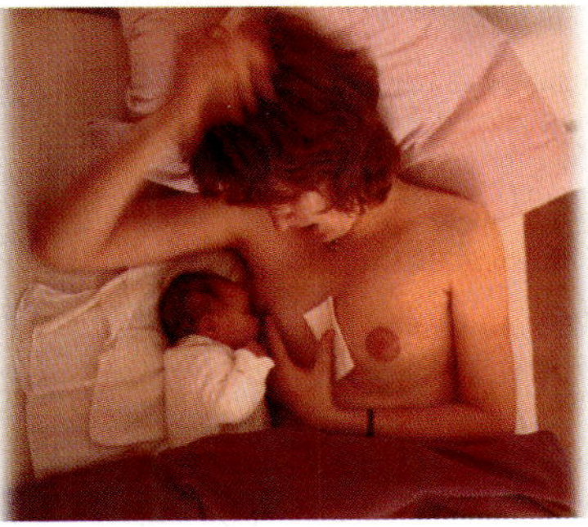

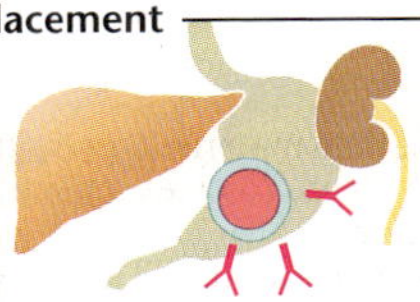

Concordance exacte aux besoins pour :
- composition
- facilité d'absorption
- tolérance
- effet immunologique

**A. Allaitement**

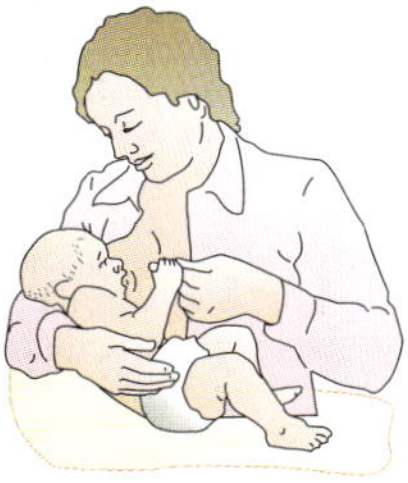

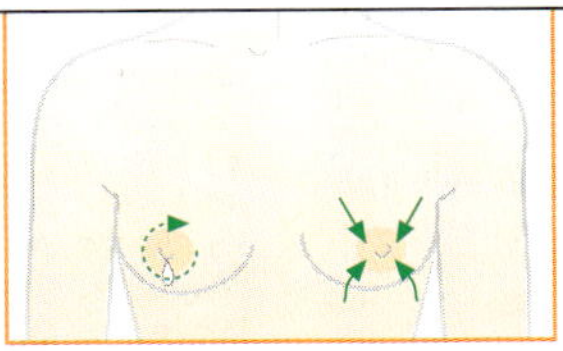

**2.** Soins du mamelon **3.** Massage du sein

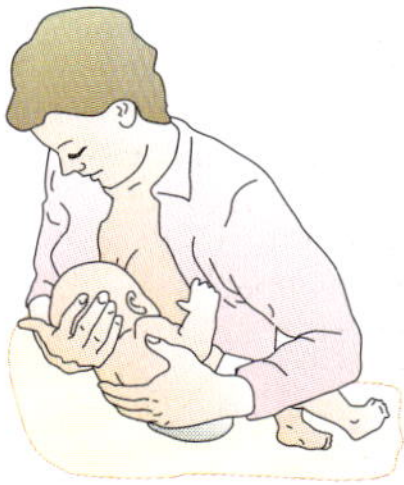

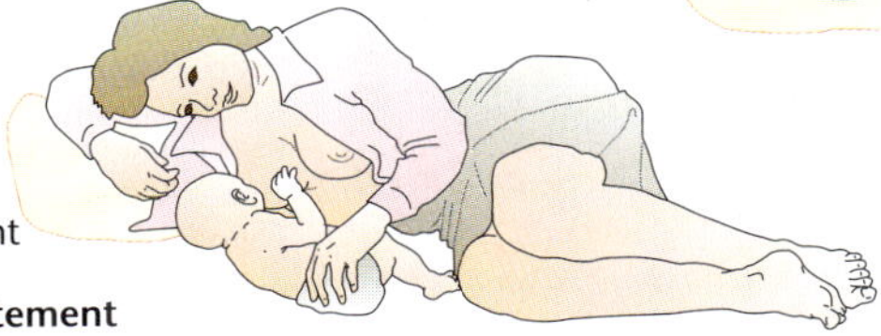

**1.** Positions d'allaitement

**B. Consultation d'allaitement**

| Âge | Nbre de repas quotidiens | | | | | Quantité |
|---|---|---|---|---|---|---|
| | env. | | | | | |
| 1re sem. | Selon indication du médecin | | | | | |
| 2e sem. | Biberon | Biberon | Biberon | Biberon | Biberon | 100 –120 ml |
| 3e + 4e sem. | Biberon | Biberon | Biberon | Biberon | Biberon | env. 120 ml |
| 5e-8e sem. | Biberon | Biberon | Biberon | Biberon | Biberon | env. 160 ml |
| 3e + 4e mois | Biberon | Biberon | Biberon | Biberon | Biberon | env. 200 ml |
| 5e mois | Biberon | Biberon | Petit pot | Biberon + Bouillie | Biberon | env. 240 ml |
| | env. | | | | | |
| 6e mois | Biberon | Petit pot | Petit pot | Biberon | Biberon + Bouillie | env. 240 ml |
| à partir du 7e mois | Biberon | Petit pot | Petit pot | Petit pot | Biberon + Bouillie | env. 240 ml |

Légende : Biberons – Petits pots – Bouillie

**C. Nourriture artificielle** Exemple de schéma d'alimentation

## A. Premiers jours des suites de couches

Les premiers jours des suites de couches sont surtout marqués par des changements physiques et psychiques. Par ailleurs la famille devra s'adapter au nouveau-né, ce qui signifie souvent un changement considérable. À côté du processus d'involution utérine (p. 284) et du début de la lactation (p. 250), la mère remarquera encore :

**Une augmentation de l'élimination de l'eau.** Avec la disparition des œstrogènes placentaires, l'organisme va pouvoir éliminer beaucoup de liquides. Le débit urinaire va augmenter durant les premiers jours du post-partum et le poids va chuter (4-5 kg).

**Une tendance à la constipation.** La situation de l'intestin se modifie en raison du rapetissement de l'utérus ; la fonction intestinale est entravée par une mobilité globalement réduite, une diminution de la nourriture et une augmentation de l'élimination d'eau. Par ailleurs la mère a peu mangé à l'occasion de l'accouchement et souvent reçu un lavement ; il y a donc peu de choses à éliminer.

**Des problèmes de miction.** Durant les premiers jours beaucoup de femmes ont des difficultés à uriner suite aux enflures et aux conséquences des blessures obstétricales des organes génitaux. Les mictions spontanées doivent être surveillées ; il faut tenir compte de l'accroissement de la diurèse et éventuellement vérifier le résidu vésical par échographie. Si le résidu est important, il y a un risque d'infection urinaire.

**Une hémodilution.** L'arrivée du liquide extravasculaire dans le sang a un effet de dilution qui se manifeste par la chute des taux d'Hb et d'hématocrite.

## Visites lors des suites de couches

Durant plus de 10 jours et même à domicile, la mère reçoit les soins d'une sage-femme. Celle-ci s'occupe particulièrement :

- des conseils pour l'allaitement, qui bénéficie de plus de calme à la maison ; d'éventuels problèmes d'allaitement,
- des instructions pour la gymnastique des suites de couches ;
- d'aide et de conseils pour les soins au nouveau-né,
- du contrôle de l'involution utérine,
- de la surveillance des plaies obstétricales (épisiotomie, déchirure périnéale ou cicatrice de césarienne) ;
- de la surveillance de la mobilisation, et avant tout de la prévention des thromboses et des pneumonies,
- de la surveillance du nouveau-né : une pesée hebdomadaire (en cas d'alimentation normale) ; des contrôles de température quotidiens dans les premiers jours afin de dépister précocement une infection du nouveau-né (normalement inférieure à 38 °C).

Grâce à une anamnèse compréhensive, la sage-femme enregistrera une éventuelle labilité psychique de la mère ; elle répondra aux nombreuses questions, surtout dans le cas d'un premier enfant.

## B. Contraception

L'allaitement n'est pas une protection valable contre une nouvelle grossesse. Lorsque la femme n'allaite pas il faut s'attendre à la première ovulation environ 6 à 8 semaines post-partum ; dans le cas contraire cet intervalle est très variable (8 semaines à plusieurs mois). Entre deux grossesses on conseille actuellement une pause d'au moins 6 mois, et 12 mois après une césarienne ; le couple devra adopter une contraception efficace.

**Méthodes barrières.** Le condom est préférable au diaphragme ; les organes génitaux n'ont souvent pas retrouvé leurs dimensions normales et le diaphragme ne peut être ajusté. L'indice de Pearl (fréquence des grossesses pour une méthode utilisée par 100 couples durant 1 année) est de 3-3,5 pour le condom.

**Stérilet.** L'utérus retrouve sa taille normale environ 6 semaines après l'accouchement ; cela permet la pose d'un stérilet (DIU). Le risque essentiel est l'augmentation de fréquence des infections (annexites) et un taux plus élevé de grossesses tubaires. Indice de Pearl : 0,3-2,5.

**Micropilule.** Les mères qui allaitent ne devraient pas prendre de pilules combinées car les œstrogènes passent en doses importantes dans le lait maternel. La micropilule ne contient que des progestatifs et peut s'utiliser sans problème. Indice de Pearl : 0,3-3.

**Implants de progestérone.** Les implants de progestérone (par ex. Implanon) sont utilisables durant l'allaitement. Les effets secondaires les plus fréquents sont des saignements (métrorragies). Il faut bien noter que l'effet de l'implant s'étend sur 2 années. Indice de Pearl : 0,1.

**Stérilisation.** La stérilisation est une contraception permanente envisageable quand la planification familiale est achevée. On ne conseille cependant pas la ligature tubaire dans les suites de couches ; les reperméabilisations sont plus fréquentes. Le moment idéal se situe à environ 6 semaines après l'accouchement. L'intervention par cœlioscopie peut s'effectuer en ambulatoire. Le taux d'échec est d'environ 2 : 1000.

## Premiers jours des suites de couches, contraception

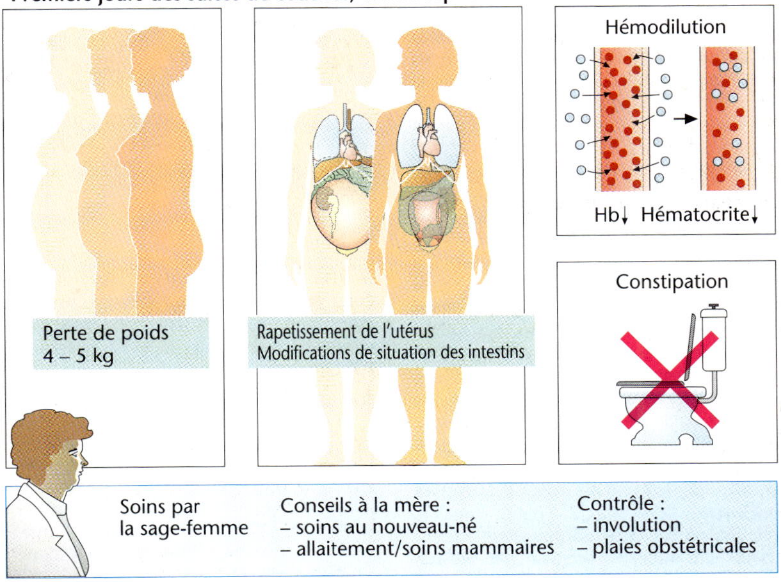


**A. Premiers jours des suites de couches**

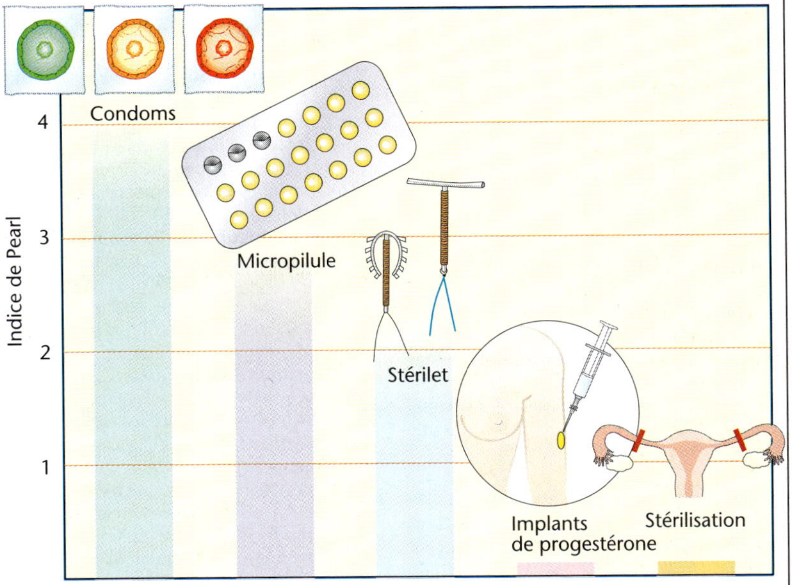


**B. Contraception**

## A. Objectifs

La gymnastique en suites de couches soutient utilement les processus physiologiques du post-partum. L'entraînement renforce la musculature et compense le relâchement dû à la grossesse et à l'accouchement. La gymnastique aide avant tout à :

**1. L'involution utérine.** Les exercices de gymnastique facilitent l'involution utérine et l'écoulement des lochies. Les rétentions de lochies et les endométrites sont ainsi moins fréquentes (p. 258).

**2. Diminuer le diastasis des muscles grands droits.** Chez près de 30 % des gestantes les deux muscles grands droits s'écartent et laissent un vide sur la ligne médiane. Souvent on peut palper des anses intestinales à ce niveau après l'accouchement ; parfois même les anses seront visibles sous la forme d'un sac herniaire. En dehors des « problèmes de silhouette » cela peut donner une véritable hernie avec un risque d'étranglement d'anses intestinales.

**3. Renforcer la musculature du plancher pelvien.** Les muscles du plancher pelvien sont mis à forte contribution par la grossesse et par l'accouchement lui-même. La pression de l'utérus, de l'enfant et du liquide amniotique va étirer la musculature lors de l'accouchement ; le fœtus va repousser les muscles très fortement vers l'extérieur ; la fente physiologique du plancher pelvien se trouvera élargie. Si ce fort étirement n'est pas compensé on aboutit ultérieurement à une descente des parois vaginales (cysto-, rectocèle). La conséquence sera souvent une faiblesse de la vessie avec une incontinence de stress (émission involontaire d'urines lors de la toux ou de l'éternuement).

**Prévention des thromboses.** Pour éviter une thrombose (p. 256) le mieux est de se lever tôt et régulièrement et de bouger normalement après l'accouchement. En cas de varices importantes, il faudra porter des bas à varices bien ajustés.

Il est important d'apprendre l'ensemble des mouvements sous la conduite d'une sage-femme ou d'une kinésithérapeute. Le succès n'est assuré qu'en pratiquant les exercices durant au moins 6 à 8 semaines après l'accouchement. Une durée d'exercice de 15-20 min chaque jour est suffisante ; il est bon de faire chaque exercice durant 2-3 min. En plus des mouvements décrits ci-dessous il est utile, au cours de la journée, de rentrer le ventre énergiquement 10 à 15 fois et de contracter les muscles du plancher pelvien.

En cas de problèmes avec une cicatrice d'épisiotomie ou de déchirure périnéale (voir plus bas), les exercices périnéaux débuteront environ 7 jours plus tard ; en cas de césarienne, les exercices de musculation abdominale débuteront environ 14 jours après l'accouchement.

## B. Exercices

Il existe tout une série d'exercices différents selon les cliniques, les sages-femmes ou les kinésithérapeutes. À titre d'exemples, quelques techniques d'exercices du post-partum sont présentées ci-dessous.

**1. Détente.** Se mettre à genoux, pencher le tronc vers l'avant jusqu'à ce qu'il repose à terre. Mettre les bras le long du corps, les talons devrant si possible toucher les fesses.

**2. Bassin et hanches.** Se mettre sur le dos, la tête éventuellement sur un coussin plat. Fermer les jambes, plier les genoux et soulever un peu les talons. Basculer maintenant les pieds alternativement vers la droite et vers la gauche.

**Plancher pelvien.** Couché sur le dos, on amène les talons vers les fesses, on soulève légèrement le haut du corps, et en alternance on soulève une jambe et on pose l'autre.

Couché sur le dos, on amène les talons vers les fesses, on soulève lentement le bassin puis on l'abaisse. Au début le haut du corps reste au sol, après un certain entraînement on pourra en plus surélever légèrement le haut du corps. Ceci renforcera les muscles de l'abdomen.

**3. Muscles obliques de l'abdomen.** Soulever un peu le haut du corps, mettre les bras le long du corps alternativement à droite et à gauche. Dans le même temps étendre la jambe située de l'autre côté, la jambe qui est du même côté étant repliée.

**4. Musculature abdominale.** Couché sur le dos, on soulève très lentement le haut du corps, sans s'appuyer sur les mains. Faire de la bicyclette avec les jambes en l'air si possible sans s'appuyer.

**5. Musculature de la poitrine.** Après le sevrage on pourra commencer les mouvements pour fortifier la musculature de la poitrine : joindre les bras pliés au niveau du thorax, presser ensuite brièvement une main contre l'autre, et relâcher à nouveau.

## Gymnastique en suites de couches

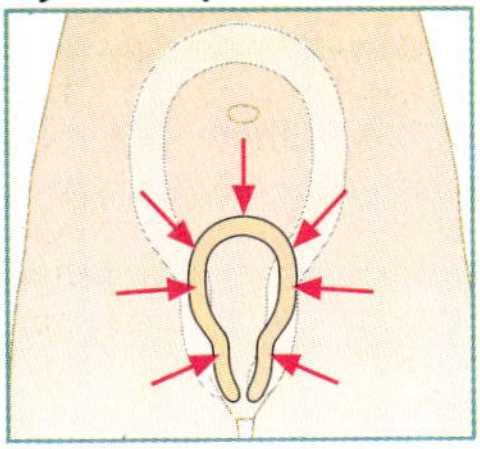

1. Involution utérine

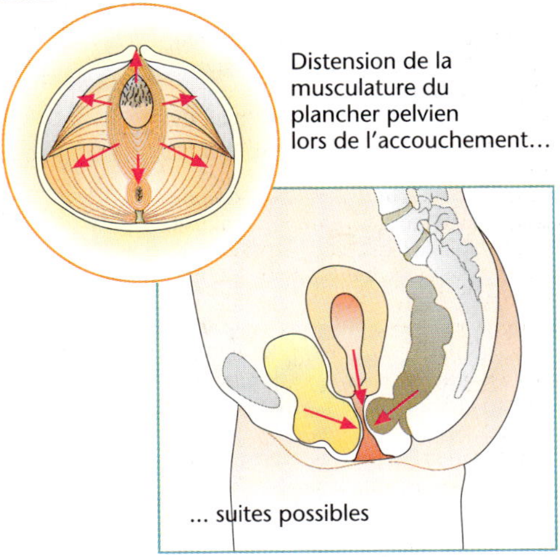


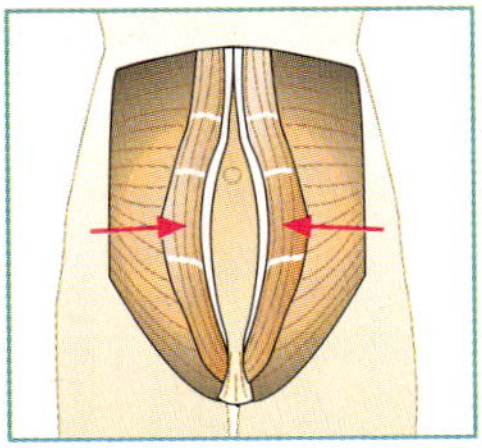

2. Diminuer le diastasis des m. grands droits

3. Consolider le plancher pelvien

**A. Objectifs**

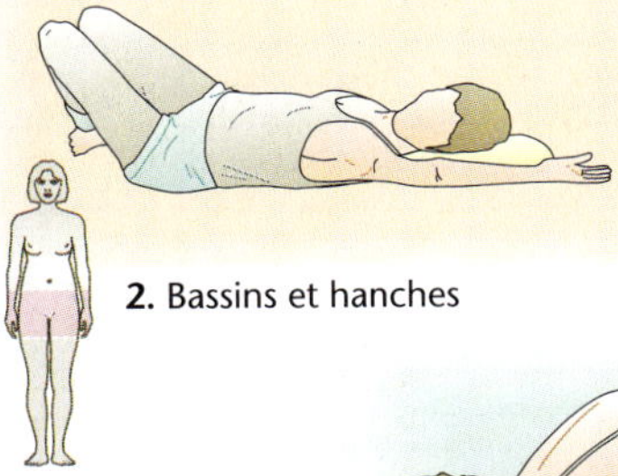

2. Bassins et hanches

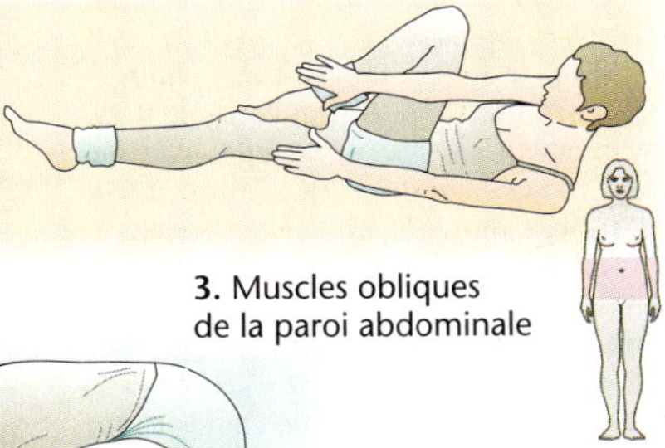

3. Muscles obliques de la paroi abdominale

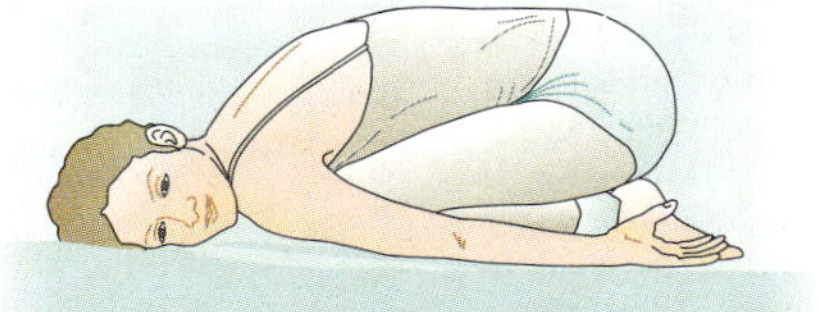

1. Exercice de détente

5. Musculature de la poitrine

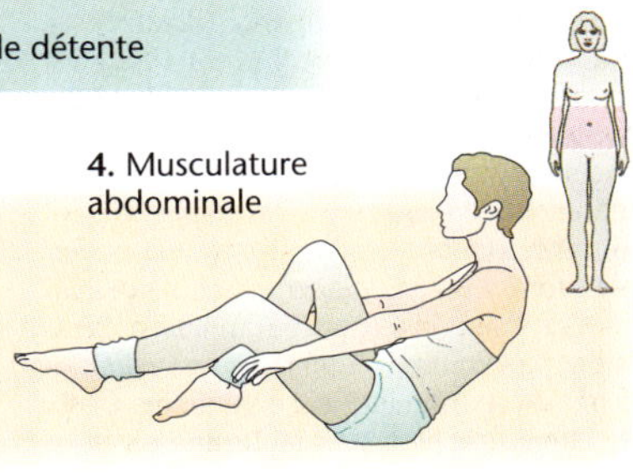

4. Musculature abdominale

**B. Exercices**

## A. Fièvre en suites de couches

Une température élevée ou de la fièvre dans les suites de couches sont fréquentes. Le point de départ peut venir d'une cause bénigne comme d'une maladie grave.

**Montée de lait.** Le plus souvent vers le 3e ou 4e jour post-partum, accompagnée d'une tension des seins et disparaissant rapidement ; il est utile de mettre l'enfant au sein fréquemment et éventuellement de pomper le lait.

**Engorgement mammaire** (p. 260), **mastite** (p. 260). Fièvre subite, symptômes cliniques.

**Rétention de lochies, endométrite** (p. 258). Douleurs caractéristiques du fond utérin.

**Infection urinaire.** Fréquente dans les suites de couches en cas de tuméfaction ou de plaies vulvo-périnéales (p. 252). La dysurie et la pollakiurie en sont les *symptômes* typiques. *Traitement :* mictions complètes, antibiotiques, apports liquidiens suffisants ; des infections ascendantes peuvent survenir en cas de traitement insuffisant (voir plus loin).

**Pyélonéphrite.** Infection ascendante favorisée par la persistance d'une dilatation des voies urinaires. *Symptômes :* douleurs du flanc, dysurie et éventuellement hématurie. *Traitement :* antibiotiques IV au moins 7 jours.

**Fièvre de soif.** Une légère élévation de température résulte souvent de l'insuffisance d'apports liquides (adaptation à l'enfant, stress dû à une situation inhabituelle, beaucoup de visites), d'une élimination augmentée (p. 252) et des besoins accrus de liquides du fait de l'allaitement. Le *traitement* consiste en apports liquidiens suffisants (> 2 l/j).

**Infections des plaies obstétricales.** Les cicatrices des déchirures du périnée, de l'épisiotomie ou de la césarienne peuvent s'infecter. Les *signes cliniques* typiques sont la rougeur, le gonflement, une douleur à la pression et la chaleur. Selon l'importance de l'infection, le *traitement* consistera en l'application de froid, la prise d'antibiotiques, et parfois en la révision chirurgicale de la suture. En cas d'abcédation la guérison peut prendre plusieurs semaines ; on réalisera éventuellement une suture secondaire lorsque la plaie sera bien propre.

**Pneumonie.** La pneumonie est favorisée en post-partum chez les gestantes confinées au lit, avec un manque d'apport liquidien et éventuellement avec une anémie. *Cliniquement* on note une toux, une lassitude générale, de la fièvre et une tachypnée. L'auscultation et le cliché radiographique confirment le diagnostic. Généralement on prescrit des antibiotiques en IV ainsi qu'un apport suffisant de liquides et des médicaments mucolytiques. Certains médicaments obligeront à couper le lait.

**Thrombose de la veine ovarienne.** C'est une complication très rare de l'endomyométrite (p. 258) avec atteinte de l'annexe et thrombose septique (le plus souvent à droite) de la veine ovarienne. *Cliniquement :* une température impressionnante de type septique, un sentiment général de maladie et une douleur vive à la palpation au niveau de l'annexe. Le diagnostic sera confirmé par une échographie ou par une IRM. Le *traitement* est l'antibiothérapie et, en cas d'échec du traitement médical, la chirurgie (annexectomie).

## B. Thromboses

La tendance aux thromboses est nettement augmentée lors du post-partum car :

- chez les patientes souvent couchées la vitesse circulatoire est ralentie,
- le sang est hypercoagulable,
- des substances thrombosantes passent du placenta vers la circulation sanguine.

De gros caillots peuvent ainsi se former très rapidement surtout dans les veines des jambes ; ils peuvent oblitérer complètement la lumière vasculaire. On distingue deux formes :

**Thrombophlébite superficielle.** La thrombose et l'inflammation d'une veine superficielle (jambe) se manifestent par un cordon sous-cutané rouge et douloureux à la palpation. Le *traitement* consiste en des compresses froides, la compression des jambes à l'aide de bas de contention ou de bandages, et en des pommades héparinées. Il est important de mobiliser tôt et suffisamment afin d'éviter l'extension de la thrombose.

**Thrombose veineuse profonde.** Occlusion d'une veine profonde des jambes ou du pelvis avec le risque d'embolie. *Cliniquement*, on remarque des extrémités enflées, sensibles à la pression au niveau du mollet ou éventuellement au pli de l'aine. Le diagnostic est posé par l'échographie avec Doppler ou par la phlébographie. Le *traitement* dans la forme aiguë est chirurgical, on pratique une thrombectomie, ou médical, on réalise une thrombolyse ; si les manifestations cliniques datent de plus de 24 heures, une héparinothérapie IV avec alitement strict est nécessaire. Les suites à long terme peuvent se manifester par un syndrome post-thrombose avec une dermatite de stase, des jambes gonflées, des varices ou des risques d'ulcère.

Fièvre en suite de couches

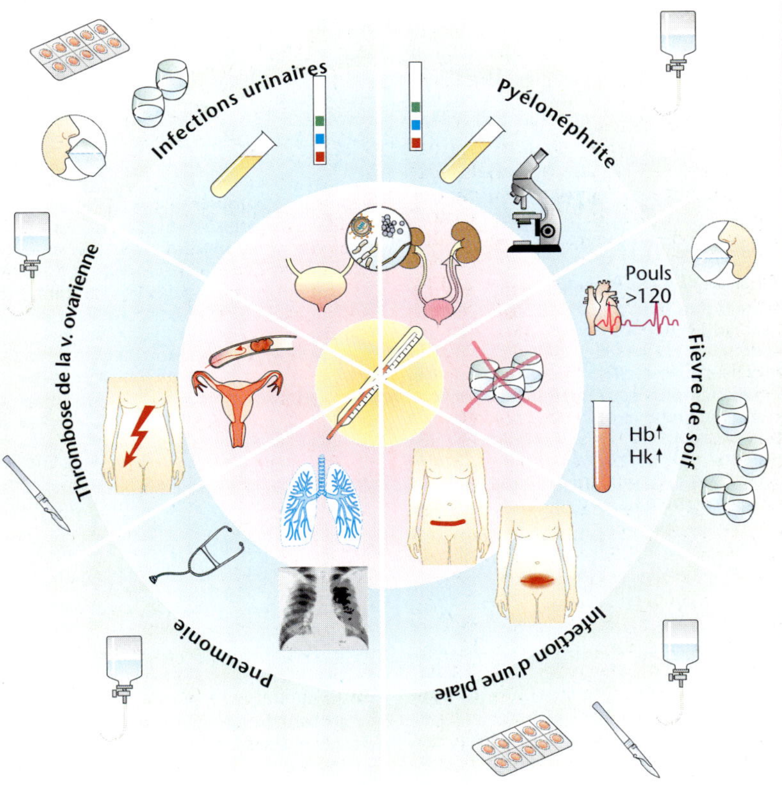


A. Fièvre en suites de couches

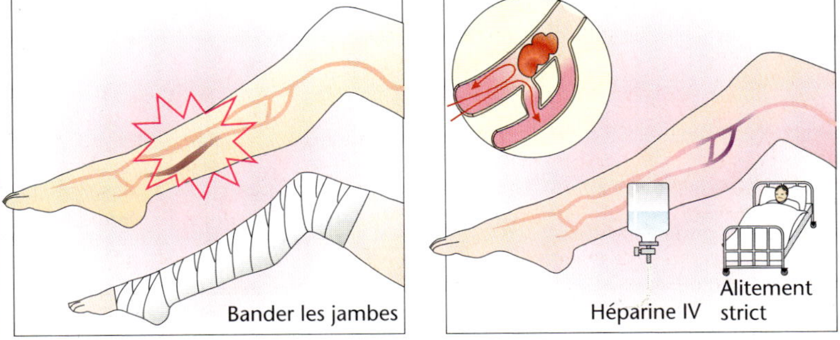


Thrombophlébite superficielle

Phlébothrombose

B. Thromboses

## A. Rétention de lochies

En cas de fermeture prématurée du col utérin, par exemple lors d'une césarienne à froid ou lors de l'obstruction par un caillot ou par des membranes, les lochies ne peuvent plus s'écouler. Il se crée un reflux suivi d'une infection.

**Clinique, diagnostic.** Les signes importants sont :

- arrêt des lochies : soit la mère le remarque elle-même, soit on note l'absence de lochies sur les bandes ou lors de l'examen gynécologique,
- hauteur utérine : le fond utérin est nettement plus haut que lors d'une involution normale (p. 248),
- douleurs abdominales diffuses,
- consistance molle et douleur à la pression ; l'utérus est remarquablement mou à la palpation et nettement douloureux à la pression,
- maux de tête ; classiquement des céphalées à type de tiraillements ou d'élancements, surtout au niveau des tempes,
- fièvre, souvent > 40 °C, au 5e-7e jour du post-partum,
- à l'échographie : cavité utérine remplie de liquide.

**Traitement (2.).** Schéma thérapeutique :

- administration d'ocytociques ; l'ocytocine ou le méthergine assurent la contraction de l'utérus, les lochies s'écoulent mieux,
- mises au sein fréquentes de l'enfant ; ceci favorise la sécrétion endogène d'ocytocine (p. 248),
- administration de spasmolytiques ; le col se relâche et se dilate à nouveau,
- dilater le col utérin ; durant l'examen gynécologique on peut éventuellement dilater prudemment le col au doigt ou à l'aide d'une pince à pansement pour permettre l'écoulement des lochies,
- la mère doit se lever fréquemment et effectuer la gymnastique pour l'involution.

On peut favoriser la survenue des contractions par le massage du fond utérin ou à l'aide d'une vessie de glace sur le ventre. Il est important de vider régulièrement la vessie pour ne pas favoriser une inhibition réflexe de l'involution utérine.

Si une rétention de lochies n'est pas reconnue et traitée à temps, elle peut, comme la subinvolution utérine **(B.)**, mener à une endomyométrite et dans les cas extrêmes à une fièvre puerpérale.

## B. Subinvolution, endomyométrite

La subinvolution utérine est due à une insuffisance des contractions utérines. La rétention des lochies est typique dans ce cas également.

**Évolution (1.).** L'infection localisée de l'endomètre (endométrite) survient très rapidement du fait de la colonisation bactérienne des lochies et de la cavité utérine ; l'infection peut se propager à la musculature (endomyométrite, fièvre puerpérale). La progression de la maladie fait courir le risque d'une extension à toute la cavité abdominale ou celui d'une pelvipéritonite, mettant la vie en jeu, ou d'une septicémie puerpérale.

**Clinique.** Les signes d'une subinvolution sont les mêmes que ceux d'une rétention de lochies. D'autres signes vont s'y ajouter en cas d'infection :

- fièvre, le plus souvent > 40 °C, éventuellement frissons,
- leucocytose, augmentation de la CRP,
- sentiment général de malaise avec lassitude, douleurs dans les membres et douleurs abdominales diffuses.

**Traitement (2.).** Il dépendra de la sévérité du tableau clinique. Le traitement de l'endométrite comprend plusieurs étapes :

- administration d'ocytociques IV : ocytocine, méthergine,
- alitement, vessie de glace, évacuations régulières de la vessie,
- antibiotiques IV, par exemple ampicilline, métronidazole ou céphalosporine,
- surveillance étroite du système vasculaire, tension artérielle, pouls, température,
- contrôle des marqueurs sanguins de l'inflammation : leucocytes, CRP,
- en cas d'anémie < 80 g/l : transfusion.

La septicémie puerpérale et la péritonite demandent d'autres mesures. La patiente est mise sous surveillance et traitée à l'unité de soins intensifs :

- pose d'une voie veineuse centrale,
- contrôle de la crase sanguine ; en cas de septicémie il y a un risque de CIVD (coagulation intravasculaire disséminée),
- héparine (par voie IV en cas de choc),
- en cas de septicémie, effectuer des hémocultures pour isoler les germes responsables et effectuer un antibiogramme,
- administration d'antibiotiques à fortes doses IV, par exemple céphalosporine avec métronidazole ou aminosides,
- recours ultime : hystérectomie après stabilisation vasculaire et de la crase sanguine, dans le but d'enlever la source d'infection.

## Rétention de lochies, subinvolution, endomyométrite

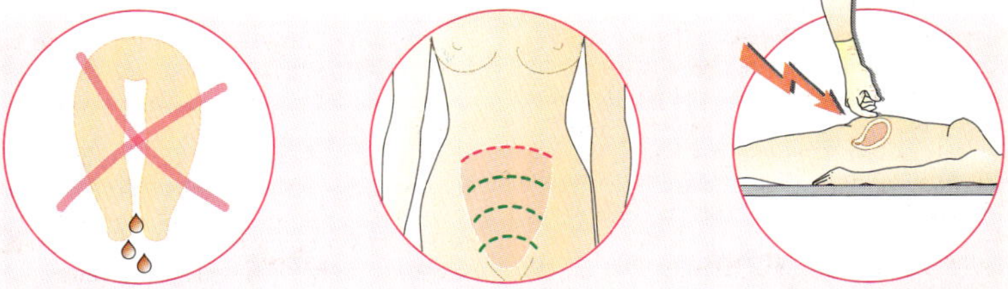

Pas de lochies — Fond utérin haut — Douleur à la pression

**1.** Signes

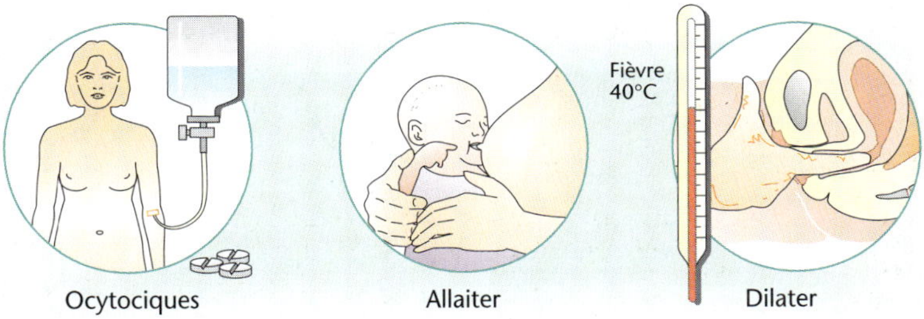


Ocytociques — Allaiter — Dilater

**2.** Traitement

**A. Rétention de lochies**

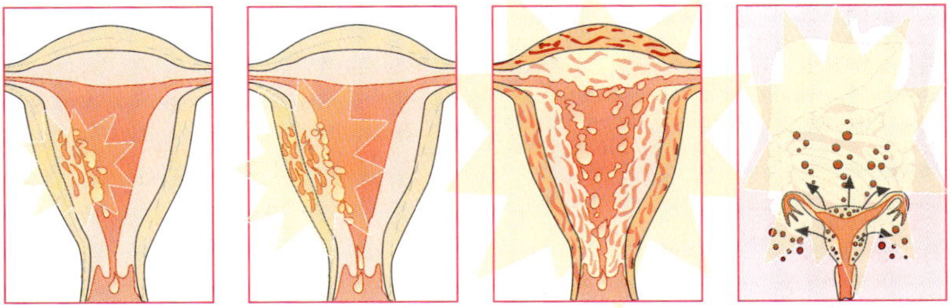

Endométrite — Endomyométrite — Endométrite puerpérale — Péritonite

**1.** Évolution

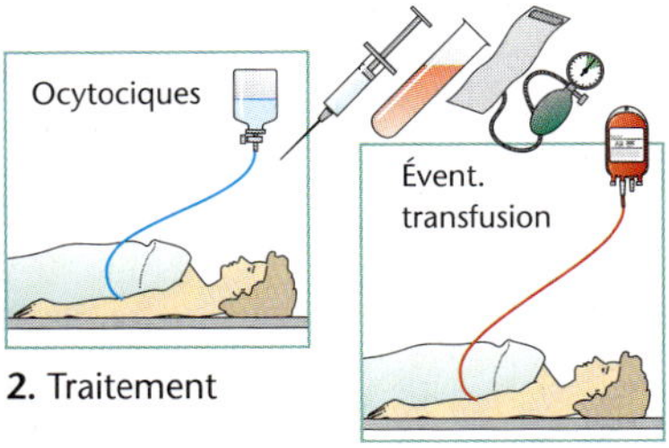


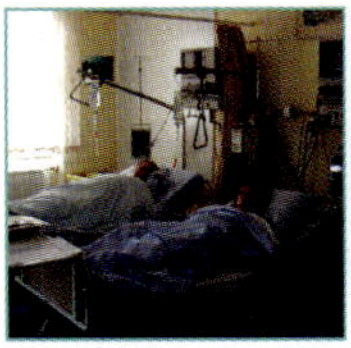

Soins intensifs

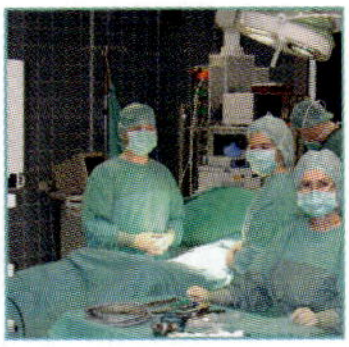

Hystérectomie

**2.** Traitement

**B. Endomyométrite, septicémie puerpérale**

## A. Engorgement mammaire, mastite

**Engorgement mammaire.** L'engorgement mammaire est, avec la montée laiteuse, la cause principale de fièvre du post-partum, au 3e-4e jour après l'accouchement. Des tétées insuffisantes ou une trop forte production de lait provoquent le reflux du lait dans une ou plusieurs zones du sein. L'engorgement mammaire et favorisé par des problèmes d'allaitement, par exemple en cas de mamelons ombiliqués ou de fissures du mamelon. Les signes cliniques sont :

- gonflement douloureux des seins (zones indurées à l'aspect de cordons ou de nodosités),
- légère hyperthermie des seins,
- température subfébrile, éventuellement fièvre jusqu'à 39 °C, le plus souvent différente d'une aisselle à l'autre,
- malaise général et lassitude.

On conseille les *mesures préventives et curatives* suivantes :

- après chaque tétée faire un massage radiaire de chaque sein vers le mamelon,
- changer de sein à chaque tétée, pour bien le soulager,
- varier les positions d'allaitement (p. 251),
- diminuer l'apport liquidien maternel pour réduire la production de lait,
- compresses humides chaudes avant la tétée,
- masser la zone engorgée de façon à faire couler le lait vers le mamelon,
- après la tétée appliquer des compresses froides (par ex. avec du fromage blanc),
- éventuellement pomper l'excès de lait (d'un autre côté on favorise ainsi la production de lait),
- porter un soutien-gorge solide. Relever les seins avec un bandage,
- thé de sauge (2 tasses par jour), pour réduire la production de lait,
- poursuivre l'allaitement ; il n'y a pas d'indication à sevrer.

Une vraie mastite peut se développer en quelques heures à partir d'un engorgement. La mère devrait en être informée et demander rapidement un conseil professionnel, par exemple à « sa » sage-femme.

**Mastite.** La mastite est une des complications les plus fréquentes du post-partum. Elle survient le plus souvent vers le 8e-12e jour du post-partum, mais peut apparaître à n'importe quel moment de l'allaitement. L'agent pathogène, un staphylocoque le plus souvent, parvient aux canaux galactophores à travers une petite blessure du mamelon (crevasse) et à partir de la gorge du nouveau-né. La mastite infectieuse (mastite puerpérale) survient d'un seul côté dans trois quarts des cas.

En dehors de l'engorgement, les signes importants sont :

- fièvre autour de 40 °C,
- tuméfaction très douloureuse, rouge et chaude, le plus souvent au niveau du quadrant supérieur et externe,
- tuméfaction des ganglions axillaires,
- leucocytose et élévation de la CRP du sang.

En *prévention* on conseille :

- hygiène stricte avant et après les tétées, en particulier lors de chaque contact avec les lochies,
- traitement des éventuelles crevasses (par ex. pommade au dexpanthénol) ;
- enduire le mamelon avec la dernière goutte de lait de la tétée, laisser sécher à l'air,
- au début, ne mettre l'enfant au sein que 5 min par côté et ne pas le laisser suçoter,
- bonne technique d'allaitement (changer la position d'allaitement et éviter les crevasses),
- à la fin de la tétée, supprimer la dépression de la bouche du bébé en y introduisant doucement un doigt, enlever l'enfant du sein seulement après.

Ce n'est qu'à la phase initiale de la mastite – lors de la transition à partir de l'engorgement – que l'allaitement peut être poursuivi. En cas de mastite évidente, il faut arrêter l'allaitement (refroidir, bander et relever les seins, comprimés de bromocriptine) et administrer des antibiotiques.

On pourra éventuellement tenter une reprise de l'allaitement 6 à 8 semaines après un traitement de mastite couronné de succès. Le plus souvent on réussira à redémarrer la production de lait en mettant l'enfant fréquemment au sein et pour des durées courtes.

## B. Abcès

En cas de mastite massive ou de traitement trop tardif, l'infection peut se liquéfier et former un abcès. L'infection va s'encapsuler et n'aura plus de lien avec les canaux galactophores. En plus de ceux de la mastite, les signes sont :

- zone très douloureuse à la pression, très rouge et chaude,
- structure fluctuante à la palpation, avec un aspect de cavité abcédée à l'échographie.

La cavité abcédée est ouverte chirurgicalement, laissée ouverte et rincée régulièrement. Lors d'abcès volumineux on pratique une incision et une contre-incision, les deux étant éventuellement reliées par une lamelle ; de plus une antibiothérapie adaptée est prescrite.

## Engorgement mammaire, mastite

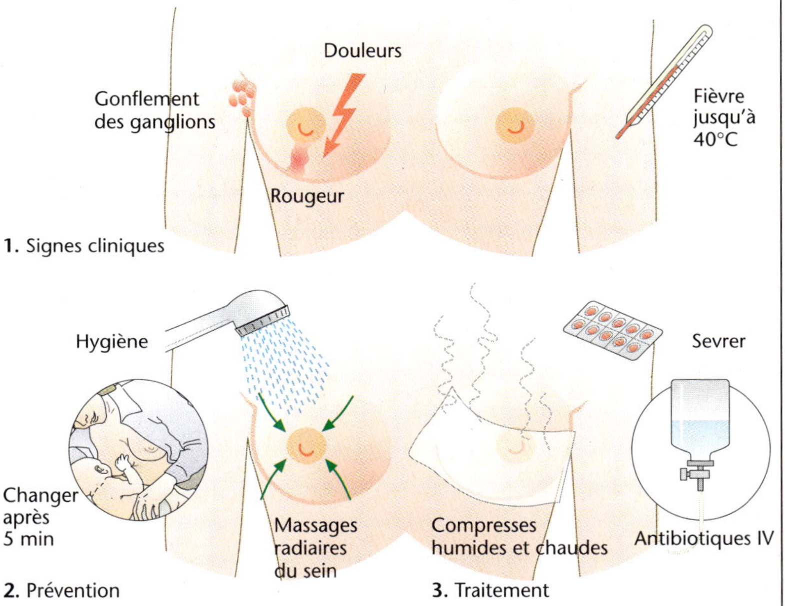


**A. Engorgement mammaire, mastite**

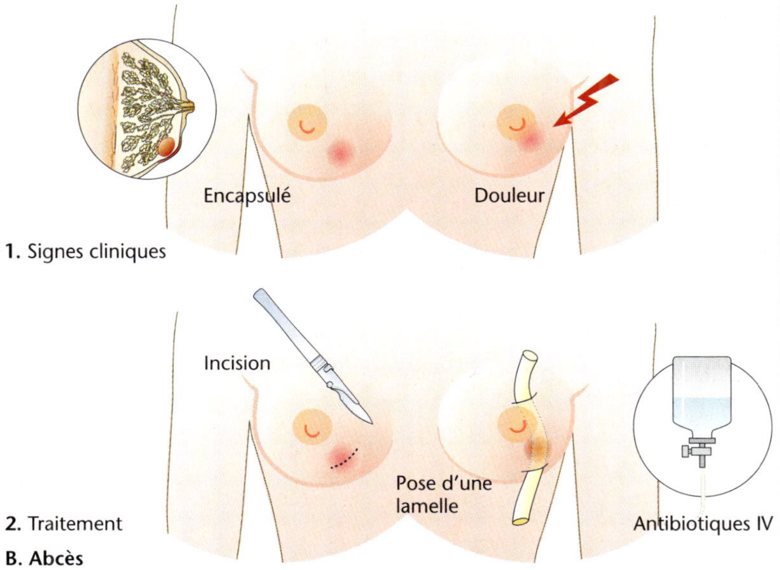


**B. Abcès**

### A. Causes

Beaucoup de femmes souffrent de problèmes psychiques durant les premiers jours suivant l'accouchement, sous la forme d'une humeur dépressive (journées des pleurs, « baby blues », « déprime »). Les causes réelles sont encore inexpliquées ; les causes éventuelles sont :

- réduction du niveau des hormones : la modification brutale de l'organisme maternel à partir de taux élevés d'œstrogènes, de progestérone et de tryptophane peut être un facteur favorisant de la dépression des suites de couches,
- niveau hormonal élevé : l'élévation du niveau de prolactine semble avoir un effet sur le bien-être psychique,
- prédisposition génétique : les enquêtes familiales et les études de jumeaux montrent qu'il y a certaines prédispositions à la dépression,
- peur de ne pas être à la hauteur : les primipares ont souvent une certaine peur de l'avenir ; il leur paraît insurmontable de répondre aux besoins de l'enfant, ou à la double charge maternelle et professionnelle,
- suppression de la tension : dans les dernières semaines de la grossesse toute l'attention se focalise sur l'accouchement, et subitement elle disparaît. Un sentiment de vide intérieur se produit chez la jeune mère qui éprouve alors le besoin de se réorienter,
- problèmes d'allaitement : beaucoup de femmes ont des problèmes d'allaitement durant les premiers jours. Il peut en résulter le sentiment d'être insuffisante,
- manque de repos nocturne : le sommeil est rarement suffisant en raison des besoins de l'enfant et/ou du bruit des autres mères et enfants à l'hôpital,
- douleurs aux plaies : les douleurs et les maux survenant en post-partum peuvent encore aggraver les symptômes psychiques.

### B. Dépression du post-partum

Cinquante pour cent des mères présentent une humeur légèrement dépressive. Elle apparaît le plus souvent 2 à 4 jours après l'accouchement, mais parfois jusqu'à 6 semaines après. La dépression se manifeste par les symptômes suivants :

- pleurs et pessimisme ; les larmes coulent à la moindre raison,
- maux de tête et fatigue, souvent renforcés par de mauvaises nuits,
- peur de ne pas pouvoir soigner correctement l'enfant ; encore plus marquée chez les primipares en cas de problèmes d'allaitement.

Le traitement essentiel consiste à expliquer la bénignité et la fréquence de cet état. Les symptômes disparaîtront le plus souvent en quelques jours grâce à des instructions pour l'allaitement, aux soutiens et aux conseils prodigués lors des soins à l'enfant, et à l'implication du partenaire ou de la famille.

### C. Psychose puerpérale

La véritable psychose puerpérale survient dans 0,2 à 0,3 % des cas. La maladie se manifeste rarement directement après l'accouchement ; le pic de fréquence se situe entre le 7$^{e}$ et le 14$^{e}$ jour du post-partum. C'est avant tout la sage-femme soignante qui doit reconnaître la psychose.

Les symptômes importants sont :

- agitation ; la mère est nerveuse intérieurement et extérieurement et partiellement agressive contre elle-même et les autres, éventuellement contre son propre enfant,
- désorientation avec perte du sens des réalités ; il peut y avoir une complète désorientation dans le temps, dans l'espace et dans la reconnaissance des personnes,
- hallucinations optiques ou acoustiques.

Le risque de suicide est notable et l'enfant est en danger. Le traitement doit être effectué en collaboration avec un psychiatre, le plus souvent avec une hospitalisation en clinique spécialisée. On administre des neuroleptiques et on commence une psychothérapie. L'enfant devra être soigné et éventuellement confié à une famille d'accueil.

Le traitement, aussi bien les soins psychiatriques que la prise de médicaments, s'étendra le plus souvent sur plusieurs années. Le pronostic est bon, le risque de récidive lors d'une grossesse ou d'un accouchement ultérieur est toutefois élevé.

## Problèmes psychiques

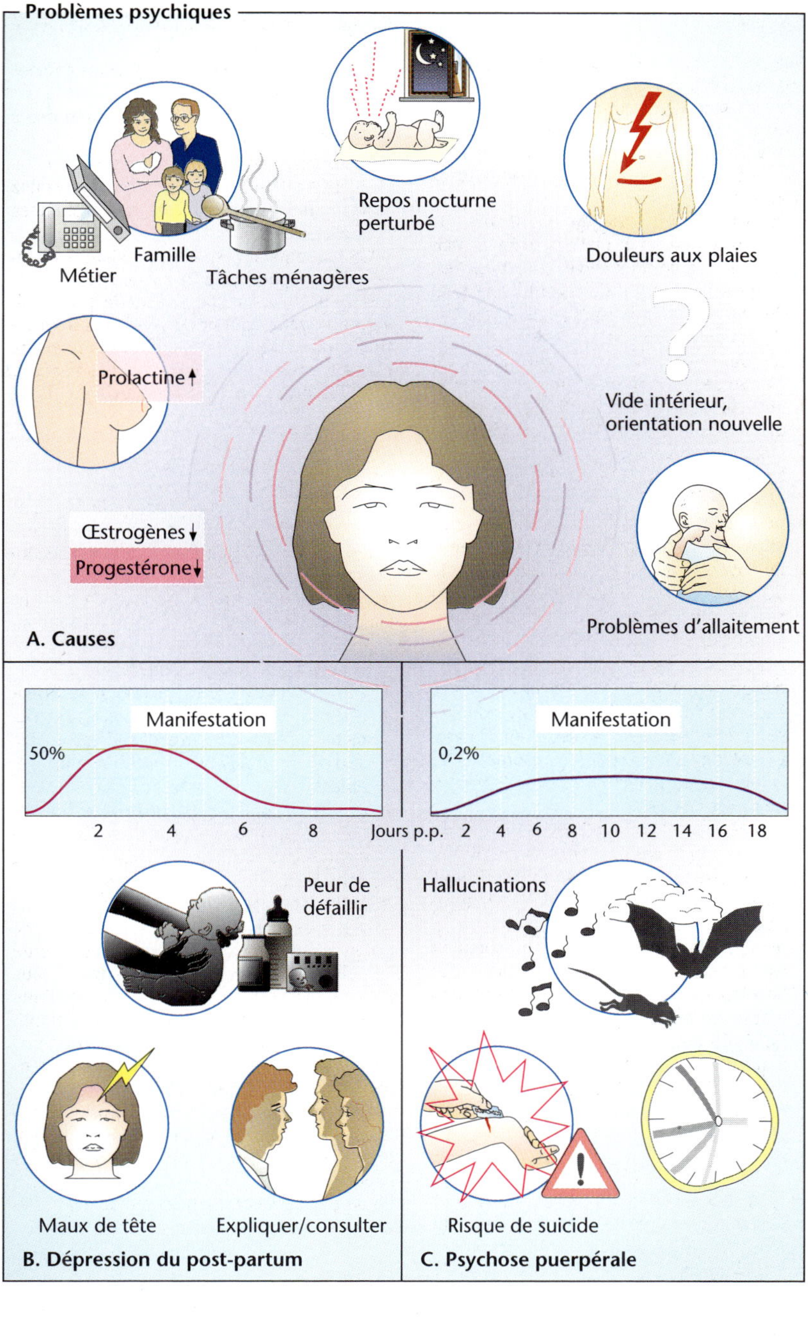

# IX

## Annexe

## A. Décret n° 92-143 du 14 février 1992 relatif aux examens obligatoires prénuptial, pré et postnatal (JO du 16 février 1992)

Art. 1er. – Le médecin ne peut délivrer le certificat prénuptial prévu à l'article L. 153 du code de la santé publique qu'au vu du résultat pour les femmes âgées de moins de cinquante ans :

*a)* Des examens sérologiques de la rubéole et de la toxoplasmose qui sont obligatoirement effectués lors de l'examen prénuptial en l'absence de documents écrits permettant de considérer l'immunité comme acquise ;

*b)* Du groupe sanguin A, B, O rhésus standard complété par une recherche d'anticorps irréguliers si le groupe sanguin ouvre une possibilité d'immunisation et dans les cas où existe un risque d'allo-immunisation par suite d'une transfusion antérieure.

Le médecin communique à la personne examinée ses constatations ainsi que les résultats des examens effectués en application des alinéas ci-dessus. Dans les cas graves, il doit faire cette communication par écrit. Lorsque les antécédents ou l'examen le nécessitent, il oriente vers une consultation spécialisée ou un dépistage particulier.

Enfin, le médecin commente la brochure d'information dont le contenu est précisé par arrêté du ministre chargé de la santé.

Art. 2. – Les examens médicaux obligatoires des femmes enceintes prévus à l'article L. 154 du code de la santé publique sont au nombre de sept pour une grossesse évoluant jusqu'à son terme.

Le premier examen médical prénatal doit avoir lieu avant la fin du troisième mois de grossesse. Les autres examens doivent avoir une périodicité mensuelle à partir du premier jour du quatrième mois et jusqu'à l'accouchement.

Art. 3. – Chaque examen doit comporter un examen clinique, une recherche de l'albuminurie et de la glycosurie.

De plus sont effectués :

1. Lors du premier examen prénatal :

*a)* En cas de première grossesse, une détermination des groupes sanguins (A, B, O, phénotypes rhésus complet et Kell) si la patiente ne possède pas de carte de groupe sanguin complète (deux déterminations) ;

*b)* Dans tous les cas, les dépistages de la syphilis, de la rubéole et de la toxoplasmose en l'absence de résultats écrits permettant de considérer l'immunité comme acquise, ainsi que la recherche d'anticorps irréguliers, à l'exclusion des anticorps dirigés contre les antigènes A et B ; si la recherche est positive, l'identification et le titrage des anticorps sont obligatoires ;

2. Au cours du quatrième examen prénatal (sixième mois de grossesse), un dépistage de l'antigène HBs, une numération globulaire, et chez les femmes à rhésus négatif ou précédemment transfusées, la recherche d'anticorps irréguliers, à l'exclusion des anticorps dirigés contre les antigènes A et B ; si la recherche est positive l'identification et le titrage des anticorps sont obligatoires ;

3. Au cours du sixième ou du septième examen prénatal (huitième ou neuvième mois de grossesse), une deuxième détermination du groupe sanguin A, B, O, rhésus standard si nécessaire ;

4. Au cours des sixième et septième examens prénatals (huitième et neuvième mois de grossesse), chez les femmes à rhésus négatif ou précédemment transfusées, la recherche d'anticorps irréguliers, à l'exclusion des anticorps dirigés contre les antigènes A et B ; si la recherche est positive, l'identification et le titrage des anticorps sont obligatoires.

En outre, la sérologie toxoplasmique sera répétée chaque mois à partir du deuxième examen prénatal si l'immunité n'est pas acquise.

Art. 4. – Un examen médical postnatal doit être obligatoirement effectué dans les huit semaines qui suivent l'accouchement.

Art. 5. – Au premier alinéa de l'article R. 534-1 du code de la sécurité sociale, les mots : « quinze premières semaines de la grossesse », sont remplacés par les mots : « quatorze premières semaines de la grossesse ».

Art. 6. – L'article R. 534-2 du code de la sécurité sociale est rédigé comme suit :

« *Art. R. 534-2.* – La preuve que les six examens prénatals obligatoires autres que celui mentionné à l'article 534-1 du code de la sécurité sociale ont été passés dans les délais fixés en application de l'article L. 154 du code de la santé publique résulte de la production à l'organisme ou service dont relève l'allocataire, d'une attestation d'examen mentionnant la date de l'examen. »

Art. 7. – Dans l'article R. 534-4 du code de la sécurité sociale :

Au premier alinéa, les mots : « article L. 159 du code de la santé publique » et « quinze premières semaines de la grossesse », sont remplacés par les mots : « article L. 154 du code de la santé publique » et « quatorze premières semaines de la grossesse » ;

Le deuxième alinéa est complété par la phrase suivante :

« Elle n'est toutefois pas réduite lorsque l'examen n'a pu être passé parce que la naissance survient avant ladite date limite. »

Le cinquième alinéa est abrogé.

Art. 8. – Les articles 2 à 7 du présent décret sont applicables aux examens et déclarations des femmes dont la date présumée de début de grossesse est postérieure au premier jour du mois civil qui suit la publication dudit décret.

Art. 9. – Les articles 6-1, 6-2, 6-3 et l'article 7 du décret du 19 juillet 1962 modifié susvisé sont abrogés.

Art. 10. – Le ministre d'État, ministre de l'économie, des finances et du budget, le ministre de l'agriculture et de la forêt, le ministre des affaires sociales et de l'intégration, le ministre délégué au budget, le ministre délégué à la santé, le secrétaire d'État à la famille, aux personnes âgées et aux rapatriés sont chargés, chacun en ce qui le concerne, de l'exécution du présent décret, qui sera publié au *Journal officiel* de la République française.

### Décret n° 92-144 du 14 février 1992 modifiant le décret n° 78-397 du 17 mars 1978 relatif à la protection de la maternité dans lesdépartements d'outre-mer (JO du 16 février 1992)

Art. 1er. – À l'article 1er du décret du 17 mars 1978 susvisé, les termes : « quatre examens prénatals » sont remplacés par les termes : « sept examens prénataux » et le taux de « 13,33 p. 100 » est remplacé par le taux de « 8,33 p. 100 ».

Art. 2. – À l'article 2 du décret du 17 mars 1978 susvisé, les termes : « en application de l'article L. 159 du code de la santé publique » sont remplacés par les termes : « en application de l'article L. 154 du code de la santé publique ».

Art. 3. – À l'article 7 du décret du 17 mars 1978 susvisé, les termes : « dans les départements visés à l'article L. 714 du code de la sécurité sociale » sont remplacés par les termes : « dans les départements visés à l'article L. 751-1 du code de la sécurité sociale ».

Art. 4. – L'article 9 du décret du 17 mars 1978 susvisé est abrogé.

Art. 5. – Les dispositions de l'article 1er du présent décret entrent en vigueur pour les femmes dont la date présumée de début de grossesse est postérieure au premier jour du mois civil qui suit sa publication.

Art. 6. – Le ministre d'État, ministre de l'économie, des finances et du budget, le ministre de l'agriculture et de la forêt, le ministre des affaires sociales et de l'intégration, le ministre des départements et territoires d'outre-mer, le ministre délégué au budget, le ministre délégué à la santé et le secrétaire d'État à la famille, aux personnes âgées et aux rapatriés sont chargés, chacun en ce qui le concerne, de l'exécution du présent décret, qui sera publié au *Journal officiel* de la République Française.

### Arrêté du 14 février 1992 relatif aux conditions de prise en charge des examens prénuptiaux et des examens pré et postnataux (JO du 16 février 1992)

Art. 1er. – L'arrêté du 22 décembre 1960 relatif aux conditions de prise en charge par la sécurité sociale des examens prénuptiaux et des examens pré et postnataux susvisé est abrogé.

Art. 2. – Le directeur de la sécurité sociale au ministère des affaires sociales et de l'intégration est chargé de l'exécution du présent arrêté, qui sera publié au *Journal officiel* de la République française.

## B. Extrait de la loi n° 2001-588 du 4 juillet 2001 relative à l'interruption volontaire de grossesse et à la contraception (JO du 7 juillet 2001)

TITRE Ier

INTERRUPTION VOLONTAIRE DE GROSSESSE

Article 1er

L'intitulé du chapitre II du titre Ier du livre II de la deuxième partie du code de la santé publique est ainsi rédigé : « Interruption pratiquée avant la fin de la douzième semaine de grossesse ».

Article 2

Dans la deuxième phrase de l'article L. 2212-1 du même code, les mots : « avant la fin de la dixième semaine de grossesse » sont remplacés par les mots : « avant la fin de la douzième semaine de grossesse ».

Article 3

Le deuxième alinéa de l'article L. 2212-2 du même code est complété par les mots : « ou, dans le cadre d'une convention conclue entre le praticien et un tel établissement, dans des conditions fixées par décret en Conseil d'État ».

Article 4

L'article L. 2212-3 du même code est ainsi rédigé :

« *Art. L. 2212-3.* – Le médecin sollicité par une femme en vue de l'interruption de sa grossesse doit, dès la première visite, informer celle-ci des méthodes médicales et chirurgicales d'interruption de grossesse et des risques et des effets secondaires potentiels.

« Il doit lui remettre un dossier-guide, mis à jour au moins une fois par an, comportant notamment le rappel des dispositions des articles L. 2212-1 et L. 2212-2, la liste et les adresses des organismes mentionnés à l'article L. 2212-4 et des établissements où sont effectuées des interruptions volontaires de la grossesse.

« Les directions départementales des affaires sanitaires et sociales assurent la réalisation et la diffusion des dossiers-guides destinés aux médecins. »

Article 5

I. – Les deux premiers alinéas de l'article L. 2212-4 du même code sont ainsi rédigés :

« Il est systématiquement proposé, avant et après l'interruption volontaire de grossesse, à la femme majeure une consultation avec une personne ayant satisfait à une formation qualifiante en conseil conjugal ou toute autre personne qualifiée dans un établissement d'information, de consultation ou de conseil familial, un centre de planification ou d'éducation familiale, un service social ou un autre organisme agréé. Cette consultation préalable comporte un entretien particulier au cours duquel une assistance ou des conseils appropriés à la situation de l'intéressée lui sont apportés.

« Pour la femme mineure non émancipée, cette consultation préalable est obligatoire et l'organisme concerné doit lui délivrer une attestation de consultation. Si elle exprime le désir de garder le secret à l'égard des titulaires de l'autorité parentale ou de son représentant légal, elle doit être conseillée sur le choix de la personne majeure mentionnée à l'article L. 2212-7 susceptible de l'accompagner dans sa démarche. »

II. – Le troisième alinéa du même article est supprimé.

Article 6

Dans l'article L. 2212-5 du même code, les mots : « sauf au cas où le terme des dix semaines risquerait d'être dépassé, le médecin étant seul juge de l'opportunité de sa décision » sont remplacés par les mots : « sauf dans le cas où le terme des douze semaines risquerait d'être dépassé ».

Article 7

L'article L. 2212-7 du même code est ainsi rédigé :

« *Art. L. 2212-7.* – Si la femme est mineure non émancipée, le consentement de l'un des titulaires de l'autorité parentale ou, le cas échéant, du représentant légal est recueilli. Ce consentement est joint à la demande qu'elle présente au médecin en dehors de la présence de toute autre personne.

« Si la femme mineure non émancipée désire garder le secret, le médecin doit s'efforcer, dans l'intérêt de celle-ci, d'obtenir son consentement pour que le ou les titulaires de l'autorité parentale ou, le cas échéant, le représentant légal soient consultés ou doit vérifier que cette démarche a été faite lors de l'entretien mentionné à l'article L. 2212-4.

« Si la mineure ne veut pas effectuer cette démarche ou si le consentement n'est pas obtenu, l'interruption volontaire de grossesse ainsi que les actes médicaux et les soins qui lui sont liés peuvent être pratiqués à la demande de l'intéressée, présentée dans les conditions prévues au premier alinéa. Dans ce cas, la mineure se fait accompagner dans sa démarche par la personne majeure de son choix.

« Après l'intervention, une deuxième consultation, ayant notamment pour but une nouvelle information sur la contraception, est obligatoirement proposée aux mineures. »

Article 8

L'article L. 2212-8 du même code est ainsi modifié :

1° Le premier alinéa est ainsi rédigé :

« Un médecin n'est jamais tenu de pratiquer une interruption volontaire de grossesse mais il doit informer, sans délai, l'intéressée de son refus et lui communiquer immédiatement le nom de praticiens susceptibles de réaliser cette intervention selon les modalités prévues à l'article L. 2212-2. » :

2° Les deux derniers alinéas sont supprimés.

(...)

Article 11

L'article L. 2213-1 du même code est ainsi rédigé :

« *Art. L. 2213-1.* – L'interruption volontaire d'une grossesse peut, à toute époque, être pratiquée si deux médecins membres d'une équipe pluridisciplinaire attestent, après que cette équipe a rendu son avis consultatif, soit que la poursuite de la grossesse met en péril grave la santé de la femme, soit qu'il existe une forte probabilité que l'enfant à naître soit atteint d'une affection d'une particulière gravité reconnue comme incurable au moment du diagnostic.

« Lorsque l'interruption de grossesse est envisagée au motif que la poursuite de la grossesse met en péril grave la santé de la femme, l'équipe pluridisciplinaire chargée d'examiner la demande de la femme comprend au moins trois personnes qui sont un médecin qualifié en gynécologie obstétrique, un médecin choisi par la femme et une personne qualifiée tenue au secret professionnel qui peut être un assistant social ou un psychologue. Les deux médecins précités doivent exercer leur activité dans un établissement public de santé ou dans un établissement de santé privé satisfaisant aux conditions de l'article L. 2322-1.

« Lorsque l'interruption de grossesse est envisagée au motif qu'il existe une forte probabilité que l'enfant à naître soit atteint d'une affection d'une particulière gravité reconnue comme incurable au moment du diagnostic, l'équipe pluridisciplinaire chargée d'examiner la demande de la femme est celle d'un centre pluridisciplinaire de diagnostic prénatal. Lorsque l'équipe du centre précité se réunit, un médecin choisi par la femme peut, à la demande de celle-ci, être associé à la concertation.

« Dans les deux cas, préalablement à la réunion de l'équipe pluridisciplinaire compétente, la femme concernée ou le couple peut, à sa demande, être entendu par tout ou partie des membres de ladite équipe. »

Article 12

À l'article L. 2213-2 du même code, les mots : « pour motif thérapeutique » sont remplacés par les mots : « pour motif médical ».

Article 13

I. – L'article L. 5135-1 du même code est ainsi modifié :

1° Les trois premiers alinéas sont supprimés ;

2° Au dernier alinéa, les mots : « lesdits appareils » sont remplacés par les mots : « des dispositifs médicaux utilisables pour une interruption volontaire de grossesse » et les mots : « comme commerçants patentés » sont supprimés.

II. – L'article L. 5435-1 du même code est ainsi rédigé :

« *Art. L. 5435-1.* – La vente, par les fabricants et négociants en appareils gynécologiques, de dispositifs médicaux utilisables pour une interruption volontaire de grossesse à des personnes n'appartenant pas au corps médical ou ne faisant pas elles-mêmes profession de vendre ces dispositifs est punie de deux ans d'emprisonnement et de 200 000 F d'amende.

« Les personnes morales peuvent être déclarées pénalement responsables des infractions, définies au présent article, dans les conditions prévus à l'article 121-2 du code pénal. Elles encourent la peine d'amende suivant les modalités prévues à l'article 131-38 du code pénal.

« Les personnes physiques et les personnes morales encourent également les peines suivantes :

« 1° La confiscation des dispositifs médicaux saisis ;

« 2° L'interdiction d'exercer la profession ou l'activité à l'occasion de laquelle le délit a été commis, pour une durée qui ne peut excéder cinq ans. »

Article 14

I. – L'article 223-11 du code pénal est abrogé.
II. – L'article L. 2222-2 du code de la santé publique est ainsi rédigé :

« *Art. L. 2222-2.* – L'interruption de la grossesse d'autrui est punie de deux ans d'emprisonnement et de 200 000 F d'amende lorsqu'elle est pratiquée, en connaissance de cause, dans l'une des circonstances suivantes :

« 1° Après l'expiration du délai dans lequel elle est autorisée par la loi, sauf si elle est pratiquée pour un motif médical ;

« 2° Par une personne n'ayant pas la qualité de médecin ;

« 3° Dans un lieu autre qu'un établissement d'hospitalisation public ou qu'un établissement d'hospitalisation privé satisfaisant aux conditions prévues par la loi, ou en dehors du cadre d'une convention conclue selon les modalités prévues à l'article L. 2212-2.

« Cette infraction est punie de cinq ans d'emprisonnement et de 500 000 F d'amende si le coupable la pratique habituellement.

« La tentative des délits prévus au présent article est punie des mêmes peines. »

Article 15

I. – L'article 223-12 du code pénal est abrogé.
II. – Après l'article L. 2222-3 du code de la santé publique, il est inséré un article L. 2222-4 ainsi rédigé :

« *Art. L. 2222-4.* – Le fait de fournir à la femme les moyens matériels de pratiquer une interruption de grossesse sur elle-même est puni de trois ans d'emprisonnement et de 300 000 F d'amende. Ces peines sont portées à cinq ans d'emprisonnement et à 500 000 F d'amende si l'infraction est commise de manière habituelle. En aucun cas, la femme ne peut être considérée comme complice de cet acte.

« La prescription ou la délivrance de médicaments autorisés ayant pour but de provoquer une interruption volontaire de grossesse ne peut être assimilée au délit sus-mentionné. »

Article 16

Sont abrogés :

- le chapitre Ier du titre II du livre II de la deuxième partie du code de la santé publique ;
- les articles 84 à 86 et l'article 89 du décret du 29 juillet 1939 relatif à la famille et à la natalité françaises.

Article 17

L'article L. 2223-2 du code de la santé publique est ainsi rédigé :

« *Art. L. 2223-2.* – Est puni de deux ans d'emprisonnement et de 200 000 F d'amende le fait d'empêcher ou de tenter d'empêcher une interruption de grossesse ou les actes préalables prévus par les articles L. 2212-3 à L. 2212-8 :

« – soit en perturbant de quelque manière que ce soit l'accès aux établissements mentionnés à l'article L. 2212-2, la libre circulation des personnes à l'intérieur de ces établissements ou les conditions de travail des personnels médicaux et non médicaux ;

« – soit en exerçant des pressions morales et psychologiques, des menaces ou tout acte d'intimidation à l'encontre des personnels médicaux et non médicaux travaillant dans ces établissements, des femmes venues y subir une interruption volontaire de grossesse ou de l'entourage de ces dernières. »

(...)

TITRE II

CONTRACEPTION

Article 21

Dans la première phrase du premier alinéa de l'article L. 2311-4 du code de la santé publique, les mots : « sur prescription médicale » sont supprimés.

Article 22

Le chapitre II du titre Ier du livre III du code de l'éducation est complété par une section 9 ainsi rédigée :

« *Section 9*

« *L'éducation à la santé et à la sexualité*

« *Art. L. 312-16.* – Une information et une éducation à la sexualité sont dispensées dans les écoles, les collèges et les lycées à raison d'au moins trois séances annuelles et par groupes d'âge homogène. Ces séances pourront associer les personnels contribuant à la mission de santé scolaire et des personnels des établissements mentionnés au premier alinéa de l'article L. 2212-4 du code de la santé publique ainsi que d'autres intervenants extérieurs conformément à l'article 9 du décret n° 85-924 du 30 août 1985 relatif aux établissements publics locaux d'enseignement. Des élèves formés par un organisme agréé par le ministère de la santé pourront également y être associés. »

Article 23

L'avant-dernier alinéa de l'article L. 6121-6 du code de la santé publique est complété par une phrase ainsi rédigée :

« Une information et une éducation à la sexualité et à la contraception sont notamment dispensées dans toutes les structures accueillant des personnes handicapées. »

Article 24

I. – L'article L. 5134-I du même code est ainsi rédigé :

« *Art. L. 5134-J.* – I. – Le consentement des titulaires de l'autorité parentale ou, le cas échéant, du représentant légal n'est pas requis pour la prescription, la délivrance ou l'administration de contraceptifs aux personnes mineures.

« La délivrance aux mineures des médicaments ayant pour but la contraception d'urgence et qui ne sont pas soumis à prescription médicale obligatoire s'effectue à titre gratuit dans les pharmacies selon des conditions définies par décret. Dans les établissements d'enseignement du second degré, si un médecin ou un centre de planification ou d'éducation familiale n'est pas immédiatement accessible, les infirmiers peuvent, à titre exceptionnel et en application d'un protocole national déterminé par décret, dans les cas d'urgence et de détresse caractérisés, administrer aux élèves mineures et majeures une contraception d'urgence. Ils s'assurent de l'accompagnement psychologique de l'élève et veillent à la mise en œuvre d'un suivi médical.

« II. – Les contraceptifs intra-utérins ainsi que les diaphragmes et les capes ne peuvent être délivrés que sur prescription médicale et uniquement en pharmacie ou dans les centres de planification ou d'éducation familiale mentionnés à l'article L. 2311-4. Les sages-femmes sont habilitées à prescrire les diaphragmes, les capes, ainsi que les contraceptifs locaux. La première pose du diaphragme ou de la cape doit être faite par un médecin ou une sage-femme.

« L'insertion des contraceptifs intra-utérins ne peut être pratiquée que par un médecin. Elle est faite soit au lieu d'exercice du médecin, soit dans un établissement de santé ou dans un centre de soins agréé. »

II. – Dans l'article 2 de la loi n° 2000-1209 du 13 décembre 2000 relative à la contraception d'urgence, le mot : « cinquième » est remplacé par le mot : « deuxième ».

(...)

Article 26

Le titre II du livre Ier de la deuxième partie du même code est complété par un chapitre III ainsi rédigé :

« CHAPITRE III

« *Stérilisation à visée contraceptive*

« *Art. L. 2123-1.* – La ligature des trompes ou des canaux déférents à visée contraceptive ne peut être pratiquée sur une personne mineure. Elle ne peut être pratiquée que si la personne majeure intéressée a exprimé une volonté libre, motivée et délibérée en considération d'une information claire et complète sur ses conséquences.

« Cet acte chirurgical ne peut être pratiqué que dans un établissement de santé et après une consultation auprès d'un médecin.

« Ce médecin doit au cours de la première consultation :

« – informer la personne des risques médicaux qu'elle encourt et des conséquences de l'intervention ;

« – lui remettre un dossier d'information écrit.

« Il ne peut être procédé à l'intervention qu'à l'issue d'un délai de réflexion de quatre mois après la première consultation médicale et après une confirmation écrite par la personne concernée de sa volonté de subir une intervention.

« Un médecin n'est jamais tenu de pratiquer cet acte à visée contraceptive mais il doit informer l'intéressée de son refus dès la première consultation. »

Article 27

Après l'article L. 2123-I du même code, il est inséré un article L. 2123-2 ainsi rédigé :

« *Art. L. 2123-2.* – La ligature des trompes ou des canaux déférents à visée contraceptive ne peut être pratiquée sur une personne mineure. Elle ne peut être pratiquée sur une personne majeure dont l'altération des facultés mentales constitue un handicap et a justifié son placement sous tutelle ou sous curatelle que lorsqu'il existe une contre-indication médicale absolue aux méthodes de contraception ou une impossibilité avérée de les mettre en œuvre efficacement.

« L'intervention est subordonnée à une décision du juge des tutelles saisi par la personne concernée, les père et mère ou le représentant légal de la personne concernée.

« Le juge se prononce après avoir entendu la personne concernée. Si elle est apte à exprimer sa volonté, son consentement doit être systématiquement recherché et pris en compte après que lui a été donnée une information adaptée à son degré de compréhension. Il ne peut être passé outre à son refus ou à la révocation de son consentement.

« Le juge entend les père et mère de la personne concernée ou son représentant légal ainsi que toute personne dont l'audition lui paraît utile.

« Il recueille l'avis d'un comité d'experts composé de personnes qualifiées sur le plan médical et de représentants d'associations de personnes handicapées. Ce comité apprécie la justification médicale de l'intervention, ses risques ainsi que ses conséquences normalement prévisibles sur les plans physique et psychologique.

« Un décret en Conseil d'État fixe les conditions d'application du présent article. »

## C. Extrait de la loi 93-22 du 8 janvier 1993 (JO du 9 janvier 1993)

Article 6 – Il est inséré après l'article 79 du code civil l'article 79-1 ainsi rédigé :

« Art. 79-1. – Lorsqu'un enfant est décédé avant que sa naissance ait été déclarée à l'état civil, l'officier de l'état civil établit un acte de naissance et un acte de décès sur production d'un certificat médical indiquant que l'enfant est né vivant et viable et précisant les jours et heures de sa naissance et de son décès.

« À défaut du certificat médical prévu à l'alinéa précédent, l'officier de l'état civil établit un acte d'enfant sans vie. Cet acte est inscrit à sa date sur les registres de décès et il énonce les jours, heure et lieu de l'accouchement, les prénoms et noms, dates et lieux de naissance, professions et domiciles des père et mère et, s'il y a lieu, ceux du déclarant. L'acte dressé ne préjuge pas de savoir si l'enfant a vécu ou non ; tout intéressé pourra saisir le tribunal de grande instance à l'effet de statuer sur la question. »

## Extrait de la circulaire du garde des sceaux du 3 mars 1993 (JO du 24 mars 1993)

*3. État civil des enfants décédés avant la déclaration de naissance à l'officier de l'état civil.*

Les règles applicables sont profondément modifiées par l'abrogation des dispositions du décret du 4 juillet 1806 concernant les enfants présentés sans vie à l'officier de l'état civil.

*3.1 Établissement d'un acte de naissance et d'un acte de décès*

En application du premier alinéa du nouvel article 79-1 du code civil (art. 6 de la loi), l'officier de l'état civil doit désormais dresser un acte de naissance et un acte de décès pour tout enfant qui serait décédé au moment de la déclaration de sa naissance à l'état civil, mais dont il est justifié, par la production d'un certificat médical, qu'il est né vivant et viable. Les officiers de l'état civil ne doivent pas établir d'actes de naissance et de décès si le certificat médical ne comporte pas cette double indication.

Ces dispositions sont applicables même si l'enfant n'a vécu que quelques heures et quelle que soit la durée de la gestation.

*3.2 Acte d'enfant sans vie*

L'acte d'enfant sans vie ne sera désormais dressé par l'officier de l'état civil conformément à la rubrique 469 de l'instruction générale relative à l'état civil que lorsqu'il n'est pas établi que l'enfant est né vivant et viable. Il en est ainsi :

- lorsque l'enfant, sans vie au moment de la déclaration à l'état civil, est né vivant, mais non viable ; l'officier de l'état civil dressera l'acte sur production d'un certificat médical quelle que soit la durée de la gestation ;
- ou lorsque l'enfant est mort-né après une gestation de plus de 180 jours. Il convient de prendre en considération ce délai pour éviter l'enregistrement à l'état civil de mort-nés en cas de gestation inférieure à 180 jours. Ceux-ci demeurent soumis aux formalités de la déclaration administrative visée à la rubrique 462 de l'instruction générale relative à l'état civil.

## D. Certificat médical concernant les enfants nés vivants et décédés avant leur déclaration à l'état civil (Conformément à l'article 79-1 du code civil)

Je soussigné, Docteur (nom, qualité)

certifie que l'enfant (nom, prénom)

de sexe , est né vivant et viable le (date)

à (heure) et décédé le (date) à

(heure)

signature du médecin

EN ACCORD AVEC LA DÉFINITION DE L'ORGANISATION MONDIALE DE LA SANTÉ UN CONSENSUS PROFESSIONNEL S'EST ÉTABLI POUR UN ENREGISTREMENT À PARTIR DE 22 SEMAINES D'AMÉNORRHÉE OU 500 GRAMMES.

## E. Extrait du Code du travail. Protection des femmes enceintes au travail

Art. L. 122-25 *(L. n° 75-625 du 11 juill. 1975)* L'employeur ne doit pas prendre en considération l'état de grossesse d'une femme pour refuser de l'embaucher, résilier son contrat de travail au cours d'une période d'essai ou, sous réserve des dispositions de l'article L. 122-25-1, prononcer une mutation d'emploi. Il lui est en conséquence interdit de rechercher ou de faire rechercher toutes informations concernant l'état de grossesse de l'intéressée.

La femme candidate à un emploi ou salariée n'est pas tenue, sous réserve des cas où elle demande le bénéfice des dispositions législatives et réglementaires concernant la protection de la femme enceinte, de révéler son état de grossesse.

*(L. n° 93-121 du 27 janv. 1993, art. 50)* « En cas de litige, l'employeur est tenu de communiquer au juge tous les éléments de nature à justifier sa décision.

Si un doute subsiste, il profite à la salariée en état de grossesse. »

(...)

Art. L. 122-25-1-1 *(L. n° 2001-397 du 9 mai 2001, art. 17-XII)* La salariée en état de grossesse médicalement constaté ou ayant accouché, travaillant dans les conditions fixées à l'article L. 213-2, est affectée à un poste de jour sur sa demande pendant la durée de sa grossesse et pendant la période du congé légal postnatal prévu à l'article L. 122-26. La salariée en état de grossesse médicalement constaté ou ayant accouché, travaillant dans les conditions fixées à l'article L. 213-2, est également affectée à un poste de jour pendant la durée de sa grossesse lorsque le médecin du travail constate par écrit que le poste de nuit est incompatible avec son état. Cette période peut être prolongée lorsque le médecin du travail constate par écrit que le poste de nuit est incompatible avec son état pour une durée n'excédant pas un mois.

Ce changement d'affectation ne doit entraîner aucune diminution de la rémunération. L'affectation dans un autre établissement est subordonnée à l'accord de la salariée.

Si l'employeur est dans l'impossibilité de proposer un autre emploi, il fait connaître par écrit à la salariée ou au médecin du travail les motifs qui s'opposent au reclassement. Le contrat de travail de la salariée est alors suspendu jusqu'à la date du début du congé légal de maternité et éventuellement durant la période complémentaire qui suit la fin de ce congé en application du premier alinéa. La salariée bénéficie d'une garantie de rémunération composée d'une allocation journalière versée par la sécurité sociale et d'un complément de rémunération à la charge de l'employeur selon les mêmes modalités que celles prévues par l'accord national interprofessionnel du 10 décembre 1977 annexé à la loi n° 78-49 du 19 janvier 1978 relative à la mensualisation et à la procédure conventionnelle hormis les dispositions relatives à l'ancienneté.

Ces dispositions s'appliquent sans préjudice des articles L. 122-24-4, L. 122-25-2, L. 122-26, L. 224-1 et L. 241-10-1.

Art. L. 122-25-1-2 *(Ord. n° 2001-173 du 22 févr. 2001)* Lorsque la salariée en état de grossesse médicalement constaté ou ayant accouché, durant une période n'excédant pas un mois après son retour de congé postnatal au titre des répercussions sur sa santé ou sur l'allaitement qu'elle pratique, occupe un poste de travail l'exposant à des risques déterminés par décret en Conseil d'État, l'employeur est tenu de lui proposer un autre emploi compatible avec son état, compte tenu des conclusions écrites du médecin du travail et des indications qu'il formule sur l'aptitude de la salariée à exercer l'une des tâches existantes dans l'entreprise, au besoin par la mise en œuvre de mesures telles que l'aménagement de son poste de travail ou l'affectation temporaire dans un autre poste de travail. Cet aménagement ou cette affectation temporaires ne doivent entraîner aucune diminution de la rémunération.

Si l'employeur est dans l'impossibilité de proposer un autre emploi, il fait connaître par écrit à la salariée et au médecin du travail les motifs qui s'opposent au reclassement. Le contrat de travail de la salariée est alors suspendu, hormis durant la période couverte par le congé légal de maternité. La salariée bénéficie d'une garantie de rémunération, pendant la suspension du contrat de travail, composée de l'allocation journalière prévue à l'article L. 333-1 du Code de la sécurité sociale et d'un complément à la charge de l'employeur, selon les mêmes modalités que celles posées par l'article 7 de l'accord national interprofessionnel du 10 décembre 1977 annexé à la loi n° 78-49 du 19 janvier 1978 relative à la mensualisation et à la procédure conventionnelle, hormis les dispositions relatives à la condition d'ancienneté.

Ces dispositions s'appliquent sans préjudice des articles L. 122-24-4, L. 122-25-2 et L. 241-10-1.

Art. L. 122-25-2 *(L. n° 80-545 du 17 juill. 1980)* « Aucun employeur ne peut résilier le contrat de travail d'une salariée lorsqu'elle est en état de grossesse médicalement constaté et pendant l'intégralité des périodes de suspension du contrat de travail auxquelles elle a droit en application de l'article L. 122-26, qu'elle use ou non de ce droit, ainsi que pendant les quatre semaines qui suivent l'expiration de ces périodes. » *(L. n° 78-730 du 12 juill. 1978)* « Toutefois, et sous réserve d'observer les dispositions de l'article L. 122-27, il peut résilier le contrat s'il justifie d'une faute grave de l'intéressée, non liée à l'état de grossesse, ou de l'impossibilité où il se trouve, pour un motif étranger à la grossesse, à l'accouchement ou à l'adoption, de maintenir ledit contrat.

« Sauf s'il est prononcé pour un des motifs justifiant, par application de l'alinéa précédent, la résiliation du contrat de travail, le licenciement d'une salariée est annulé si, dans un délai de *(L. n° 80-545 du 17 juill. 1980)* « quinze jours » à compter de sa notification, l'intéressée envoie à son employeur par lettre recommandée avec demande d'avis de réception, soit un certificat médical justifiant qu'elle est en état de grossesse, soit une attestation justifiant l'arrivée à son foyer, dans un délai de *(L. n° 80-545 du 17 juill. 1980)* « quinze jours », d'un enfant placé en vue de son adoption ; cette attestation est délivrée par le service départemental d'aide sociale l'enfance ou *(L. n° 96-604 du 5 juill. 1996)* « l'organisme autorisé pour l'adoption qui procède au placement. »

*(L. n° 75-625 du 11 juill. 1975)* Les dispositions des précédents alinéas ne font pas obstacle à l'échéance du contrat de travail à durée déterminée.

(...)

Art. L. 122-25-3 *(L. n° 93-121 du 27 janv. 1993, art. 52)* La salariée bénéficie d'une autorisation d'absence pour se rendre aux examens médicaux obligatoires prévus par l'article L. 154 du Code de la santé publique dans le cadre de la surveillance médicale de la grossesse et des suites de l'accouchement.

Ces absences n'entraînent aucune diminution de la rémunération et sont assimilées à une période de travail effectif pour la détermination de la durée des congés payés ainsi qu'au regard des droits légaux ou conventionnels que la salariée tient du fait de son ancienneté dans l'entreprise.

Art. L. 122-25-4 *(L. n° 2001-1246 du 21 déc. 2001, art. 55)* Après la naissance de son enfant et dans un délai fixé par décret, le père salarié bénéficie d'un congé de paternité de onze jours consécutifs ou de dix-huit jours consécutifs en cas de naissances multiples entraînant la suspension de son contrat de travail. Le salarié qui souhaite bénéficier du congé de paternité doit avertir son employeur au moins un mois avant la date à laquelle il entend prendre son congé, en précisant la date à laquelle il entend mettre fin à la suspension de son contrat de travail.

## F. Extrait du Code du travail. Protection des femmes enceintes au travail

Art. R. 122-9 Pour bénéficier de la protection prévue par les articles L. 122-25 et suivants, la femme doit soit remettre à son employeur, qui est tenu d'en délivrer le récépissé, soit lui envoyer par lettre recommandée avec demande d'avis de réception, un certificat médical attestant, suivant le cas, son état de grossesse et la date présumée de son accouchement ou la date effective de celui-ci, ainsi que, s'il y a lieu, l'existence et la durée prévisible de son état pathologique rendant nécessaire une augmentation de la période de suspension de son contrat de travail.

L'avertissement que la femme doit faire parvenir à son employeur, en application du dernier alinéa *[7e alin.]* de l'article L. 122-26 doit être envoyé par lettre recommandée avec demande d'avis de réception.

Art. R. 122-10 *(Décr. n° 78-103 du 25 janv. 1978)* Les propositions d'embauche par priorité faites par l'employeur conformément à l'article L. 122-28 doivent être envoyées au salarié par lettre recommandée avec demande d'avis de réception.

Le refus par le salarié de ces propositions doit être envoyé à l'employeur dans la même forme.

Art. R. 122-11 *(Décr. n° 90-1254 du 21 déc. 1990)* Pour l'application des dispositions de la section V du chapitre II du titre II du livre Ier (1re partie : partie législative) du présent code et de celles des articles R. 122-9 et R. 122-10, les formalités sont réputées accomplies au jour de l'expédition de la lettre recommandée avec demande d'avis de réception.

Art. R. 122-11-1 *(Décr. n° 95-1009 du 12 sept. 1995)* Pour l'application du troisième alinéa de l'article L. 122-28-1 et du premier alinéa de l'article L. 122-28-9 :

1° La gravité de la maladie ou de l'accident est constatée par un certificat médical qui atteste également que l'état de l'enfant rend nécessaire la présence d'une personne auprès de lui pendant une période déterminée ;

2° Le handicap grave de l'enfant est établi dès lors que ce handicap ouvre droit à l'allocation d'éducation spéciale prévue à l'article L. 541-1 du Code de la sécurité sociale.

## G. Extrait du Code du travail. Congé parental d'éducation

Art. L. 122-28-1 *(L. n° 91-1 du 3 janv. 1991)* « Pendant la période qui suit l'expiration du congé de maternité ou d'adoption prévu par l'article L. 122-26 ou par une convention ou un accord collectif, tout salarié qui justifie d'une ancienneté minimale d'une année à la date de naissance de son enfant ou de l'arrivée au foyer d'un enfant *(L. n° 96-604 du 5 juill. 1996)* « qui n'a pas encore atteint l'âge de la fin de l'obligation scolaire adopté ou » confié en vue de son adoption *(L. n° 94-629 du 25 juill. 1994)* « a le droit soit de bénéficier » d'un congé parental d'éducation durant lequel le contrat de travail est suspendu, soit de réduire sa durée de travail d'au moins un cinquième de celle qui est applicable à l'établissement sans que cette activité à temps partiel puisse être inférieure à seize heures hebdomadaires.

« Le congé parental et la période d'activité à temps partiel prennent fin au plus tard au troisième anniversaire de l'enfant ou, en cas d'adoption *(L. n° 96-604 du 5 juill. 1996)* « d'un enfant de moins de trois ans », à l'expiration d'un délai de trois ans à compter de l'arrivée au foyer de l'enfant. Le congé parental et la période d'activité à temps partiel ont une durée initiale d'un an au plus ; ils peuvent être prolongés deux fois pour prendre fin au plus tard au terme des périodes définies ci-dessus, quelle que soit la date de leur début. Cette possibilité est ouverte au père et à la mère, ainsi qu'aux adoptants. »

*(L. n° 96-604 du 5 juill. 1996)* « Lorsque l'enfant adopté ou confié en vue d'adoption est âgé de plus de trois ans, mais n'a pas encore atteint l'âge de la fin de l'obligation scolaire, le congé parental et la période d'activité à temps partiel ne peuvent excéder une année à compter de l'arrivée au foyer. »

*(L. n° 94-629 du 25 juill. 1994)* « En cas de maladie, d'accident ou de handicap graves de l'enfant appréciés selon des modalités définies par décret en Conseil d'État, le congé parental et la période d'activité à temps partiel prennent fin au plus tard une année après les dates limites définies à l'alinéa ci-dessus, quelle que soit la date de leur début. »

*(L. n° 84-9 du 4 janv. 1984)* Le salarié doit informer son employeur, par lettre recommandée avec demande d'avis de réception, du point de départ et de la durée de la période pendant laquelle il entend bénéficier des dispositions de l'alinéa 1er du présent article.

Lorsque cette période suit immédiatement le congé de maternité ou le congé d'adoption, le salarié doit informer l'employeur, par lettre recommandée avec demande d'avis de réception, au moins un mois avant le terme dudit congé ; dans les autres cas, l'information doit être donnée à l'employeur deux mois au moins avant le début du congé parental d'éducation ou de l'activité à *(L. n° 91-1 du 3 janv. 1991)* « temps partiel ».

« Lorsque le salarié entend prolonger son congé parental d'éducation ou sa période d'activité à temps partiel, il doit avertir l'employeur de cette prolongation, par lettre recommandée avec demande d'avis de réception, au moins un mois avant le terme initialement prévu et l'informer, le cas échéant, de son intention soit de transformer le congé parental en activité à temps partiel, soit de transformer l'activité à temps partiel en congé parental. Toutefois, pendant la période d'activité à temps partiel ou à l'occasion des prolongations de celle-ci, le salarié ne peut pas modifier la durée du travail initialement choisie sauf accord de l'employeur ou si une convention ou un accord collectif de travail le prévoit expressément. »

## Carnet de maternité français (extrait)

Le carnet de maternité est mis à disposition de chaque gestante par le service de la protection maternelle et infantile dès le début de la grossesse. Au milieu du carnet on trouve le **dossier médical** dont les feuillets sont autocopiants : un exemplaire est destiné au médecin traitant, un exemplaire restera en possession de la gestante et pourra servir de fiche de liaison pour tout intervenant médical. Le point central du carnet de maternité est constitué par les deux pages de la check-list de la grossesse actuelle (l'équivalent allemand est le gravidogramme, voir p. 62 et 63). Elles sont reproduites ci-après. Cette présentation permet d'avoir à tout moment une vue d'ensemble sur la grossesse ; pour le médecin comme pour la sage-femme ou pour la gestante, la check-list sera en outre un excellent soutien mnémotechnique.

En plus du dossier médical, le carnet de maternité contient des **informations générales**. Sur 28 pages de textes largement illustrées, la future mère trouvera de nombreuses informations sur l'évolution de la grossesse, l'accouchement, les suites de couches, l'allaitement et les soins au nouveau-né. Elle y trouvera aussi toute une série d'informations pratiques d'ordre administratif ou législatif (emploi et maternité, prestations, congés de maternité, etc.).

# GROSSESSE ACTUELLE

**Données importantes**

Cycles réguliers ☐ Non ☐ Oui

Durée des cycles : ____

D.D.R. : ☐

Normales : ☐ Non ☐ Oui

Date du début de grossesse : ☐

Déterminée par : ____

- D.D.R. ☐
- courbe ménoth. ☐
- écho avant 21 S.A. ☐
- imprécis ☐

Fin du 1er trimestre Date : ☐

Fin 6e mois Date : ☐

Fin 7e mois Date : ☐

Fin 8e mois Date : ☐

Date théorique d'accouchement : ☐

**Recommandations en début de grossesse**

- Déclaration de grossesse faite ☐
- Conseils hygiéno-diététiques ☐
- Préparation à l'accouchement conseillée ☐
- Echo 19-21 SA demandée ☐

**Recommandations en fin de grossesse**

Echo 31-33 SA ☐

Péridurale prévue ☐ Non ☐ Oui

Allaitement maternel ☐ Non ☐ Oui

Lieu d'accouchement :

---

Nom : ____

Prénom : ____

Nom d'épouse : ____
(s'il y a lieu)

Age : ____ Gestité : ____ Parité : ____

Groupe : ____ Phénotypes Rh et Kell ____ 2e détermination

Transfusion : ☐ Non ☐ Oui ☐ Anticorps irréguliers positifs

Rubéole : ☐ Positif ☐ Négatif ☐ Douteux

Toxoplasmose ☐ Positif ☐ Négatif ☐ Douteux

TPHA-VDRL : ☐ Prescrit Résultats : ____

VIH : ☐ Prescrit Résultats : ____

Ag HBs : ☐ Prescrit Résultats : ____

Hémoglobine : ☐ Prescrit Résultats : ____

Caryotype foetal prévu : ☐ Non ☐ Oui

Taille : ____ cm Auscultation cœur : Nle ☐ Anormale ☐

Seins : ____ Autres : ____

Bassin : ☐ normal ☐ anormal ☐ non examiné

Résumé (antécédents, pathologies, évolution de la grossesse)

Conduite à tenir pour l'accouchement : ____

____

____

____

Déterminée le : ____ Par Dr ____
ou Mme (sage-femme)

| INTERROGATOIRE | | | | | | |
|---|---|---|---|---|---|---|
| Date de la consultation | Age en semaines d'aménorrhée | Mouvements foetaux | Métrorragies | Contractions anormales | Brûlures mictionnelles | Divers |
| | | | | | | |
| | | | | | | |
| | | | | | | |
| | | | | | | |
| | | | | | | |
| | | | | | | |
| | | | | | | |
| | | | | | | |
| | | | | | | |
| | | | | | | |
| | | | | | | |
| | | | | | | |
| | | | | | | |
| | | | | | | |

# CONSULTATIONS PRÉNATALES

| EXAMEN CLINIQUE | | | | | | |
|---|---|---|---|---|---|---|
| Poids actuel / Prise de poids / Poids avant la grossesse | T.A. maxi / T.A. mini | Bruits du cœur foetal | Hauteur utérine | EXAMEN VAGINAL: COL UTÉRIN : longueur, OI, OE, position. SEGMENT INFERIEUR - SPECULUM | Présentation | Divers |
| | | | | | | |
| | | | | | | |
| | | | | | | |
| | | | | | | |
| | | | | | | |
| | | | | | | |
| | | | | | | |
| | | | | | | |
| | | | | | | |
| | | | | | | |
| | | | | | | |
| | | | | | | |
| | | | | | | |
| | | | | | | |

| EXAMENS COMPLEMENTAIRES | | | CONCLUSIONS/PRESCRIPTIONS | |
|---|---|---|---|---|
| URINES | SANG | | | |
| Protéines / sucre | Anticorps irréguliers | Toxoplasmose<br>Avant grossesse | Remarques | Nom du responsable |
| | | | | |
| | | | | |
| | | | | |
| | | | | |
| | | | | |
| | | | | |
| | | | | |
| | | | | |
| | | | | |
| | | | | |
| | | | | |
| | | | | |
| | | | | |
| | | | | |

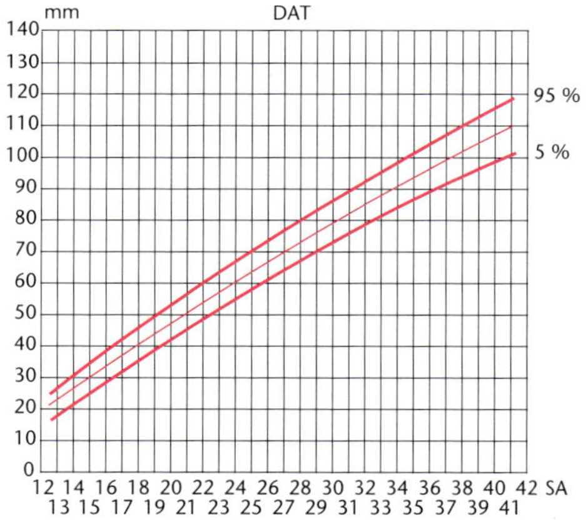


Courbes normales du **diamètre bipariétal** (BIP) et du **diamètre abdominal transverse** en semaines d'aménorrhée révolues (SA). Limite inférieure : 5ᵉ percentile ; limite supérieure : 95ᵉ percentile.

Figures des pages 284 à 286 selon Merz E, Welleck S : Le profil de croissance normale du fœtus – un modèle standard pour le calcul des courbes de normalité des paramètres céphaliques et abdominaux courants, ainsi que ceux des gros os longs des membres. Ultraschal in Med, 1996, *17* : 153-162.

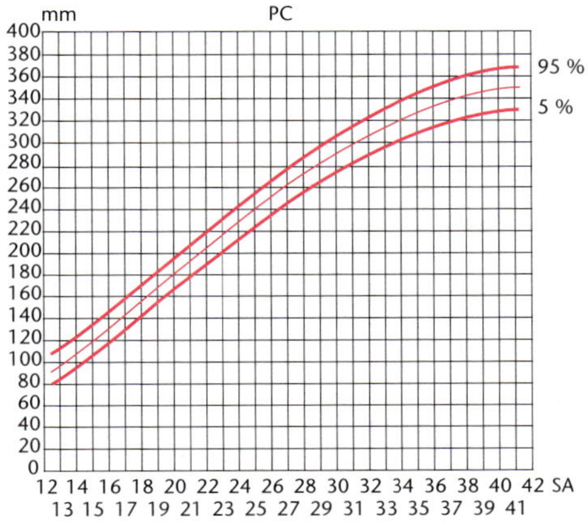


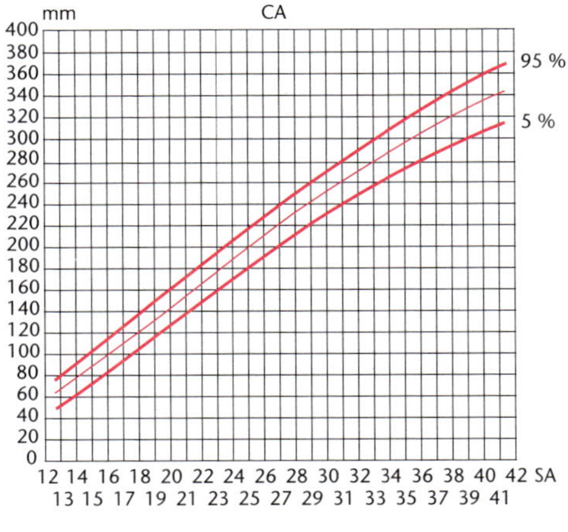


Courbes normales du **périmètre crânien** (PC) et de la **circonférence abdominale** (CA) en semaines d'aménorrhée révolues (SA). Limite inférieure : 5e percentile ; limite supérieure : 95e percentile.

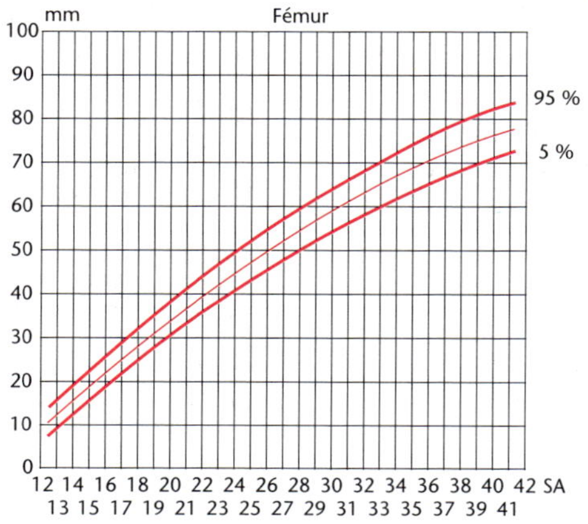


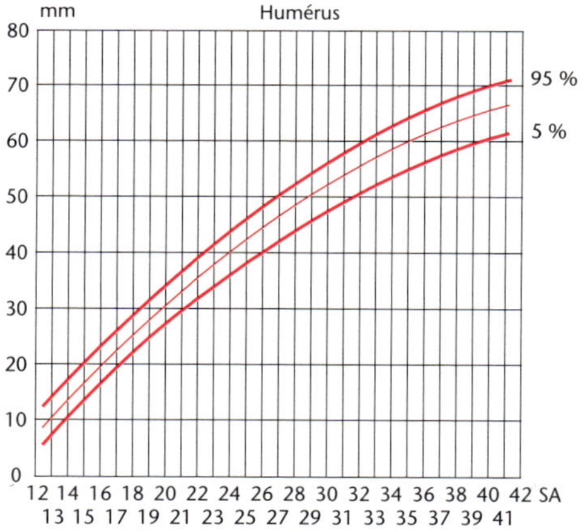


Courbes de normalité pour la **longueur du fémur** et de **l'humérus** par semaines d'aménorrhée révolues (SA). Limite inférieure : 5ᵉ percentile ; limite supérieure : 95ᵉ percentile.

# Source des illustrations

Toutes les photos ont été fournies par le Dr Kay Goerke, sauf :

**Pages 53B., 55C., 97A.3, 241C.2-4**
Okapia-Bildarchiv, Frankfurt/Main

**Pages 149A., 229B.**
Corbis Stock Market, Düsseldorf

**Page 111B.4**
Marlies Grieb, Düsseldorf

**Pages 59A., 179A.1+2, 251A**
Jürgen Wirth, Dreieich

**Page 59A.**
Reproduction du gravidarium (calendrier de grossesse) avec l'aimable autorisation de Fa. Boehringer/Ingelheim

**Page 9A.3.e)**
de : Lüllmann H, Mohr K, Ziegler A. Taschenatlas der Pharmakologie. Stuttgart, Georg Thieme Verlag, 1990, p. 15

**Page 25C.**
de : Drews U. Taschenatlas der Embryologie. Stuttgart, Georg Thieme Verlag, 1993, p. 123

**Page 41B.**
de : Drews U. Taschenatlas der Embryologie. Stuttgart, Georg Thieme Verlag, 1993, p. 55

# Index

# Index





Les chiffres en *italique* correspondent aux planches en couleurs.

## A

## B

## C

## D



## E

## F

## G



## H

## I

## J



## K



## L



## M

## N



## O

## Q



## R



## S

## T

## U



## V

## Y



## Z

*Composé par Nord Compo à Villeneuve-d'Ascq*

Imprimé en France par I.M.E. - 25110 Baume-les-Dames
Dépôt légal : Janvier 2004 - N° imprimeur : 16938
N° d'éditeur : 10 723